# 辗钢整体铁路车轮制造厂工程设计

王晓冰　任学艺　著

北　京
冶 金 工 业 出 版 社
2020

## 内 容 提 要

本书共分5章，内容主要包括铁路车轮概述、铁路车轮制造项目中工程设计的历史沿革、现代化铁路车轮工程的工厂设计、铁路车轮工程公辅设施中的工艺设计以及信息化和数字化管理系统工厂设计等。

本书可供冶炼、金属材料加工、动力及能源、热工与仪表、建筑与结构设计、计算机应用等行业的技术人员阅读，也可供科研人员和大中专院校相关专业的师生参考。

**图书在版编目(CIP)数据**

辗钢整体铁路车轮制造厂工程设计/王晓冰，任学艺著．—北京：冶金工业出版社，2020.2
ISBN 978-7-5024-8378-4

Ⅰ.①辗…　Ⅱ.①王…　②任…　Ⅲ.①辗钢车轮—制造厂—工程设计　Ⅳ.①U260.331

中国版本图书馆CIP数据核字（2019）第296225号

出 版 人　陈玉千
地　　址　北京市东城区嵩祝院北巷39号　邮编　100009　电话　(010)64027926
网　　址　www.cnmip.com.cn　电子信箱　yjcbs@cnmip.com.cn
责任编辑　杜婷婷　美术编辑　郑小利　版式设计　孙跃红
责任校对　王永欣　责任印制　李玉山
ISBN 978-7-5024-8378-4
冶金工业出版社出版发行；各地新华书店经销；三河市双峰印刷装订有限公司印刷
2020年2月第1版，2020年2月第1次印刷
787mm×1092mm　1/16；15.25印张；42彩页；496千字；316页
**138.00**元
**冶金工业出版社　投稿电话　(010)64027932　投稿信箱　tougao@cnmip.com.cn**
**冶金工业出版社营销中心　电话　(010)64044283　传真　(010)64027893**
**冶金工业出版社天猫旗舰店　yjgycbs.tmall.com**
（本书如有印装质量问题，本社营销中心负责退换）

# 前　言

工程项目的工厂设计是一门综合学科，是理论科学转化成为生产实际的应用科学。工程工艺设计是工程应用科学的具体体现，它要求设计人员把成熟的基础理论突破性地、恰当地、完整地运用到工程建设的实际设计中。大学里的理科教育很少涉及工程工艺设计，即理论如何与实践相结合，因此，应用科学在实施过程中有时要经过艰辛的努力、多年的积累才能将实验室中的科研成果、课堂的书本知识转变为现实产品，产生真正的生产力。

辗钢整体铁路车轮的制造业是集基础理论于实际，将工业理论运用到制作空间的写实应用，这项工作涵盖了钢材的冶炼、金属材料的压力加工、金属材料的热处理、金属切削、动力及能源供给、热工与仪表控制、建筑与结构设计、地质与水文勘探、环境与节能减排、计算机应用与编程、信息化与智能化管理等工程技术的各个领域。

辗钢整体铁路车轮工程的建设，是制造业工厂设计中应用科学的巅峰实战，体现了一个国家工业设计和装备制造水平，在工厂设计中，需要付出超常的努力、时间和耐力。本书论述了我国辗钢整体高速铁路车轮制造厂建设过程中的工程工艺设计内容，从产品生产规模的确定，到理论基础知识的应用、工艺流程的设计直至生产装备的配置等，把一系列的理论依据和计算参数等完整地剖析出来，将不同学科在工程设计中的选择及运用一并展现在读者面前，并将这些内容汇集成为一本专项介绍制造业工程工艺设计的技术专著，使读者在获得铁路车轮制造方法的同时清晰地了解工程设计的内涵。

本书主要介绍了我国铁路车轮制造工厂的工程工艺设计，书中的演算不采用冗繁的高等数学公式反复推导，也不罗列可行性研究的技术细节，而采用简洁易懂的推荐选择方式，介绍工程设计中工艺设计的各种理论应用和计算方法，直接展示工程工艺设计的全过程。除专业人士参考外，还可以作为科研部门和大中专院校的教学辅助教材。

本书共 5 章。第 1 章介绍了我国辗钢整体铁路车轮产品的应用以及制造现状；第 2 章总结和叙述了以往的铁路车轮生产厂的设计经验和历史的沿革；第

3 章全面地论述了建设现代化辗钢整体高速铁路车轮制造厂的工程设计暨阐述一个完整的设计案例；第 4 章论述了工程工艺设计在公辅专业工厂设计中的作用；第 5 章论述了辗钢整体铁路车轮制造厂的信息化系统建设，阐述数字化建设的设计构思和完整的实施案例。

本书的第 1~4 章由王晓冰撰写，并提供拍摄照片及 3D、PS 插图；第 5 章由任学艺撰写，并提供 3D、PS 插图，并对全书的技术提纲给予原则核审。

本书中有关铁路车轮的制造技术仅限于工厂设计的技术范畴，所有引用参数均为公开的技术数据，不包含各制造厂家的技术诀窍和操作规程。本书得到从事多年设计工作的我国第一代铁路车轮工程设计前辈——北京钢铁设计研究总院专家杨钧教授的技术指正，在此表示衷心的感谢。

由于作者水平所限，书中不妥之处，敬请广大读者批评指正。

王晓冰

2018 年 12 月

# 目　录

# 1　铁路车轮概述

## 1.1　中国的铁路车轮产品简介

首先，本章对铁路车轮这一特殊的产品展开介绍和说明，使读者对产品的形式和应用、生产方式和方法有一个大概的了解，初步体会现代化铁路车轮制造厂的工厂设计思想和理念。

我国第一条真正自主修建并应用的铁路是建于 1881 年的唐胥铁路，之后不同时期又修建了京张铁路、京唐铁路、京汉铁路等。新中国成立后，国家铁路建设进入蓬勃发展时期，铁路路网覆盖全国所有地区。

我国的国家标准规定：国家铁路、城市轨道铁路，标准轨距都是 1435mm。国家铁路客运铁路仅有两条铁路轨距是窄轨：一条是 1903 年由法国修建的至今仍在局部运行的云南国际铁路，起点昆明，终点越南的海防市，轨距 1000mm；另一条是 1966 年修建的许郸铁路，从许昌到郸城，轨距 762mm，该铁路 2009 年已经停运。除此之外，尚有一些企业修建的矿山和森林运输线路保留了窄轨铁路，用于短距离的运输和观光，但不论是标准轨距铁路还是窄轨铁路，线路上驰跑的车辆的铁路车轮产品都统一执行中国国家标准。

### 1.1.1　铁路车轮的种类

我国的铁路和轨道用车轮种类较多，基本分为普通铁路货车车辆车轮、普通铁路客车车辆车轮、快速铁路客车车辆车轮、高速铁路客车车辆车轮、铁路蒸汽机车车轮、铁路内燃机车车轮、铁路电气机车车轮、地铁客车车轮等；还有一种工矿轨道用车轮，如矿山轨道运输车辆车轮、起重轨道运输机械车轮。

我国铁路用车轮型式有四种：一是带轮箍的车轮，即在整体轮芯的外侧套上一个锻造钢制轮箍，为用于铁路机车的复合型车轮，这种车轮在国家铁路上已经淘汰不再使用，如图 1-1 所示；二是普通辗钢整体车轮，为用于铁路普通客车和货车车辆（车厢）的车轮，如图 1-2 所示；三是铸钢整体车轮，为用于铁路货车车轮，如图 1-3 所示，国外有的铁路

图 1-1　带轮箍的机车车轮

图 1-2　普通铁路车轮

普通客车和货车车辆也用此类车轮；四是用于铁路高铁和动车组的辗钢整体车轮，车轮型式如图 1-4 所示。

图 1-3 铁路普通货运车辆铸钢车轮

图 1-4 高铁和动车组辗钢整体车轮

随着我国国家铁路线上的蒸汽机车被淘汰，标准轨距的带轮箍的铁路机车车轮很少见了，仅剩的蒸汽机车存在于两三个历史悠久的钢铁厂内，用于尚存的区域内原料和焦炭的货运，或用于个别偏远林区的公共交通，不久的将来也将完成其历史使命，被收集放入行业博物馆供人参观和展览。

铁路车轮的尺寸单位是 mm，普通货车车辆的车轮规格分为 D710、D840 等；普通客车车辆的车轮规格分为 D915、D950 等；普通机车的车轮规格分为 D1050（内燃）、D1250（电力）、D1350（蒸汽）等；辗钢整体高铁动车组客车车轮的规格分为 D860、D890、D920、D1050 等。

### 1.1.2 铁路车轮制造的国家标准

我国辗钢整体铁路车轮和铸钢铁路车轮制造主要遵循的中国国家标准和国际标准名称及标准号见表 1-1。

**表 1-1 铁路车轮制造主要标准名称和标准号表**

| 序号 | 标准类别 | 标准名称 | 标准号 |
|---|---|---|---|
| 1 | 国家标准 | 铁路用辗钢整体车轮 | GB 8601—1988 |
| 2 | 铁道行业标准 | 铁路快速客车辗钢整体车轮技术条件 | TB/T 2708—1996 |
| 3 | 铁道行业标准 | 铁路货车用辗钢整体车轮 | TB/T 2817—2018 |
| 4 | 铁道行业标准 | 碳素钢铸钢车轮技术条件 | TB/T 1013—2011 |
| 5 | 国际标准 | 铁路应用-轮对和转向架-车轮-产品要求 | BS EN 13262—2004+A2—2011 |
| 6 | 国际标准 | 铁路机车车辆用辗钢整体车轮材质、技术要求 | BS 5892-3—1992+A3—2009 |
| 7 | 北美标准 | 碳钢铁路车轮标准 | AAR M-107/M-208—2009 |

### 1.1.3 铁路车轮的轮型和基本尺寸

按照我国的国家标准以及车辆装运载荷、行车噪声辐射影响几方面分类，不同用途和要求的车轮有以下型号（型号中 D、E 代表与之相配的轴承型号）：

840D、840E、HDS、HDZ、HDZA、HDZB、HDZC、HDZD：HDZA 为多次磨耗轮，其

余为二次磨耗轮。

840D、840E、HDS、HDSA、HES、HESA、HESB、HEZB、HEZD；HESA 为辗钢整体车轮，其余为铸钢车轮。840D、840E 于 2001 年后逐步停止生产，在线仍有使用。

铁路车轮的轮型剖面参考示意图如图 1-5（a）所示，辐板带孔的车轮剖面如图 1-5 所示，机车车轮的轮箍剖面如图 1-6 所示。

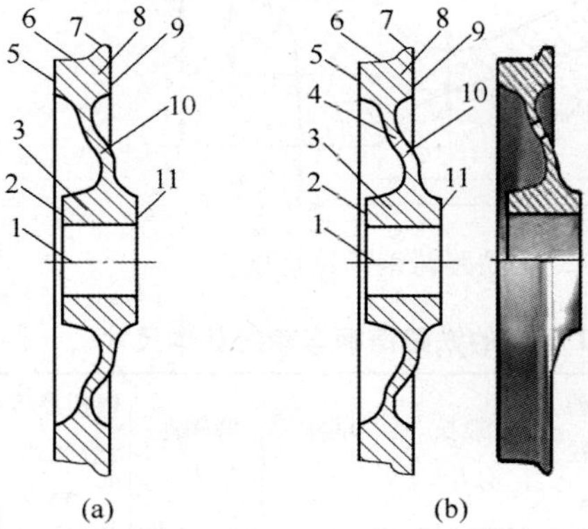


图 1-5 铁路车轮剖面参考示意图

1—轮毂孔；2—轮毂外侧面；3—轮毂；4—辐板孔；
5—轮辋外侧面；6—踏面；7—轮缘；8—轮辋；
9—轮辋内侧面；10—辐板；11—轮毂内侧面

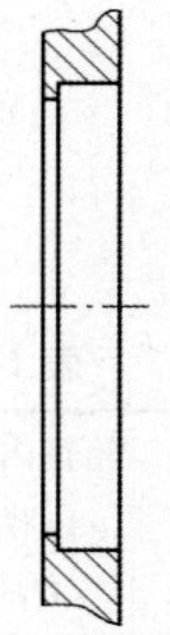

图 1-6 车轮轮箍剖面示意图

主要车轮的型式和基本尺寸有以下几种：

符合 TB/T 2817—2018 要求的辗钢整体铁路车轮型式和基本尺寸如图 1-7 所示，基本尺寸参数见表 1-2。

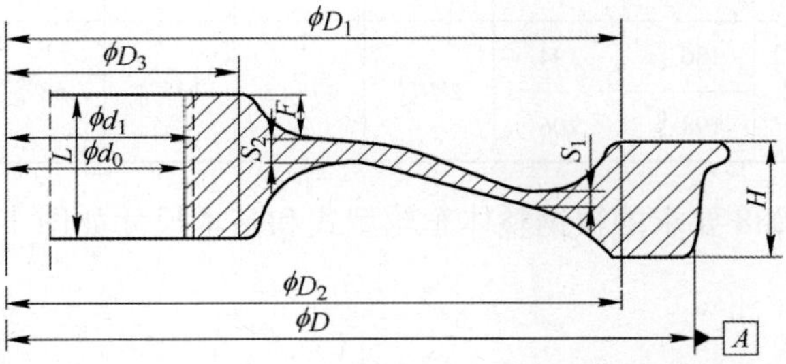


图 1-7 TB/T 2817—2018 铁路普通车轮轮型

**表 1-2 符合 TB/T 2817—2018 标准的铁路车轮的基本尺寸** （mm）

| 规格型号 | | 滚动圆外径 $\phi D$ | 轮辋内侧内径 $\phi D_1$ | 轮毂孔径 $\phi d_1$ | 轮毂外径 $\phi D_{31}$ | 毂长 $L$ | 辋宽 $H$ | 毂辋距 $F$ | 辐板厚度 | | 理论重量 /kg | 材质 |
|---|---|---|---|---|---|---|---|---|---|---|---|---|
| | | | | | | | | | $S_1$ | $S_2$ | | |
| $\phi840$ | HESA | $840^{+6}_{0}$ | $740^{0}_{-4}$ | 206 | $286^{+4}_{0}$ | 178±2 | $135^{+5}_{+2}$ | $68^{+2}_{0}$ | $20^{+3}_{0}$ | $26^{+3}_{0}$ | 314 | CL60 |
| | HDSA | $840^{+6}_{0}$ | $740^{0}_{-4}$ | 194 | $264^{+4}_{0}$ | 178±2 | $135^{+5}_{+2}$ | $68^{+2}_{0}$ | $19^{+3}_{0}$ | $25^{+3}_{0}$ | 306 | CL60 |
| | HDS | $840^{+6}_{0}$ | $710^{0}_{-4}$ | 194 | $274^{+4}_{0}$ | 178±2 | $135^{+5}_{0}$ | $68^{+2}_{0}$ | $19^{+3}_{0}$ | $25^{+3}_{0}$ | 348 | CL60 |
| | HBS | $840^{+6}_{0}$ | $710^{0}_{-4}$ | 155 | $235^{+4}_{0}$ | 178±2 | $135^{+5}_{0}$ | $68^{+2}_{0}$ | $19^{+3}_{0}$ | $25^{+3}_{0}$ | 342 | CL60 |
| $\phi915$ | KDS | $915^{+6}_{0}$ | $785^{0}_{-4}$ | 194 | $274^{+4}_{0}$ | 178±2 | $135^{+5}_{0}$ | $68^{+2}_{0}$ | $19^{+3}_{0}$ | $25^{+3}_{0}$ | 391 | CL60 |

符合 TB/T 1013—2011 要求的铁路铸钢车轮型式和基本尺寸如图 1-8 所示，基本尺寸参数见表 1-3。

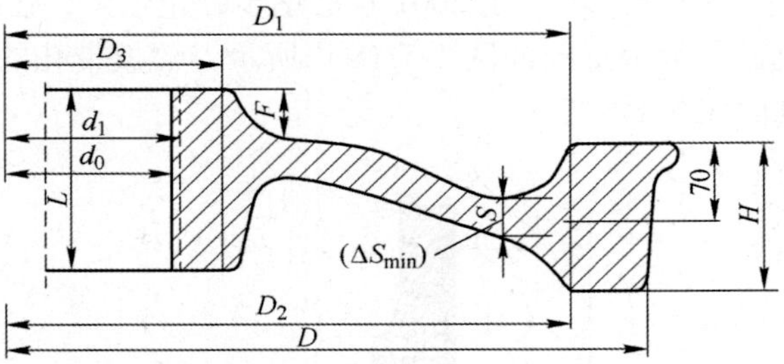


图 1-8 TB/T 1013—2011 铁路铸钢车轮轮型

**表 1-3 符合 TB/T 1013—2011 标准的铁路铸钢车轮的基本尺寸** （mm）

| 规格型号 | 滚动圆外径 $D$ | 轮辋内侧内径 $D_1$ | 轮毂孔径（粗） $d_0$ | 轮毂孔径（精） $d_1$ | 轮毂外径 $D_3$ | 毂长 $L$ | 辋宽 $H$ | 毂辋距 $F$ | 辐板厚度最薄处 $\Delta S$ | 理论重量 /kg | 材质 |
|---|---|---|---|---|---|---|---|---|---|---|---|
| HEZD | $840^{+6}_{0}$ | $740^{0}_{-4}$ | $198^{0}_{-4}$ | 206 | 282±4 | 178±3 | $135^{+5}_{+2}$ | $68^{+2}_{0}$ | $22^{+6}_{0}$ | 325 | ZL-B |
| HDZD | $840^{+6}_{0}$ | $740^{0}_{-4}$ | $186^{0}_{-4}$ | 194 | 263±4 | 178±3 | $135^{+5}_{+2}$ | $68^{+2}_{0}$ | $21^{+6}_{0}$ | 315 | ZL-B |
| HDZB | $840^{+6}_{0}$ | $740^{0}_{-4}$ | $186^{0}_{-4}$ | 194 | $260^{+6}_{-2}$ | 178±3 | $135^{+5}_{+2}$ | $68^{+2}_{0}$ | $23^{+6}_{0}$ | 330 | ZL-B |
| HDZC | $840^{+6}_{0}$ | $740^{0}_{-4}$ | $186^{0}_{-4}$ | 194 | $260^{+6}_{-2}$ | 178±3 | $135^{+5}_{+2}$ | $68^{+2}_{0}$ | $20^{+6}_{0}$ | 310 | ZL-B |
| HEZB | $840^{+6}_{0}$ | $740^{0}_{-4}$ | $198^{0}_{-4}$ | 206 | $278^{+10}_{0}$ | 178±3 | $135^{+5}_{+2}$ | $68^{+2}_{0}$ | $21^{+6}_{0}$ | 322 | ZL-B |
| HDZA | $840^{+6}_{0}$ | $710^{0}_{-8}$ | $198^{0}_{-4}$ | 194 | $260^{+6}_{-2}$ | 178±3 | $135^{+5}_{+2}$ | $68^{+2}_{0}$ | $25^{+6}_{0}$ | 371 | ZL-B |
| HDZ | $840^{+10}_{0}$ | $710^{0}_{-10}$ | $186^{0}_{-4}$ | 194 | $289^{+5}_{-2}$ | 178±3 | $135^{+5}_{0}$ | $68^{+2}_{0}$ | $25^{+6}_{0}$ | 385 | ZL-B |
| | | | $198^{0}_{-4}$ | 206 | | | | | | | |

符合 GB 8601—1988 要求的辗钢整体车轮型式和基本尺寸如图 1-9 所示，基本尺寸参数见表 1-4。

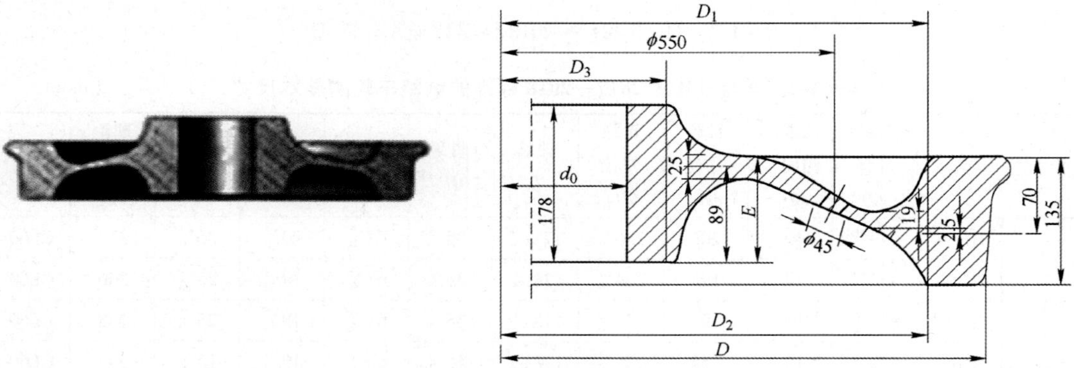


图 1-9 GB 8601—1988 辗钢整体铁路车轮轮型

**表 1-4　符合 GB 8601—1988 标准的辗钢整体铁路车轮的基本尺寸**　(mm)

| 规格型号 | | 外径 $D$ | 轮辋内侧内径 $D_1$ | 轮毂孔径 $d_0$ | 轮毂外径 $D_3$ | 毂长 $L$ | 辋高 $H$ | 毂辋距 $E$ | 辐板厚 $S$ | 理论重量/kg |
|---|---|---|---|---|---|---|---|---|---|---|
| $\phi$840 | B | 840 | 710 | 138 | 241 | 178 | 135 | 110 | 19~25 | 344 |
| | C | | | 157 | 260 | | | | | 348 |
| | D | | | 170 | 273 | | | | | 351 |
| | E | | | 186 | 279 | | | 105 | | 353 |
| $\phi$915 | PC | 915 | 785 | 157 | 260 | | | 110 | | 391 |
| | PD | | | 170 | 273 | | | | | 394 |
| $\phi$950 | D1 | 950 | 810 | 170 | 266 | 190 | 130 | 108 | | 415 |

近年来，随着运行速度 200km/h 以上的高速铁路列车的应用和发展，承载强度高、径向刚度好、噪声辐射低、符合 EN 13262—2004 要求的直辐板型车轮装配在高铁动车组的列车上，这种车轮的轮毂与轮辋中心无差值，适合高速列车运行时对车轮承载应力的要求。

欧洲大多数国家的铁路列车都采用符合 EN 13262—2004 国际标准的辗钢整体铁路车轮，我国的高铁动车组列车也采用了这一标准型的车轮。其型式如图 1-10 所示，基本尺寸参数见表 1-5。

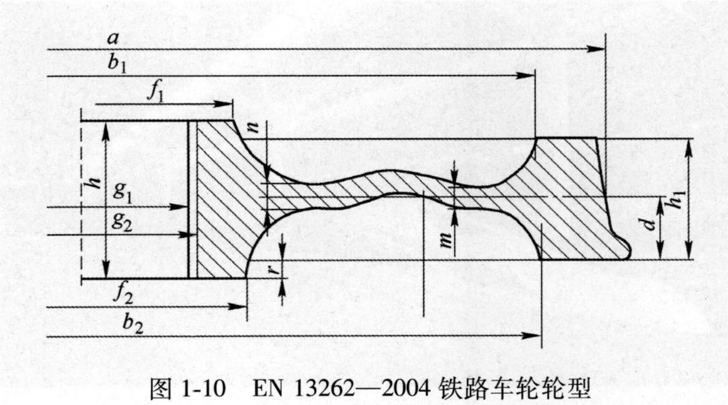


图 1-10　EN 13262—2004 铁路车轮轮型

**表 1-5　符合 EN 13262—2004 标准的铁路车轮的基本尺寸**　(mm)

| 序号 | 代表钢号 | 外径 $a$ | 轮辋内径 $b_1$ | 辋宽 $d$ | 毂内径 $g_1$ | 毂外径 $f_2$ | 毂长 $h$ | 辐板厚度 $m$ | 辐板厚度 $n$ | 单重/kg |
|---|---|---|---|---|---|---|---|---|---|---|
| 1 | ER7 | 890 | 710 | 135 | 153.5 | 270~279 | 170 | 22~24 | 31~33 | 355 |
| | ER8 | 915 | 785 | | 198 | | 170 | | | 350 |
| | ER9 | 920 | 790 | | 188 | | 175 | | | 375 |
| 2 | ER7 | 920 | 790 | 135 | 193 | | 186 | 22~26 | | 315 |
| | ER8 | | | | | | | | | |
| | ER9 | | | | | | | | | |
| 3 | ER7 | 920 | 790 | 147 | 198 | | 165 | | | 463 |

## 1.2 中国的铁路里程概况

### 1.2.1 国家铁路里程

20 世纪的 50~60 年代，我国的铁路货车列车时速为 40~50km/h，从 80~90 年代到当前逐步提高到 120~140km/h。

20 世纪末开始，铁路客运几次提速，国家干线铁路客运时速从 50~60km/h 逐步提高到 160km/h；到 2007 年，随着高铁动车组列车的投入运营，除普通客运保持速度 160km/h 外，全国铁路客运列车时速都提高到 250~300km/h，高铁武广段、京沪段甚至达到 380~400km/h。

1949 年新中国成立初期，我国的铁路里程仅约 21000km，到 1965 年铁路运营里程为 38000km，到 2018 年年底，我国的铁路营运里程达到 131000km，近年新建设的时速 160km/h 以上的快速铁路网总里程超过 40000km，其中时速 300km/h 的高速铁路运营总里程超过 29000km。

根据国家发展改革委员会的规划，我国到 2025 年将实现八纵八横，全国铁路路网规模达到 175000km，其中高速铁路的运营总里程约 40000km。中国标准动车组如图 1-11 所示。

图 1-11 2016 年 8 月首次载客的中国标准动车组

### 1.2.2 城市轨道交通里程

中国近年来城市轨道交通发展迅速，投资快速增长，逐渐成为新兴国民经济的支柱产业之一，特别是大中城市以改善交通状况、减少环境污染为主导，积极发展地铁及轻轨等大众交通体系，规模已位居世界首位。

截至 2019 年 1 月，我国内地及香港地区已有 32 个城市正式开通和运营轨道交通线路，另有 28 个城市的轨道交通正在建设或者审批中。经统计，城市轨道交通的运营里程现已达 5416km。根据国家发展改革委员会的规划，今后，每年的城市轨道建设至少增加 530km，照此速度估算，到 2025 年全国将建成超过 9100km 的城市轨道交通路网。

## 1.3 铁路列车和城轨列车的保有量

我国有如此庞大的铁路和轨道交通路网，有众多的铁路列车，集中分析铁路列车及城轨列车的数量，可看出装配于铁路列车上的车轮产品的发展概貌。

### 1.3.1 铁路机车和车辆的拥有数量

从高铁动车组列车、普通铁路货运和客运列车、铁路机车等几方面的统计，予以说明各自的拥有量。

#### 1.3.1.1 高铁动车组列车的投入量

从1998年国家铁路应用200km/h动车组客车开始，到2007年全面提速大规模投入高铁动车组列车，我国的铁路事业呈现了爆发式的大发展阶段。初期阶段，以引进国外动车组为主，2016年8月，拥有自主知识产权的中国标准动车组正式载客上路，它整合了一系列铁路列车的制造技术，运行速度350~420km/h，编组8节车厢（4动4拖），厢体宽度3460mm，厢顶高度4050mm，0~350km/h加速仅需3min，采用$\phi$920国产车轮，轮轨加载防脱线装置，如图1-11所示。

2017年6月我国完全自主知识产权、设计时速超过400km/h的CR400复兴号高铁动车组列车首发，如图1-12所示。

图1-12 2017年6月中国CR400载客高铁标准动车组首发

根据产业信息网汇总的铁路总公司多年的采购信息统计：至2019年1月，我国正式投入路网运营的高铁动车组列车约3396列，其中，8节车厢的短编高铁动车组计2810列；16节车厢的重联高铁动车组计586列；17节车厢编组的复兴号高铁车组共计8列，于2019年1月正式上线运行；至此，高铁动车组列车共计31992辆（节）。

据铁路营运部门公布，2019年1~2月春运期间，除去极少车辆维修、保养之外，铁路每天开行旅客列车4860对，其中高铁动车组达到3383对，可以说几乎所有铁路列车都上线满负荷运行。

国家发改委规划载明，至2025年，我国即将投入运营的高铁动车组列车要达到4000列，从目前的趋势分析，每年实际新投入的列车都超过300列，这个规划目标将很快被超过。

高铁动车组列车的设计寿命以40年计，今后除新增车辆外每年至少还需要更新置换200列列车。

1.3.1.2 普通铁路货运列车保有量

自1952年我国开始自主制造铁路列车，至2017年末国家铁路货运列车车辆的保有量约为799000辆（节）。纵观我国经济发展趋势，当前以及今后的一段时间内，普通铁路货运列车不会有大起大落的需求波动，社会将维持较长时间的平稳的市场环境，依此分析，按照铁路货运车辆设计寿命20年计算，每年平均需要新造和更新的车辆约39950辆（节）。

1.3.1.3 普通铁路客运列车保有量

我国铁路客运今后将以发展高铁动车组列车为主，普通客运列车总量基本上不可能再继续增加，至2018年末客车车辆保有量约为73000辆（节），除去高铁动车组列车外普通客车列车约41000辆（节），这个保有量完全可以满足人民群众的出行要求。以普通铁路客运车辆预计30年的寿命计算，每年平均需要更新1370辆（节）。

1.3.1.4 铁路机车保有量

据铁路行业研究统计，至2018年年中，我国普通铁路货、客运机车的保有量约为21000台。近年来，新增的机车组大多是为高铁动车组列车配备，普通列车的机车组生产已经逐年降低，普通铁路货、客运机车保有量今后将不会有较大的增长。以机车设计寿命20年计，每年至少需要新造和更新机车1000台左右。

### 1.3.2 城市地铁和轻轨列车拥有数量

城市地铁和轻轨的发展是我国近年工业经济增长的新亮点，据城市交通部门统计，截至2019年1月，我国城市轨道交通拥有运营地铁或轻轨列车数量共计约5946列，每列地铁或轻轨列车一般编组4~8节车厢，共计37060辆（节）。

规划到2025年我国要建成至少8500km的城市轨道交通路网，届时，将新增运营地铁或轻轨列车3240列，预计车辆约为19460辆（节），总计超过56520辆（节），今后几年平均每年大约新增车辆2780辆（节）。

以城轨车辆设计寿命30年计算，为维持城市地铁和轻轨列车的运营，平均每年需要更新置换的车辆约为310列，约1880辆（节）。

## 1.4 铁路车轮的市场需求

目前，在很多技术书籍中产品的市场分析没有体现，而工程设计的首要工作就是调查市场、分析市场、了解产品的用途和需求，以使建设工程在投产后产品畅销，企业迅速获得利益和回报，因此，以下对铁路车轮市场做概括性的需求分析。

### 1.4.1 国内铁路车轮的需求

我国的铁路运输事业有了如此规模巨大的发展，铁路车轮的供应情况势必成为有关人员关注的焦点。综合上述铁路机车和车辆的新增数量和保有量，分析其使用寿命和报废年限，可以总结出车轮产品的市场需求总量。有了市场需求的数量，在规划建设铁路车轮工程项目时，就能对产品的生产规模、品种选择、装备配置、资金方向心中有数，不会盲目跟风，造成投资风险。

1.4.1.1 铁路车轮的使用寿命

铁路机车和车辆的走行部件是以转向架轮对组的型式构成的，转向架的车轮在轨道上运行，每套转向架有2组轮对，每组由2根车轴、4片车轮、配套轴承以及刹车系统装配在一起。国家标准轨距铁路车辆轮对示意图如图1-13所示。

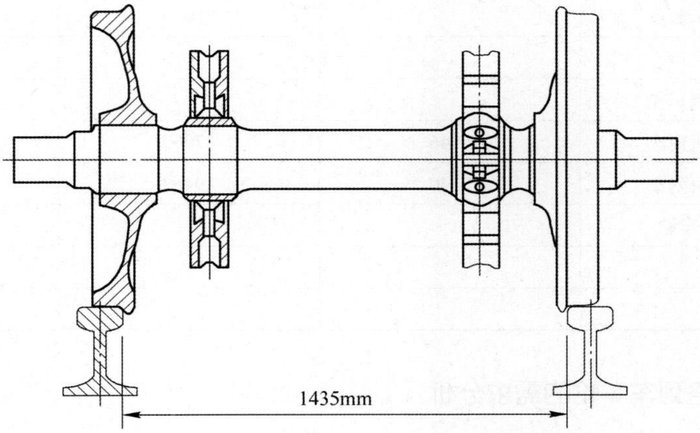


图1-13 一组轮对的示意图

铁路车轮是安全产品，每个国家的铁路系统都有自己的执行标准以及统一的维修、更换界限和报废年限。20多年前，我国由于铁路车轮产品短缺，其中一些车轮超过使用年限还反复维修使用，给安全行驶带来隐患。

根据理论计算：

1）铁路货运车辆车轮的报废年限值最大为10年；

2）铁路普通客运车辆车轮的报废年限值取10年；

3）铁路机车车轮的报废年限值取6年；

4）高铁动车组列车轮对的车轮使用年限超过3年时间须维修更换。

铁路车轮寿命计算的依据和方法将在第3章中详细推导和论述。

1.4.1.2 国内铁路列车及城轨列车的车轮需求统计

通过分析国内铁路列车和城轨列车的新增数量和保有量，可以得出2018~2025年乃至今后一段时期内，国内铁路车轮市场每年的需求状况。铁路车轮年需求量约1568510片，汇总见表1-6。

表1-6 国内铁路车轮市场需求统计表

| 序号 | 项　目 | 列车数量/列 | 折合车辆数量/辆（节） | 年需求车轮数量/片 · $a^{-1}$ |
|---|---|---|---|---|
| 1 | 高铁动车组车轮 | | | |
| 1.1 | 现有列车 | 3396 | 31992 | 210624 |
| 1.2 | 新增列车 | 3500 | 32760 | |

续表 1-6

| 序号 | 项　　目 | 列车数量/列 | 折合车辆数量/辆（节） | 年需求车轮数量/片·$a^{-1}$ |
|---|---|---|---|---|
| 2 | 普通铁路货车车轮 | | | |
| 2.1 | 现有列车数量 | | 799000 | 958800 |
| 3 | 普通铁路客车车轮 | | | |
| 3.1 | 现有列车数量 | | 41000 | 43759 |
| 4 | 铁路机车车轮 | | | |
| 4.1 | 现有机车数量 | | 21000 | 72800 |
| | 小　计 | | | 1285983 |
| 5 | 城轨车辆车轮 | | | |
| 5.1 | 现有城轨列车 | 5946 | 37060 | 82528 |
| 5.2 | 新增城轨列车 | 3240 | 19460 | |
| 6 | 工矿用车轮 | | | 200000 |
| | 小　计 | | | 282528 |
| | 合　计 | | | 1568510 |

### 1.4.2　国际铁路列车车轮的需求分析

随着中国经济的快速发展，国际市场也呈现出较高的增长趋势。国际上对铁路车轮的需求日益增加，特别是“一带一路”倡议，在 2016 年 G20 世界高层峰会后进一步落实，带动了世界经济的发展。

铁路规划发展的目标是，由中国组织建设的泛亚铁路、东非铁路、麦加铁路、中巴经济走廊近期初具规模，远期推动北京直达德国的中亚高铁、远东经中国直达伦敦的欧亚高铁、中国出发经西伯利亚穿过白令海峡和加拿大最终抵达美国的中俄加美高铁，这些目标的实施都会对铁路车轮市场产生重大的影响。

随着我国向阿根廷、格鲁吉亚等国出口高铁动车组列车，向德国出口动车组机车，向巴西里约、印度孟买、美国、土耳其提供地铁和轻轨列车，中国制造的高承载力、高质量的铁路车轮逐步走向世界，今后的车轮订单也会带来不可估量的合同份额。

2015~2018 年，中国几个铁路车轮制造厂自主向北美、印度、南美、澳洲、非洲及亚洲各国家和地区每年出口车轮达 160000 片之多。近几年，中国铁路装备在城轨建设的国际市场上占有率逐步上升至 12.3%，为此，每年随城轨列车出口的车轮超过 17000 片。出口的铁路车轮市场初步统计见表 1-7。

**表 1-7　出口铁路车轮市场统计**

| 序号 | 项　　目 | 列车数量/列 | 折合车辆数量/辆（节） | 年需求车轮数量/片·$a^{-1}$ |
|---|---|---|---|---|
| 1 | 国际出口市场 | | | |
| 1.1 | 生产厂自主出口车轮订单 | | | 160000 |
| 1.2 | 随出口机车和车辆组装的车轮 | 2125 | | 17000 |
| | 小　计 | | | 177000 |

### 1.4.3 铁路车轮市场的分析结论

从上述铁路客货运输的发展及出口市场来看，国内和国际市场对我国铁路车轮的需求每年共计超过174.5万片。

我国铁路车轮的营销需要从销售策略、技术认证等方面与世界各国公司公平竞争，获得市场份额。

中国的铁路车轮制造要在国际上争得更多的市场，尚需要加大研发力度，在产品创新和多元化方面更要有新颖的设计，特别在提升列车速度超过400km/h的铁路车轮产品上，创出自己的轮型设计，并将其广泛运用到高铁动车组列车上，在国际市场上占稳独立的一席。

## 1.5 铁路车轮的制造厂家

国外众多的著名铁路车轮制造商，如德国的BVV轨道交通公司、意大利的LUCCHINI公司、法国的VALDUNES公司、日本的住友金属制钢株式会社、俄罗斯的李卜克内西钢管厂、乌克兰的下塔吉尔钢铁公司模锻厂、美国的格里芬铸钢车轮公司等提供了世界市场上绝大部分的车轮产品。

随着我国铁路客货运输事业的发展，铁路车轮的需求呈现极大的空间，国内铁路车轮的生产制造厂获得重大发展机遇。我国在20世纪60年代建设了第一座铁路车轮制造厂，90年代后期到21世纪的2012年，又新建了3座现代化的铁路车轮制造厂。这几个生产厂的投产，使我国当年的铁路车轮产品由缺轮待料、无轮装车的窘困状况，呈现出了重大的转机，实现了供需平衡。

我国高铁动车组列车车轮自主生产之后，自此一跃成为世界铁路车轮的制造大国，在国内经济建设及国际“一带一路”的铁路运输事业中起到了中流砥柱的作用，同时提供了坚实的物质基础。

### 1.5.1 铁路车轮制造方法

中国第一家铁路车轮和轮箍的制造厂是由毛泽东主席亲自选定的、1961年开始建设、1964年投产的马鞍山钢铁公司车轮轮箍厂，改制更名后为马鞍山钢铁股份有限公司车轮轮箍分公司。

自1964年第一条铁路车轮生产线投产以来，我国已经有了50多年的铁路车轮生产历史，经过不断的实践、改进，吸收国外的先进技术和自己的创新发展，已经形成了一整套完整的生产工艺，达到了与国际产品同步的世界先进水平。

我国铁路车轮的制造方法有以下两种：

辗钢整体锻轧方式。辗钢整体锻轧方式生产铁路车轮，就是采用钢坯锻造+辗环轧制的方式。这种生产方法制造的车轮适用于铁路普通机车车轮、客车车辆车轮、高铁动车组列车车轮、货车车辆车轮、工矿车辆车轮、起重运输设备车轮等。

根据各国多年对铁路车轮制造方法的研究，凡是性能要求高的铁路和轨道运输车轮，都要求采用辗钢整体锻轧的方法制造。特别是在高速行驶状态下的列车机车和车辆，车轮承受着复杂的、极端的负荷，因此车轮的承压力、耐磨性能、耐疲劳性能等要求很高，是极为关键的安全部件，更要求采用严格的制造方法。

铸钢方式。铸钢方式生产车轮，就是直接采用电炉冶炼钢水+石墨型铸造的方法。这种生产方法制造的车轮基本上适用于铁路货车车辆车轮、工矿车辆车轮、起重运输设备车轮等。国外有不少国家在普通铁路客车车辆上使用石墨型铸钢车轮，列车的运行速度要求不高于 120km/h、车辆轴重 25t 以下。

### 1.5.2　国内铁路车轮生产厂家

#### 1.5.2.1　制造厂简介

我国现有 4 家已经投产的铁路车轮制造厂：马鞍山钢铁股份有限公司车轮轮箍分公司、太原重工集团太原重工轨道交通设备有限公司，这 2 家公司采用辗钢整体制造的方式生产铁路车轮，产品涵盖了所有系列的品种；中国中车公司大同爱碧玺铸造有限公司、中国中车公司信阳同合车轮有限公司，这 2 家公司采用石墨型铸钢的方式生产铁路车轮。

1）马鞍山车轮轮箍分公司是原冶金工业部建设的第一座辗钢整体锻轧车轮和轮箍的制造厂，于 1964 年 7 月投产，当时的设计产量为车轮 455100 片/a、轮箍 72700 片/a，如图 1-14 所示。

图 1-14　马钢车轮轮箍分公司

1999 年马鞍山车轮轮箍分公司对原有的车轮和轮箍生产线进行异地改造，改造完成后，等于重建一条生产线，车轮产品的设计年产量为 445600 片/a，轮箍产品的年产量 71740 片/a。

2008 年 11 月该公司新建第三条车轮生产线并成功投产，车轮产品设计生产规模 300000 片/a。

马钢车轮轮箍分公司的全部车轮和轮箍产品设计产量近 82 万片/a，约占全国铁路车轮产品设计产量的 42.2%。

2）1998 年 7 月大同爱碧玺（ABC）铸造有限公司投产，如图 1-15 所示，它是我国第一座铸钢铁路车轮生产厂，当年由中国北车公司（现并入中国中车公司）与美国艾拜克斯（abex）铁路产品公司合资建设，车轮设计年生产量 160000 片/a，实际达产 220000 片/a，约占国内设计产量的 12.5%。

3）2007 年 9 月建成投产的信阳同合车轮有限公司，如图 1-16 所示，是中国浙江正合控股有限公司、美国 ABC 铁路产品中国投资公司、中国北车公司（现并入中国中车公司）、大同爱碧玺铸造有限公司合资建设的我国第二座铁路铸钢车轮生产厂，铸钢车轮设计年生产量 250000 片/a，实际产能 300000 片/a，约占国内车轮设计产量的 17%。

图 1-15 大同爱碧玺铸造有限公司

图 1-16 信阳同合铸钢车轮有限公司

4）太原重工集团的全资子公司——太原重工轨道交通设备有限公司 2012 年 11 月建成投产，如图 1-17 所示。1997 年太原重工集团从加拿大进口二手生产设备，建设了我国第二座辗钢整体铁路车轮生产厂，原产能近 200000 片/a。新建成的车轮制造工厂是迄今世界上工艺最先进，智能化、信息化、生产装备自控化水平最高的辗钢整体铁路车轮生产

图 1-17 太重轨道交通设备制造有限公司

厂，设计产量 300000 片/a，实际产能 360000 片/a。该公司车轮产品的全部设计产量共计 500000 片/a，约占全国车轮产量设计规模的 28.3%。

同时，该公司于 1991 年引进精锻机，建设了一条铁路车轴自动生产线，设计制造能力 80000 根/a；2014 年又建成一条铁路重载车轴生产线，制造能力 40000 根/a；2016 年 7 月异地搬迁改造精锻机并建设一条高速铁路车轴生产线，装备设计能力 95000 根/a，目前，整合后的铁路车轴生产设计产能达到 135000 根/a，成为我国既能够自主制造铁路车轮又能够自主制造铁路车轴并组装轮对的现代化铁路轮轴生产厂。

#### 1.5.2.2　国内铁路车轮制造厂产能汇总

铁路车轮制造厂的生产装备，既可以生产铁路车轮、城轨车轮、矿山机械用轮、起重机械用轮，又可以生产各种轮箍、盘形件和环形件等产品。

截至 2017 年年底，我国 4 家铁路车轮制造厂的产能达到 1765600 片/a，与当前国内的车轮需求总量基本持平，统计数据见表 1-8。

**表 1-8　我国铁路车轮制造厂的设计产量和实际产能**

| 序号 | 生产线 | 设计产量/片·$a^{-1}$ | | 实际产能/片·$a^{-1}$ | | 合计/片·$a^{-1}$ | 车轮产能比例/% |
|---|---|---|---|---|---|---|---|
| | | 车轮 | 轮箍和环件 | 车轮 | 轮箍和环件 | | |
| 1 | 马钢一线 | 445600 | 71740 | | | | |
| | 马钢二线（改造） | 445600 | 71740 | 445600 | 71740 | 517340 | 42.2 |
| | 马钢三线 | 300000 | | 300000 | | 300000 | |
| 2 | 大同（铸钢） | 160000 | | 220000 | | 220000 | 12.5 |
| 3 | 信阳（铸钢） | 250000 | | 300000 | | 300000 | 17.0 |
| 4 | 太重原有生产线 | 200000 | | 140000 | | 140000 | 28.3 |
| | 太重新生产线 | 300000 | | 360000 | | 360000 | |
| 合　计 | | | | 1765600 | 71740 | 1837340 | 100 |

我国国内还有一些极小规模的铸钢车轮生产车间，有的附设在冶金铸造厂内，有的附设在重型机械厂内，采用间断式的传统铸造生产方法制造用于电动平板车、起重机、走行机械等的铸钢车轮，在此不列入总产能表。

# 2 铁路车轮制造项目中工程设计的历史沿革

## 2.1 中国铁路车轮工程项目的设计历史

我国的辗钢整体铁路车轮是20世纪60年代从无到有建设起来的。第2章简述在工程项目的工厂设计中如何实施工程工艺设计的工作过程，介绍当年在选用供给原料、坯料加热、轮坯锻轧、热处理和机加工的设计上采取的方法和措施。有些工艺技术适用的是经典基础理论，至今还在继续应用；有些工艺技术已经落后不再使用。冶金工业的发展和进步，促进了工艺设计的大胆变革，在生产装备的自动控制、智能控制方面，甩掉了落后的工艺，应用崭新的理论和技术取代了过时的做法，与过去不可同日而语。不过，有些技术虽然在我国不再采用，但在世界上的其他国家里，还有相当多的厂家仍在应用，因此，为了使读者更好地了解这些工程技术的更新过程，深刻地体会当时的设计水准与当今的水平差异，本章将当年的工艺设计实绩和实施细节总结和叙述出来，使读者更加广泛地了解和熟悉辗钢整体铁路车轮工程项目的工厂设计以及专业技术发展的历史进程。

20世纪60年代之前我国的铁路车轮基本为进口，60年代初国家为保障铁路运输继续运行，决定建设自己的辗钢整体铁路车轮和轮箍制造厂，引进了当时苏联的下塔吉尔钢铁公司模锻厂车轮制造车间的部分图纸、生产技术和生产组织模式。在那时社会生活非常困难的条件下，我国集中了国内优秀的技术人员，集思广益发挥才智，将一部分装备按图纸进行国内消化移植制造，一部分装备从苏联和东欧进口，集国家的力量，建设了我国第一座采用机械化连续生产线的铁路车轮制造厂，建成投产后至今延续生产。

20世纪的70年代，苏联的铁路车轮制造厂着手进行改造和提升，其生产装备和管理模式经过改造已经今非昔比，这从几十年前的相关书籍《火车车轮的制造》（Производствожелезнодорожных колес）中以及近年的报道资料中可以清楚地了解到这些。

至20世纪的90年代中期，我国铁路车轮的制造水平和产能跟不上时代的发展和社会需求，中国开始自己设计、集成和装备铁路车轮制造厂，现今已经创建了世界一流的设计公司和生产企业，跻身国际先进的行列。

## 2.2 辗钢整体铁路车轮生产的原有工艺及装备

历史上的辗钢整体铁路车轮工程设计中的工艺设计是当时的最高技术水平体现，是老一辈应用科学技术人员的长期奋斗的经验和积累，当今的、现代的应用科学技术正是在此基础上发挥、提高和发展的。

以下逐一展开介绍工厂设计中的各个步骤，说明工程工艺设计的思路，引用的科学理论依据，采取的计算公式和实施的实用技术；同时介绍在确定了辗钢整体铁路车轮工程的产量规模前提下，如何制定生产工艺流程、计算金属和原料的平衡，再到选择坯料材质和加热形式，直至设计锻压和辗环、锻后控制冷却、等温处理、淬火热处理、机加工和质量检验的生产工艺，选配各工序的加工装备以及车间工艺布置等具体的工作内容。

### 2.2.1　工作时间的选定

辗钢整体铁路车轮制造厂的工程工艺设计和设备选型工作中，很重要的部分是设定工厂的工作制度，选取年工作时间，在工作时间的最大限度内，保障产品产量的最大化。工作时间的选定影响所有的计算依据，因此，首先介绍年工作制度的选择和计算。

我国新颁布的《机械工程的年时基数设计规范》（GB/T 51266—2017），是工作制度选用的主要基础依据。由于各行业的工作性质不同，在规范公布的非强制性执行条款的范围之内可以有所调整，由于历史的原因，本章的内容有一部分年工作制度是按照传统的方法计算的，现在进行新的工程设计时应按照国家标准执行。

冶金工厂和重工业机械工厂的年工作天数各不相同。冶金工厂每年除去法定节假日和设备维修时间外，作业天数范围为 300～330d，每天 3 班工作，每班 8h。机加工专业公称时间损失系数 0.85～0.9，锻压专业公称时间损失系数 0.75～0.85，加热炉和热处理专业是连续作业因而公称时间损失系数基本为 1，以此计算的年工作小时，即年时基数。

以前，冶金工厂一般机加工车间的作业天数为 306d，以此设计年时基数：

每天 1 班工作时，年时基数 2100～2200h；

每天 2 班工作时，年时基数 4200～4400h；

每天 3 班工作时，年时基数 6300～6600h。

锻压车间的作业天数也为 306d，以此设计的年时基数：

每天 1 班工作时，年时基数 1830～2100h；

每天 2 班工作时，年时基数 3660～4200h；

每天 3 班工作时，年时基数 5500～6300h。

坯料加热和热处理车间的作业天数为 306d，以此设计的年时基数：

每天 3 班工作时，年时基数约 7400h。

依靠高炉供应铁水或者依靠炼钢车间提供钢水的连续铸铁和铸钢车间，作业天数为 330d，以此设计的年时基数：

每天 3 班工作时，时间损失系数 0.85，年时基数约 6700h。

除去每年的法定节日 7d，在正常工作天数外，工艺设备的检修天数一般为 28～52d。具体的工作时间是根据生产厂的订单饱满程度，划分不同的车间和工序进行调整计算。

### 2.2.2　产品需求规模

据铁路总公司 2017 年末统计数据，我国铁路运输客货换算周转总量约 38900 亿吨/km，而20世纪50年代末铁路运输客货换算周转量还不足1000亿吨/km，仅约为今天的1/40。我国设计第一座车轮和轮箍厂工程开始于1961年，当年的铁路运营总里程不到30000km，钢铁产量仅1300万吨/a，即使这样，铁路运输仍然不能满足社会对客货运输的需求。当年，为满足铁路运输的迫切需要，在工程建设的初期，在有限投资的条件下，产品的设计年产量定为：

D915mm铁路客车车轮42500片，折合17000t；

D840mm铁路货车车轮390000片，折合144500t；

其他各种用途的轨道车轮22500片，折合8500t；

共计铁路车轮产品年产量455100片，折合170000t。

## 2.2.3 产品生产工艺流程

确定了工作时间和产品的产量，继而是制定生产工艺流程，图2-1所示以分步框图的形式，从生产原料到成品，对当年辗钢整体铁路车轮的制造工艺予以概括，框图中每步工艺实施所对应的生产装备也列在其中。

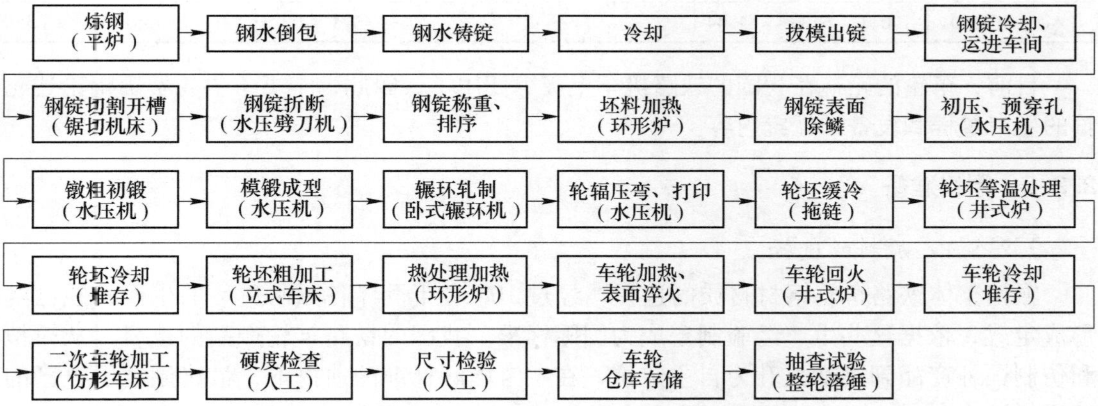

图2-1 20世纪辗钢整体铁路车轮生产工艺流程

辗钢整体铁路车轮的制造是重型机械加工制造业的代表型行业，虽然我国新建设的辗钢整体铁路车轮制造厂的生产工艺与几十年前相比已经大相径庭，但在世界上的其他国家，仍有制造厂继续沿用此生产工艺流程。

## 2.2.4 金属平衡

生产工艺流程中，每一个工序都有金属消耗和损失，包括切锭流失的金属屑、加热时碳化和烧损的金属表面层、锻轧时冲头去尾、加工时的切屑等。计算金属的消耗量和各工序的金属进出平衡，就能得出原料的进厂总量，这些是计算生产能力、进出运输车辆、各车间的运输工具数量重要的选取依据。

各主要工序的金属消耗量、工序产量、消耗占比等理论计算数据汇总见表2-1。本章中每个工序的生产装备计算和选择，采用的基础数据都依据表2-1。

**表 2-1　各主要工序金属平衡、工序产量、消耗占比表**

| 原料准备工序 | | | | | | | | | | | | |
|---|---|---|---|---|---|---|---|---|---|---|---|---|
| 单位 | 钢锭 | | 切割钢锭 | | 端头 | | 废轮坯 | | 钢屑 | | 轮坯 | |
| | t/片 | % | t/片 | % | t | % | t/片 | % | t | % | t/片 | % |
| t/a | 275400 | 100 | 275400 | 100 | 51150 | 18.57 | 7650 | 2.78 | 14000 | 5.1 | 202600 | 73.56 |
| 片/a | 81695 | 100 | 488700 | 100 | — | — | 14600 | 3 | — | — | 474100 | 97 |
| 热锻压及辗轧工序 | | | | | | | | | | | | |
| 单位 | 轮坯 | | 冲出 | | 废品 | | 烧损 | | 粗制车轮 | | | |
| | t/片 | % | t | % | t/片 | % | t | % | t/片 | % | | |
| t/a | 202600 | 100 | 7300 | 3.6 | 3250 | 1.6 | 4050 | 2 | 188000 | 92.8 | | |
| 片/a | 474100 | 100 | — | — | 7600 | 1.6 | — | — | 466500 | 98.4 | | |
| 机械加工及热处理工序 | | | | | | | | | | | | |
| 单位 | 粗制车轮 | | 废品 | | 烧损 | | 钢屑 | | 检查用 | | 成品 | |
| | t/片 | % | t/片 | % | t | % | t | % | t/片 | % | t/片 | % |
| t/a | 188000 | 100 | 2700 | 1.44 | 1880 | 1 | 11400 | 6.1 | 1880 | 1 | 170000 | 90.45 |
| 片/a | 466500 | 100 | 6700 | 1.44 | — | — | — | — | 4700 | 1 | 455100 | 97.55 |

目前，车轮的轮箍在我国的铁路机车上极少使用了，因此，本书不再花费篇幅论述轮箍的生产过程和设备的配置内容。

## 2.2.5　原料准备

### 2.2.5.1　原料的选择

辗钢整体铁路车轮钢材材质的选择，经过100多年世界各国制造厂的生产实践已经形成定式，依据这些生产经验制定成为国际标准。我国的铁路车轮产品的选材，从模拟和仿制国外产品到逐渐上升为自主定位，在参考国际标准的前提下，最终制定了自己的国家标准，各个制造厂根据不同的订货合同，执行时对标各种标准和操作规范进行生产。

国际上著名的铁路车轮制造厂家对钢坯材质进行了深入研究，在不同的铁路运行环境、不同的承载力条件下，通过试验研究选比各种不同的钢坯材质，最终确定将优质中、高碳素钢作为适合辗钢整体车轮的优选材质，这一研究过程可参考《日本铁路车轮用钢逐渐向高碳钢方向发展》。

采用锻造和辗环轧制的方式生产铁路车轮，目的就是要保证具有曲线形态的钢坯基体组织具有超强的力学性能，这才能保证产品的安全性能。中国国家标准辗钢整体铁路车轮的机械性能见表2-2，国际辗钢整体铁路车轮的机械性能标准EN 13262见表2-3。

近年来，我国的科研机构也在不断地深入研究，通过研究表明，适当地提高车轮钢坯材质的碳含量，能够减少车轮对钢轨的摩擦损耗。多年来，我国铁路车辆车轮的钢坯材质选用牌号和力学性能，基本都是中碳钢，为了增强耐磨性能，近年常将合金钢作为铁路机车车轮的首选材质。

**表 2-2　中国国家标准的铁路车轮力学性能**

| 标准号 | 车轮钢级别 | | 车轮钢牌号 | 规格 | 拉伸试验 | | | 硬度试验 | | 冲击试验 |
|---|---|---|---|---|---|---|---|---|---|---|
| | | | | | 抗拉强度 $R_m$ | 断后伸长率 $A$ | 断面收缩率 $Z$ | 踏面下 30mm 处轮辋硬度 | 轮辋表面硬度 | +20℃辐板冲击功 U 形缺口 |
| | | | | mm | N/mm² | % | % | HBS | HBS | J |
| 2817 | I | | CL60 | | ≥910 | ≥10 | ≥14 | 265~320 | 277~341 | ≥16 |
| 2708 | | | | | | | | | 270~341 | |
| 8601 | A | | CL45MnSiV | | 880~1125 | 12 | 21 | 251 | 251 | ≥23 |
| | A | 客车 | CL60 | $\phi$915 | 910~1155 | 8 | ≥14 | 265~320 | 270~341 | ≥16 |
| | | 货车 | | $\phi$840 | | | | | | |
| | B | 客车 | | $\phi$915 | 880~1105 | 10 | 14 | 251 | 251 | ≥16 |
| | | 货车 | | $\phi$840 | 860~1090 | 10 | 14 | 248 | 248 | ≥16 |
| 1013 | | | CL60 | | ≥910 | ≥4 | | ≥265 | 270~341 | ≥10 |

**表 2-3　国际标准 EN 13262 的铁路车轮力学性能**

| 钢等级 | 轮缘 | | | 辐板 | | 踏面下 35mm 硬度 | 冲击试验（平均） | | 疲劳试验 |
|---|---|---|---|---|---|---|---|---|---|
| | $R_{eH}$ | $R_m$ | $A_s$ | $R_m$ | $A_s$ | | +20°U 形缺口 $KU$ | −20°V 形缺口 $KV$ | 辐板 |
| | N/mm²① | N/mm² | % | N/mm²② | % | HBS | J | J | N/mm² |
| ER6 | ≥500 | 780/900 | ≥15 | ≥100 | ≥16 | 225 | ≥17 | ≥12 | 315~450 |
| ER7 | ≥520 | 820/940 | ≥14 | ≥110 | ≥16 | 235~245 | ≥17 | ≥10 | |
| ER8 | ≥540 | 869/980 | ≥13 | ≥120 | ≥16 | 245 | ≥17 | ≥10 | |
| ER9 | ≥580 | 900/1050 | ≥12 | ≥130 | ≥14 | 245 | ≥13 | ≥8 | |

① 如果没有屈服强度区别，可以确定/裁定 $R_{p0.2}$ 弹性极限试验应力；

② 与相同车轮的抗拉强度比较，抗拉强度的降低量。

国际标准 EN 13262—2004 规定：为满足力学性能，实心锻制和轧制的车轮要用真空除气钢制造。中国的国家标准与国际标准在钢锭的冶炼要求上有所区别，中国国家标准规定：车轮钢的冶炼方法应采用平炉、电炉或转炉的镇静钢，并经炉外精炼处理的钢质制造，钢水中氢的含量不应大于 $2\times10^{-6}$。

铁路车轮支撑着车辆的全部载荷，特别是高速运行时，必须具有绝对的安全性和可靠性。车轮辐板是承受机械应力反复作用的部件，钢坯材质的基本特性除了要保证强度性能，还要有足够的耐疲劳特性，因此，在冶炼和浇注时，有特殊的操作规程，钢锭中不能有超出标准的杂质存在。此外，列车刹车时热应力会导致轮辋膨胀，刹车停止后热胀冷缩会使轮辋产生裂纹并使热裂纹扩展，因此，车轮的踏面与钢轨的接触面特别要保证能够承受多重交变应力。选择车轮钢坯材质时，车轮钢材中化学成分有十分重要的影响。

中国国家标准 GB 8601—1988、TB/T 2817—2018 和国际标准 EN 13262—2004 对车轮钢的熔炼化学成分规定见表 2-4、表 2-5。

**表 2-4 中国国家标准中车轮钢的牌号和化学成分（熔炼成分分析）** （质量分数/%）

| 标准 | 钢牌号 | C | Si | Mn | P | S | V |
|---|---|---|---|---|---|---|---|
| 8601 中国标准 | CL60 | 0.55~0.65 | 0.17~0.37 | 0.5~0.8 | ≯0.035 | ≯0.04 | |
| | CL45MnSiV | 0.44~0.52 | 0.4~0.6 | 0.80~1.20 | ≯0.035 | ≯0.04 | 0.08~0.15 |
| 2817 中国标准 | CL60 | 0.55~0.65 | 0.17~0.37 | 0.5~0.8 | ≤0.025 | ≤0.025 | |
| | CL65 | 0.57~0.67 | ≤1.00 | ≤1.2 | ≤0.025 | ≤0.025 | |
| | CL70 | 0.67~0.77 | ≤1.00 | ≤1.2 | ≤0.025 | ≤0.025 | |

**表 2-5 EN 13262 国际标准中车轮钢的牌号和化学成分** （质量分数/%）

| 标准 | 钢牌号 | C | Si | Mn | P | S | V |
|---|---|---|---|---|---|---|---|
| 13262 国际标准 | ER6 | 0.48 | 0.4 | 0.75 | 0.02 | 0.015 | |
| | ER7 | 0.52 | 0.4 | 0.8 | 0.02 | 0.015 | |
| | ER8 | 0.56 | 0.4 | 0.8 | 0.02 | 0.015 | |
| | ER9 | 0.6 | 0.4 | 0.8 | 0.02 | 0.015 | |

#### 2.2.5.2 原料的来源

以往世界各国生产辗钢整体铁路车轮的钢坯材质原料，主要采用 12 角形的浇注钢锭，近年来逐步采用连铸圆坯作为原料，将钢锭/连铸圆坯切割成坯段，作为后续加工的坯料。

20 世纪 90 年代之前，我国采用的是平炉炼钢。1963 年，马鞍山铁厂划归马鞍山车轮轮箍分公司，在原有的基础上建设了 2 座 125t 炼钢平炉。1980 年后，将其改造成为 2 座 185t 的双枪顶吹氧固定式碱性炼钢平炉，产出钢水从初期的 48 万吨/a 提高到 54 万吨/a。平炉的炼钢原料为生铁、废钢、矿石、石灰、萤石、脱氧剂以及合金等，钢水用钢锭模模铸的方法浇注成钢锭。当年工程设计时，马鞍山车轮轮箍厂采用的车轮制造用的平炉钢锭化学成分见表 2-6。

**表 2-6 平炉冶炼车轮钢锭化学成分表**

| 序号 | C/% | Mn/% | Si/% | S/% | P/% |
|---|---|---|---|---|---|
| 1 | 0.5~0.6 | 0.6~0.9 | 0.15~0.35 | <0.04 | <0.05 |
| 2 | 0.55~0.7 | 0.6~0.9 | 0.15~0.35 | <0.05 | <0.05 |

注：鉴于当时的炼钢水平，平炉冶炼钢水中的 S、P 含量都较高。

平炉炼钢的优势是对原料的要求较宽，操作简便，炉容可以大到几百吨以上；缺点是钢水质量不稳定，尤其是车轮钢对氢元素的含量以及钢中的非金属夹杂物要求很严格，而平炉本身由于设备的自身条件，无法与炉后精炼设备组成连续作业线，钢水的化学成分很难稳定控制，还有在能源消耗上能耗较大，与转炉的负能耗炼钢相比极大地降低了资源的利用率。

表 2-6 与现在执行的国家标准和 EN 13262 国际标准规定的辗钢整体铁路车轮钢坯材质的化学成分有较大的差距。

20 世纪末，我国冶金行业的工艺技术和装备开始升级。马鞍山钢铁公司也不例外，1999~2001 年对炼钢厂进行了改造和扩建，拆掉了平炉，装配了 120t 转炉+95t LF 精炼炉+100t VD 精炼炉，建设了新的炼钢系统，改变了车轮钢的炼钢工艺，完成了升级换代。

随着2001年包头钢铁公司500t平炉的停产，平炉在我国被彻底淘汰。2019年宝钢股份公司实现高炉远程操控投运、300t转炉全自动出钢，我国冶金行业的发展水平进入了一个新高度。国外还有钢铁厂继续使用平炉炼钢，但本书不再详述。

1988年我国颁布了自主制订的、新的《铁路用辗钢整体车轮》（GB 8601—1988）国家标准，对车轮钢的化学成分、低倍组织提出了更加严格的要求。为尽快落实国家标准，马钢车轮轮箍分公司在其后的几年中，对生产装备进行了重大改造，逐步满足了新标准中控制车轮钢坯材质质量的要求，特别是提高了轮缘和辐板处的冲击韧性质量，这些改进使铁路列车运行过程中车轮发生崩裂等危害事故得以减少。

采用转炉+LF+VD的炼钢工艺路线，LF精炼炉后的钢水达到深度脱氧、脱硫，优化了合金条件，充分地去除了钢水中的夹杂物，钢水的洁净度得以提高。通过VD炉进一步精炼降低钢中的气体含量，脱氢率可达到60%~90%，真空处理后的钢水中氢含量能够满足不大于$2\times10^{-6}$的国家标准要求。

马鞍山钢铁公司采用转炉炼钢生产后，实现了炼钢接近负能耗的节能目标，炼钢工序能耗最低时为0.7kgce/t（略低于武汉钢铁公司转炉1.41kgce/t、高于宝钢公司转炉-4.14kgce/t的指标），降低了炼钢成本，提高了经济效益。

在此之后，马鞍山钢铁公司于2002年引进了三机三流弧形圆坯连铸机，圆坯断面规格$\phi$380~450mm，作为制造车轮和其他用途的管材圆坯材料。由于连铸坯中钢水偏析较小、夹杂物含量大幅降低，车轮钢坯的材质质量达到了世界先进水平。有了连铸圆坯的供应，马钢车轮轮箍分公司逐步用其替代了模铸车轮钢锭，生产模式也逐步向满足生产高速列车车轮钢坯的原料方向发展。

#### 2.2.5.3 钢锭和钢坯规格

制作车轮的坯料，钢锭的直径是根据车轮的直径来确定的。原料采用的最大钢锭直径约为$\phi$600mm，最大长度约3100mm，钢锭的重量约2.5~4t。由于不同的钢铁厂使用的钢锭模尺寸稍有不同，浇铸出来的车轮钢锭锭型略有差异。传统的脱模钢锭都设计有锥度，以便钢锭从钢锭模中顺利地拔出，但是这也给制作车轮的钢锭切割和配尺工作带来难度，每一个切割的钢坯都要进行配重和定尺计算，使之符合车轮原料坯段的重量标准。车轮钢坯的模铸钢锭锭型如图2-2所示。

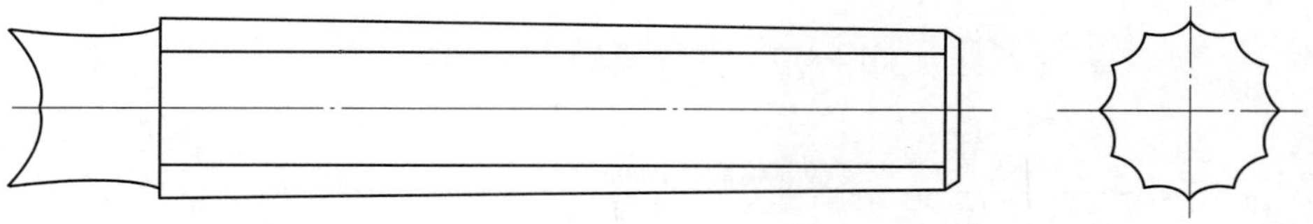

图2-2 模铸钢锭锭型

采用连铸圆坯作为车轮原料钢坯，钢坯的直径为$\phi$380~580mm，最大长度约7000mm，圆坯的重量约7t。

钢锭或者连铸圆坯的运输，采用火车车皮或者汽车运输，从炼钢车间运送至车轮制造的原料准备车间，存放在钢锭仓库内。每个钢锭或者连铸圆坯均在钢锭磅秤上称量，然后按钢种、炉号和规格堆放。

### 2.2.5.4 钢坯切割方式和配尺

20 世纪钢锭的切割设备还很落后，当年设计的车轮钢坯切割方法基于设备的限制，是用电动平车从仓库转运进入切割车间，由人工将带有锥度的模铸钢锭坯料按重量进行配尺划线，然后用锯切车床按照划出的分割线车削出缝隙，再用压力式劈断刀机床对准缝隙，将钢锭折断。

切割钢锭的操作过程：在划线平台上预先划分好尺寸，起重机将划好线的钢锭吊运到钢锭切割车床前的板链上，推钢机将板链上的钢锭推送至切割车床刀架下，切割车床带有多个刀架，车刀同时进给将钢锭车削出多个深槽缝隙。图 2-3~图 2-5 为常用钢锭的切割分槽示意图，2. 93t 钢锭坯料分段切槽示意如图 2-3 所示，2. 32t 钢锭坯料分段切槽示意如图 2-4 所示，2. 09t 钢锭坯料分段切槽示意如图 2-5 所示。

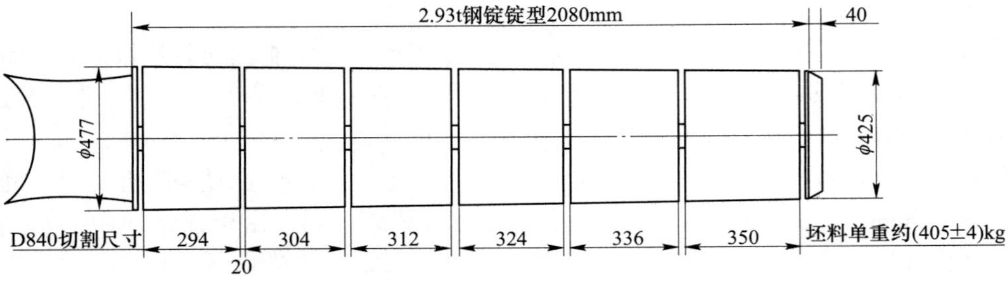


图 2-3 2. 93t 钢锭坯料切割配尺

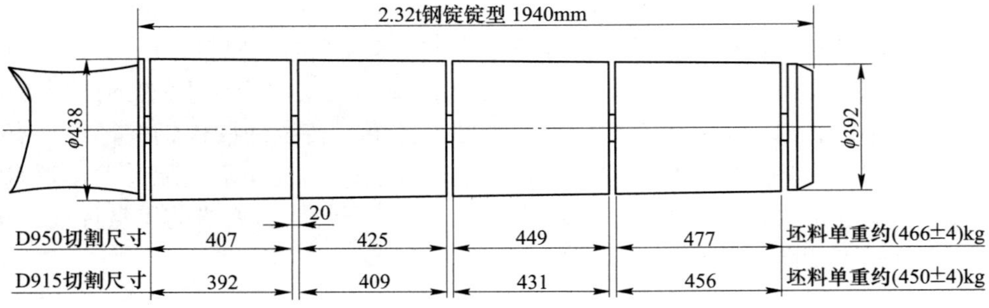


图 2-4 2. 32t 钢锭坯料切割配尺

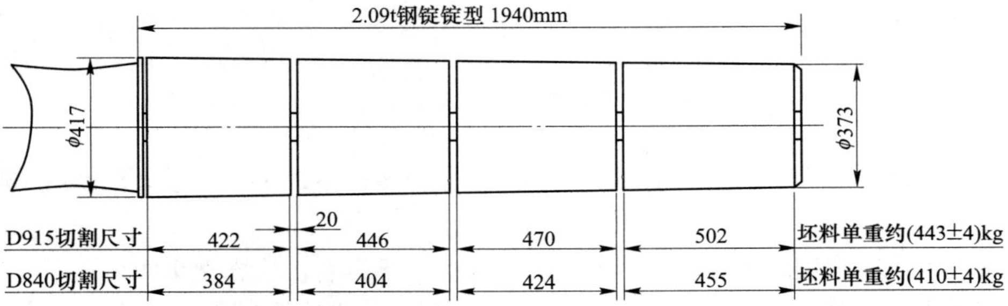


图 2-5 2. 09t 钢锭坯料切割配尺

钢锭折断的操作过程：钢锭经过切割机床切缝开槽后，用起重机吊运到公称压力3.15MN(315t)的钢锭折断机受料槽上，推钢机将钢坯逐步推进，送到折断机的劈刀下，劈刀是单刀，从顶部对准已经切槽的缝隙位置垂直压下，钢锭被一块块地劈断成单独的坯料段。

采用车床切缝开槽，用折断机劈刀断裂的钢锭是硬性折断，中间部位留有约 $\phi$160mm 的轴颈残缺连皮料，料块连心部分的边缘参差不齐，这种缺陷给后续的操作带来隐患。车床开槽时，由于车刀的厚度原因，切缝很宽，金属材料的消耗较大，造成浪费。顶劈断裂后的坯料段示意图如图 2-6 所示。

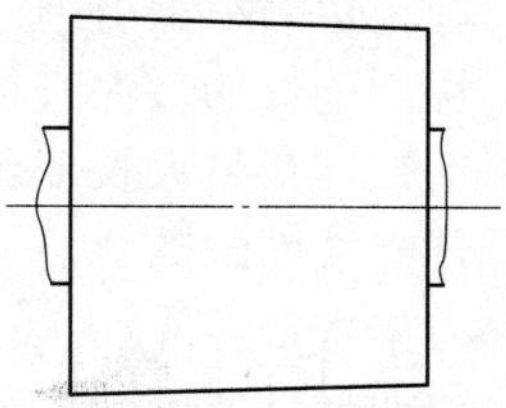
图 2-6 顶劈断裂后的轮坯

对折断后的每个车轮坯料段进行称重并按重量和规格分类，逐个予以检查，超过规定重量的采用人工修理去除多余的重量。切割每根模铸钢锭的实测时间需要 45min，折断每块坯料段需要 81s。

连铸圆坯没有锥度和棱角（如今一些钢铁厂采用提升后的浇注工艺，模铸也能够浇注出没有锥度的钢锭），因此不需要进行角度配尺，按照车轮产品规格所需要的原料重量计算出固定的坯料长度即可。另外，连铸圆坯没有冒口和铸底，金属收得率非常高。连铸圆坯的切割分段和设备计算将在第 3 章中进行具体介绍。

2.2.5.5 钢锭切割设备的选用和计算

工厂建设中的工程工艺设计很重要的工作是选配工艺设备，并计算工艺设备的数量和生产能力。按照上述的描述，车轮钢坯的切割需要多刀架式的切割车床和单劈刀式压力折断机，设备需要的数量计算和技术参数如下。

(1) 钢锭切割机床

1）钢锭切割机床的选用数量。从表 2-1 中可以看出，每年计划生产的车轮成品数量为 455100 片/a，轮坯的切割量为 488700 块/a，根据图 2-3~图 2-5 的配尺计算，每年需要切割不同锭型的钢锭 81695 个。每个钢锭的切割时间按 45min，以当时每年 306d 工作，每天 3 班，时间损失系数 0.9 计算，需要选配的切割机床数量和设备的生产负荷率公式为：

$$N = \frac{G_n \times V}{h \times 60} = \frac{G_n \times V}{D \times 24 \times k \times 60} \tag{2-1}$$

式中 $N$——设备数量，台；

$G_n$——年需切割钢锭数量，个；

$V$——钢锭切割时间，min；

$h$——年时基数，h；

$D$——年工作天数，306d；

$k$——时间损失系数。

代入式（2-1），计算切割机床台数：

$$N = \frac{81695 \times 45}{306 \times 24 \times 0.9 \times 60} \approx 9.3(\text{台})$$

$$\frac{9.3}{11} = 0.845$$

计算结果：需要 9.3 台钢锭切割机床，考虑到备用和机床检修的需要，选用 11 台较为适合，设备的生产负荷率约为 84.5%。

2）选用钢锭切割机床的主要技术性能和参数。

切割钢锭的最大直径：　$\phi$600mm；

钢锭锭身最大长度：　2500mm；

花盘端面距离：　2800mm；

刀架数量：　前 3，后 3；

刀架移动速度：　0.4m/min；

电机功率：　主传动 100kW；

　刀架移动 10kW；

　尾架移动 4.5kW；

气动尾座夹紧机构压力：0.5MPa。

（2）钢锭折断机

1）钢锭折断机的选用数量。折断机每年需要折断的钢坯数量为 488700 块/a，每次折断的周期时间：折断 36s+上料 45s＝81s，以年 306d 工作、每天 3 班、时间损失系数 0.9 计算，运用上述同样的公式，计算需要选配的折断机数量和设备生产负荷率。

代入式（2-1），计算折断机台数：

$$N = \frac{G_n \times V}{D \times 24 \times k \times 60 \times 60} = \frac{488700 \times (36 + 45)}{306 \times 24 \times 0.9 \times 3600} \approx 1.7(\text{台})$$

$$1.7/2 = 0.85$$

计算结果：需要 1.7 台压力钢锭折断机，考虑到备用和检修机床的需要，选用 2 台折断机较为适合，设备的生产负荷率约 85%。

2）选用钢锭折断机的主要技术性能和参数。

折断机公称压力：315t(3150kN)；

劈断机工作行程：150mm；

劈断机最大行程：550mm；

劈断机下降速度：150mm/s；

劈断机提升速度：250mm/s。

#### 2.2.5.6　钢锭切割工序的车间工艺布置

钢锭切割时，由于采用车刀开槽，缝隙至少宽约 20mm，此外，视钢锭浇注的形态情况，需要切割除去浇铸冒口、锭尾，仅仅这道工序金属材料的损失就达 7.7%～20%。钢锭折断后，芯部的断口处凹凸不平，需要再次进行修理，这也造成钢坯重量的缺失或者超规，给后续的加热和锻轧工序带来很多先天性的不利影响。显而易见，机床开槽劈断的生产方式不在现今的工艺设计的选择范围内。

钢锭切割机床和折断机设备的工艺布置方式：钢锭上下料吊运距离不宜太长，在车间的中间部位堆放原料较为适中，钢锭切割机床选择沿厂房轴线平行方向布置，钢锭的折断机放置在切割设备的尾部，切割后的钢锭用车间起重机给折断机上料。折断后的钢坯落在设备的辊道上。在坯料存放区选用一台固定式立柱旋臂起重机，将辊道上的坯料段吊起放置到电动平板车上，电动平板车过跨送入坯料加热炉厂房内。钢锭切割和折断工序设备布置平面图如图 2-7 所示。

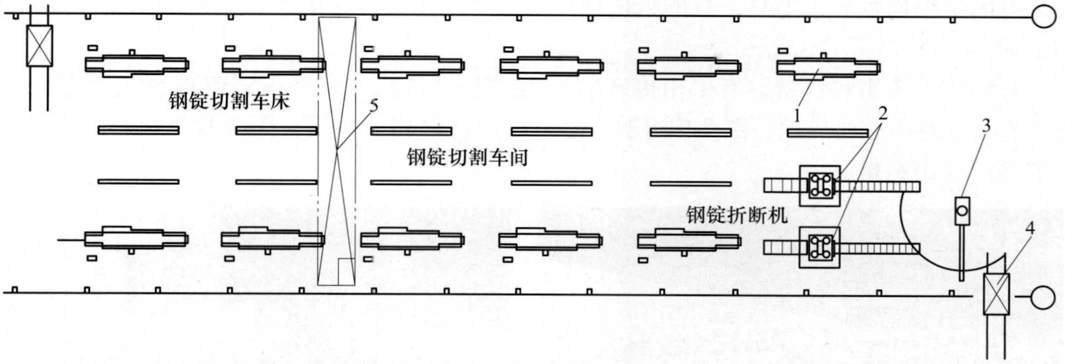


图 2-7　钢锭切割机床、折断机工序的工艺布置平面示意图

1—钢锭切割机床；2—钢锭折断机；3—固定式立柱旋臂起重机；4—电动平板车；5—桥式起重机

## 2.2.6　坯料的加热

按照辗钢整体铁路车轮的生产工艺流程，钢锭切割成坯料段后，下一个制造工序就是锻造前的坯料加热。

钢在不同温度下锻造变形，分为冷锻、温锻、热锻三个成型温度区。将钢的温度加热至 1000~1250℃，此时钢的组织为奥氏体相区，有良好的再结晶性能，即良好的塑性和韧性，容易变形，非常适合中碳钢的锻造和轧制加工。

### 2.2.6.1　钢坯的加热温度

铁路车轮钢坯的加热方式、加热温度、冷却速度、再结晶速度等选择，是直接影响产品的热变形、锻后钢坯组织性能好与坏的重要环节。

铁路车轮的原料是优质碳素钢，根据金属学理论：含碳量 0.6%~0.7%的亚共析钢，锻造加热温度比熔点温度低 150~200℃，即始锻温度约 1200℃，终锻温度约 1150℃。若钢坯加热温度过高，基体组织中细小的奥氏体晶粒将变粗大，此时若不锻造就冷却下来便会产生粗晶组织。而在该温度期间开锻，既保证了金属在锻造温度范围内较小的变形抗力，又在工艺设计中有较多的加热形式可供选择。

### 2.2.6.2　加热燃料

国际上各铁路车轮制造厂家对轮坯加热，有几种可供选择的燃料：一种是采用天然气加热，另一种是采用煤气加热，还有其他不常见的加热方式。

以前，天然气在我国的工业应用上还是奢侈品，因而，我国第一座铁路车轮制造厂采用了钢铁公司内部生产的高炉与焦炉混合煤气，煤气压力 18kPa，发热值（标态）2200×4.18kJ/m$^3$，加热炉的接点燃料流量 14000m$^3$/h。高炉煤气是炼铁高炉的副产品，由于当时的厂内高炉容量较小，故产出的煤气量不稳定，这种混合燃料对加热炉来说，热值较难保障。

### 2.2.6.3　加热炉设备的选型和计算

（1）加热炉的形式

世界上各铁路车轮制造厂家采用的钢坯加热炉有多种形式：有的厂家采用室式炉加热，有的采用连续式炉加热，有的采用环形炉加热，多数厂家的车轮钢坯加热采用环形炉的形式。

环形炉的装出料设备，有采用传统的轨道式装出料机，有采用固定辊道式装出料机。图 2-8 所示为环形加热炉，图 2-9 所示为轨道式加热炉装出料机，图 2-10 所示为固定辊道式加热炉装出料机。

图 2-8　环形加热炉

图 2-9　轨道式装出料机

图 2-10　辊道式装出料机

20 世纪的 60 年代，我国的工业发展处于刚刚起步的阶段，技术上都是参照国外的模式。设计第一座车轮制造厂的时候，主要论证的是：工艺技术选择是否为当时最先进，设备的占地面积是否为最小等几个方面，结论一致认为：环形加热炉是当时乃至今后一段时间内冶金工业较先进的设备，因而，设计选用了环形炉形式作为车轮钢坯的加热设备。

（2）环形加热炉的生产能力

从表 2-1 可以看出锻造工序年需锻造 474100 片/a 车轮钢坯，折合吨位 202600t。选择年工作 306d，3 班作业，时间损失系数 1，坯料加热工序的年时基数约为 7400h/a，计算环形加热炉的供坯生产能力。

小时加热车轮钢坯的产能和块数公式：

$$Q_n = \frac{G_n}{h} = \frac{G_n}{D \times 24 \times k} \tag{2-2}$$

$$Q_a = \frac{G_a}{h} = \frac{G_a}{D \times 24 \times k} \tag{2-3}$$

式中　$G_n$——年锻造车轮钢坯数量，块/a；

$G_a$——年锻造车轮钢坯吨数，t/a；

$Q_n$——小时锻造生产率，块/h；

$Q_a$——小时锻造生产率，t/h，吨数；

$k$——年时基数公称损失系数；

$h$——年时基数，h。

代入式（2-2），计算环形加热炉的小时生产率：

$$Q_n = \frac{474100}{306 \times 24 \times 1} \approx 64(\text{块}/\text{h})$$

代入式（2-3），得：

$$Q_a = \frac{202600}{306 \times 24 \times 1} = 27.5(\text{t/h})$$

计算结果：加热炉小时生产率至少需要满足 27.5t/h，为后续的锻轧工序至少提供 64 片/h 合格的加热钢坯能力，才能符合锻轧工序对生产供坯的需求。

（3）钢坯加热时间的选择

环形加热炉当年设计图纸时，研究了美国、苏联等国外加热炉的应用情况，炉内高温段与预热段的炉膛高度设计为 1.7m，高温段炉温恒定为 1300℃，预热段离炉的烟气温度定为 1000℃。炉内布置摆放坯料的最大直径为 $\phi$500mm、长度 400mm。加热炉炉底沿圆周设计成平层 3 排布置，即布料 3 圈。炉底机械转动辊道为电机传动。车轮钢坯的入炉温度为 20℃，燃料采用高炉和焦炉混合煤气。环形加热炉采用连续式加热制度，各段的温度与燃料消耗分布情况见表 2-7。

**表 2-7　环形炉各段的温度与燃料分布**

| 炉子供热区域 | 炉子温度 /℃ | 每段终了时钢坯温度 /℃ | 煤气耗量分布 /% | 每段长度占总长度 /% |
|---|---|---|---|---|
| 炉子待热区域 | 850 | ≤700 | 25 | 30 |
| 第Ⅰ段（预热段） | 1050 | 900 | 30 | 54 |
| 第Ⅱ段（加热段） | 1150 | 1100 | 30 | |
| 第Ⅲ段（加热段） | 1300 | 1250 | 15 | 16 |

炉子的预热段到加热段设计分段情况：分成 3 个计算段，设定炉温按直线变化，第Ⅰ计算段炉温 1050℃，第Ⅱ计算段炉温 1150℃，第Ⅲ计算段炉温 1200～1300℃。

钢坯温度梯度：第Ⅰ计算段终了处钢坯底面温度（圆钢坯中心温度）升高至 300℃，第Ⅱ计算段终了处钢坯底面温度升高至 550℃，第Ⅲ计算段终了处钢坯底面温度升高至 800℃，高温段作为均热段，钢坯底面温度升高至 1100℃，最终钢坯均热温度至 1250℃，计算加热时间约为 4.5～5.0h。计算推导采用规范公式，具体的计算方法将在第 3 章中介绍。

（4）钢坯的加热曲线

按照车轮钢坯锻前加热时间，含碳量 0.6%的钢坯加热曲线如图 2-11 所示。

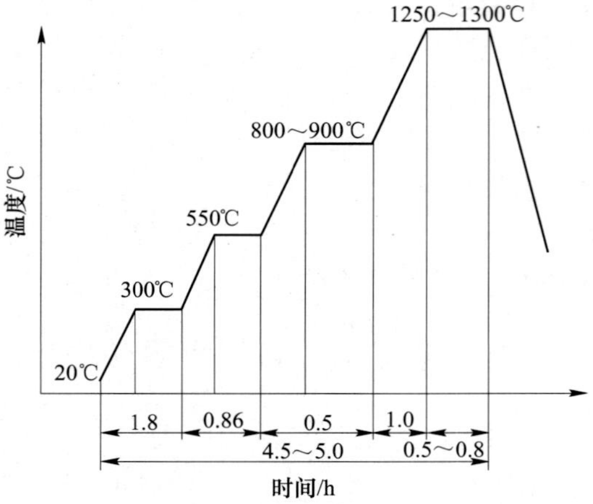


图 2-11　车轮钢坯的锻前加热曲线

（5）加热炉的尺寸

环形加热炉的直径和炉底面积是由炉子的生产率决定的。例如，为节约炉底面积，根据加热炉的生产能力、生产节奏，拟定平均加热时间 4.5h，以直径 $\phi$500mm、单重 560kg 的轮坯作为代表产品，计算环形炉内的装炉坯料量、单位面积小时生产率、炉底面积、炉底中径、布料角度。

1）计算装炉坯料量：

$$Q_p = \frac{Q_a \times V_h}{g} \tag{2-4}$$

式中　$Q_a$——加热炉小时生产能力，t/h；

$Q_p$——装炉量，块/炉；

$g$——典型代表产品的车轮钢坯单重，kg；

$V_h$——平均加热时间，h。

代入式（2-4），计算环形加热炉装炉量：

$$Q_p = \frac{27.5 \times 4.5}{0.56} = 220(\text{块})$$

计算结果：加热炉小时生产能力达到 27.5t/h 的条件下，炉内坯料的装载量能够保持 220 块。加热炉炉底设计沿圆周平层 3 排布置（即平层沿圆周布料 3 圈）、每排 72～73 块为宜，装出料机的操作钳夹取空间约需要 300mm 的间隔，坯料的放置间距定为 500mm+300mm＝800mm，考虑炉内的燃烧热交换空间，炉底宽度设计不小于 3m。

2）计算环形加热炉单位面积小时生产率。以每块车轮钢坯周边最大占地面积 1.25m$^2$，公称时间损失系数 $k=1$，年时基数 306×24h/a，计算单位面积小时生产率。

$$Q_m = \frac{G_n \times g}{h \times Q_p \times A} = \frac{G_n \times g}{D \times 24 \times Q_p \times A} \tag{2-5}$$

式中　$Q_m$——单位面积小时生产率，kg/(m² · h)；

　　$A$——加热钢坯周边最大占地面积，m²。

代入式（2-5），计算单位面积小时生产率：

$$Q_m = \frac{474100 \times 560}{306 \times 24 \times 220 \times 1.25} \approx 130\text{kg/(m}^2 \cdot \text{h)}$$

计算结果表明，以单重560kg的车轮钢坯作为典型产品代表，环形加热炉的单位面积小时生产率约为130kg/(m² · h)。

3）计算环形炉炉底面积。环形加热炉的炉底为实炉底形式，属于单面加热炉型，以炉底宽度3m考虑，炉底面积和炉底长度的计算公式为：

$$m = \frac{Q_a}{Q_m} \tag{2-6}$$

$$L = \frac{m}{3}$$

式中　$m$——炉底面积，m²；

　　$L$——炉底长度，m。

代入式（2-6），计算：

$m = \frac{27500}{130} \approx 210.0(\text{m}^2)$，　除以炉膛宽度：

$$L = \frac{210}{3} = 70.0(\text{m})$$

计算结果：环形加热炉的炉底面积约210m²，炉底长度约70m。

4）计算炉底中径。已知炉底周长（即炉底长度），除以圆周率得出炉底中径：

$$70.0/\pi \approx \phi 22.3(\text{m})$$

考虑到环形加热炉的砌砖尺寸、炉壁外缘的砌筑结构以及布料方式，炉子的中径设计为$\phi$23.7m，外缘直径定为$\phi$28m，内径定为$\phi$19.4m。

5）计算布料角度。根据轮坯规格的大小，环形加热炉设计沿圆周每圈最多布料72块，最少布料48块，装出料炉门的中心夹角设计在小于30°~36°之间开启，当炉门开启到设定的角度时，计算坯料在环形炉内的转动角度：

$$\frac{360 - 36}{72} = 4.5°$$

$$\frac{360 - 30}{48} = 6.875°$$

计算结果：当炉门开启到36°每圈装载72块车轮钢坯时，环形加热炉炉底机械每次的转动角度4.5°；当炉门开启到30°每圈装载48块车轮钢坯时，环形加热炉炉底机械每次的转动角度6.875°。

（6）计算环形加热炉的数量

从表 2-1 可以看出，每年需要锻造加热的车轮钢坯数量为 474100 块，采用环形炉加热并按上述计算结果作为条件：每座炉的钢坯装炉量为 220 块、平均加热时间 4.5h、工作制度 306d、每天 3 班生产，分别计算年时基数 7400~6300h 的情况下，应当选择的环形加热炉的座数（$N_1$、$N_2$）。计算如下：

$$N_1 = \frac{G_n \times V_h}{h \times Q_p} = \frac{G_n \times V_h}{D \times 24 \times k \times Q_p} \tag{2-7}$$

$$= \frac{474100 \times 4.5}{7400 \times 220} = 1.33(座)$$

$$N_2 = \frac{474100 \times 4.5}{6300 \times 220} = 1.57(座)$$

$$\frac{1.33}{2} = 0.665$$

$$\frac{1.57}{2} = 0.785$$

计算结果表明，年时基数按 7400h，需采用 1.33 座环形加热炉；年时基数按 6300h，需采用 1.57 座环形加热炉；设备生产负荷率 66.5%~78.5%；因而设计应当选用 2 座环形加热炉。

2.2.6.4 环形炉设备的主要技术性能和参数

我国第一座辗钢整体铁路车轮制造厂的环形加热炉，是在研究了国外钢锭加热工艺的前提下，由国内人员自行设计和建造的车轮钢坯加热炉。按照上述计算，工艺设计明确地选用了 2 座车轮钢坯环形加热炉（辊道机械转底式、高压喷射式燃烧器），设备的生产负荷率 66.5%~78.5%，炉子投产运行后连续生产了 35 年，证明设计选择是适宜的。环形加热炉设备的主要技术性能和参数如下。

（1）环形炉的基本尺寸

外径：$\phi$28m，炉膛宽：3070mm，炉顶距炉底平面高度：1700mm，炉底面距离地坪的标高：+0.9m。

（2）烧嘴选择

均热段烧嘴直径为 $\phi$48mm，其他各段烧嘴直径为 $\phi$56mm，共 79 只，其中外墙配置 45 只，内墙配置 34 只。

为节约燃料，环形加热炉的节能燃烧操作方式设计为：第一段不燃烧，利用邻区进入的废气辐射热预热轮坯，在第一段烧嘴关闭时，其他各段烧嘴的能力可供给预热轮坯所需的热量。

（3）炉底机械

环形加热炉由固定部分与转动部分组成。转动部分包括炉底机械、传动装置和附属机构，包括 2 圈支撑辊共 72 个支撑。当炉底转动时，有 33 个空心辊与炉底下层钢结构的定心轨接触，保证炉底沿圆心转动。定心止推辊上装有可压缩的弹簧，炉底转动时在允许间隙内摆动，定心止推辊借弹簧的作用使辊面与定心轨面保持压紧。炉底的转动由 3 台 11kW 的电机带动，传动装置布置在炉子外侧，互成 120°，根据坯料尺寸的大小和锻轧机组的生产节奏调节转动角度，维持出料速度。炉底可间断或连续地转动，也可以反向转动，操作灵活。装出料炉门采用电动形式开启，并与炉底的传动机构连锁，炉门打开时炉底不转动，炉门关闭之后炉底才可以转动。常温的车轮钢坯由轨道式横移装料机夹持从炉外装料门装入炉内，经预热段、加热段升温至1250℃，在均热段均热后由轨道式横移出料机夹持将其从出料门取出。炉内的车轮钢坯单层布置，平放3排，也可平放2排。

炉底的内圈和外圈均设计有水封。

（4）烟囱

炉子设计排气烟囱高65m，出口直径$\phi$2m。

（5）环形加热炉技术参数

环形加热炉各种主要性能和技术参数汇总见表2-8。从目前的技术角度分析，当年设计的钢坯加热炉有很多方面需要改进。马钢车轮轮箍分公司于1999年将环形炉进行了改造，改进有以下几个方面：

1）第一座车轮钢坯环形加热炉自投产以来，多年反馈给设计部门的意见是炉膛过高不利于炉内温度的循环，改造后炉膛从1.7m降低至1.4m。

2）环形炉燃烧系统经过改造，采用平焰烧嘴和亚高速烧嘴60个，燃气平均消耗减少到5000$m^3/h$。

3）混合煤气压力过大浪费加压站能耗，改造后将燃烧器煤气压力从18kPa降至4~6kPa，而且采用新的控制系统，使得改造后的环形加热炉生产状况良好，燃料消耗降低。

**表2-8 环形加热炉设备主要技术性能和参数（当年的）**

<table>
<tr><th>序号</th><th colspan="2">名 称</th><th>单位</th><th>技术参数</th><th>序号</th><th colspan="2">名 称</th><th>单位</th><th>技术参数</th></tr>
<tr><td>1</td><td colspan="2">环形炉外径</td><td>m</td><td>$\phi$28</td><td>15</td><td colspan="2">燃料：高焦混合煤气发热值</td><td>$kJ/m^3$</td><td>2200×4.18</td></tr>
<tr><td>2</td><td colspan="2">炉底宽度</td><td>m</td><td>3.07</td><td>16</td><td colspan="2">煤气压力</td><td>kPa</td><td>18（改造后4~6）</td></tr>
<tr><td>3</td><td colspan="2">炉膛高度</td><td>m</td><td>1.7（改造后1.4）</td><td>17</td><td colspan="2">煤气平均耗量（设计）</td><td>$m^3/h$</td><td>7000</td></tr>
<tr><td>4</td><td colspan="2">轮坯钢种</td><td></td><td>中、高碳钢</td><td>18</td><td colspan="2">煤气最大耗量（设计）</td><td>$m^3/h$</td><td>10000</td></tr>
<tr><td>5</td><td colspan="2">炉子生产能力（平均最大）</td><td>t/h</td><td>27.5~33</td><td rowspan="4">19</td><td rowspan="4">煤气<br>各段分配</td><td>Ⅰ</td><td>%</td><td>30</td></tr>
<tr><td>6</td><td colspan="2">炉子设计装炉坯料数量</td><td>个</td><td>220</td><td>Ⅱ</td><td>%</td><td rowspan="2">54</td></tr>
<tr><td>7</td><td colspan="2">坯料排列方式：单层布置</td><td></td><td>每排72个，共3排</td><td>Ⅲ</td><td>%</td></tr>
<tr><td>8</td><td colspan="2">布料角度</td><td>(°)</td><td>4.5~6.875</td><td>均热</td><td>%</td><td>16</td></tr>
<tr><td>9</td><td colspan="2">炉门最大出料角度</td><td>(°)</td><td>36</td><td>20</td><td colspan="2">单位热耗量</td><td>kJ/kg</td><td>600×4.18</td></tr>
<tr><td>10</td><td colspan="2">工件尺寸：最大直径/最大高度</td><td>mm</td><td>$\phi$570/H570</td><td>21</td><td colspan="2">单位炉底面积产量</td><td>kg/($m^2\cdot h$)</td><td>130</td></tr>
<tr><td>11</td><td colspan="2">工件单重</td><td>kg</td><td>350~560</td><td>22</td><td colspan="2">散入车间热量</td><td>kJ/s</td><td>865×4.18</td></tr>
<tr><td>12</td><td colspan="2">坯料装炉温度</td><td>℃</td><td>室温</td><td>23</td><td colspan="2">冷却水耗量</td><td>$m^3/h$</td><td>60</td></tr>
<tr><td>13</td><td colspan="2">坯料加热温度</td><td>℃</td><td>1200~1250</td><td>24</td><td colspan="2">冷却水压力</td><td>MPa</td><td>0.2</td></tr>
<tr><td rowspan="2">14</td><td>炉内各段</td><td>Ⅰ/Ⅱ</td><td>℃</td><td>850/1150</td><td rowspan="2"></td><td colspan="2" rowspan="2"></td><td rowspan="2"></td><td rowspan="2"></td></tr>
<tr><td>平均温度</td><td>Ⅲ/均热</td><td>℃</td><td>1300/1350</td></tr>
</table>

4）改造后的工业炉保温材料采用新型的轻型隔热层，热损失减到最小。

现在的工业炉设计与当年的设计有很大的不同，新的设计与时俱进，将新技术和新发明及时、快速地应用到工业炉的机械系统、空气系统、燃气系统、控制系统中。

燃料采用的清洁能源为天然气，炉子烧嘴为可控气氛高速稳压烧嘴。

炉底机械传动部分采用液压传动，转动角度十分精确、平稳。

排烟系统应用引风机技术，烟囱高度降低近50%，直径如此之大的环形加热炉的烟囱设计高度不超过35m。

炉膛本身净空高度尽可能降低，以保证炉内气氛循环良好并减少燃料消耗。

采用余热回收技术，将收集排放的热烟气，引入旁通换热装置，用于车间、建筑物的采暖和空调。

工业炉的装出料机械采用智能型机械手，上下料位置设探测器可视化监控。

工业炉的控制系统采用PLC程序控制并嵌附HMID功能接口。

所有的物料都实现扫码跟踪，此类介绍将在第5章中论述。

2.2.6.5　钢坯加热工序的车间工艺布置

车间的工艺布置按照车轮钢坯加热流程进行，1号轨道式横移装料机从待存料处夹起钢坯，走行到环形炉进料口，钳臂伸出将钢坯送入炉内，钢坯顺时针在炉内辊道上旋转，加热到温度后，由2号轨道式横移出料机的夹钳夹出，走行到除鳞工序进行下一个工序的操作。环形加热炉区域的工艺布置平面如图2-12所示。

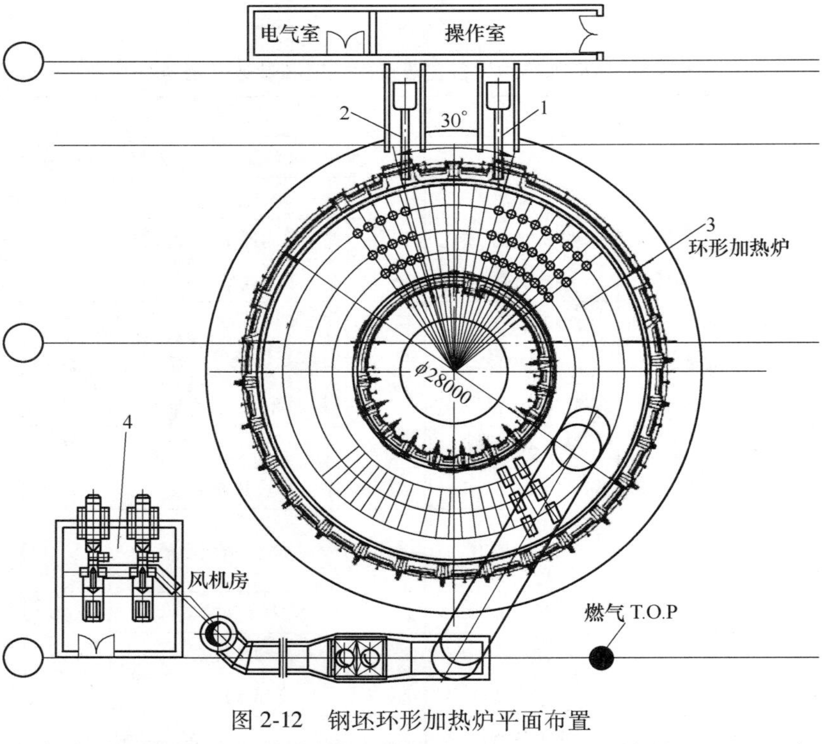


图2-12　钢坯环形加热炉平面布置

1—轨道式横移装料机；2—轨道式横移出料机；3—外径 $\phi$28m 环形加热炉；4—风机房

### 2.2.7 车轮的锻压和辗环轧制

2.2.7.1 锻前除鳞操作

多年前设计车轮钢坯锻轧生产线时，对锻前的高温钢坯表面除鳞步骤没有什么深刻认识，采取的操作方式是人工手持高压蒸汽喷枪，用 1kPa 压力、温度 200℃的过热蒸汽，把钢坯表面喷冲一遍。实际上，车轮钢坯经过环形加热炉高温加热和脱碳环境，出炉后表面生成 3~5mm 厚的氧化铁皮厚膜，这层厚膜从加热炉运送到锻压机的过程中冷却形成厚厚的黑色坚硬层，采用简单的蒸汽喷冲方法无法将其全部去除。有一部分表面的黑皮在钢坯锻压的过程中被压进车轮内层深处，即使后序用机床加工也无法车削干净，给产品造成重大缺陷。现今的工艺设计已经与此完全不同了，除鳞工序采取专门的工艺和设备来完成。

2.2.7.2 锻压和辗轧工艺介绍

（1）普通锻造方式

普通锻件成形的方式主要有两种：一种是自由锻造；另一种是模型锻造。

1）自由锻造。钢坯在锻机的上下砧头（即上下锤头）之间，无拘束地受到打击或压力使之变形。

2）模型锻造。钢坯在事先加工好的上下有造型的模腔之间，按模型内腔的形状在压力作用下使之变形。

（2）特种锻造方式

通过压制力和碾制力的共同作用方式使钢坯变形，即锻压机初锻后，用辗环轧机继续作业，高温钢坯受到径向-轴向的环轧，使环形件、盘形件在轧制的方式下壁厚减小、扩径辗薄，变形成为复杂形状的产品，这种方式即回转成形特种锻造。回转成形工艺既是锻压技术又是无芯棒冶金轧钢技术，是环形、盘形和轮形工件制造的最佳变形工艺。

（3）铁路车轮的成形方式

辗钢整体铁路车轮产品的制造，就是特种锻造的热变形理论在实践中的技术应用。高温钢坯在锻造中，运用模型锻造的热变形工艺技术预成型，之后采用辗轧回转轧钢工艺技术进行最终成形，在联合热变形中制成复杂断面的车轮产品。

2.2.7.3 车轮锻压和辗轧的变形力

工艺设计很重要的一个方面，就是将各工序的生产装备和衔接设备相互匹配，产生足够的能力完成产品纲领中指定产品的设计产量。车轮钢坯锻压和辗轧工序的工艺设计是整个工厂设计的焦点，这项工作运用锻压和辗轧变形力理论，计算得到符合产品变形工艺的技术参数，根据这些参数选择合适的锻压机和辗环轧机，组成紧密结合的整条生产装备，成为创造工业成果的实绩作业线。以下介绍锻压和辗轧工序的锻造力计算、辗环轧制力计算以及工序操作步骤、锻压设备选配、车间工艺布置等设计阶段的内容。

（1）车轮钢坯的模型锻造力

车轮产品批量大、形状复杂、技术要求高，因此，世界各国的生产厂家都选用模型锻造的方式完成高温钢坯的初始变形和成型变形。

20 世纪 60 年代之前，铁路车轮的锻造技术不论是自由锻造还是模型锻造都采用人工手柄操作的锻锤或者水压机设备完成，随着应用科学技术和装备的进步，今天，规模化的车轮锻件生产设备已经被程序控制液压锻造机取代。

铁路车轮模锻压机的锻造力计算，以往都采用传统的经验公式计算钢材的热变形力，这种方法是以钢材变形为等应力、等速度以及等静压迹线为前提条件来进行的。实际上，铁路车轮产品对辐板和轮缘的强度有特殊的要求，不能简单地采用传统的经验公式计算。近年来，计算机软件派生出很多应用程序，采用有限元软件方式计算产品的锻造变形力相当普遍，本章主要论述车轮工程设计的历史状况，因此，仍然介绍通用的锻造力计算公式，在第 3 章中则简述利用有限元分析的方法计算车轮产品的锻造力，并将结论性的内容汇总于该章中。

图 2-1 辗钢整体铁路车轮生产工艺流程框图标示了车轮钢坯高温锻压成型需要经过一系列预锻、成型模锻、辗环轧制和压弯穿孔等工序的生产操作。在这些操作中，如何选定车轮钢坯的模型锻造变形力，是设计人员的首要工作。当年的计算方式纯粹是采用收集的国外经验公式，比现在应用的公式复杂多了，而且完全由人工进行计算。如今这些公式经过多年的提萃，已经提炼精简并编著在实用手册和书籍中，为了简洁地说明计算方法，在此引用《锻压工艺学》中的公式，给出车轮钢坯初锻、成型模锻和压弯锻压力的计算过程。

1）金属材料的锻压力计算公式：

$$P_{\mathrm{d}} = K \times F \tag{2-8}$$

$$P_{\mathrm{f}} = K \times Z \times F \tag{2-9}$$

式中　$P_{\mathrm{d}}$——锻压力，单工步操作，kN；

$P_{\mathrm{f}}$——锻压力，单工步操作或多工步操作，kN；

$K$——钢种系数，取值范围 0.9~3，视模型膛深由小至大；大型工件的数值需要参考锻压比，即坯料高度与轮坯成型的断面压缩厚度之比，取 1.25~2.3；

$Z$——工件形状复杂系数，修正值取 6.4~7.3；

$F$——锻件在平面图上的投影面积，包括飞边在内，$\mathrm{cm}^2$。

大型的钢质工件热锻时，每次变形量的承载能力有一定的范围限定，采用一次锻压成型较为困难，往往采用两次或多次压下锻压操作最终成型，车轮钢坯的锻压即如此。钢坯的锻前高度与轮坯成型后的断面压缩厚度之比超过 1.6，即锻压比数值接近或超过 2，根据锻压工艺学原理，采取预锻（镦粗压缩比 1.25~1.5）、终锻（成型压缩比 2.3）两次以上的压下锻压完成较为适宜。

以 $\phi$500mm 直径车轮钢坯作为典型锻造工件，以此进行镦粗和成型两次锻压成型的锻压力计算。

在计算过程中，分析上述公式，计算锻压力 $P$ 值时，首先计算锻件在平面图上的投影面积，$F$ 值是其中的关键因数。车轮钢坯锻件在平面图上的外形投影示意图如图 2-13 所示。计算过程如下。

2）计算锻件在平面图上的投影面积。钢坯初锻前直径 $\phi$500mm、高度 400mm、飞边 5mm，初锻后的厚度 250~330mm，$K$ 值选 1.25；成型锻压后的直径 $\phi$650mm、飞边 2.5mm，锻后厚度 150~170mm，$K$ 值选 2.3。

计算钢坯初锻时在平面图上的投影面积 $F$ 公式：

$$F = R^2 \times \pi(\mathrm{cm}^2,\text{初锻}) \tag{2-10}$$

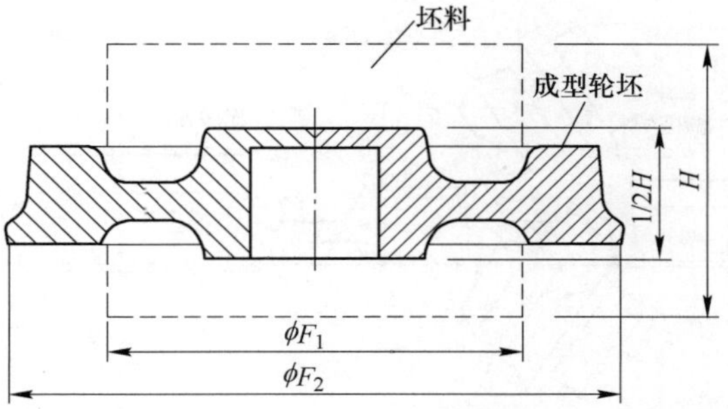


图 2-13　车轮钢坯外形投影示意图

3）计算锻压力。车轮锻件的锻压采用多工步操作，代入式（2-9）和式（2-10），计算初锻和成型锻的锻压力：

$$P_f = K \times Z \times F = 1.25 \times 7.3 \times \left(\frac{50+10}{2}\right)^2 \times \pi = 25.8(\text{MN，初锻})$$

$$P_f = K \times Z \times F = 2.3 \times 7.3 \times \left(\frac{65+5}{2}\right)^2 \times \pi = 64.6(\text{MN，成型锻})$$

上述计算结果的数值都是理论化的，实际应用时还需要考虑克服各种阻力和摩擦力，工艺设计在实际选择中，公称锻压力应大于钢坯最大热变形力的计算数值，因此，初锻的计算锻压力 25.8MN，设计选取 30MN 镦粗锻压力为宜；成型的计算锻压力 64.6MN，设计选取 70~80MN 的锻压力较为合适。这么大的锻压力，锻锤设备是无法达到的，因而，必须选用锻压机设备才能完成。

我国在 20 世纪设计建设第一座车轮制造厂时，限于当时的技术和制造条件，两次压下操作设备分别采用的水压机：初锻镦粗的设备为公称压力 30MN 模型锻造水压机，锻压成型的设备采用公称压力 80MN 的模型锻造水压机。

（2）车轮钢坯的辗环轧制变形力

根据车轮轮辋、辐板的曲线形态和厚度要求，运用辗环轧制变形理论，设计车轮轧制工艺和选配轧机设备。

车轮钢坯的辗环扩径能力极大地影响轧机轧辊的进给量、进给速度、分配轧制比，在这几个方面国内外企业和科研部门仍在不断地深入进行研究。

辗环轧制温度对车轮塑性热变形的最终效果以及抵消轧制抗力有很大的作用。车轮产品是连续性生产作业线，当锻压成型工步操作完成后，工件表面的温度从 1200℃下降并保持在 900℃以上，此时不再进行第二次加热而是立即进入车轮轧机轧制，完成一火成材，生产节奏体现了高效连续、节约能源的生产特性。

1）轧制方式。车轮辗环轧制的方式有两种：一种是卧式轧制，另一种是立式轧制。卧式轧机多为 7 辊结构，立式轧机为 9 辊结构。卧式车轮辗环轧制的模型剖面示意图如图 2-14 所示。

我国以及世界其他国家制造厂的车轮辗环轧制，早期多采用卧式的方法，法国和日本较早地改用了立式辗环轧制的方法。

目前，世界上新建的或新改造的车轮生产线基本都改用立式辗环轧机，如意大利、俄

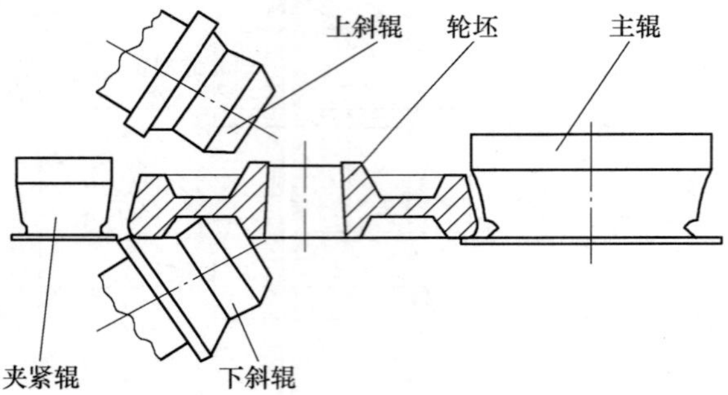


图 2-14　卧式车轮辗环轧制模型剖面示意图

罗斯、德国等国家的车轮制造厂。

国内新建设的太原重工轨道交通设备有限公司的辗钢整体铁路车轮生产线，采用了引进的 D1250 立式辗环轧机。马鞍山车轮轮箍分公司改扩建的第 3 条车轮生产线，也采用了国外引进的立式辗环轧机。

德国公司制造的 D1250 立式轧机与国产卧式轧机的主要技术参数比较见《立式车轮轧机与卧式车轮轧机的比较与分析》一文。从表 2-9 立式轧机与卧式轧机的主要性能参数可以看出两者之间的区别。

**表 2-9　立式车轮轧机与卧式轧机参数比较**

| 序号 | 项　目 | 单位 | D1250 立式辗环轧机 | 国内卧式车轮轧机 |
|---|---|---|---|---|
| 1 | 车轮轧制形式 | | 立式（回转轴线水平） | 卧式（回转轴线垂直） |
| 2 | 车轮轧制方式 | | 无芯轴轧制 | 部分有芯轴、部分无芯轴轧制 |
| 3 | 轧辊数量 | 个 | 9 | 7 |
| 4 | 设计最大轧制环件直径（热态） | mm | $\phi$1450 | $\phi$1100 |
| 5 | 主辊轧制力 | kN | 1800 | 580 |
| 6 | 驱动方式 | | 电机+液压 | 电机+水压 |
| 7 | 控制方式 | | 全自动/手动 | 手动 |
| 8 | 轧制精度 | mm | ±1 | ±5 |

2）轧制力学模型。车轮轮辋部分的成形受力是辗环扩径的径向轧制，辐板成形受力是轴向轧制。卧式轧机的车轮径-轴向轧制力学模型示意图如图 2-15、图 2-16 所示。径向轧制时，在主轧辊和斜辊的径向压力作用下，车轮钢坯产生连续局部塑性变形，车轮直径按设定的尺寸变大，轮辋的截面轮廓成型。在径向轧制的同时，上下斜轧辊对辐板作用压力并横向移动，实施对车轮辐板的轴向轧制。辐板厚度在轴向的轧制过程中，逐渐减薄，并按预期的不对称曲线塑性成型，达到设定的厚度尺寸。径向轧制结束时，轴向轧制同时结束。

卧式辗环轧机设备是人工按刻度进行操作，当轧制进给值达到设定的刻度值时，人工用操作手柄停止轧辊的进给使轧制结束。轧机的传动是自动运行的。

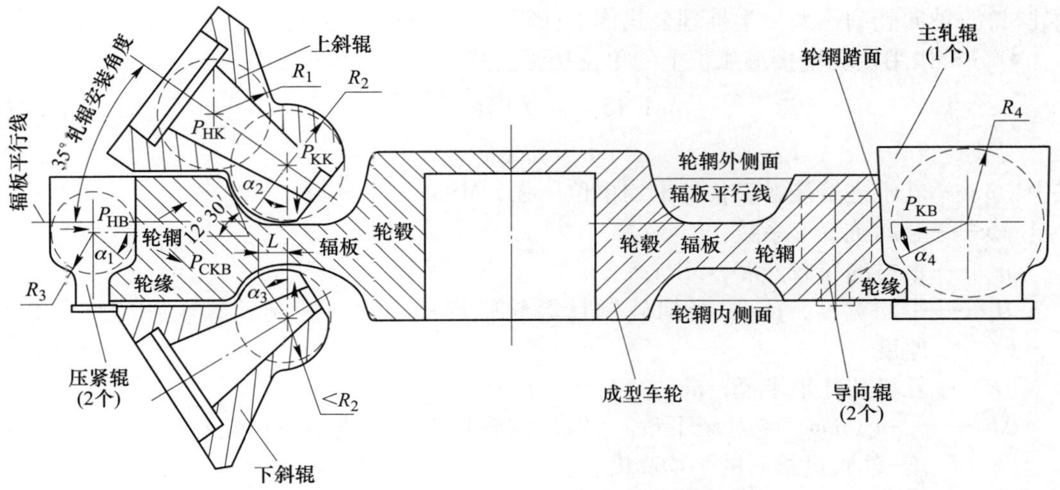


图 2-15 卧式轧机车轮径-轴向轧制力学模型示意图（一）

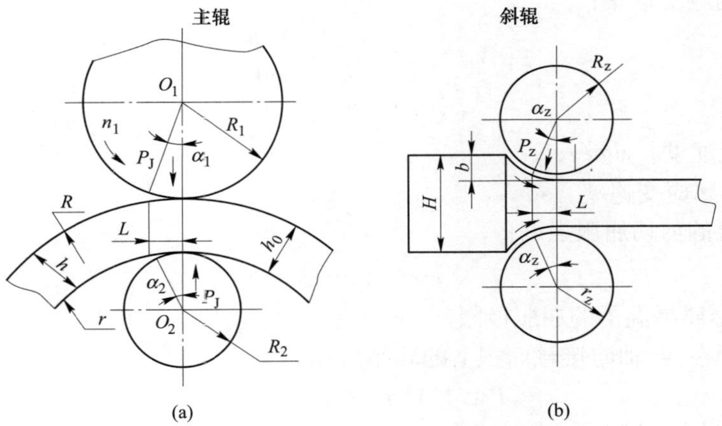


图 2-16 卧式轧机车轮径-轴向轧制力学模型示意图（二）

（a）径向轧制咬入孔型力学模型；（b）轴向轧制咬入孔型力学模型

轧制力的计算对车轮锻轧工序的工艺设计至关重要。以下采用国外和国内两种通用的计算方法分别进行理论推算，整理和计算卧式辗环轧机的轧制力。

由于采用不同的推算公式，轧制力与力矩的计算参数选择不同，在不同的侧重点下，计算结果大致相同亦稍有差异。

3）国外参考公式推算的卧式车轮轧机轧制力。

① 选用公式。我国的设计人员在 1961 年设计卧式车轮轧机设备时，限于国外的技术封锁，只能依据早期的环件轧制理论，反复对车轮轧制力进行演算，建立国产卧式车轮轧机的工艺参数模式。在设备安装并投产调试阶段，对实际运行的轧机模拟测试了多次，采集并记录了轧制力的实际数值，测试结果与公式计算值基本吻合。

苏联的专业设计人员在 20 世纪 80 年代，将车轮轧机轧制力的理论计算公式归纳总结为专用的简易计算公式，收集并公布在《火车车轮制造》一书中。以下就以这些公开的卧式车轮轧机径-轴向轧制模型力学推理公式作为计算车轮轮辋和辐板辗环轧制力的参考公式。

● 分析作用在轧辊接触弧长上的单位压强公式：

$$p/1.15\sigma_s = 0.916\sqrt{H_c/l} \tag{2-11}$$

$$l = \sqrt{R\Delta h} \tag{2-12}$$

式中　$p$——轧辊进给接触弧长的平均单位压强，MPa；

1.15——金属抗变形系数；

$\sigma_s$——钢材的屈服强度，MPa；

$H_c$——平均宽度，mm，径向轧制计算轮辋厚度、轴向轧制计算轮辋宽度和辐板厚度；

$R$——轧机的轧辊半径，mm；

$\Delta h$——$h_0$-$h_c$（mm，绝对压下量），即轧制轮坯每转的进给量；轧辊切入点的初始高度-轧辊进给后的平均高度；

$l$——变形区长度，mm，开式环轧当咬入角 $\alpha<20°$ 时，以几何学的定理解析，可以认为变形区长度等于轧辊径-轴向进给接触弧长，开式环轧的摩擦系数亦可不计。

● 分析轧制应变速率：

$$V_b = (\text{r/min}) \times \frac{2\pi R}{60} \tag{2-13}$$

$$U_m = V_b/l\ln h_0/h_c \tag{2-14}$$

式中　$V_b$——线速度，mm/s；

$U_m$——金属应变速率，$s^{-1}$。

● 分析金属的剪切屈服强度：

$$\sigma_s = R_{eL}/\sqrt{3} \tag{2-15}$$

式中　$R_{eL}$——金属高温下的屈服极限，MPa。

● 分析作用在径-轴向接触面积上的轧制力：

$$P = 1.15\sigma_s \times p \times l \times w \tag{2-16}$$

式中　$P$——轧制力，kN；

$w$——轧辊接触宽度，mm。

② 案例计算。以 $\phi$915mm 车轮轧制钢坯作为典型代表性产品，钢坯加热锻压成型后，进入辗环轧制工步，在卧式轧机上将车轮的轮辋侧面辗轧扩径，同时辐板减薄成型。

● 轧机上的斜辊分为初锥段、中锥段、末锥段，轧辊的直径限定在 260~350mm 范围内。轧制轮辋边的头部时，轧辊的初锥段与轮辋厚度方向的接触长度 $w \approx 80$mm，此时与轮辋接触的轧辊初锥段与中锥段交切点处半径为 $R_1 = 152$mm，初轧时轮辋宽度 $h_0 = 173$mm，平均宽度 $H_c = 170$mm，当斜辊的转数为 175~240r/min、压下量 $\Delta h = 5$mm 时，一次轧制进给将轮辋宽度轧到 $h_c = 168$mm，计算此时的接触弧长上的平均单位压强和轧制力。

代入式（2-12），计算变形区长度：

$$l = \sqrt{R\Delta h} = \sqrt{152 \times 5} \approx 28(\text{mm})$$

代入式（2-11），分析轧机斜辊进给接触弧长的平均单位压强关系：

$$p/1.15\sigma_s = 0.916\sqrt{H_c/l} = 0.916\sqrt{170/28} \approx 2.3$$

代入式（2-13）和式（2-14），计算轧机斜辊线速度和应变速率：

$$V_b = (r/min)\frac{2\pi R}{60} = (175 \sim 240)\frac{2\times\pi\times152}{60} = 2785 \sim 3820(mm/s)$$

$$U_m = V_b/l \quad \ln h_0/h_c = \frac{2785 \sim 3820}{28}\ln\frac{173}{168} \approx 3.0 \sim 4.0(s^{-1})$$

查相关的金属材料高温力学性能表，开轧温度1040℃、终轧温度940℃时，CL60优质碳素钢的屈服极限为100~110MPa，代入式（2-15）计算剪切屈服强度：

$$\sigma_s = R_e/\sqrt{3} = 105/1.73 \approx 60(MPa)$$

在轧机的变形条件 $\Delta h/H<5\%$、$V_b=2785\sim3820mm/s$、$U_m=3.0\sim4.0s^{-1}$、$\sigma_s=60MPa$ 的情况下，代入式（2-16），计算斜辊对轮辋的轴向轧制力：

$$P_{HK} = 1.15\sigma_s \times p \times l \times w = 1.15\times60\times2.3\times28\times80 = 350(kN)$$

- 轧辊的末锥段作用于车轮钢坯时，辐板的平均厚度 $H_c=25mm$，轧机斜辊此处与辐板接触点的半径 $R_2=157mm$、压下量 $\Delta h=1mm$，斜辊的末锥段与辐板水平方向接触宽度 $w\approx 50mm$，计算车轮辐板上沿接触弧长的轧制力。

代入式（2-12），计算变形区长度：

$$l = \sqrt{157\times1} \approx 12.5(mm)$$

代入式（2-11），分析斜辊进给接触弧长的平均单位压强关系：

$$p/1.15\sigma_s = 0.916\sqrt{25/12.5} \approx 1.3$$

代入式（2-16），计算斜辊对辐板的轴向轧制力：

$$P_{KK} = 1.15\times60\times1.3\times12.5\times50 \approx 55(kN)$$

- 轧机斜辊的中锥段作用在车轮时，同时考虑此时压紧辊对轮辋沿厚度方向上的变形压下力，压紧辊半径 $R_3=180mm$，压下量 $\Delta h=5mm$，压紧辊与轮辋接触点的平均高度 $H_c\approx90mm$，压紧辊与轮辋接触面的宽度 $w\approx110mm$，计算压紧辊作用在轮辋上沿接触弧长上的径向轧制力。

代入式（2-12），计算变形区长度：

$$l = \sqrt{180\times5} \approx 30(mm)$$

代入式（2-11），分析压紧辊进给接触弧长的平均单位压强关系：

$$p/1.15\sigma_s = 0.916\sqrt{90/30} \approx 1.6$$

代入式（2-16），计算压紧辊对辐板的轧制力（径向）：

$$P_{HB} = 1.15\times60\times1.6\times30\times110 \approx 365(kN)$$

得出压紧辊的水平轧制力后，进一步计算作用到斜辊中锥段上的垂直分力。车轮轮辋内表面与水平线倾斜角度为12°30′，卧式车轮轧机斜辊对轮辋内侧有一定的垂直压力，计算两个压紧辊作用到斜辊中锥段上的垂直分力为：

$$\tan12°30' = 0.2217$$

$$P_{CKB} = 2P_{HB}\tan12°30' = 2\times365\times0.2217 \approx 160(kN)$$

- 计算车轮轧制变形力除了压紧辊水平方向的力，同时必须考虑作用在主轧辊上的水平力的影响。主轧辊半径 $R_4\approx380mm$、压下量为1.0~1.5mm，此时的轮辋平均高度仍按 $H_c=90mm$、主轧辊与轮辋接触面的宽度 $w\approx110mm$，计算主轧辊轧制力。

代入式（2-12），计算变形区长度：

$$l = \sqrt{380 \times 1} \approx 19.5(\text{mm})$$

代入式（2-11），分析主轧辊进给接触弧长的平均单位压强关系：

$$p/1.15\sigma_s = 0.916\sqrt{90/19.5} \approx 2.0$$

代入式（2-16），计算主轧辊对轮辋的轧制力（径向）：

$$P_{KB} = 1.15 \times 60 \times 2 \times 19.5 \times 110 \approx 300(\text{kN})$$

- 累计作用在轧机斜辊上的垂直方向上的合力（轴向）为：

$$P_{HZ} = P_{HK} + P_{KK} + P_{CKB} = 350 + 55 + 160 = 565(\text{kN})$$

- 累计作用在主轧辊和压紧辊上的水平方向的合力（径向）为：

$$P_{HJ} = 2P_{HB} + P_{KB} = 2 \times 365 + 300 = 1030(\text{kN})$$

③ 计算结果汇总。依照上述公式，将计算的结果分项汇总于表 2-10 中。卧式车轮轧机是我国当年消化移植设计并制造的设备，轧机的主轧辊和压紧辊直径与上述公式的参数一致，轧机的斜辊设计和制造与上述国外公式中的轧辊直径有所差异，实际投产时测试的轧制数据略有不同。投产时现场实测的主轧辊轧制力数据记录汇总于表 2-11 中。通过整理，上述理论计算的主轧辊和压紧辊水平方向的径向轧制合力参数值与实测值进行对比，结果相差无几。

**表 2-10　依据国外公式计算的轧制变形力参数汇总**

| 序号 | 项目 | 轧制力 | 金属抗变形系数 | 900℃剪切屈服强度 | 单位压强比 | 变形区长度 | 轧辊接触宽度 | 轮辋高度与变形长度比 | 辐板厚度与变形长度比 | 轧辊半径 | 初轧轮辋宽度 | 轮辋径向均高 | 辐板平均厚度 | 进给量 |
|---|---|---|---|---|---|---|---|---|---|---|---|---|---|---|
| | | $P$ | | $\sigma_s$ | $P/1.15\sigma_s$ | $l$ | $w$ | $\sqrt{H_c/l}$ | | $R$ | $h_0$ | $H_c$ | | $\Delta h$ |
| | | kN | | MPa | | mm | mm | . | | mm | mm | mm | mm | mm |
| 1 | $P_{HK}$ | 350 | 1.15 | 60.6 | 2.3 | 28 | 80 | 2.5 | | 152 | 173 | 170 | | 5 |
| 2 | $P_{KK}$ | 55 | 1.15 | 60.6 | 1.3 | 12.5 | 50 | | 1.4 | 157 | 173 | | 25 | 1 |
| 3 | $P_{HB}$ | 365 | 1.15 | 60.6 | 1.6 | 30 | 110 | 1.7 | | 180 | 173 | 90 | | 5 |
| 4 | $P_{KB}$ | 300 | 1.15 | 60.6 | 2.0 | 19.5 | 110 | 2.1 | | 380 | 173 | 90 | | 1 |
| 5 | $P_{CKB}$ | 160 | 轮辋内表面与水平角度 12°30′ | | | | $P_{CKB}=2P_{HB}\tan 12°30'$ | | | | | | | |
| 6 | $P_{HZ}$ | 565 | 斜辊轴向轧制合力 | | | | $P_{HZ}=P_{HK}+P_{KK}+P_{CKB}$ | | | | | | | |
| 7 | $P_{HJ}$ | 1030 | 主轧辊和压紧辊径向轧制合力 | | | | $P_{HJ}=2P_{HB}+P_{KB}$ | | | | | | | |

**表 2-11　卧式车轮辗环轧机主轧辊轧制力实测数据表**

| 序号 | 车轮规格 | 温度 ℃ | | 轧制时间 | 总压下量 | 主电机总扭矩 | 主轧辊径向轧制力 | 主轧辊和压紧辊径向轧制合力 |
|---|---|---|---|---|---|---|---|---|
| | mm | 开轧 | 终轧 | s | mm | kN · m | kN | kN |
| 1 | $\phi$840 | 1040~1070 | 995~1020 | 11~15 | 31~44 | 17~19 | 530 | 1060 |
| 2 | $\phi$915 | 1040~1080 | 995~1020 | 15~23 | 31~44 | 17~19 | 530 | 1060 |

4）依照国内通用的径-轴向轧制公式计算轧制力。运用另一种轧制力的计算公式，即国内通用的径向-轴向轧环咬入孔型条件与进给量的关系式计算车轮的辗环轧制力能。计算公式选自《锻压手册》中的回转成形公式，此公式最初引自国外的经典理论力学计算公式，经过多年的研究和提萃，形成现在的固定公式。环件开式轧制力能计算与闭式轧制力

能计算的过程相同，在计算过程中可以不考虑与端面摩擦有关的项。轧制力学模型示意图如图 2-16 所示。

① 选用公式。同样，先分析轧辊作用在车轮钢坯上的接触弧长，即径向轧制咬入孔型条件与进给量的关系，采用开式轧制力公式计算接触弧长 $L$、径向轧制力 $P$、单位面积轧制径向力 $p$ 和轧制力矩 $M$。

- 选择计算公式，分析轧辊的接触弧长：

$$L = \sqrt{\frac{2\Delta h}{\frac{1}{R_1} + \frac{1}{R_2} + \frac{1}{R} - \frac{1}{r}}} \tag{2-17}$$

- 分析单位面积的轧制力：

$$p = 2k\left(1.2\ln\frac{h_a}{L} + 1.2\frac{L}{h_a} - 0.2\right) \tag{2-18}$$

- 计算主辊-斜辊径向轧制力：

$$P = 2kbL\left(1.2\ln\frac{h_a}{L} + 1.2\frac{L}{h_a} - 0.2\right) \tag{2-19}$$

- 计算轧制力矩：

$$M = \frac{R_1 P}{2RL}(R^2 - r^2)\ln\left(1 + \frac{\Delta h}{h}\right) \tag{2-20}$$

式中 $L$——接触弧长，mm；
$P$——环件开式径向轧制力，kN；
$p$——单位面积轧制力，MPa；
$M$——轧制力矩，kN · m；
$h_a$——环形工件平均径向壁厚，mm；
$h$——轧制出口处的径向壁厚，mm；
$b$——环形工件与轧辊相接触的轴向宽度尺寸，mm；
$k$——钢材剪切屈服强度（$\sigma_s$），MPa；
$R_1$——与环形工件外径接触的轧辊半径，mm；
$R_2$——与环形工件内径接触的轧辊半径，mm；
$R$——环形工件外圆半径，mm；
$r$——环形工件内圆半径，mm；
$\Delta h$——每转进给量，mm。

② 案例计算轧制力。设定 $\phi$920mm 车轮作为典型代表性产品，车轮钢坯的轮辋外圆直径为 $\phi$960mm、半径 $R=480$mm，轮辋毛坯的内圆直径为 $\phi$760mm、半径 $r=380$mm，轮辋毛坯径向壁厚 $h_0=100$mm，轮辋轧制后的径向壁厚 $h=90$mm，工件平均径向壁厚 $h_a=95$mm，轮辋毛坯轴向高度 $H=160$mm，压紧辊半径 $R_1=175$mm，与轮辋和辐板弧面接触的轧机斜辊锥段半径 $R_2=120$mm，此时暂不计锥辊与辐板中心的夹角，与轧辊相接触的辐板弧面径向宽度尺寸 $b=55$mm，预设径向每次进给量约 $\Delta h=5$mm，在夹角很小的情况下忽略摩擦系数。

- 查相关的金属材料高温力学性能表，开轧温度 1040℃、终轧温度 900℃ 时，CL60

优质碳素钢的屈服极限为约 110MPa，代入式（2-15），计算剪切屈服强度：

$$\sigma_s = R_{eL}/\sqrt{3} = 110/1.73 \approx 63.5(\text{MPa})$$

- 代入式（2-17），分析径向进给接触弧长 $L$：

$$L = \sqrt{\frac{2\Delta h}{\frac{1}{R_1}+\frac{1}{R_2}+\frac{1}{R}-\frac{1}{r}}} = \sqrt{\frac{2\times 5}{\frac{1}{175}+\frac{1}{120}+\frac{1}{480}-\frac{1}{380}}} \approx 27.2(\text{mm})$$

- 代入式（2-18），计算单位面积轧制力 $p_J$：

$$p_J = 2k\left(1.2\ln\frac{h_a}{L} + 1.2\frac{L}{h_a} - 0.2\right) = 2\times 63.5\left(1.2\ln\frac{95}{27.2} + 1.2\frac{27.2}{95} - 0.2\right) \approx 209(\text{MPa})$$

- 代入式（2-19），计算径向轧制力 $P_J$：

$$P_J = 2kbL\left(1.2\ln\frac{h_a}{L} + 1.2\frac{L}{h_a} - 0.2\right)$$

$$=2\times 63.5\times 55\times 27.2\left(1.2\ln\frac{95}{27.2} + 1.2\frac{27.2}{95} - 0.2\right) \approx 313(\text{kN})$$

计算主辊、压紧辊、斜辊径向轧制合力：

$$P = 2P_J = 2\times 313 = 626(\text{kN})$$

- 代入式（2-20），计算轧制力矩 $M_J$：

$$M_J = \frac{R_1 P}{2RL}(R^2 - r^2)\ln\left(1+\frac{\Delta h}{h}\right) = \frac{175\times 313}{2\times 480\times 27.2}(480^2 - 380^2)\ln\left(1+\frac{5}{90}\right) \approx 9.8(\text{kN}\cdot\text{m})$$

③ 计算结果汇总。依据以上公式计算，将压紧辊与斜辊的径向轧制力分步骤计算结果汇总于表 2-12 内。轴向轧制力的轧环咬入条件与径向相同，待第 3 章中再具体分析说明，此处暂不叙述。

**表 2-12　环件径向开式轧制变形力计算结果汇总**

| 项　目 | 计算汇总 | | | 压紧辊半径 | 斜辊半径 | 轮辋外半径 | 轮辋内半径 | 轮辋轧后厚度 | 平均径向壁厚 | 预设进给量 | 接触弧长 | 剪切屈服强度 | 轧辊接触宽度 |
|---|---|---|---|---|---|---|---|---|---|---|---|---|---|
| | | | | $R_1$ | $R_2$ | $R$ | $r$ | $h$ | $h_a$ | $\Delta h$ | $L$ | $k$ | $b$ |
| | kN | MPa | kN · m | mm | mm | mm | mm | mm | mm | mm | mm | MPa | mm |
| 径向轧制合力 $P$ | 626 | | | 175 | 120 | 480 | 380 | 90 | 95 | 5 | 27.2 | 63.5 | 55.0 |
| 单位面积轧制力 $p_J$ | | 209 | | 175 | 120 | 480 | 380 | 90 | 95 | 5 | 27.2 | 63.5 | 55.0 |
| 轧制力矩 $M_J$ | | | 9.8 | 175 | 120 | 480 | 380 | 90 | 95 | 5 | 27.2 | 63.5 | 55.0 |

与国外的理论公式对比，通用轧制力的计算基本要素相同，计算结果有些不同，但差异不大。

（3）车轮钢坯的压弯和穿孔锻造力

铁路车轮的辐板呈凸状曲线形，这种形态是蒸汽机革命以来技术人员从金属材料的应力发散、强度性能、噪声辐射等几方面经过上百年的研究最终确定下来的工件形状。

为了形成类似图 2-17 的弯曲形状，车轮钢坯辗环轧制后，要采用锻压机将辐板和中心轮毂的部位压弯，在压弯的同时，将轮毂中心孔的连皮穿透脱落，达到车轮的最终成型。车轮钢坯压弯穿孔后的示意图如图 2-17 所示，图中 $H_1$ 为辗轧后的轮坯高度尺寸，$H_2$ 为压弯后的轮坯高度尺寸。

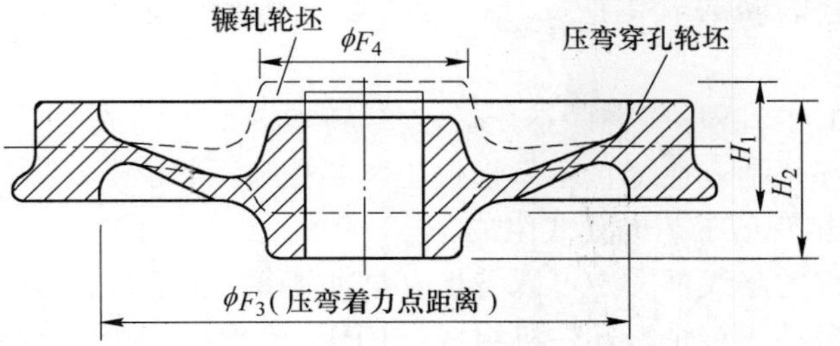


图 2-17 车轮钢坯压弯穿孔示意图

辗轧成型后的车轮钢坯，其压弯和穿孔锻造力与镦粗成型锻造力计算方法相同。

举例计算：辐板锻造压弯着力点在平面图上的投影直径距离 $F_3$ 约为 $\phi$800mm，钢坯轮毂部位在平面图上的投影直径 $F_4$ 约为 $\phi$400mm，均包括飞边，钢坯中心孔的连皮直径 $\phi$160mm，系数 $Z$ 取值 7.3，钢坯系数 $K$ 取值参考推算的锻压比约 1.5~2.3，计算压弯和穿孔车轮钢坯的锻压力。代入式（2-9）和式（2-10）：

$$P_f = K \times Z \times F_3 = 1.5 \times 7.3 \times \left(\frac{40}{2}\right)^2 \times \pi = 17.4(\text{MN，压弯})$$

$$P_f = K \times Z \times F_4 = 2.3 \times 7.3 \times \left(\frac{20}{2}\right)^2 \times \pi = 5.3(\text{MN，穿孔})$$

锻压设备的压弯模具采用一种专门的模型砧头，生产操作中压弯和穿孔动作一步完成，计算锻压力为 22.7MN，选用公称锻压力 30MN 的锻压机为宜。

2.2.7.4 锻压工艺设计的说明

理论计算车轮钢坯锻压轧制成型各步骤所需的锻压力和轧制力之后，就可以开始制定锻轧生产线的工艺操作流程，并根据工艺流程选择对应的机械装备。在理论计算中，已经明确锻压工序的每一步操作点的能力，按此梳理生成工艺设计每一步的流程，如图 2-18 所示。我国早期设计第一座车轮制造厂工程时，由于生产装备比较落后，工艺设备之间的

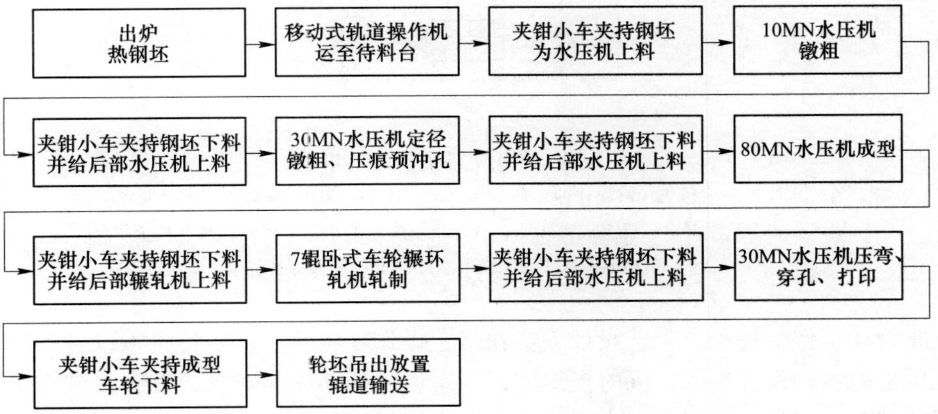


图 2-18 20 世纪锻压和辗轧工序的工艺流程

运转设备，设计只能选择依靠夹钳小车。夹钳小车是人工操作，夹持和周转间隔时间很长，造成钢坯的温降很大，给锻压操作带来困扰。为了减小锻压比的负担和增加锻压效果，也为了去除钢坯表面的氧化铁皮，在初锻操作工步的设计中增加了一台公称锻压力 10MN 的模锻压机。

锻轧生产工艺的主流程：上料→初锻→连续转运→镦粗预成型→连续转运→成型锻→连续转运→卧式辗环轧制→连续转运→辐板压弯冲孔→下料。

（1）车轮锻压热变形工艺的模式组成

从上述工艺流程的路线框图中可以看出，早期辗钢整体铁路车轮的生产工艺是采用 4 台模锻水压机和 1 台卧式车轮辗环轧机组成：10MN 模锻机+30MN 模锻机+80MN 模锻机+7 辊卧式车轮轧机+30MN 模锻机，即 4+1 联合作业线。该生产线投产十几年后，积累了足够的经验教训，企业进行了局部改造，取消了 10MN 水压机，使整个生产模式组成改为 30MN 模锻机+80MN 模锻机+7 辊卧式车轮轧机+30MN 模锻机，即 3+1 联合生产线，这成为生产模式的核心组成。车轮工件从圆柱形钢坯到成为车轮工件的热变形步骤如图 2-19 所示。

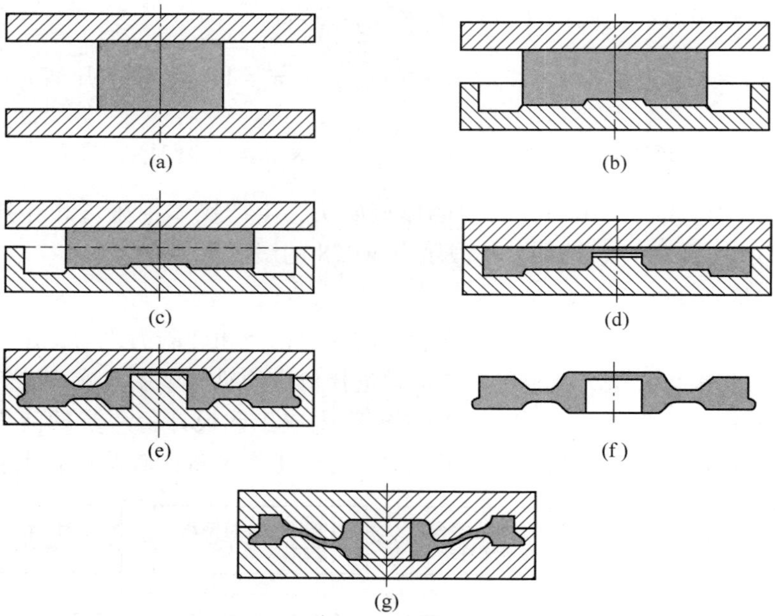


图 2-19　车轮工件的热变形步骤

（a）钢坯在 10MN 模锻水压机预镦粗作业；（b）~（d）钢坯在 30MN 模锻水压机上镦粗、冲孔作业；（e）钢坯在 80MN 模锻水压机上成型作业；（f）粗制成型的车轮工件在辗环轧机上扩径作业；（g）车轮工件在 30MN 模锻水压机上压弯和穿孔作业

按照设计工作的规程，工艺设计人员在确定操作步骤后，需要给机械设备的设计人员提出水压机的各种设计参数，同时提出转运联系设备的动作和要求，设备设计人员根据工艺变形条件和不同的动作要求，实施各个模锻水压机和轧机的设备本体设计以及各个动作的控制系统设计。

（2）车轮锻压工艺动作分解说明

为更好地说明车轮锻压的工艺过程，图 2-20～图 2-23 对模锻水压机的操作动作进行分解，给出整个动作节点。

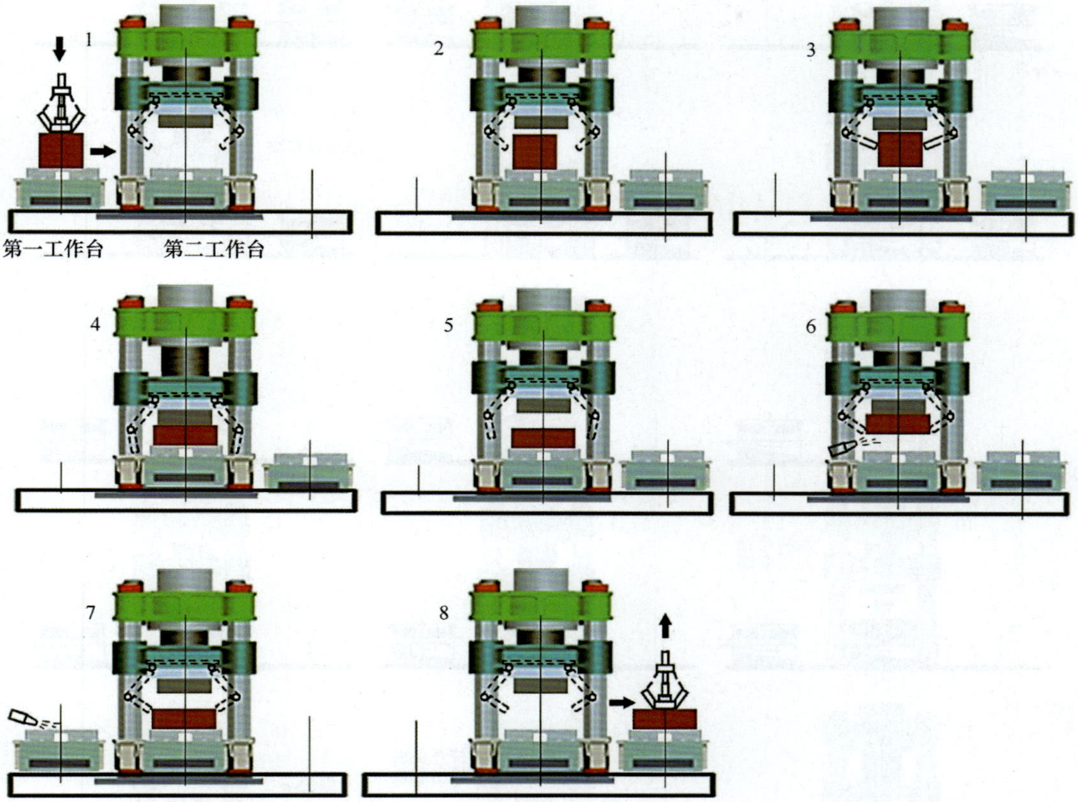


图 2-20 10MN 模锻水压机操作动作分解过程

1）10MN 模锻镦粗水压机的工件进出采用移动式工作台，动作分解过程如图 2-20 所示。

10MN 模锻机有第 1 和第 2 两个移动工作台：第 1 步栈桥小车的起重吊具将热车轮钢坯放到第 1 工作台上；第 2 步将第 1 工作台移入水压机的中心；第 3 步夹钳将车轮钢坯夹起对中定位再放到工作台上；第 4 步水压机活动横梁下降，加压将钢坯预镦粗，同时起到压裂外表面氧化铁皮的作用；第 5 步水压机活动横梁提升；第 6 步夹钳抱住车轮钢坯提升，手持喷枪用蒸汽吹扫钢坯底部，去除从钢坯上掉下来的氧化铁皮；第 7 步第 1 工作台移出并用喷枪吹扫工作台，第 2 工作台移入水压机的中心，夹钳将车轮钢坯放在第 2 工作台上；第 8 步第 2 工作台带着钢坯移出，栈桥小车的起重吊具从工作台上将车轮钢坯吊走。

2）30MN 模锻镦粗冲孔水压机操作动作分解。

① 采用 10MN+30MN+80MN+30MN 模锻水压机的 4+1 联合作业时，30MN 模锻水压机的动作分解过程如图 2-21 所示。

30MN 模锻水压机有两个移动工作台：第 1 个冲孔工作台、第 2 个镦粗工作台。第 1

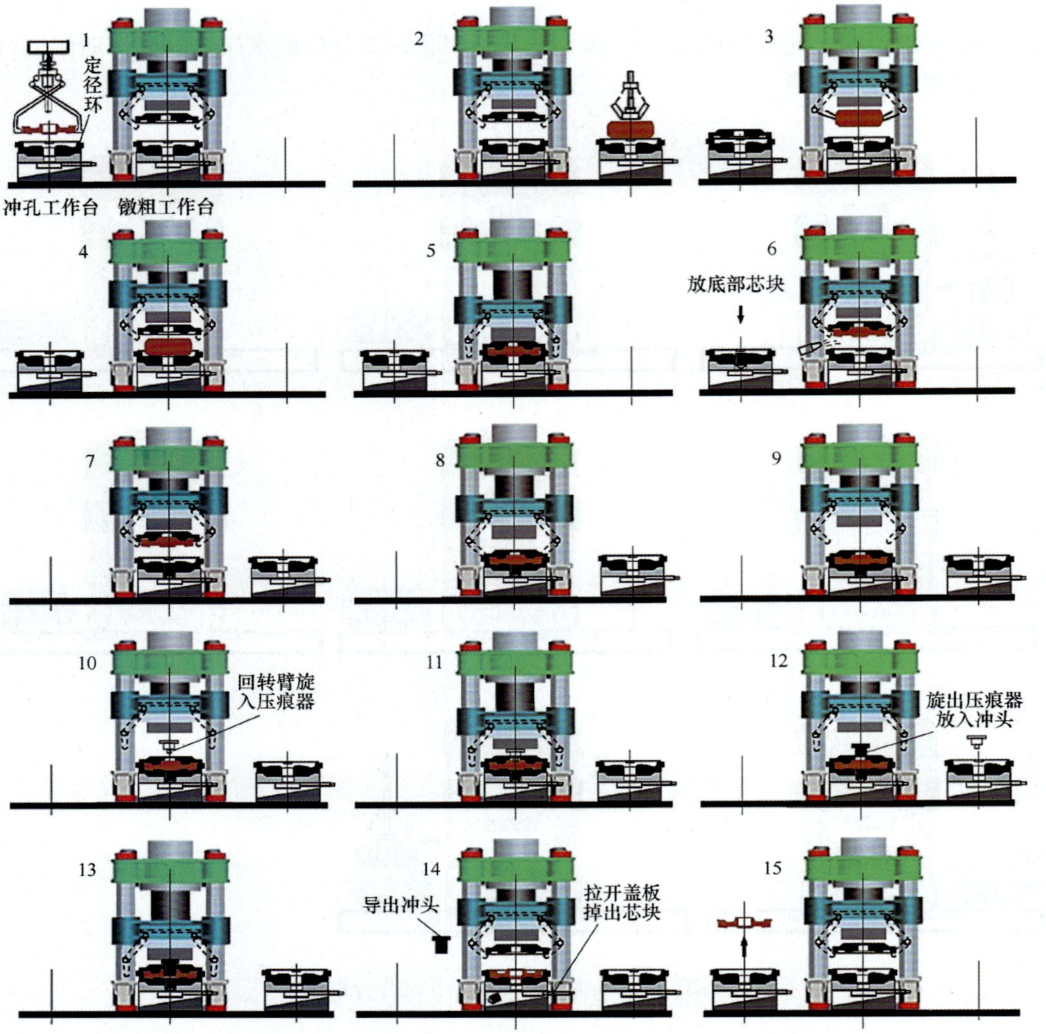


图 2-21　30MN 模锻镦粗水压机操作动作分解过程（经过 10MN 水压机预镦粗）

步栈桥小车起重吊具将 30MN 水压机上的已经压好的前一个轮坯吊走；第 2 步冲孔工作台移到水压机中心，起重吊具把 10MN 水压机预镦粗后的热车轮钢坯运来放到镦粗工作台上；第 3 步镦粗工作台移到水压机中心，夹钳把车轮钢坯对中并放到工作台上；第 4 步冲孔工作台移入水压机中心，夹钳把锻压机的上模定径环抬起，冲孔工作台移出；第 5 步夹钳把上模定径环对准镦粗工作台，夹钳张开，水压机活动横梁下降，对在上模定径环内的车轮钢坯镦粗并预成型；第 6 步水压机活动横梁提升，夹钳将带着轮坯的上模定径环抱起，手持喷枪吹扫轮坯下部，除去掉下的氧化铁皮，把用于压制中心孔的芯块放入冲孔工作台的下模底部；第 7 步冲孔工作台移入水压机中心；第 8 步水压机活动横梁下降，把带着轮坯的上模定径环放在冲孔工作台上；第 9 步夹钳张开、水压机活动横梁提升；第 10 步回转臂带着压痕器转入水压机中心放下；第 11 步水压机活动横梁下降，在轮坯中心加压，压出一个孔痕；第 12 步水压机活动横梁提升，回转臂转入带着压痕器旋出，将压制中心孔的冲头对准压痕放入；第13步水压机活动横梁下降并加压完成冲中心孔，中心孔的连皮不穿透；第14步提升活动横梁，导出上部冲头，夹钳把上模定径环抱起，打开下工作台的挡板，使下模底部芯块掉出；第15步冲孔工作台移出水压机中心，起重吊具准备将压好的轮坯吊走。

② 取消10MN水压机模式。采用30MN+80MN+30MN模锻水压机的3+1联合作业时，预镦粗和冲孔的工序由同一台30MN完成，车轮的成型锻压仍然在80MN水压机上完成，继续使用卧式车轮轧机辗环扩径，之后由30MN水压机压弯并穿孔，小时生产率比设计定额提高20%，温降的问题得到一定的缓解控制。

从图2-21和描述中可以看出，当年的车轮锻压生产操作动作十分繁杂，无法做到锻压过程中工件的精准对位，特别是锻压时，由于工作台中心定位偏差，造成锻压轮坯的模具对缝不严谨，产出的轮坯严重偏心，到了轧机作业时缺陷再度扩大。另外，轧机轧辊的材质强度较低，使得车轮钢坯表面轧制不到位，也产生误差，这些缺陷的累加成为车轮制造中存在多年的重大质量问题。

锻压和辗轧过程中，带有偏心的轮坯以往都是通过后续的机加工来进行纠正，这一方面加大了热处理变形的后果；另一方面增加了无谓的金属切削量，不合格品率一直居高不下。

需要说明的是，在车轮生产整套锻压轧制过程中，操作工序最多、操作时间最长的是在30MN水压机上的镦粗冲孔作业。工艺设计中选择10MN+30MN模锻水压机进行联合镦粗、冲孔任务，仅在30MN模锻水压机上就需要经过15道步骤完成。多年的生产经验表明，随着车轮制造装备的提升和现代化，多增加一台10MN水压机对整个生产线已经起不到什么作用。目前，中国和世界上新建设的车轮生产线都不再考虑4+1的联合作业方式，多数为3+1方式或2+1方式，即采用3台或2台模锻压机+1台车轮辗环轧机联合组成的生产线。

3）80MN模锻成型水压机采用一套移动式工作台，动作分解过程如图2-22所示。

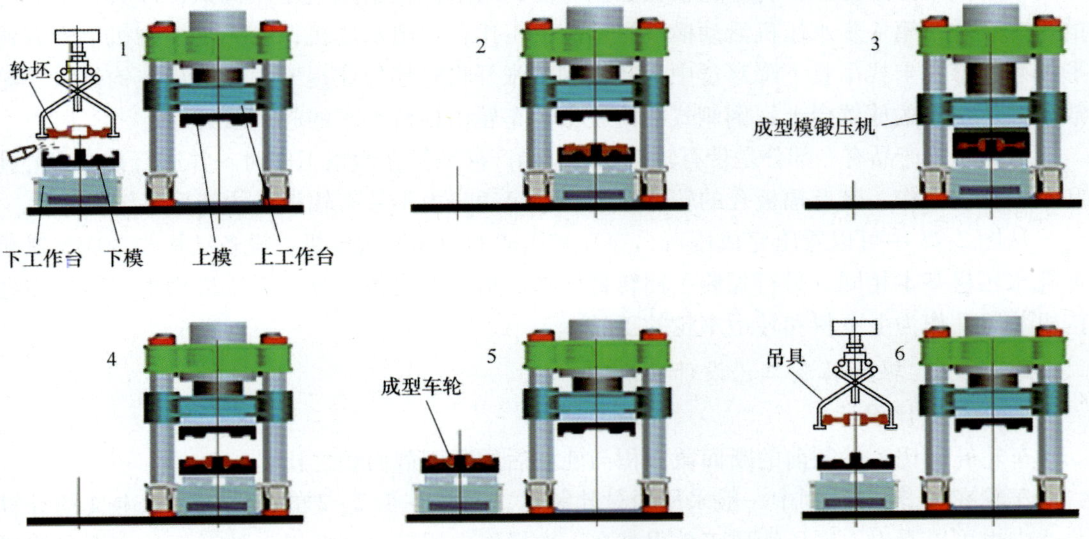


图2-22 80MN模锻水压机操作动作分解过程图

80MN 操作动作分解过程描述：第 1 步栈桥小车的起重吊具将镦粗的车轮钢坯运送到下工作台上方，手持喷枪用蒸汽将两面残存的氧化铁皮喷吹干净，放到下工作台上；第 2 步下工作台带着车轮钢坯移入水压机中心；第 3 步水压机活动横梁下降并加压将轮坯压制成型；第 4 步水压机活动横梁提升；第 5 步下工作台带着成型后的车轮移出水压机中心；第 6 步栈桥小车的起重吊具将车轮吊走。

4）30MN 模锻压弯和穿孔水压机采用一套移动式工作台，动作分解过程如图 2-23 所示。

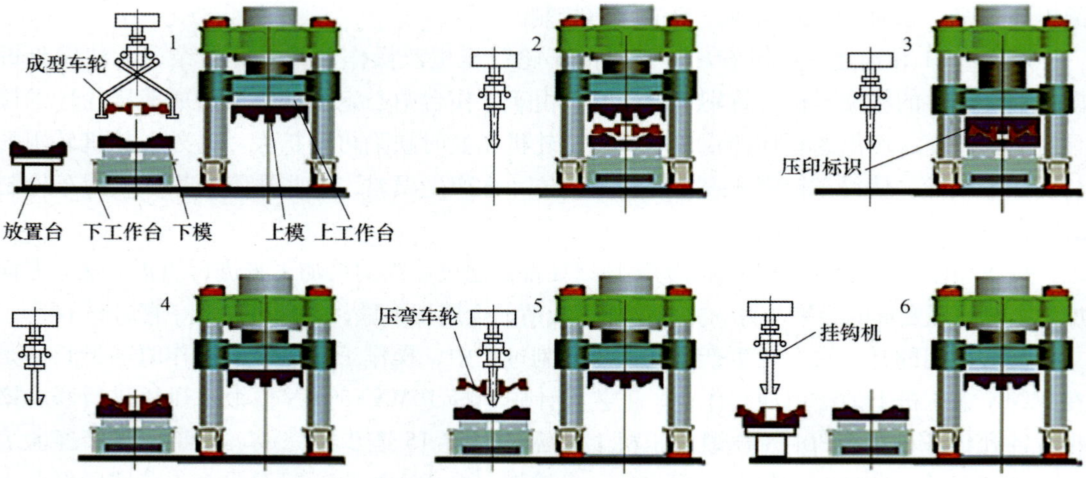


图 2-23　30MN 模锻压弯水压机操作动作分解过程图

30MN 模锻机操作动作分解过程描述：第 1 步由栈桥小车的起重吊具将 80MN 水压机锻压后的成型车轮送到压弯下工作台上；第 2 步压弯下工作台移到水压机中心；第 3 步水压机活动横梁下降加压，将车轮辐板压制弯曲同时上模在轮辋上压印标识，冲头将中心孔的连皮穿透；第 4 步水压机活动横梁提升，下工作台移出水压机；第 5 步挂钩机上带有钩形倒刺的穿孔卡式吊具下降穿过中心孔，倒刺张开将轮坯勾住提升；第 6 步挂钩机将车轮放到锻压机外的放置台上；倒刺式挂钩脱出，车轮由栈桥小车的起重吊具运走。

铁路车轮产品有一部分是带有辐板孔的，国产模锻机在镦粗工序时一并进行预冲中心孔和辐板孔的操作。带有辐板孔的轮型在国内已经逐步由不带有辐板孔的新型车轮所取代。

从图 2-23 中可以看出完成压弯、穿孔和压印的 30MN 水压机，设备结构与 30MN 镦粗冲孔水压机基本相同，另行加装了回转臂转送压痕器的设备部分，夹持机构由夹钳换作挂钩机装置，作为上下料和转运车轮的工具。

#### 2.2.7.5　辗环轧制工艺设计的说明

（1）轧制比设计

车轮轧制比：轧制前的断面截面积与轧制后的断面截面积之比。

车轮在径-轴向轧制中一般采用当量轧制比，通常在 1.2~2 的范围内。从上文的计算公式中也可以看出，锻压钢质工件很难在一次操作中用超过 2.0 以上的锻压比实现最终成形，如果需要一次完成，就要采用更大锻造力的装备才行。在工厂设计时，同等产量规模的条件下，优选能力适宜的装备是衡量技术经济指标的重要内容，不能盲目地追求大而全。对各工艺环节进行精确的计算，维持良好的建厂投资回报是设计成功的基本原则。

轧机轧辊的进给和退出的操作形态过程如图2-24所示。

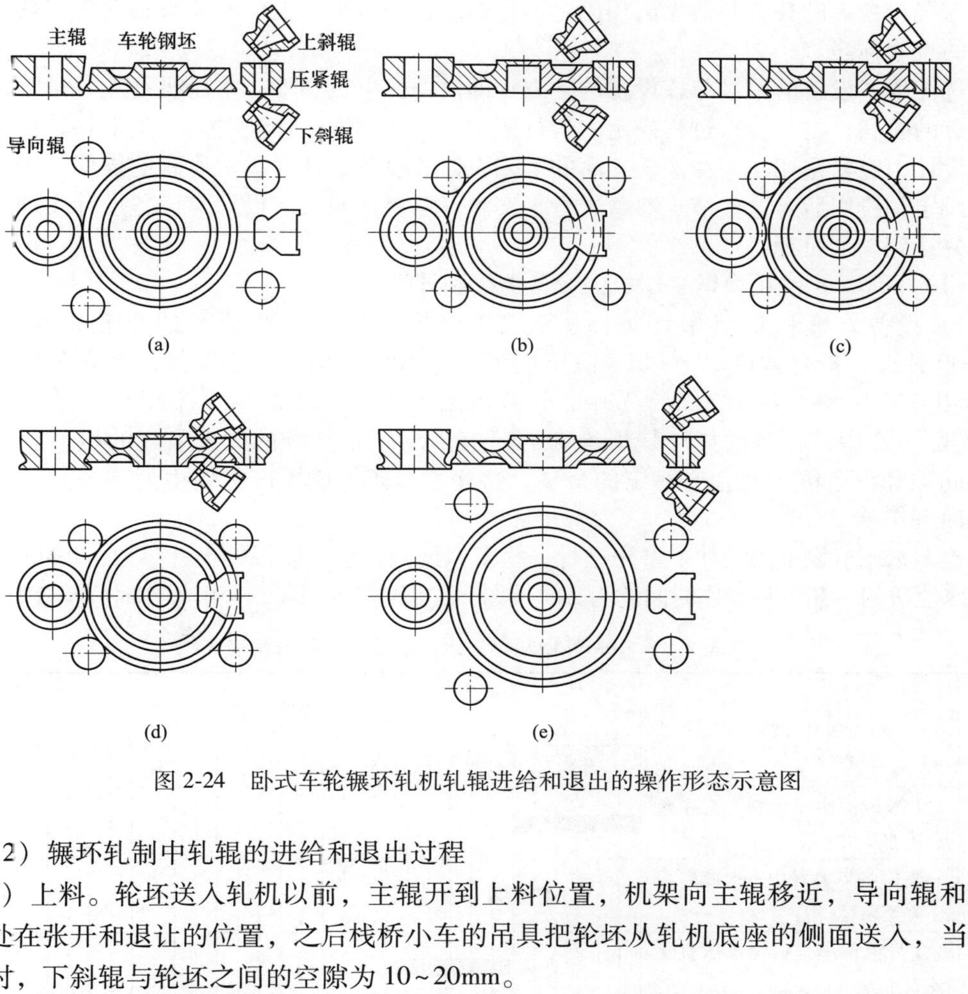


图2-24 卧式车轮辗环轧机轧辊进给和退出的操作形态示意图

（2）辗环轧制中轧辊的进给和退出过程

1）上料。轮坯送入轧机以前，主辊开到上料位置，机架向主辊移近，导向辊和压紧辊都处在张开和退让的位置，之后栈桥小车的吊具把轮坯从轧机底座的侧面送入，当轮坯就位时，下斜辊与轮坯之间的空隙为10~20mm。

2）夹持和低压轧制。轮坯放在下斜辊上后，上斜辊轻轻压下，把轮坯卡住，送料的栈桥小车吊具张开并开走。压紧辊向前推送与轮坯接触，机架开动前移，把轮坯送入轧辊孔型，角度值不变。机架开到极限位置，导向辊紧跟着合拢。当压紧辊即将与轮坯接触时，驱动轧辊的电机开启低速旋转，导向辊将轮坯抱住，随即电动机转成高速旋转，同时，上斜辊压下，用低压辗轧轮辋高度，压紧辊也随之低压轧制使轮辋扩径。

3）高压轧制。低压辗轧2~3圈后上斜辊即转入高压轧制，压紧辊紧跟着高压辗轧，同时，增压器放到回程位置。当轮坯的直径辗轧到规定的尺寸时，上斜辊和压紧辊开始停止，轮坯在各轧辊间续轧2~3圈后，电机停止。以锻压成型的D915车轮为例，轮缘的毛坯直径为$\phi$900mm，经过辗轧扩径后达到$\phi$980mm。

4）卸料。轧机停轧后，下料栈挢小车移动，吊具吊杆插入轮坯中心孔内，张开倒刺挂钩卡住车轮，上斜辊抬起、压紧辊后退、导向辊张开，轮坯被吊走。

#### 2.2.7.6　锻压和辗轧设备的选配和说明

以上介绍了铁路车轮锻轧工艺流程确定的过程和主要大型设备的吨级计算方式，以下论述如何选配这些工艺设备。当年国内的设备制造能力比较弱，设备的技术参数和控制系统的配置与今天的装备制造无法相比，尽管如此，铁路车轮生产的装备制造仍体现了那一年代的技术顶峰。

选配生产设备的数量与该设备的能力，即设备的电机功率、水压机蓄能容量等，有密不可分的关联；也与操作过程设定的运行速度、工作制度、作业时间、上下料转接能力等工艺设计内容紧密相扣。在锻轧工序的工艺设计和设备设计时，对所有的操作节点提前进行了设定，投产后对这些节点参数进行了实测，结果证明工艺设计与设备设计实现了节点一致并达到预期目标。

（1）10MN 预镦粗模锻水压机的设备选配和计算

1）设备数量和负荷率计算。从表 2-1 看出，每年需要锻造的车轮钢坯数量为 474100 片/a，折合吨位 202600t。锻压机年工作 306d，每天 3 班工作，时间公称损失系数 $k$ = 0.75～0.85。第 2.2.6.3 节中，计算得出锻压工序小时生产率至少要达到 64 片/h。实际生产中，任务的排产是不均衡的，工艺设计需要衡量最大限度的生产状况，流程的间隙和设备能力要留有一定的余量，这样才能既完成生产纲领中的任务量，又符合工作时间节奏。

模锻水压机设备的设计中事先进行一些模拟试验，根据模拟的设计参数，10MN 预镦粗模锻水压机的工艺进程操作时间约为 24s，投产后实测基本相同，分解操作时间见表 2-13。

**表 2-13　10MN 镦粗模锻水压机操作时间分解表**

| 序号 | 操作步骤 | 工艺进程及实际时间 | | | | | | 移动速度/mm·s⁻¹ |
|---|---|---|---|---|---|---|---|---|
| | | 5s | 10s | 15s | 20s | 25s | 30s | |
| 1 | 1 号栈桥小车上料，工作台移入水压机中心 | | | | | | | |
| 2 | 夹钳将坯料对中，上模空程下降至坯料 | | | | | | | 150 |
| 3 | 1 号栈桥小车退出水压机工作台上方 | | | | | | | |
| 4 | 上模工作压下镦粗 | | | | | | | 80 |
| 5 | 上模回程 | | | | | | | 150 |
| 6 | 下模顶出器将坯料顶起 | | | | | | | |
| 7 | 工作台移出，2 号栈桥小车将坯料夹住 | | | | | | | |
| 8 | 顶出器下降 | | | | | | | |
| 9 | 2 号栈桥小车将坯料脱出 | | | | | | | |
| 10 | 工作台冷却、吹刷涂层 | | | | | | | |
| 11 | 1 号栈桥小车再次上料 | | | | | | | |

表测实际操作时间为 24s

依据镦粗每一片轮坯的操作周期，计算水压机的选用数量和小时生产能力。

$$V_h = \frac{\text{单位时间} \times k}{V} \tag{2-21}$$

式中 $V_h$——小时生产率，片/h；
单位时间——1h；
$V$——锻压周期时间，s；
$k$——时间损失系数。

计算小时生产率：

$$V_h = \frac{60 \times 60 \times 0.75}{24} = 113(\text{片}/\text{h})$$

代入式（2-1），计算水压机的选用数量，N：

$$N = \frac{G_n \times V}{h \times 60 \times 60} = \frac{G_n \times V}{D \times 24 \times k \times 3600} = \frac{474100 \times 24}{306 \times 24 \times 0.75 \times 3600} = 0.57(\text{台})$$

计算得到10MN模锻水压机设备的需要数量为0.57台，设计选用1台，设备的生产负荷率为57%。

2）设备组成和主要技术参数。10MN预镦粗模锻水压机的设备组成包括立柱、支座、上横梁、下横梁、活动横梁、柱塞、工作缸、水泵系统、空气系统、管道系统、电气系统、操作台。设备依靠电气控制活动横梁升降、工作台水平移动、夹钳夹料和定心、栈桥小车上料和下料，完成整个周期的动作。10MN预镦粗模锻水压机的主要性能和技术参数见表2-14。

**表2-14 10MN预镦粗模锻水压机的主要技术参数**

| 序号 | 项目 | 单位 | 参数 | 序号 | 项目 | 单位 | 参数 |
|---|---|---|---|---|---|---|---|
| 1 | 水压机公称压力 | MN | 10 | 5 | 提升缸提升力 | kN | 568 |
| 2 | 工作液体压力 | | | 6 | 移动工作台最大行程 | mm | 1670 |
| | 水泵站 | MPa | 32 | | 移动工作台速度 | mm/s | 400 |
| | 充水罐 | MPa | 0.8 | | 移动工作台推力 | kN | 176 |
| 3 | 工作缸柱塞直径 | mm | φ640 | 7 | 夹紧钳夹紧力 | kN | 320~390 |
| 4 | 活动横梁最大行程 | mm | 1000 | 8 | 水压机总高度 | m | 7.8 |
| | 活动横梁空程速度 | mm/s | 400 | 9 | 水压机总重 | t | 96 |
| | 活动横梁工作速度 | mm/s | 80~100 | | | | |
| | 活动横梁提升速度 | mm/s | 400 | | | | |

（2）30MN镦粗、预冲孔模锻水压机的设备选配和计算

1）设备数量和负荷率计算。每年需要锻造的车轮钢坯数量条件同上，计算30MN镦粗、预冲孔模锻水压机的选用数量和小时生产能力，工艺进程操作时间分解见表2-15。

**表 2-15　30MN 镦粗、预冲孔模锻水压机操作时间分解表**

| 序号 | 操作步骤 | 工艺进程及实际时间 | | | | | | | | 移动速度/mm·s$^{-1}$ |
|---|---|---|---|---|---|---|---|---|---|---|
| | | 5s | 10s | 15s | 20s | 25s | 30s | 35s | 38s | |
| 1 | 第一工作台上料并移入水压机中心 | ■ | | | | | | | | 400 |
| 2 | 夹钳定心 | | ■ | | | | | | | |
| 3 | 夹钳松开 | | ■ | | | | | | | |
| 4 | 活动横梁下降至坯料 | | ■ | | | | | | | 150 |
| 5 | 加压镦粗 | | ■ | ■ | | | | | | |
| 6 | 活动横梁提升 | | | ■ | ■ | | | | | 150 |
| 7 | 夹钳抱起坯料 | | | ■ | | | | | | |
| 8 | 带冲头下模转入中心 | | | | ■ | | | | | |
| 9 | 活动横梁下降 | | | | ■ | | | | | |
| 10 | 夹钳松开 | | | | ■ | | | | | |
| 11 | 压痕 | | | | | ■ | | | | |
| 12 | 活动横梁提升 | | | | | ■ | ■ | | | |
| 13 | 下模顶出器将坯料顶起 | | | | | ■ | ■ | | | |
| 14 | 夹钳抱住坯料 | | | | | | ■ | | | |
| 15 | 第一工作台移出 | | | | | | ■ | ■ | | |
| 16 | 带冲头下模转出 | | | | | | ■ | ■ | | |
| 17 | 夹钳松开坯料放在第二工作台上 | | | | | | | ■ | ■ | |
| 18 | 装出料机将坯料下料 | | | | | | | | ■ | |
| 19 | 工作台冷却、吹刷涂层 | | | | | | ■ | ■ | ■ | |

表测实际操作时间为 37. 5s

依据 30MN 镦粗、预冲孔模锻水压机的操作周期，计算水压机的选用数量和小时生产能力。

代入式（2-21），计算小时生产率：

$$V_h = \frac{60 \times 60 \times 0.75}{37.5} = 72(\text{片/h})$$

代入式（2-1），计算水压机的选用数量 $N$：

$$N = \frac{G_n \times V}{h \times 60 \times 60} = \frac{G_n \times V}{D \times 24 \times k \times 3600} = \frac{474100 \times 37.5}{306 \times 24 \times 0.75 \times 3600} = 0.9(\text{台})$$

通过计算，30MN 模锻水压机的计算数量为 0. 9 台，设计选用 1 台设备，设备的生产负荷率为 90%。

2）设备组成和主要技术参数。30MN 镦粗、预冲孔模锻水压机的设备组成包括立柱、支座、上横梁、下横梁、活动横梁、回转臂机构、锻模夹持机构、柱塞、工作缸、水泵系统、空气系统、管道系统、润滑系统、电气系统、操作台。设备依靠电气控制活动横梁升降、工作台水平移动、夹钳夹料和定心、回转臂旋转压痕器、栈桥小车上料和下料，完成整个周期的动作。30MN 镦粗、预冲孔模锻水压机的主要性能和技术参数见表 2-16。

**表 2-16 30MN 镦粗、预冲孔模锻水压机的主要技术参数**

| 序号 | 项 目 | 单位 | 参数 | 序号 | 项 目 | 单位 | 参数 |
|---|---|---|---|---|---|---|---|
| 1 | 水压机公称压力 | MN | 30 | 4 | 移动速度 | | |
| 2 | 工作液体压力 | | | | 活动横梁空程下降速度 | mm/s | 400 |
| | 水泵蓄势器 | MPa | 32 | | 活动横梁提升速度 | mm/s | 400 |
| | 充水罐 | MPa | 0.4~1.2 | | 工作台移动速度 | mm/s | 400 |
| 3 | 活动横梁最大行程 | mm | 1370 | | 冲头回转臂移动速度 | mm/s | 200 |
| | | | | 5 | 提升缸提升力 | kN | 235（2 个） |
| | | | | 6 | 水压机总高度 | m | 11.3 |
| | | | | 7 | 水压机总重 | t | 240 |

（3）80MN 成型模锻水压机的设备选配和计算

1）设备数量和负荷率计算。80MN 成型模锻水压机每年需要锻造的车轮钢坯数量条件同上，以此计算水压机的选用数量和小时生产能力。工艺进程操作分解时间见表 2-17。

**表 2-17 80MN 成型模锻水压机操作时间分解**

| 序号 | 操作步骤 | 工艺进程及实际时间 | | | | | | | 移动速度 |
|---|---|---|---|---|---|---|---|---|---|
| | | 5s | 10s | 15s | 20s | 25s | 30s | 35s | /mm·s$^{-1}$ |
| 1 | 1 号栈桥车上料 | | | | | | | | 600 |
| 2 | 工作台移入水压机中心 | | | | | | | | 200 |
| 3 | 上模空程下降 | | | | | | | | 100 |
| 4 | 上模工作压下 | | | | | | | | 200 |
| 5 | 上模回程 | | | | | | | | 600 |
| 6 | 工作台移出水压机 | | | | | | | | |
| 7 | 2 号栈桥小车下料 | | | | | | | | |
| 8 | 工作台冷却、吹刷涂层 | | | | | | | | |
| 9 | 1 号栈桥小车上料 | | | | | | | | |

表测实际操作时间为 32s

依照 80MN 成型模锻水压机的操作周期，代入式（2-21），计算小时生产率：

$$V_h = \frac{60 \times 60 \times 0.75}{32} = 84(\text{片}/\text{h})$$

代入式（2-1），计算水压机的选用数量 $N$：

$$N = \frac{G_n \times V}{h \times 60 \times 60} = \frac{G_n \times V}{D \times 24 \times k \times 3600} = \frac{474100 \times 32}{306 \times 24 \times 0.75 \times 3600} = 0.77(\text{台})$$

通过计算，80MN 成型模锻水压机的计算数量为 0.77 台，设计选用 1 台设备，设备的生产负荷率为 77%。

2）设备组成和主要技术参数。80MN 成型模锻水压机的设备组成包括立柱、支座、上横梁、下横梁、活动横梁、回转臂机构、锻模夹持机构、柱塞、工作缸、水泵系统、空气系统、管道系统、润滑系统、电气系统、操作台，栈桥小车上料和下料，完成整个周期的动作。设备的主要性能和技术参数见表 2-18。

**表 2-18　80MN 成型模锻水压机主要技术参数**

| 序号 | 项　目 | 单位 | 参数 | 序号 | 项　目 | 单位 | 参数 |
|---|---|---|---|---|---|---|---|
| 1 | 水压机公称压力 | MN | 80 | 5 | 水压机行程 | | |
| 2 | 水压机工作液压 | MPa | 32 | | 活动横梁最大行程 | mm | 550 |
| 3 | 水压机提升缸提升力 | kN | 4900 | | 活动横梁工作行程 | mm | 150 |
| | 水压机平衡缸平衡力 | kN | 588 | | 提升缸工作行程 | mm | 1000 |
| 4 | 上下移动工作台移动推力 | kN | 392 | 6 | 上移动工作台行程 | mm | 1675 |
| | | | | | 下移动工作台行程 | mm | 3000 |
| | | | | 7 | 水压机设备总重 | t | 645 |

80MN 水压机活动横梁行程选择需满足生产时与坯料的间距，并照顾检修和操作习惯，一般上砧与坯料间距留有 100~150mm 的距离。行程不宜选得过大，因为行程大了，会引起立柱尺寸加长，增加设备重量并延长操作时间。水压机主缸选用 550mm 的工作行程，全行程可以达到 800mm。

（4）30MN 压弯、穿孔模锻水压机的设备选配和计算

1）设备数量和负荷率的计算。30MN 压弯、穿孔、打印标识模锻水压机每年需要锻造的车轮钢坯数量条件同上，以此计算水压机选用数量和小时生产能力。工艺进程分解操作时间见表 2-19。依照 30MN 模锻水压机操作周期，代入式（2-21），计算小时生产率：

$$V_{\mathrm{h}} = \frac{60 \times 60 \times 0.75}{28} = 96(\text{片}/\mathrm{h})$$

**表 2-19　30MN 压弯、穿孔模锻水压机操作时间分解**

| 序号 | 操作步骤 | 工艺进程及实际时间 5s | 10s | 15s | 20s | 25s | 30s | 移动速度 /mm·s$^{-1}$ |
|---|---|---|---|---|---|---|---|---|
| 1 | 工作台上料 | | | | | | | 400 |
| 2 | 工作台移入压机中心 | | | | | | | |
| 3 | 夹钳定心 | | | | | | | |
| 4 | 夹钳松开 | | | | | | | |
| 5 | 冲头转入下模中心 | | | | | | | |
| 6 | 活动横梁降至坯料 | | | | | | | 150 |
| 7 | 压弯、压印标识 | | | | | | | |
| 8 | 穿孔 | | | | | | | |
| 9 | 活动横梁提升 | | | | | | | 150 |
| 10 | 下模顶出器将轮顶起 | | | | | | | |
| 11 | 夹钳抱住坯料 | | | | | | | |
| 12 | 工作台移出 | | | | | | | |
| 13 | 将冲头从下模转出 | | | | | | | |
| 14 | 工作台移入压机、夹钳将坯料放上 | | | | | | | |
| 15 | 工作台移出、夹钳将坯料钩起至放置台 | | | | | | | |
| 16 | 工作台冷却、吹刷涂层 | | | | | | | |

表测实际操作时间约 25～28s

代入式（2-1），计算水压机的选用数量 $N$：

$$N = \frac{G_n \times V}{h \times 3600} = \frac{G_n \times V}{D \times 24 \times k \times 3600} = \frac{474100 \times 28}{306 \times 24 \times 0.75 \times 3600} = 0.67(\text{台})$$

通过计算，30MN 压弯、穿孔模锻水压机的计算数量为 0.67 台，设计选用 1 台设备，设备的生产负荷率为 67%。

2）设备组成和主要技术参数。30MN 压弯、穿孔模锻水压机与 30MN 镦粗水压机的不同是没有回转臂机构，而以挂钩代替夹钳，设备组成包括立柱、支座、上横梁、下横梁、活动横梁、柱塞、工作缸、水泵系统、空气系统、管道系统、电气系统、操作台。设备依靠控制活动横梁升降、工作台水平移动，栈桥小车的倒刺挂钩吊杆上料和下料，完成整个周期的动作。地面轨道式横移出料机将车轮运出锻轧工序。30MN 压弯、穿孔模锻水压机的主要性能和技术参数见表 2-20。

**表 2-20　30MN 压弯和穿孔模锻水压机的主要技术参数**

| 序号 | 项　目 | 单位 | 参数 | 序号 | 项　目 | 单位 | 参数 |
|---|---|---|---|---|---|---|---|
| 1 | 水压机公称压力 | MN | 30 | 5 | 移动速度 | | |
| 2 | 工作液体压力 | | | | 活动横梁空程下降速度 | mm/s | 400 |
| | 水泵蓄势器 | MPa | 32 | | 活动横梁提升速度 | mm/s | 400 |
| | 充水罐 | MPa | 0.4~1.2 | | 工作台移动速度 | mm/s | 400 |
| 3 | 活动横梁行程 | mm | 695 | | 冲头回转臂移动速度 | mm/s | 200 |
| 4 | 水压机开档 | mm | 1580 | 6 | 提升缸提升力 | kN | 235（2 个） |
| | | | | 7 | 水压机总高度 | m | 11.3 |
| | | | | 8 | 水压机总重 | t | 240 |

（5）车轮辗环轧制设备的选配和说明

世界上不同国家的机器制造厂出产的卧式车轮轧机生产率差别较大，俄罗斯的乌拉尔重型机器厂制造的卧式轧机小时产量最高可达到 150 片/h，我国制造的卧式车轮轧机小时产量为平均 70~90 片/h，轧机的生产率决定了整条线的产量。

1）卧式辗环轧机的选择。辗环轧机采用不带芯棒、电动和液压综合联动的多辊卧式轧机。国产卧式车轮辗环轧机侧视示意图如图 2-25 所示。

锻压成型后的轮坯进入卧式轧机，压紧辊将其推入主轧辊孔型，上下斜辊卡紧车轮，导向辊抱住车轮钢坯，轧机开始低速运转。当导向辊夹紧车轮后斜辊升至高速 520r/min 运转轧制，轧制时间完成时电机停止运行。

2）卧式辗环轧机的设备计算。

① 设备数量和负荷率的计算。测算轧制时间很重要，这关系到工程设计的产品纲领设计是否合理。当年第一座车轮制造厂投产时，$\phi$840 车轮的实际工艺进程操作周期为 35~40s/片。

按照表 2-1 计算的每年需要轧制的轮坯数量，其他条件同上，计算卧式车轮辗环轧机

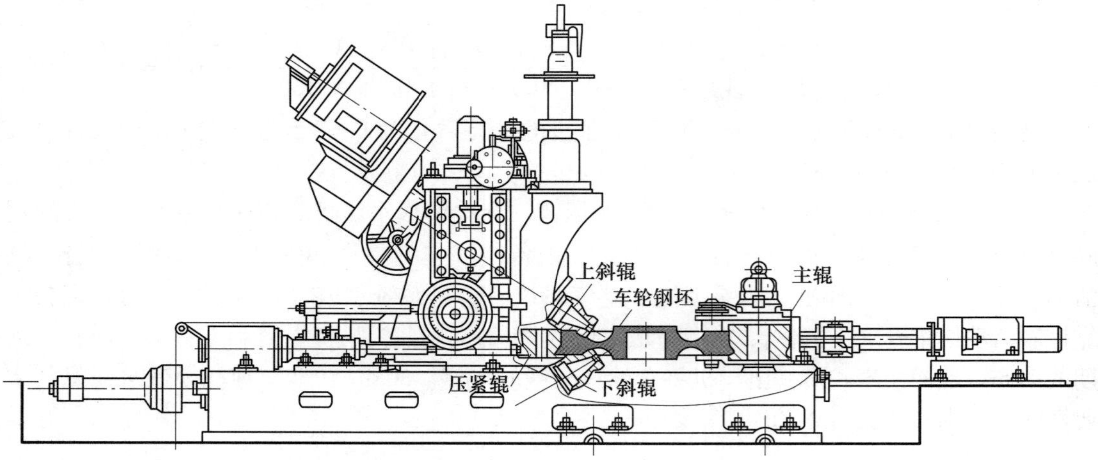


图 2-25　国产卧式车轮辗环轧机侧视示意图

的选用数量和小时生产能力。

代入式（2-21），计算小时生产率：

$$V_h = \frac{60 \times 60 \times 0.75}{35} = 77(片/h)$$

代入式（2-1），计算车轮轧机的选用数量 $N$：

$$N = \frac{G_n \times V}{h \times 3600} = \frac{G_n \times V}{D \times 24 \times k \times 3600} = \frac{474100 \times 35}{306 \times 24 \times 0.75 \times 3600} = 0.84(台)$$

通过计算，卧式车轮辗环轧机的小时平均产量达 77 片/h，计算设备数量为 0.84 台，设计选用 1 台，设备的生产负荷率为 84%。若将时间损失系数提高至 0.85，轧机的小时平均产量可以超过 88 片/h，设备的生产负荷率将减少为 74%。

② 卧式辗环轧机设备组成和主要技术参数。卧式辗环轧机包括底座、走架、轧辊装置（主辊、上下斜辊、压紧辊和导向辊）、增压器和管路、传动系统、电气控制系统、操作台、冷却水系统等，栈桥小车上下料完成整个周期的动作。设备传动机构参数见表 2-21，主要性能和技术参数见表 2-22。

**表 2-21　卧式车轮辗环轧机传动机构参数**

| 序号 | 项目 | 传动形式 | 模数 | 齿数 | 速比 |
|---|---|---|---|---|---|
| 1 | 主传动减速机 | $A=1000$ | | | 2.96 |
| | 下斜辊处伞齿轮对 | 夹角 35° | 36 | 27/45 | 1.08 |
| | 立轴处伞齿轮对 | 夹角 90° | 45 | 20/40 | 1.66 |
| | 上斜辊传动减速机 | 正齿 | 14 | 20/72 | 3.6 |
| | 上斜辊轧制线交角调整机构 | 正齿 | 4 | 18/72 | 122 |

| 序号 | 项目 | | 传动形式 | 模数 | 齿数 | 速比 |
|---|---|---|---|---|---|---|
| 2 | 上斜辊轧制线交角传动装置调整参数 | | | | | |
| | 快速段 | 正齿轮对 | | | 72/18 | 4 |
| | 中间段 | 减速机（涡轮蜗杆） | | | Z 杆 = 1 | 32 |
| | | $m=12$，$q=8$，$\lambda=7°7'30''$ | | | Z 轮 = 32 | |
| | 慢速段 | 螺母和丝杆（涡轮带螺母） | | 梯形丝杆直径 156mm，螺距 8mm | | 8mm/圈 |

**表 2-22 卧式车轮辗环轧机主要技术参数**

| 序号 | 项目 | 单位 | 数量 | 特征和参数 | 序号 | 项目 | 单位 | 数量 | 特征和参数 |
|---|---|---|---|---|---|---|---|---|---|
| 1 | 轧制车轮规格 | mm | | $\phi$840~1050 | 5 | 传动电动机 | | | |
| | 主轧辊 | | 1 | 主动（辗压车轮踏面） | | 主轧辊和下斜辊 | | | |
| | 压紧辊 | | 2 | 从动 | | 电压 | V | | 630 |
| | 导向辊 | | 2 | 从动（以较小压力把轮坯保持在水平面上起定心作用） | | 功率 | kW | | 950 |
| | | | | | | 电机转速 | r/min | | 400/750 |
| | | | | | | 上斜辊 | | | |
| | 上斜辊 | | 1 | 主动（辗压辐板以及轮辋的内面和侧面） | | 电压 | V | | 440 |
| | | | | | | 功率 | kW | | 80 |
| | 下斜辊 | | 1 | 主动 | | 电机转速 | r/min | | 500 |
| 2 | 主轧辊转速 | r/min | | 81 | 6 | 增压缸压力 | MPa | | 15(160kg/cm$^2$) |
| 3 | 上斜辊转速 | r/min | | 146 | | 低压轧制 | MPa | | 5.8(60kg/cm$^2$) |
| 4 | 机架最大行程 | mm | | 1200 | | 高压轧制 | MPa | | 15 |
| | | | | | 7 | 轧机总重 | t | | 195 |

（6）锻轧设备的其他考虑

锻压机和辗环轧机操作台的标高设置是人工操作舒适度的一个重要考量，操作手柄工作台既要在水压机或辗环轧机开档的对面又要兼顾到人员的视线效果。

从上述锻压机和辗环轧机的计算看出，每个设备的小时生产率有很大的不同，从工艺设计的角度考虑，需要参照速度最慢的设备匹配生产速率。30MN 镦粗和预冲孔模锻水压机的操作时间最长，约 37.5s/片，因此，全线的计取时间和节奏都照此数值予以设计。为使每个设备既保持独立的运行速度，又有效地维护整条生产线的统一节奏，最省力的做法就是调整上下料的转运时间，这样，车轮生产线按照既定的小时生产率，一个接一个地上料和下料，接连不断地生产出产品。

（7）锻压和辗轧工序的机械化、自动化

车轮的锻压和辗环轧制是连续性生产，各工序间的机械化和自动化连接非常重要和必不可少。20 世纪 60 年代，我国第一座铁路车轮生产线上的模锻和辗轧装备设计上和制造上做到了机械化，转接设备也基本上实现了连续化，但是限于当时的条件这些单体的设备均由人工操作，没有做到全线程序自动化生产。

锻轧生产线地面上的连接转运设备选择了栈桥小车和轨道式横移装出料机，辅助以人工夹钳等，空间的连接和吊运选择了厂房轨道行走桥式起重机、壁行起重机，辅以地面固定式悬臂起重机等。以下主要介绍栈桥小车的选择和计算，列出设备的主要性能和技术参数。

1）栈桥小车的运输和转运连接。

① 栈桥小车的操作周期。选择栈桥小车是依据取放、起升和运输几个动作作为联系工具，即栈挢小车从前一个设备下料台开始抓取车轮钢坯，抬升至运输高度，行走至下一个设备，将钢坯下降、松开放到上料台，然后回到前一个设备的下料台止为一个周期。

栈桥小车的动作分解：小车移动和吊杆升降。小车移动的最大单程距离 12.0m，行车速度66.5m/min，吊杆升降一个周期4次，行程2m，升降速度20m/min，稳定运行时间的计算公式为：路程/速度。工艺进程周期的动作时间分解见表2-23。

**表2-23　栈桥小车动作时间分解**

| 序号 | 项目 | 计算公式 | 行程 | 时间 | 序号 | 项目 | 计算公式 | 行程 | 时间 |
|---|---|---|---|---|---|---|---|---|---|
| | | | mm | s | | | | mm | s |
| 1 | 升降 | | | | 2 | 小车移动 | | | |
| | 启动时间 | | | 0.40 | | 启动时间 | | | 2 |
| | 启动时间路程 | | 66 | | | 启动时间路程 | | 1 | |
| | 制动时间 | | | 0.40 | | 制动时间 | | | 1.50 |
| | 制动时间路程 | | 58 | | | 制动时间路程 | | 0.815 | |
| | 每一个周期启动、制动各4次，总时间 | 4×0.4+4×0.4 | | 3.20 | | 每一个周期启动、制动各2次，总时间 | 2×2+2×1.5 | | 7.00 |
| | 启动、制动总路程 | 4×66+4×58 | 496 | | | 启动、制动总路程 | 2×1+2×0.815 | 3.63 | |
| | 稳定运行路程 | 2000−496 | 1504 | | | 稳定运行路程 | 2×12000−3.63 | 23996 | |
| | 稳定运行时间 | 60×1504/20000 | | 4.5 | | 稳定运行时间 | 60×23996/66500 | | 21.7 |
| | 升降总时间 | 3.2+4.50 | | 7.7 | | 小车移动总时间 | 7+21.7 | | 28.7 |
| | | | | | 3 | 整个周期 | 28.7+7.7 | | 36.4 |

② 栈桥小车设备数量计算。经过表2-23的时间分解，汇总每片车轮的转运操作周期约为36.4s/片，以此计算锻轧线上的设备需要转运栈桥小车的数量$N$。

代入式（2-21），计算小时生产率：

$$V_h = \frac{60 \times 60 \times 0.75}{36.4} = 74(\text{片}/\text{h})$$

代入式（2-1），计算设备的选用数量$N$：

$$N = \frac{G_n \times V}{h \times 3600} = \frac{G_n \times V}{D \times 24 \times k \times 3600} = \frac{474100 \times 36.4}{306 \times 24 \times 0.75 \times 3600} = 0.87(\text{台})$$

通过计算，栈桥小车小时平均转运量达74片/h，每个锻轧设备需要转运栈桥小车数量为0.87台，设计选用1台，设备的生产负荷率为87%。

从锻轧生产线上锻压机和辗环轧机的上下料连接点考虑，共计有4个连接点，采用4台栈桥小车为宜。小车的轨面标高约9m，走行范围配置在各模锻水压机和辗环轧机的上料侧和下料侧。整个工序生产线的进出料采用轨道式横移装料机，轨道式横移装料机的生产节奏与栈桥小车节奏一致，实际设计时要兼顾锻压机的操作节奏。

2）栈桥小车设备的组成和主要技术参数。栈桥小车的组成：起升机构、运行机构、小车和立架等。立架上的吊杆安有导辊，上下运动时保证吊杆对中不晃动。栈桥小车的下端吊具根据车轮钢坯的夹持条件有的是带夹钳，有的是带吊杆式倒刺挂钩，利于上下料吊运。

为了防止模锻水压机及辗环轧机的前后栈桥小车因操作疏忽发生碰撞事故，电气上采取连锁保护措施。主要性能和技术参数见表2-24。

**表2-24 栈桥小车主要技术参数**

| 序号 | 项目 | 单位 | 技术参数 | 序号 | 项目 | 单位 | 技术参数 |
|---|---|---|---|---|---|---|---|
| 1 | 起升机构 | | | 2 | 运行机构 | | |
| 1.1 | 起重量 | kg | 1000 | 2.1 | 运行速度 | m/min | 66.5 |
| 1.2 | 起重高度 | m | 1600 | 2.2 | 轮距 | mm | 1650 |
| 1.3 | 起升速度 | m/min | 20 | 2.3 | 轨距 | mm | 1250 |
| 1.4 | 卷筒直径 | mm | $\phi$380 | 2.4 | 电机 | | |
| 1.5 | 电机 | | | | 工作制度 | A | 5 |
| | 工作制度 | A | 5 | | 功率 | kW | 6 |
| | 功率 | kW | 12 | | 转速 | r/min | 100 |
| | 转速 | r/min | 750 | | | | |
| | 电压 | V | 220 | | | | |

2.2.7.7 锻压和辗轧工序的车间工艺布置

锻压和辗环轧制工序的车间工艺平面布置，是按变形过程依次对设备进行排列，即10MN预镦粗模锻水压机→30MN镦粗、预冲孔模锻水压机→80MN成型模锻水压机→卧式车轮辗环轧机→30MN压弯、穿孔模锻水压机串联布置，栈桥小车分列在各主机设备之侧。

锻压和辗轧工序联合生产线的车间工艺布置平面、剖面如图2-26、图2-27所示。

### 2.2.8 车轮锻后的控制冷却、等温处理

车轮轮坯工件的锻后冷却、等温处理工艺是碳钢热处理工艺学的实际应用。

2.2.8.1 锻后控制冷却

（1）冷却方式

通过金属材料学研究和金相分析验证，碳钢锻后在短时间内快速冷却，温度降至600~650℃，然后入炉缓慢冷却，能够避免基体组织晶界析出粗大网状碳化物。因此，锻后的车轮工件冷却工艺分两步，即空冷+炉冷：空冷是将锻后的工件放置在辊道上，加盖保护罩使之冷却；然后将工件成串堆垛，放置在炉中，按照理论要求采取保温措施逐步缓慢冷却。

（2）冷却设施

车轮工件快速空冷设备采用链式冷床。由电机、减速机和齿轮对来带动链轮，链轮拖动长的板链传动，车轮放在板链上在空气中冷却。经过逐步输送车轮移至冷床尾端处，固定式悬臂起重机将其吊起下线堆垛，进入等温处理工序。冷床设备的主要技术参数见表2-25。

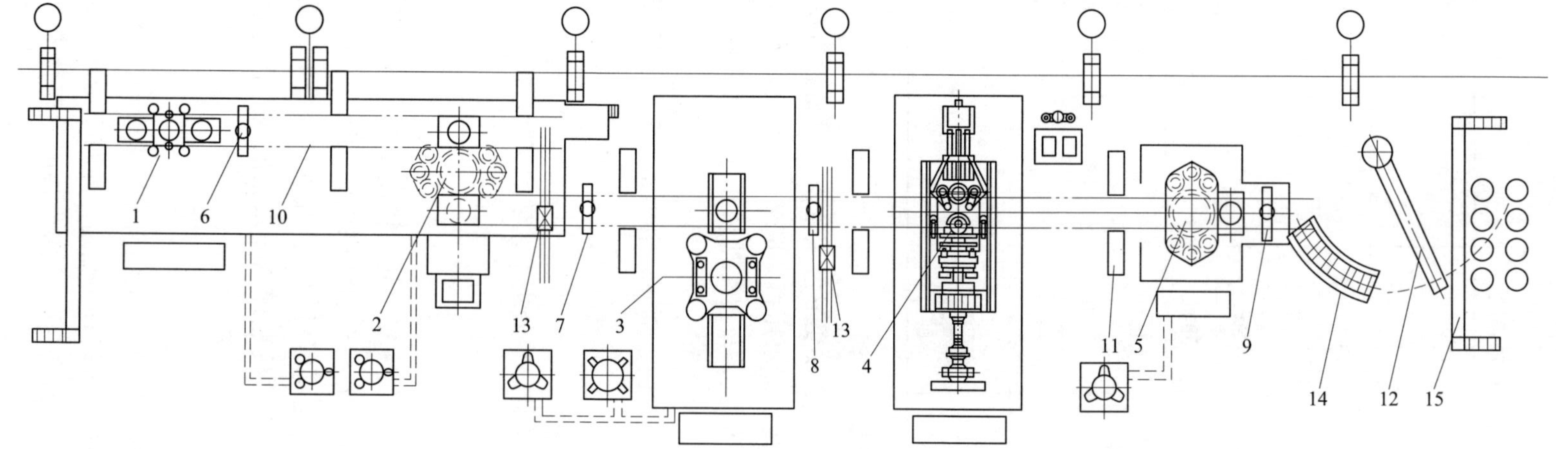


图 2-26　锻压、辗轧联合生产线的车间工艺布置平面示意图

1—10MN 预镦粗水压机；2—30MN 镦粗和预冲孔水压机；3—80MN 成型水压机；4—卧式车轮辗环轧机；5—30MN 压弯和穿孔水压机；6—1 号栈桥小车；7—2 号栈桥小车；8—3 号栈桥小车；9—4 号栈桥小车；10—栈桥小车轨道；11—小车轨道桁架；12—固定柱悬臂起重机；13—小推车；14—冷床；15—梯子过桥

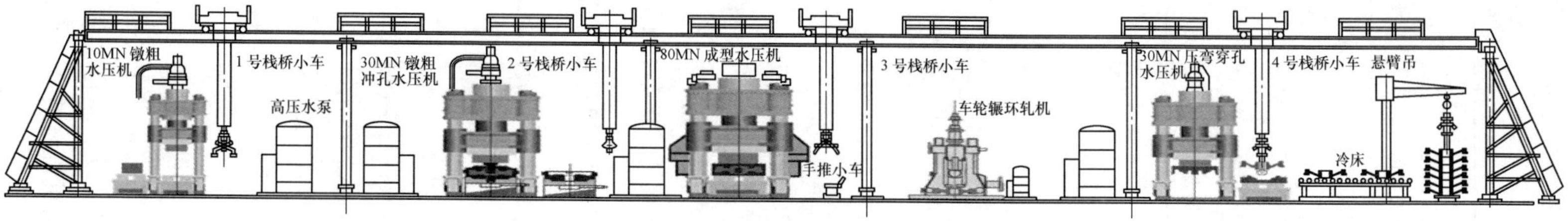


图 2-27　锻压、辗轧联合生产线车间工艺布置剖面示意图

表 2-25 冷床设备主要技术参数

| 序号 | 项目 | 单位 | 参数 | 序号 | 项目 | 单位 | 参数 |
|---|---|---|---|---|---|---|---|
| 1 | 链条的移动速度 | m/min | 1.65～1.85 | 8 | 电机转速 | r/min | 610～1070 |
| 2 | 二链轮中心距 | m | 60 | 9 | 板链长度 | m | ～70 |
| 3 | 板链的节距 | mm | 610 | 10 | 联轴节最大传动力矩 | kN · m | 105 |
| 4 | 减速机传动比 $i_1$ | | 547 | 11 | 联轴节极限传动力矩 | kN · m | 116 |
| 5 | 齿轮传动比 $i_2$ | | 3 | 12 | 热轧车轮冷却温度 | ℃ | 950～630 |
| 6 | 总传动比 $i$ | | 1640 | 13 | 冷床标高 | mm | 1000 |
| 7 | 电机功率 | kW | 22 | 14 | 设备总重 | kg | 95000 |

在生产实践中，通过观察工人的现场操作，如：测量车轮外形及台架检修等，冷床的标高不宜过高，设定为+1000mm 较为合适。

2.2.8.2 等温处理

20 世纪 60 年代，限于当时的技术和装备水平，我国的炼钢方式多为平炉炼钢，钢水中的氢含量无法降低，因此钢水冷却时，在珠光体-铁素体组织中常常形成白点，因此，车轮的锻后处理中，非常重要的工序之一就是锻后工件采取等温处理的措施消除白点。

(1) 等温处理设备形式

20 世纪中国建设第一个车轮制造厂时，西方其他国家的制造技术也不先进，再加上技术封锁，可借鉴参考的只有苏联工厂的生产经验，因此，车轮锻后冷却的后续步骤，即等温热处理，当年采用的是煤气加热井式炉工艺和设备，即：将车轮 6～8 片堆成一垛，吊装进入井式炉内进行处理。

(2) 等温处理设备数量和负荷率计算

从表 2-1 可以看出，每年需要等温处理的车轮为 466500 片/a，折合 188000t/a，按每炉等温处理最长时间 5h，每座炉最大堆垛装炉量 8 片，年时基数公称损失系数 $k=1$，计算炉子的小时生产率、需要数量和设备负荷率。

代入式 (2-2)，计算井式等温炉的小时生产率：

$$Q_n = \frac{G_n}{h} = \frac{G_n}{D \times 24 \times k} = \frac{466500}{306 \times 24 \times 1} \approx 64(\text{片}/\text{h})$$

代入式 (2-3)，计算井式等温炉的小时生产能力：

$$Q_a = \frac{G_a}{h} = \frac{G_a}{D \times 24 \times k} = \frac{188000}{306 \times 24 \times 1} = 25.6(\text{t/h})$$

代入式 (2-7)，计算井式等温炉的需要数量 $N$：

$$N = \frac{G_n \times V_h}{h \times Q_p} = \frac{G_n \times V_h}{D \times 24 \times k \times Q_p} = \frac{466500 \times 5}{306 \times 24 \times 1 \times 8} = 40(\text{座})$$

$$\frac{40}{44} = 0.9$$

计算结果，井式等温处理炉的小时平均生产率为 64 片/h、小时生产能力为 25.6t/h，计算数量为 40 座，设计选用 44 座，设备的生产负荷率为 90%。

为改善井式炉上下内膛的温差，炉子的煤气烧嘴设计布置在下侧切线方向。炉内实测温差 5~10℃，满足工艺要求。

（3）计算井式等温处理炉的炉膛和深度尺寸

$$\phi = d + 2S \tag{2-22}$$

$$H_a = H + S_1 + S_2 \tag{2-23}$$

式中　$\phi$——炉膛直径，mm；

$d$——车轮直径范围，840~915mm；

$S$——最大工件边缘至炉壁间距，300mm；

$S_1$——最上排烧嘴中心至炉口下沿距离，300mm；

$S_2$——最下排烧嘴中心至炉底距离，150mm；

$H_a$——炉膛深度，mm，最上排与最下排烧嘴中心间距；

$H$——堆垛高度，8 个车轮的堆垛高度约 1700mm。

代入式（2-22），计算等温井式炉的直径：

$$\phi = 915 + 2 \times 300 = 1515(\text{mm})$$

代入式（2-23），计算等温井式炉的深度：

$$H_a = 1700 + 150 + 300 = 2150(\text{mm})$$

考虑到等温井式炉烧嘴的布置，井式炉的直径设计确定为 $\phi$2000mm，炉膛深度设计确定为 2150mm。

（4）井式等温处理炉的炉盖形式和炉体主要技术参数

井式等温处理炉的炉盖采用活动开盖形式，用专用的摩电式轨道走行起重机完成顺序揭盖操作。

专用揭盖机有 4 个提升钩，每个提升钩有一套传动机构，每次提升一个炉盖。井式炉揭盖后厂房起重机负责吊运成垛的车轮。揭盖机结构比较简单，一次只能开一个炉盖，开盖时不占操作面积，但有些影响操作平台上巡查工人的行走。还有另外一种机械方式，将炉盖设计成对开形式，炉盖向两边分开开启后，仍用起重机吊走车轮，这样可减少起盖的频次，可以提高生产率。揭盖式和对开式的炉盖各有利弊，对开式炉盖摊开的面积较大，因此，多数车轮井式等温处理炉的炉盖采用揭盖机形式。井式等温处理炉的主要技术参数见表 2-26，专用揭盖机的主要技术参数见表 2-27。

**表 2-26　等温处理井式炉主要技术参数**

| 序号 | 项　目 | 单位 | 技术参数 |
|---|---|---|---|
| 1 | 炉子用途 | | 车轮等温处理 |
| 2 | 规格（直径×内膛深度） | mm | ϕ2000×2150 |
| 3 | 炉盖形式 | | 摩电轨道走行式 |
| 4 | 车轮最大尺寸 | mm | ϕ915 |
| 5 | 承载车轮单重 | kg | 370~520 |
| 6 | 装炉个数 | 片 | 8 |

续表 2-26

| 序号 | 项　目 | 单位 | 技术参数 |
|---|---|---|---|
| 7 | 预热温度 | ℃ | 350 |
| 8 | 处理炉温 | ℃ | 640±10 |
| 9 | 均热持续时间 | h | 3.5~5 |
| 10 | 燃料种类 | | 混合煤气 |
| 11 | 燃料发热量（标态） | $kJ/m^3$ | 2200×4.187 |
| 12 | 煤气压力 | kPa | 18（改造后 4） |
| 13 | 燃料消耗量（标态） | $m^3/h$ | 50~60 |

**表 2-27　专用揭盖起重机主要技术参数**

| 序号 | 项目 | | 单位 | 技术参数 |
|---|---|---|---|---|
| 提升机构 | | | | |
| 1 | 起重量 | | t | 3+3+3+3 |
| 2 | 起重高度 | | mm | 800 |
| 3 | 用于起重机的吊钩数量 | | 个 | 等温炉 4，回火炉 3 |
| 4 | 跨度 | | m | 等温炉 16，回火炉 12 |
| 5 | 工作制度 | | A | 6 |
| 6 | 起重速度 | | m/min | 7.1 |
| 7 | 电机 | 功率 | kW | 7.5×4 |
| | | 电压 | V | 380 |
| | | 转速 | r/min | 940 |
| 8 | 涡轮减速机 | 模数 | mm | 8 |
| | | 速比 | | 6.5 |
| 9 | 丝杆 | 型式 | 梯形 | 75×14 |
| | | 头数 | | 3 |
| | | 行程 | mm | 48 |
| 移动机构 | | | | |
| 10 | 最大轮压 | | kN | 70 |
| 11 | 工作制度 | | A | 6 |
| 12 | 移动速度 | | m/min | 5.4 |
| 13 | 电机 | 功率 | kW | 3×2 |
| | | 转速 | r/min | 896 |
| 14 | 减速机 | 模数 | mm | 3、4、5 |
| | | 总速比 | | 27.3 |
| 15 | 总重（约） | | t | 15.9 |

2.2.8.3　控冷、等温处理工序的车间工艺布置

起重机将车轮从锻轧工序尾部的板链式冷床上卸下，堆成6~8片一垛装入井式炉内，在（640±10）℃温度下等温处理。井式等温处理炉共44座，分4排布置，井式炉的仪控每8座炉子为1组，配有仪表箱。

炉子安装在半地下的基础坑内，成群布置，装出料工人在+0.30m的平台上调度专用揭盖机提升炉盖并指挥厂房起重机进行车轮装出炉作业。炉子的排气烟囱从地下穿过厂房排入大气，设计高45m，出口直径$\phi$2m。

车轮出炉后成垛放在地面的钢轨上冷却。控制冷却和等温处理工序的车间工艺布置平面如图2-28所示、车间工艺布置剖面如图2-29所示。

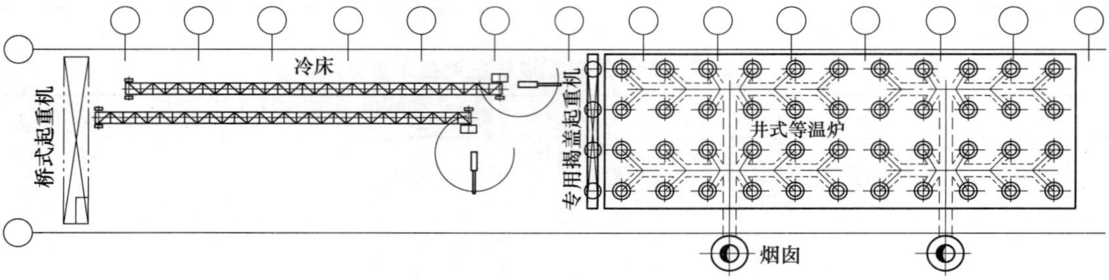


图2-28　控制冷却、等温处理生产区域车间布置平面图

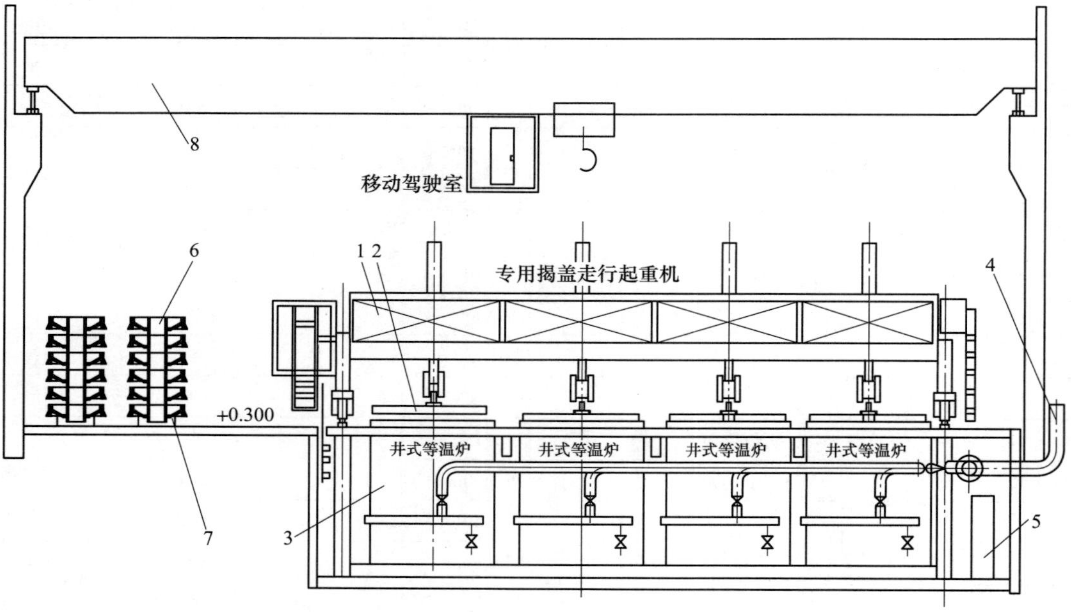


图2-29　控制冷却、等温处理生产区域车间布置剖面图

1—专用揭盖机走行架；2—揭盖机提升装置；3—井式等温炉；

4—燃气管道；5—控制柜；6—堆存车轮垛；7—钢轨；8—厂房起重机

## 2.2.9 车轮的热处理

钢材锻后需要进行热处理，其目的是为了使工件获得适当的基体组织，既要有较高的强度又要有较好的延伸性，以适合不同工作环境和状态下的应用条件。车轮的锻后热处理就是为了使车轮的踏面和轮缘达到一定的强度、硬度和伸长率，在与钢轨的高速、重载、长时间的接触、摩擦和交变应力作用下，保持完整性和耐磨性，同时，在热应力条件下获得最佳的安全韧性。

### 2.2.9.1 热处理炉炉型的选择

世界各国铁路车轮制造厂的热处理加热炉和回火炉采用的形式有多种，包括：

1）环形炉+环形炉方式；

2）环形炉+悬挂式隧道炉方式；

3）环形炉+井式炉方式；

4）隧道式台车输送炉+隧道式台车输送炉方式；

5）环形炉+隧道式台车输送炉方式。

前文论述过，我国设计第一座铁路车轮制造厂时，唯一可借鉴的是苏联的建厂经验，考虑到环形炉的占地面积较小，钢坯的加热炉选用了环形炉方式，为了便于装备的设计和日后的维护，车轮热处理的加热设备也统一选用了相同形式的环形炉，车轮的等温处理和回火炉则选用了井式炉。加热与热处理炉的燃料均为高焦炉混合煤气。

### 2.2.9.2 淬火和回火工艺的过程

等温处理后低于630℃的车轮，运入热处理工序等待加热和淬火，淬火加热采用环形炉。地面轨道式横移装料机将车轮逐件夹持，当环形淬火加热炉炉门打开，装料机的钳臂伸出将其装入加热炉中。环形淬火加热炉的升温速度取决于钢材的耐热应力，保温的时间取决于工件断面的尺寸。加热炉的设计保证加热温度均匀性，减少车轮表面氧化损失。根据车轮直径的不同，加热时间1.83~2.2h。炉子升温至880~920℃保温一段时间之后炉门打开，地面轨道式横移出料机将车轮从炉中逐一夹持取出，随即送至喷水槽的淬火台上喷水淬火。

淬火时车轮工件的温度为820~860℃，水温为25~35℃，水压0.1~0.3MPa，水流向车轮踏面的切线方向喷射，连续可调。

淬火后的车轮立即用地面轨道式横移出料机运至回火炉前，回火采用井式炉。用起重机专用吊具将车轮堆垛，每8个车轮一垛装入回火炉中。由于车轮淬火后辐板和轮毂的温度仍保持在600℃以上，为防止踏面自身高温回火，炉温需要稳定控制，所以打开烟道闸板使炉温降低到420~450℃，再利用辐板余热保持炉温，之后，炉子适当加热对车轮进行保温。回火温度490~525℃，时间约3.5~5h，回火后的车轮出炉在空气中冷却至室温。

车轮回火后，用起重机专用吊具将成垛的车轮运出，放在地坪上堆垛冷却，然后分批抽样进行机械性能、金相等检验。回火后的车轮堆存冷却时间需要约20h，车轮的各种机械性能检验时间约48h，工厂设计时需要考虑此段时间内产品中间过程总的堆放面积。

回火后的车轮，冷却到室温后，在轮辋上取对称点进行硬度检验，按照国标标准，布氏硬度应在HB302左右。

2.2.9.3　热处理工艺曲线

按照上述工艺中的加热温度、加热时间等参数，归纳淬火和回火热处理曲线如图2-30、图2-31所示。

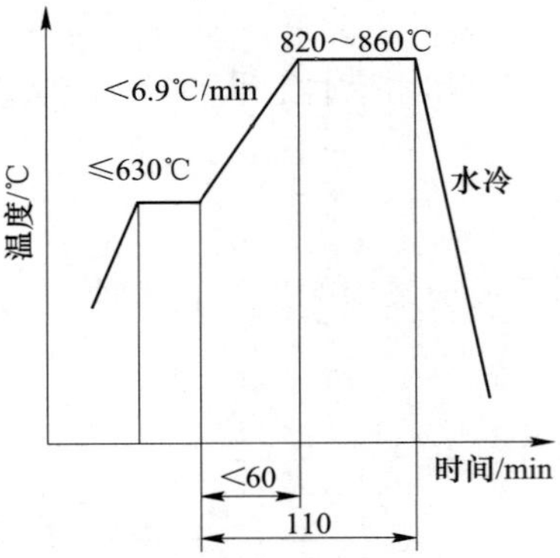

图2-30　淬火加热曲线

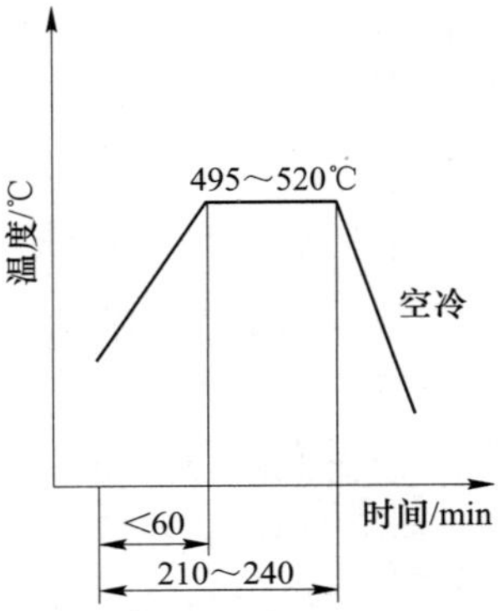

图2-31　回火加热曲线

2.2.9.4　热处理设备的计算

（1）环形淬火加热炉

由表2-1可以看出每年需热处理的车轮数量466500片，折合188000t/a。以$\phi$860mm锻后轮坯作为代表产品，工件厚度210～220mm，计算环形淬火加热炉的生产能力和小时生产率。

1）代入式（2-3），计算淬火加热炉的生产能力：

$$Q_a = \frac{G_a \cdot i}{h} = \frac{G_a \cdot i}{D \cdot 24 \cdot k}$$

式中　$Q_a$——加热炉生产能力，t/h；

$h$——年时基数，h；

$k$——公称时间损失系数，1；

$i$——重复热处理系数，1.1，凡涉及热处理计算均代入$i$值。

计算结果：

$$Q_a = \frac{188000 \times 1.1}{306 \times 24 \times 1} = 28.16(t/h)$$

车轮淬火加热环形炉需要满足至少28.16t/h的生产能力。

2）车轮淬火加热的时间。以《钢铁厂工业炉设计参考资料》中的公式作为加热时间的规范计算方法，同时依据经验公式进行调整，计算淬火总加热时间如下。

$$\tau = Z \cdot S \cdot M/0.6 \tag{2-24}$$

式中　$S$——被加热钢质工件的毛坯厚度，cm；

$Z$——单位加热时间，5.5min/cm；

$M$——$M/M$钢坯置放系数之比，参考值2.2/4，置放形式如图3-26所示。

准确计算出车轮工件在炉内的淬火加热总时间后，按炉子的每段长度计算各分段的加热时间。连续式加热炉内各钢种的单位加热时间参数见表2-28。

表 2-28　连续式加热炉内各钢种的单位加热时间

| 序号 | 钢种类别 | 炉子类型 | 被加热钢材 $S$ | 单位加热时间 $Z$ |
|---|---|---|---|---|
| | | | m | min/cm |
| 1 | 低碳钢方钢坯上部单面加热 | 推钢式炉 | 0.08~0.115 | 9 |
| | | 步进式炉 | 0.12~0.15 | 5.4 |
| 2 | 低碳钢方钢坯上部单面加热 | 环形炉 | 0.1~0.15 | 5.5 |
| | | | 0.2 | 6.5 |
| 3 | 高碳钢、工具钢、轴承钢上下双面加热 | 推钢式炉 | | 8.8+4S |

代入式（2-24）和表内参数，计算淬火总加热时间：

$$\tau_1 = (5.5 \times 22 \times 2.2/4)/0.6 \approx 110(\text{min}) \approx 1.85(\text{h})$$

$$\tau_2 = (6.5 \times 22 \times 2.2/4)/0.6 \approx 131(\text{min}) \approx 2.2(\text{h})$$

计算结果，淬火总加热时间约为 1.85~2.2h，即 110~131min。

加热时间需要根据车轮的规格尺寸进行调整，汇总当年的现场生产数据，$\phi$860mm 规格的车轮炉内加热时间达到 1h40min，即 1.67h 出炉进行淬火，质量完全达到要求。

3）淬火加热炉的小时生产率。以年工作 306d，每天 3 班、时间损失系数 $k=1$，炉子满足 28.16t/h 的生产能力，加热时间约 110~131min，按照车轮沿炉底圆周平层 2 排布置，装出料机的夹钳空间 400mm 间隔，坯料的放置间距定为 900mm+400mm＝1300mm，即每片车轮工件周边占地面积平均 1.3m$^2$，炉底宽度设计为 2700~3000mm，计算装炉量、单位面积小时生产率。

① 计算车轮钢坯此时的单重：

$$g = \pi R^2 \times H \times t \times G = (0.86/2)^2 \times \pi \times 0.21 \times 0.45 \times 7850 \approx 431(\text{kg/片})$$

式中　$H$——工件厚度，mm；

$t$——工件实心系数，0.45；

$G$——钢的质量比重，7850kg/m$^3$。

② 代入式（2-4），计算装炉车轮数量：

$$Q_p = \frac{Q_a \times V_h}{g} = \frac{28160 \times 2.2}{431} \approx 144(\text{片/炉})$$

③ 代入式（2-5），计算炉子单位面积小时生产率：

$$Q_m = \frac{(G_n \times g) \times i}{h \times Q_p \times A} = \frac{(G_n \times g) \times i}{D \times 24 \times k \times Q_p \times A} = \frac{466500 \times 1.1 \times 431}{306 \times 24 \times 144 \times 1.3} = 161(\text{kg/(m}^2 \cdot \text{h}))$$

计算结果，环形淬火加热炉每炉装炉量 144 片，单位面积小时生产率 161kg/(m$^2$·h)。

4）淬火加热炉的炉底面积和直径。环形淬火加热炉的炉底为实炉底形式，属于单面加热炉型，炉底宽度 2.7~3m，前面已经计算了单位面积小时生产率、装炉量，以此计算炉底面积和环形炉中径。

代入式（2-6），计算炉底面积：

$$m = \frac{Q_a \times i}{Q_m} = \frac{28160 \times 1.1}{161} \approx 192.3(\text{m}^2)$$

计算炉底中径：

$$\phi = \frac{m}{2.7 \times \pi} = \frac{192.3}{2.7 \times \pi} \approx 22.6(\text{m})$$

计算结果环形炉中径为 22.6m。考虑到砌砖尺寸、炉壁外缘的结构要求和布料方式，选择外缘直径定为 $\phi$28m，内径为 $\phi$19.4m，与钢坯锻造的环形加热炉的炉型结构统一，中径设计为 $\phi$23.7m。由于燃烧空间的需要，环形炉的内膛宽度定为 3m 左右。

5）环形淬火加热炉的数量。按上述计算结果作为条件：环形淬火加热炉的车轮钢坯装炉量为 144 片，车轮沿炉子圆周单层 2 排布料，每排 72 片，加热时间平均折合 1.85～2.2h，计算环形加热炉的数量。

代入式（2-7），计算环形加热炉座数 $N$：

$$N = \frac{(G_{\text{n}} \times V_{\text{h}}) \times i}{h \times Q_{\text{p}}} = \frac{(G_{\text{n}} \times V_{\text{h}}) \times i}{D \times 24 \times k \times Q_{\text{p}}} = \frac{466500 \times 1.1 \times 1.85}{306 \times 24 \times 144} \approx 0.9(\text{座})$$

计算结果，加热炉温度为 850～900℃，选用 1 座淬火用的转底式环形加热炉，设备负荷率 90%。

当大多数车轮工件的加热时间超过 2.2h 时，采用 1 座环形炉便满足不了生产的需求，因此在作业时间、生产调度及工件的布料数量上都要做及时的调整。

6）环形淬火加热炉的布料形式。根据车轮规格的大小，环形加热炉设计沿圆周每圈布料 72～48 片，装出料炉门的中心夹角设计在<30°～36°之间开启，当炉门开启到设定的角度时，计算坯料在环形炉内的转动角度：

$$\frac{360 - 36}{72} = 4.5°$$

$$\frac{360 - 30}{48} = 6.875°$$

车轮的规格不同，装炉数量不等，环形淬火加热炉的转角设计为 4.5°、5.5°、6.875°几个不同的角度。生产实践证明，对于 $\phi$840mm 的车轮按 5.5°布料，$\phi$915mm 车轮按 6.875°布料比较合适，过小的角度进行布料则会由于间距太小，夹钳的操作空间不够，不便于装出料。

7）环形淬火加热炉的设备组成和技术参数。

① 炉子基本尺寸。

外径：$\phi$28m，炉膛宽 3070mm，炉顶距炉底高度 1700mm（改造后降低为 1.4m），炉底面标高+0.9m。

② 炉子烧嘴选择。

均热段烧嘴直径为 $\phi$48mm，其他各段直径为 $\phi$56mm，操作使用的烧嘴共 46 只，其中预热段操作使用的烧嘴配置 8 只，加热段配置 25 只，均热段 12 只。

由于热处理炉内各段温度差别不大，预热段 830～880℃，加热段 880～920℃，均热段 890～910℃，当每次开启炉门时，不会较大地影响操作环境，因此在装料门和出料门之间没有设置隔墙。当炉子操作方式改变，即利用邻区进入的废气，用辐射热预热轮坯时，就将第一段烧嘴关闭不燃烧，此时，其他各段烧嘴能力仍可供给加热轮坯所需热量。预热段、加热段、均热段煤气耗量分布的百分比为 24%、51%及 25%。

③ 炉底机械。

与钢坯锻前加热的环形炉相同，热处理环形炉分固定部分与转动部分，转动部分由炉底机械、传动装置机械附属机构组成。转动部分的机械结构与坯料加热环形炉相同，固定部分由于烧嘴的数量和布置间距不同，与坯料加热环形炉的耐火材料砌筑以及钢结构的设计有所区别。炉底可以间断地或连续地转动，也可以反向转动，操作灵活。装出料门用电动形式开启，并与炉底的传动连锁，炉门打开时炉底不转动，炉门关闭之后炉底才可以转动。车轮由轨道式横移操作机从装料门装入炉内，经预热段、加热段加热，在均热段均热后由轨道式横移操作机从出料门处取出。

车轮出炉时的温度根据淬火要求在 820~860℃之间。炉内车轮单层堆垛，沿炉底的内圈和外圈均有水封。车轮环形淬火加热炉技术参数见表 2-29。

**表 2-29 车轮淬火加热环形炉技术参数**

| 序号 | 名称 | 单位 | 技术参数 | 序号 | 名称 | 单位 | 技术参数 |
|---|---|---|---|---|---|---|---|
| 1 | 环形炉外径 | m | $\phi$28 | 15 | 燃料、发热值（标态） | kJ/m$^3$ | 混合煤气，2200×4.18 |
| 2 | 炉底宽度 | m | 3.0 | 16 | 煤气压力 | kPa | 18（改造后 4） |
| 3 | 工作制度 | | 连续工作 | 17 | 煤气平均耗量（标态） | m$^3$/h | 6500 |
| 4 | 轮坯钢种 | | 高、中碳钢 | 18 | 煤气最大耗量（标态） | m$^3$/h | 7700 |
| 5 | 炉子生产能力（平均最大） | t/h | 28.16 | 19 | 煤气各段分配 Ⅰ | % | 24 |
| 6 | 炉子设计装炉坯料数量 | 个 | 144 | | Ⅱ | % | 21 |
| 7 | 坯料排列方式：单层堆垛 | 个 | 每排 72 个，共 2 排 | | Ⅲ | % | 30 |
| 8 | 布料角度 | (°) | 4.5、5.5、6.875 | | Ⅳ | % | 25 |
| 9 | 炉门出料角度 | (°) | 30~36 | 20 | 单位热耗量 | kJ/kg | 470×4.18 |
| 10 | 工件尺寸：最大直径/最大高度 | mm | $\phi$960/H250 | 21 | 单位炉底面积产量 | kg/(m$^2$·h) | 161 |
| 11 | 工件单重 | kg | 350~560 | 22 | 散入车间热量 | kJ/s | 25×4.18 |
| 12 | 金属装炉温度 | ℃ | 冷装料 | 23 | 冷却水耗量 | m$^3$/h | 60 |
| 13 | 金属加热温度 | ℃ | 860~920 | 24 | 冷却水压力 | MPa | 0.2~0.3 |
| 14 | 炉内各段平均温度 Ⅰ/Ⅱ | ℃ | 900/1050 | | | | |
| | Ⅲ/Ⅳ | ℃ | 1050/1020 | | | | |

(2) 车轮淬火设备

根据我国铁路车轮标准和规范中“车轮轮辋应进行淬火和回火，淬火时应防止辐板进水”的要求，车轮工件在淬火时需要对辐板采取防护措施。碳钢工件在水中淬火冷至室温的时间速率为 0.2~0.3s/mm，这样，既可达到合适的冷却速度又不将工件全部浸水。

1）喷水设备的数量和负荷率。辗钢整体车轮是采用环绕轮辋喷水的方式进行淬火。车轮喷水淬火台设计为圆形水槽，槽子的周边装有环状喷水专用装置，可以从设定好的不同角度对不同规格的车轮踏面和轮缘部位，以切线方向喷射水流进行淬火。

按车轮最长的淬火时间约 3min，上下料的辅助时间约为 1min，整个周期约 4min，小时生产率 15 片/h，时间损失系数 $k=1$，计算淬火台的数量和设备生产负荷率。

代入式（2-1），计算设备数量 $N$：

$$N = \frac{(G_n \times V) \times i}{h \times 60} = \frac{(G_n \times V) \times i}{D \times 24 \times k \times 60} = \frac{466500 \times 4 \times 1.1}{306 \times 24 \times 1 \times 60} = 4.7(座)$$

$$\frac{4.7}{6} = 0.78$$

计算结果，淬火台计算数量为 4.7 台，选择 6 台，设备生产负荷率 78%。

2）喷水设备的组成和主要技术参数。车轮工件的淬火夹持工具采用轨道式横移操作机，操作机从环形炉中取出车轮，沿轨道行走依次至各个淬火水槽上方，将车轮放置到水平式旋转淬火台上，防护装置遮挡车轮的辐板部分，电机带动车轮旋转，喷管由气缸升起，喷头开始沿切线方向朝轮缘和踏面喷射水流，当淬火喷水时间完成后，另一侧的轨道式横移操作机开过来，依次将车轮夹起运走。

淬火后的落水从各个水槽合流至循环水泵房的沉淀池中，水中含有少量氧化铁皮。淬火设备的主要性能和技术参数见表 2-30。

**表 2-30　淬火槽技术参数**

| 序号 | 项　目 | 单位 | 技术参数 |
|---|---|---|---|
| 1 | 淬火台转速 | r/min | 24 |
| 2 | 传动装置减速机速比 $i_1$ | | 12.64 |
| 3 | 伞齿轮对速比 $i_2$ | | 4 |
| 4 | 电机功率 | kW | 3.5 |
| 5 | 喷水压力 | MPa | 3 |
| 6 | 喷水流量 | $m^3/h$ | 60 |
| 7 | 水槽直径 | mm | $\phi$4000 |
| 8 | 水槽深度 | mm | 3000 |
| 9 | 喷嘴排数 | 排 | 3 |
| 10 | 可调角度喷嘴数量 | 个 | 24 |

淬火台的喷管是下喷水专用装置，从不同角度对轮子的踏面喷水淬火。

（3）车轮回火设备

1）回火炉的炉型选择。回火炉的形式有很多种，当年建厂时选择了马弗井式回火炉设备。回火炉规格 $\phi$2100mm，深度 2170mm，车轮回火处理的时间 3.5～5h（平均 4.5h），每座回火炉最大堆垛量 8 片，年工作时间 306d，每天 24h，时间损失系数 $k=1$，燃料是高焦炉混合煤气，压力 18kPa（改造后 4～6kPa），发热值（标态）2200×4.18kJ/$m^3$。设计的燃料流量（标态）为 160$m^3$/h，实际使用燃料流量（标态）约 60$m^3$/h。

2）回火炉设备的数量和负荷率。代入式（2-7），计算井式回火炉的需要数量 $N$：

$$N = \frac{(G_n \times V_h) \times i}{h \times Q_p} = \frac{(G_n \times V_h) \times i}{D \times 24 \times k \times Q_p} = \frac{466500 \times 1.1 \times 4.5}{306 \times 24 \times 8} \approx 40(\text{座})$$

$$\frac{40}{44} = 0.9$$

计算需要 40 座井式炉，实际选用 44 座，设备的生产负荷率 90%。井式回火炉设计每 6 座一组，配置仪控箱。

3）车轮井式回火炉的组成和主要技术参数。车轮井式回火炉炉体结构是按照满足热处理工艺要求设计的。对于低温操作的井式热处理炉，用少数 2 个烧嘴从下部供热，炉温规定为（500±5）℃，主要靠炉气流动的对流传热达到炉膛上下温度差在±5℃以内的要求，此时的车轮加热温度均匀，热处理效果良好。

车轮回火初期时，工件本身释放出的热量经常在装炉后使炉温急剧上升，为控制炉温稳定，常在装炉前减少供热，打开烟道闸板使炉温降低到 420～450℃，装炉后不增加燃气量，约在1h内炉温即升到500℃左右，此时，车轮工件与炉温基本趋于一致，之后，增加供热进行保温直至出炉。

井式回火炉的炉盖起升采用与井式等温处理炉结构一样的专用揭盖机，揭盖机有3个提升钩，每个提升钩有一套传动机构，每次提升一个炉盖。炉盖提升后，由厂房起重机将车轮成垛从井式炉中吊运出炉。车轮井式回火炉设备的主要性能和技术参数见表2-31。

**表2-31 车轮井式回火炉主要技术参数**

| 序号 | 名称 | 单位 | 技术参数 | 序号 | 名称 | 单位 | 技术参数 |
|---|---|---|---|---|---|---|---|
| 1 | 炉子用途 | | 车轮回火 | 8 | 规定炉温 | ℃ | 500±5 |
| 2 | 炉子规格 | mm | $\phi$2100×2170 | 9 | 均热持续时间 | h | 3.5~5 |
| 3 | 炉盖形式 | | 摩电轨道走行式 | 10 | 燃料种类 | | 混合煤气 |
| 4 | 车轮最大尺寸 | mm | $\phi$915 | 11 | 燃料发热量（标态） | $kJ/m^3$ | 2200×4.187 |
| 5 | 承载车轮单重 | kg | 370~520 | 12 | 煤气压力 | kPa | 18（改造后4） |
| 6 | 装炉个数 | 片 | 6~8 | 13 | 燃料消耗量（标态） | $m^3/h$ | 50~60 |
| 7 | 车轮入炉时炉温 | ℃ | 480~500 | | | | |

在正常生产连续装炉的情况下，车轮回火很大程度上是利用轮毂、辐板的热量进行回火，燃气的热量仅补充炉体各部的散热损失以保持回火温度。

2.2.9.5 热处理工序的车间工艺布置

井式回火炉设备放置在地坪之上，操作平台高度约3.0m。成垛的车轮出炉后放在地面的轨道上冷却，地面敷设钢板以保护地坪结构。热处理生产工序车间工艺布置平面如图2-32所示，剖面如图2-33所示。

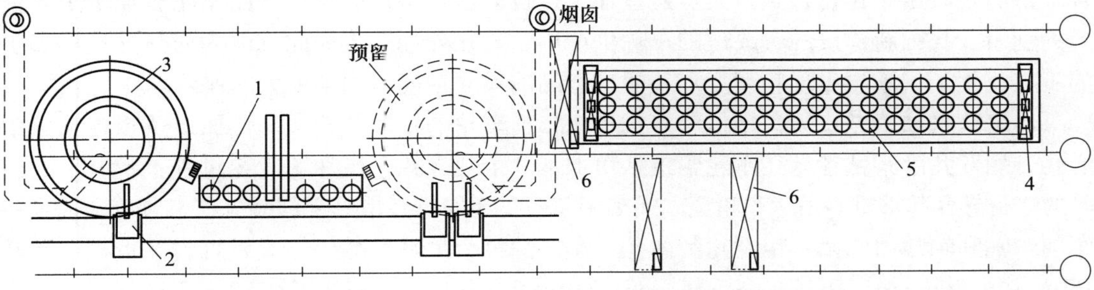


图2-32 热处理区域车间工艺布置平面示意图

1—车轮淬火台；2—轨道式移动操作机；3—环形淬火加热炉；4—揭盖起重机；5—井式回火炉；6—厂房起重机

## 2.2.10 车轮的机加工

2.2.10.1 机加工工艺的说明

以往的铁路车轮冷加工生产，是在等温处理后先进行机加工的粗加工工序，然后再进行热处理。热处理后视订单要求进行二次机加工，车轮粗制加工出厂后，精加工由铁道部门的机车车辆厂在组装轮对之前完成。

车轮先加工后热处理这种工艺的优点在于：热处理之前钢质硬度不高，机床刀具切削

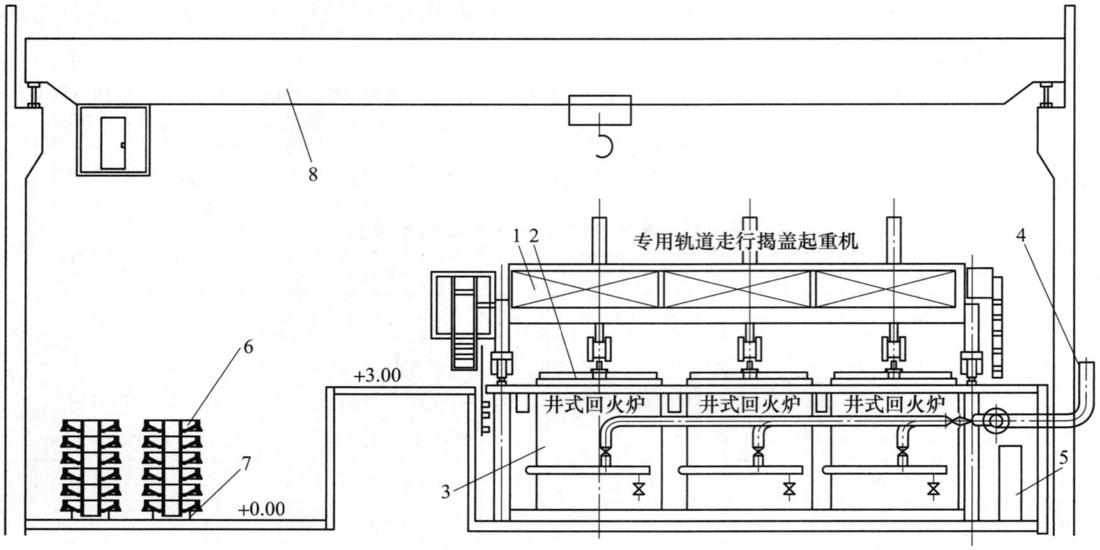


图 2-33　热处理区域车间工艺布置剖面示意图

1—专用揭盖机走行架；2—揭盖机提升装置；3—井式回火炉；
4—燃气管道；5—控制柜；6—堆存车轮垛；7—钢轨；8—厂房起重机

顺利，不会过多地将热处理淬火的表面硬度层切削掉；缺点是：先加工再热处理的车轮，使得已经成型的车轮受热发生变形翘曲，产品质量大打折扣，为纠正翘曲后的偏差，需要加工车削更多的金属，造成材料浪费，而且淬火硬度层也被无谓地切削掉。

近年来，机床刀具的形状有了极大的改进，锥形刀改成了圆盘刀，材质早已不是普通合金钢而是改用碳化钨合金刀具。这些加工设备的新技术，成就了铁路车轮机加工工艺格局的创新。我国新建设的、改建的车轮生产厂，其热处理工艺为此都改为先热处理后加工的工艺流程了，不再出现轮型变形翘曲，产品的尺寸精度得到了极大的保障。

传统的机加工方式为：用仿形立式车床车削车轮的轮辋和轮毂内侧面以及粗镗轮毂中心孔，用双孔卧式钻镗床在车轮辐板上粗加工 2 个装配孔。机加工工艺过程：带有卡式吊具的壁行悬臂起重机→吊运车轮至立式车床前→车床的机旁吊具上料装卡、卡紧轮辋内径→车削轮辋和轮毂内侧面→粗镗轮毂内孔→车床的机旁吊具下料→在立式辊道翻板机上翻转 180°→再上料→加工辐板孔→下料→车床的机旁吊具装卡→车削轮辋和轮毂外侧面→车床的机旁吊具卸料→吊运→测量检查。$\phi$840mm 车轮的车削进刀工艺操作如图 2-34 所示。

从机加工的过程可以看出，车轮工件以卡紧轮辋内径面作为工件加工的固定方式是有一些弊端的，由于热加工过程中，一旦锻压机之间的上下料转接联系产生误差，锻压时会造成轮辋内径的偏心，使轮辋内径和轮毂外径锻压余量偏大，导致车轮加工定位不准，需要增大加工余量来进行纠偏误差。

#### 2.2.10.2　机加工设备的说明

以往，车轮的交货状态是完成基本的几何尺寸加工，但不进行精加工，因此设计时仅考虑粗加工和半精加工的设备即可。

国内的车轮加工机床主要是仿制的 $Q_1$C501、$Q_1$C502 立式仿形车床和 C512 立式车床，加工辐板孔的机床是用 QC 系列卧式车轮双孔钻镗床。20 世纪 80 年代中期，我国开始自主研制 CK 系列的车轮数控加工车床，现已逐步替代 QC 系列车床，成为机床的主力，价格仅是国外设备的几分之一。

$Q_1C501$ 立式车床的水平刀架用于车削轮辋内侧面和轮毂内端面，立镗刀架用来粗镗轮毂中心孔。

$Q_1C502$ 立式车床有 4 个刀架，水平刀架车削轮毂外端面，立镗刀架精镗轮毂中心孔，左、右侧刀架车削踏面和轮缘。

QC 型卧式车轮双孔钻镗床具有 2 个 $\phi$50mm 的加工头，可以同时在辐板上完成镗孔。目前，国内带辐板孔的铁路车轮已经很少使用，仅有少量的订单。

20 世纪 90 年代后期，新建设的车轮生产线和改造的车轮生产线都采用引进德国的 RQQ 系列数控立式车轮加工机组，配以用于高铁动车组车轮精镗和铣钻注油孔的专用机床组建成机加工流水线，车轮的交货状态全部改为精加工成品出厂。

车轮的机床布置安排：车轮在 $Q_1C501$ 立式车床上加工轮辋内侧面和轮毂内端面、粗镗轮毂中心孔后，翻转 180°转运到 QC 型卧式车轮双孔钻镗床上完成镗孔，再转运到 $Q_1C502$ 立式车床上加工轮毂外端面、左右踏面和轮缘并精镗轮毂中心孔。根据当年的设计资料，车轮加工机床布置示意图如图 2-35 所示。

### 2.2.10.3 车轮粗加工的设备选择

（1）机床加工时间

经过实测，加工 $\phi$840mm 车轮的时间为：$Q_1C501$ 立式车床粗加工时间 5min/片，每小时加工 12 片；$Q_1C502$ 立式车床粗加工时间 10min/片，小时加工 6 片；QC 型卧式车轮双孔钻镗床加工的时间 75s/片，小时加工 48 片。

（2）机加工车床和钻镗床的设备数量和负荷率计算

从表 2-1 可以看出，每年机加工车轮数量为 466500 片/a，年工作 306d，每天 24h，时间损失系数 $k=0.85$，计算车床和钻镗床的设备数量和负荷率。

1）代入式（2-1），计算 $Q_1C501$ 立式车床数量 $N$：

$$N=\frac{G_n\times V}{h\times 60}=\frac{G_n\times V}{D\times 24\times k\times 60}=\frac{466500\times 5}{306\times 24\times 0.85\times 60}=6.2(台)$$

$$\frac{6.2}{7}=0.89$$

计算需要量为 6.2 台，选择 7 台车床，设备的生产负荷率为 89%。

2）计算 $Q_1C502$ 立式车床数量：

$$N=\frac{G_n\times V}{D\times 24\times k\times 60}=\frac{466500\times 10}{306\times 24\times 0.85\times 60}=12.5(台)$$

$$\frac{12.5}{14}=0.89$$

计算需要量为 12.9 台车床，选择 14 台，设备的生产负荷率为 89%。

3）计算 QC 型卧式车轮双孔钻镗床数量：

$$N=\frac{G_n\times V}{D\times 24\times k\times 60}=\frac{466500\times 1.25}{306\times 24\times 0.85\times 60}=1.6(台)$$

$$\frac{1.6}{2}=0.8$$

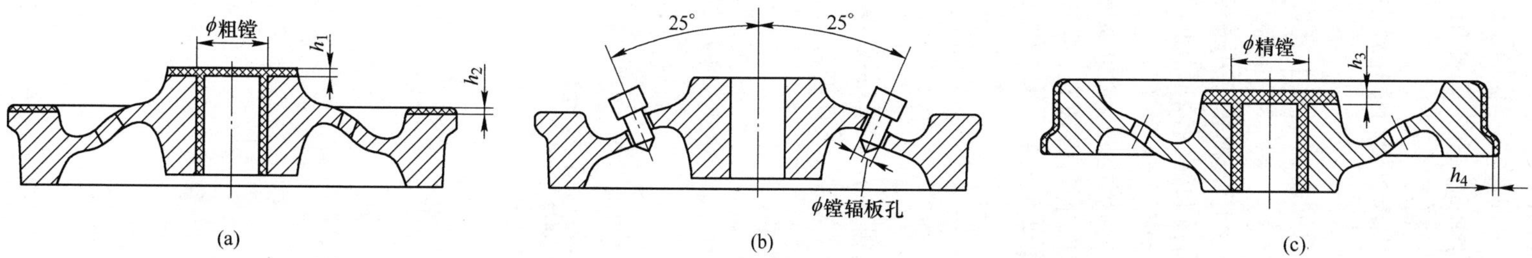


图 2-34 ϕ840mm 车轮车削进刀工艺

（a）加工内侧面；（b）镗辐板孔；（c）加工外侧面

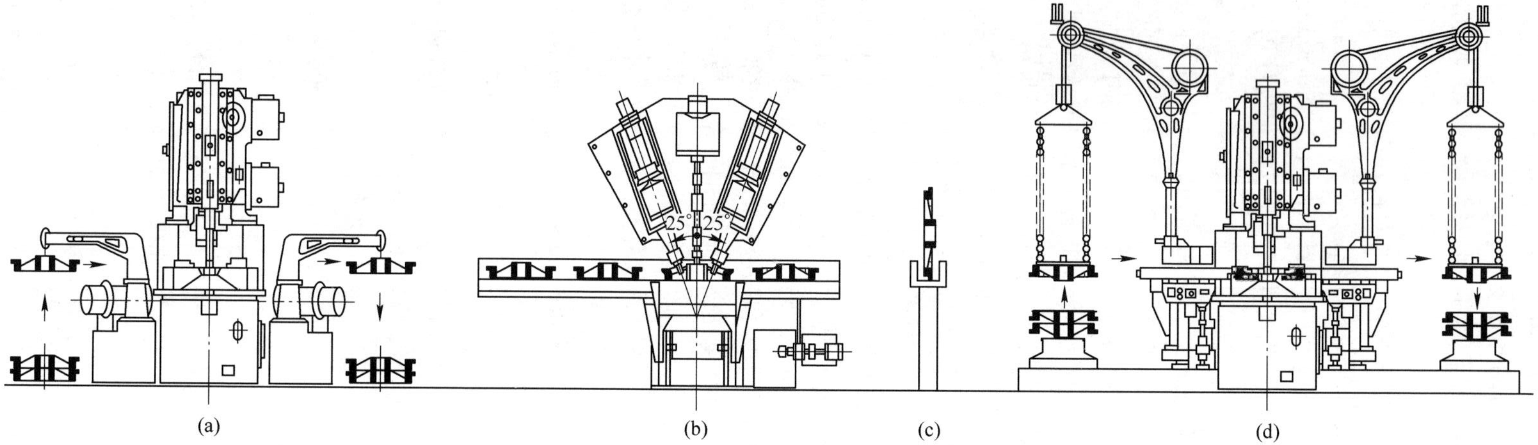


图 2-35 机加工设备布置示意图（设计资料）

（a）QC501 加工内侧面；（b）钻床加工辐板孔；（c）翻板机转 90°；（d）QC502 加工外侧面

计算需要量为1.6台车床，选择2台，设备的生产负荷率为80%。

4）修理机床。当年的国产加工车床精度有些欠缺，有些已经加工好的车轮在检测过程中发现超差，为此还需要选用2台C512立式车床作为单项修理之用。

（3）机加工设备主要技术参数

机加工工序的生产设备是由立式车床和卧式钻镗孔机床组成。车床的上下料采用带磁盘的壁行悬臂起重机吊卸，辅以叉车转运；钻镗孔机床的上下料采用立式辊道和翻板机，在转运中将车轮翻转180°，再用起重机吊运，由于不是自动生产线，整个翻料过程较为笨重而且很浪费时间。立式车床和卧式钻镗孔机床设备的主要性能和技术参数见表2-32。

**表2-32 立式车床和卧式钻镗床主要技术参数**

| 序号 | 设备项目 | 单位 | 技术参数 | 序号 | 设备项目 | 单位 | 技术参数 |
|---|---|---|---|---|---|---|---|
| 1 | $Q_1$C501 立式车床 | | | 2.5 | 右侧刀架最大行程（水平/垂直） | mm | 462/320 |
| 1.1 | 工作台直径 | mm | $\phi$1400 | | 进刀量（水平/垂直） | mm/min | 15.31 |
| 1.2 | 立镗刀架最大行程（垂直） | mm | 650 | 2.6 | 左侧刀架最大行程（水平/垂直） | mm | 462/320 |
| 1.3 | 立镗刀架移动速度（垂直） | m/min | 1.39 | | 进刀量（水平/垂直） | mm/min | 19.28 |
| 1.4 | 水平刀架最大行程（垂直） | mm | 650 | 2.7 | 工作台转速 | r/min | 25~80 |
| 1.5 | 水平刀架移动速度（垂直） | m/min | 1.39 | 2.8 | 装机电容量 | kW | 64 |
| 1.6 | 工作台转速 | r/min | 25~80 | 2.9 | 重量 | t | 26 |
| 1.7 | 装机电容量 | kW | 31.4 | 3 | QC型卧式车轮双孔钻床 | | |
| 1.8 | 重量 | t | 16 | 3.1 | 加工车轮踏面直径（$\phi$） | mm | 840、915 |
| 2 | $Q_1$C502 立式车床 | | | 3.2 | 钻辐板孔直径 | mm | $\phi$50 |
| 2.1 | 工作台直径 | mm | $\phi$1400 | 3.3 | 辐板孔间距 | mm | 550 |
| 2.2 | 立镗刀架最大行程（垂直） | mm | 650 | 3.4 | 辐板孔角度 | (°) | 25 |
| | 进刀量 | mm/min | 46.85 | 3.5 | 立轴转速 | r/min | 115 |
| 2.3 | 立镗刀架移动速度（垂直） | m/min | 1.39 | | 进给量 | mm/r | 0.54 |
| 2.4 | 水平刀架最大行程（水平） | mm | 650 | 3.6 | 装机电容量 | kW | 23.8 |
| | 水平刀架移动速度（水平） | m/min | 1.39 | 3.7 | 重量 | t | 13.2 |
| | 进刀量（水平） | mm/min | 18.54 | | | | |

### 2.2.10.4 机加工工序的车间工艺布置

机加工车间的设备是单机独立进行生产，车床按同类型号集中排列。设备的平面布置有两种：一种是机床与厂房轴列线垂直布置；另一种是机床与厂房轴列线平行顺向布置。按照机床与厂房轴列线平行顺向布置的车间工艺平面图如图2-36所示，车间布置剖面图如图2-37所示。

按照原有的车轮产品质量标准，机加工后的车轮运至生产区域内的质量检查线，进行硬度、尺寸、外观等方面的检查，再按比例抽取样轮送往落锤实验室进行试验。批量检验合格的车轮入库，通过铁路或汽车运输发运至各机车车辆厂或铁路修配段。新颁布的国家标准更新了铁路车轮的检验项目和质量规范，与国际标准保持一致，新标准的检验方式和仪器配置将在第3章中论述。

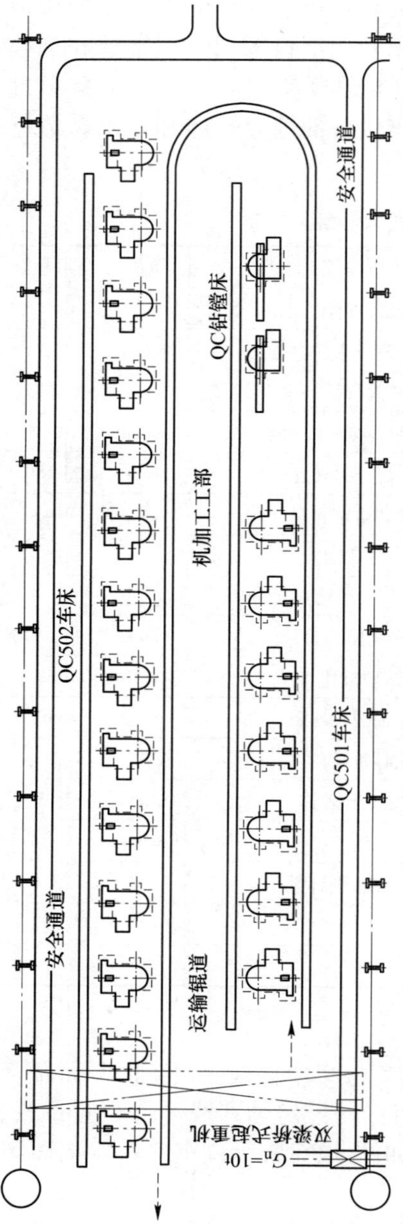


图 2-36　机加工车间工艺布置平面图

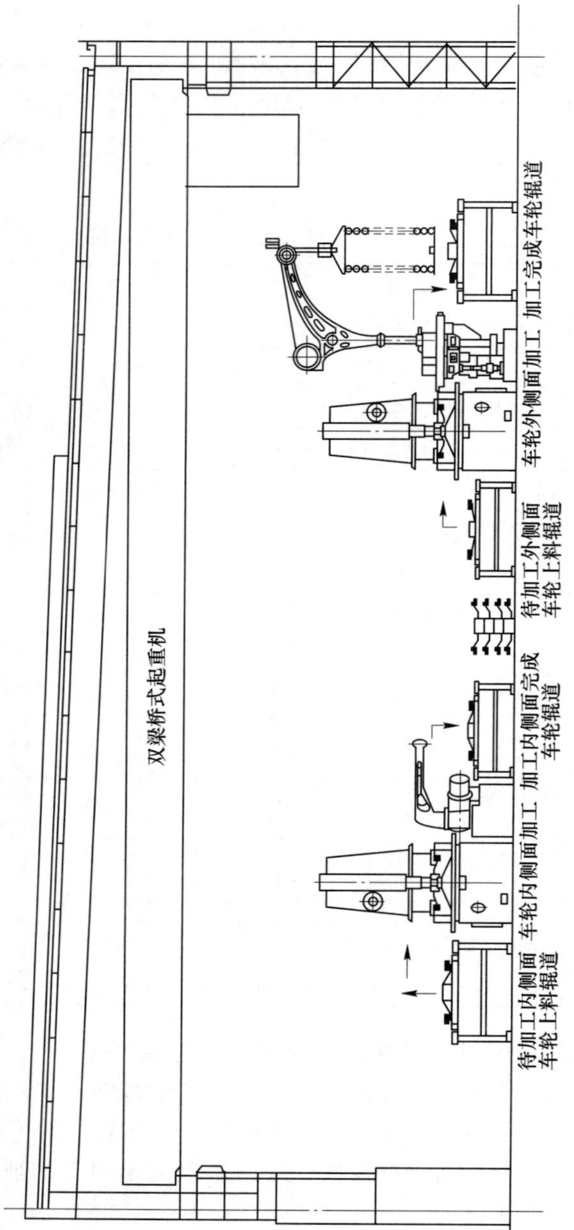


图 2-37　机加工车间工艺布置剖面图

# 3 现代化铁路车轮工程的工厂设计

第 2 章介绍了我国辗钢整体铁路车轮工程设计的历史沿革，初步介绍了工艺流程和设备计算的基础知识，其中一部分核心理论至今仍在应用，而有一部分理论和作用已经过时，被当代科学技术所取代。本章按照新的设计理念展开论述高速铁路车轮工程的设计案例，说明工业项目设计中工程工艺设计涉及的内容，包括项目的论述、工艺设计的理论依据、工艺路线的确定、工艺装备的比选、工艺的优化组合等，这些内容的介绍基于新的辗钢整体高速铁路车轮规范、新型的锻轧设备、智能化的装备、新型热处理设备、数控加工中心以及现代化的质检系统的应用。这些论述将进一步展示工程设计中新技术的覆盖和影响，使读者能够更深入地了解基础科学理论与当今新技术的有机结合，工程工艺设计的工作如何从理论羽化锐变成为工程的实绩。

## 3.1 工厂设计中工程工艺设计的工作内容

### 3.1.1 遵循的标准和规范

我国目前投产的铁路车轮制造厂的工程设计工作，其工厂设计阶段工作都是遵循国家、冶金行业以及重工业行业的法律法规，包括《钢铁工程设计文件编制标准》（GB 51207）、《钢铁企业节能设计规范》（GB 50632）、《钢铁冶金企业防火设计规范》（GB 50414）、《机械工程建设设计深度规定》（JBJ35）、《机械行业节能设计规范》（JBJ14）、《建筑设计防火规范》（GB 50016）等，工程设计的国家规范和行业规定很多，本书涉及上述标准的内容都在工厂设计的各专业技术领域文件和图纸中具体体现。

### 3.1.2 前期工作

工程建设项目的启动和文件编制，首先需要论述的是产品的前景、市场需求、投资主体、先进的工艺流程、现代化的装备、资金来源以及经济分析的指标和可靠的收益等。

辗钢整体高速铁路车轮工程的产品吨位与投资比上，投资强度超过钢铁厂。由于建设项目投资大、产品的入路门槛高，因此，在设计文件编制的初期阶段就要了解国内外同行业的现行工艺水平和技术等级，依据建设项目的投资，与建设方和运营方详尽地探讨设计方案。特别是我国目前正从增长型发展转化为质量型发展，新建设的工业项目在关键的软硬件方面必须站在高的起点上，设计和实施中做到心中有数不断进阶，以期达到最理想的目标。还有一点就是投入产出理论的应用：在事先匡算出的合理的投资范围内，实施高水准的工艺技术上，体现节约成本这个根本的支撑点，只有都具备了这些条件，才是真正着手工厂设计工作的开端。

工厂设计的文件编制阶段有一项很重要的工作：编制汇报文件和演示 PPT，参与各级主管部门的审查会议并解释设计主旨内容，协助建设方完成项目的立项和文件的通过。这个任务很具挑战性，是成功立项的重要环节。

### 3.1.3　工程工艺设计的主要原则

车轮工程项目的设计原则：贯彻执行国家产业发展政策；执行节能减排方针；采用低耗、环保的技术；合理布局、优化物流周转；选择先进的工艺和装备；设计通风、保暖、美观、独特的厂房；布置景观优雅的厂区；节约建设用地；治理“三废”，保护生态；控制投资，节约成本；体现以人为本、设计舒适的工作和操作环境。

### 3.1.4　工程工艺设计的技术应用

车轮工程的设计文件编制，在初步设计和基本设计时，深入研究先进的工艺流程和高技术水准的工艺设备，计算好所选工艺和装备的技术参数，根据前期工作确定整体设计方案。在施工图设计中优化工程工艺设计方案，协调绘制所有专业性的施工图纸。

工厂设计工作中的工艺设计应用包括：

1）工程的工艺流程设计；

2）理论科学的应用设计；

3）新技术装备的应用和保障措施；

4）工艺设备的基础控制、自动化水平研究；

5）辅助专业新技术的应用和要求；

6）厂房平立面图的构思和设计要求；

7）行政办公和生活设施的构思和设计要求；

8）区域内综合管线的设计要求（包括生产供排水、雨水排水、区域内各类车间外线管道、电缆沟的走向）；

9）区域内总平面和道路的设计要求；

10）电信设施的设计要求（包括区域内电话、网络、监视系统条件）；

11）供配电、供排水的设置和要求；

12）仪控与动力计量项目的设计要求；

13）计算机管理系统、安全管理系统的设计要求；

14）热力及燃气系统的设计要求；

15）采暖通风除尘系统的设置、综合利用设施的设计要求；

16）提出工艺设施的投资概算；

17）提供技术经济分析的资料和条件；

18）完善和收集产品的现行中国和国际标准以及生产操作规程。

### 3.1.5　基础资料

在工程项目的工厂设计前，应多方收集有关设计方面的基础资料，以支持工厂设计的开展，技术性基础资料包括以下内容。

#### 3.1.5.1　建设方的基本情况

1）前期立项工作中上级主管部门的批准文件、设计单位的备案要求；

2）项目环境评价文件；

3）拟选建设场地的实地考察、比选结论；
4）现有设施条件；
5）资金来源和还贷能力；
6）原材料及能源、动力的来源和成本；
7）人员构成及工资福利基数；
8）地方执行的建设定额。

3.1.5.2　选址场地的情况

1）原材料的运输条件；
2）建设方与当地供电公司的供电协议、电压等级是否满足本工程总负荷；
3）当地供水公司的供水量和水质条件、供水协议；
4）地方天然气的供应条件、采暖热源；
5）当地的环境、气象、海拔、水文地理（历史最高洪水位）、工程地质（地震等自然灾害）条件；
6）地域周边的限制，如限高、道路接点、铁路接点等；
7）地方相关的安全、消防和环保等特殊的要求；
8）地方相关的能源利用与节能规范特殊法律和法规。

3.1.5.3　工艺设计的相关执行工作

1）比对并确定先进的生产工艺和工艺流程；
2）协商拟引进设备的国别和厂家；
3）开展并参与国际技术交流；
4）明晰知识产权的内容；
5）确定物流走向和总平面布置，确认场地最终标高；
6）确定工程的安全监控管理和网络管理系统的级别；
7）转交提供开展设计所需要的厂房地质勘探报告；
8）国内或国外工艺设备的返回资料。

3.1.5.4　工艺设计绘制图纸的要求

机械加工专业工艺设计图纸的绘制成品包括工艺布置平面和剖面图、综合管线管理图、非标工艺设备总安装图、工艺设备表。主要绘图图例示意符号见表3-1。

**表3-1　主要绘图的图例示意符号**

| 序号 | 图　例 | 说　明 | 序号 | 图　例 | 说　明 |
|---|---|---|---|---|---|
| 1 |  | 工艺设备轮廓 | 6 | 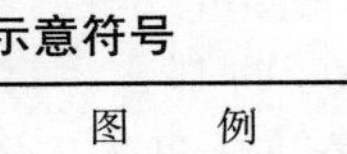 | 单梁桥式起重机 |
| 2 | 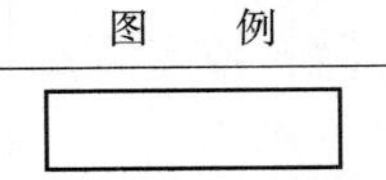 | 厂房柱列示意 | 7 | 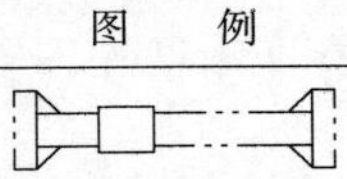 | 单梁悬挂起重机 |
| 3 | 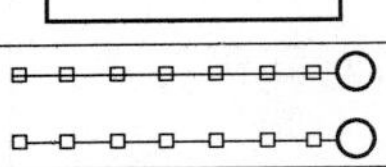 | 露天栈桥示意 | 8 | 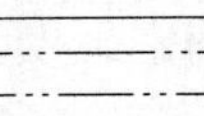 | 固定立柱悬臂起重机 |
| 4 | 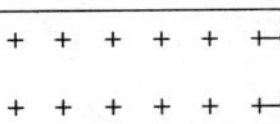 | 地坪以下的沟坑 | 9 | 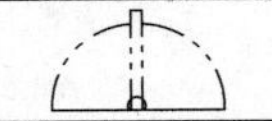 | 电动葫芦 |
| 5 | 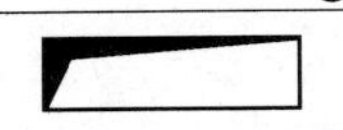 | 双梁桥式起重机 | 10 | 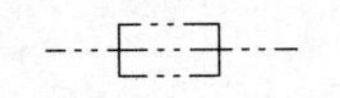 | 电动平板车 |

续表 3-1

| 序号 | 图　例 | 说　明 | 序号 | 图　例 | 说　明 |
|---|---|---|---|---|---|
| 11 | 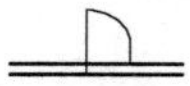 | 单扇开门 | 20 |  | 生产下水点示意 |
| 12 | 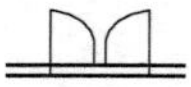 | 双扇开门 | 21 |  | 电焊机、检修电源开关 |
| 13 |  | 卷帘门、提升门 | 22 |  | 电源用户点示意 |
| 14 |  | 工业炉烟囱 | 23 |  | 压缩空气用户点示意 |
| 15 | 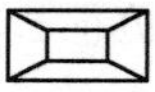 | 洗手池示意 | 24 |  | 天然气用户点示意 |
| 16 |  | 人员操作工位和方向 | 25 |  | 煤气用户点示意 |
| 17 | 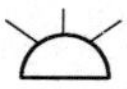 | 三相动力插座 | 26 |  | 电话用户点示意 |
| 18 | 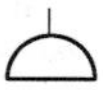 | 单相动力插座 | 27 |  | 房间用灯点示意 |
| 19 |  | 生产上水点示意 | 28 | 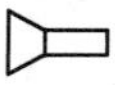 | 摄像机探头 |

绘制图纸时，工艺专业协调各专业，在遵守国家标准的前提下，确认管网的走向、高差范围，管廊或者管沟的坐标。

3.1.5.5　工作时间的确定

工作时间的确定对生产装备的选用十分重要，按照标准《机械工程的年时基数设计规范》（GB/T 51266—2017）：每年除去法定节假日和设备维修时间外，每周工作 5d 时，年工作天数为 250d，每天工作 3 班，每班 8h。

除了国家标准规定外，冶金行业机械加工专业现行的年工作天数多为 250～300d，每天工作 3 班，每班 8h，公称时间损失系数 0.75～0.85；加热和热处理专业的设备是连续性作业，公称时间损失系数为 1。

机械设备的年工作小时，即年时基数简便折算：

1）机加工和在线质检专业年时基数。每天 1 班工作时，年时基数 2100h；每天 2 班工作时，年时基数 4200h；每天 3 班工作时，年时基数 6300h。

2）加热和热处理专业年时基数。每天 3 班工作时，年时基数 7200h。

3）锻造和锻压专业年时基数。每天 3 班工作时，年时基数 5400h。

在岗职工每年法定节日休息外，多数的企业员工人数采用四班三运转或者采用 12h 大轮班制。

本书中的工作时间的确定，仅为计算公式所用，企业人员的工作时间需按照国家标准执行。

## 3.2　设计条件

### 3.2.1　拟选厂址的确定

建设铁路车轮制造厂，踏勘现场是设计工作的第一步。在工程设计的前期阶段，首先勾勒出生产厂房、辅助厂房、办公与生活设施等子项内容的建筑形式和建筑面积，匡画出建构筑物、道路和堆场的占地范围，以便更好地选择建厂地点和合适的占地条件。设计人员只有到现场进行厂址比选，在场地完整、物流顺畅、动力及能源供给充足、交通便利、土地平整并价格适宜、税收优惠等条件下，多方选择才能挑出对企业更有利的场地条件。

铁路车轮生产是连续性的自动生产线，占地区域的长度最好不小于600m、宽度不小于450m。考虑到车轮产品的延伸发展（如车轴制造、轮对装配等），占地面积尽量要大于上述尺寸。

### 3.2.2 原料的来源

计算出原料的需求量并且了解钢材的化学成分以及规格之后，确定原料的供应生产厂家就显得十分重要，我国的马鞍山钢铁股份有限公司、太原钢铁集团有限公司、江苏兴澄特种钢铁有限公司等，都具备提供辗钢整体铁路车轮制造所需要的优质碳素钢连铸圆坯或模铸钢锭。

马鞍山钢铁股份有限公司拥有120t转炉+95tLF精炼炉+100tVD精炼炉和弧形圆坯连铸机，连铸坯直径尺寸$\phi$380~450mm，2015年新投产的连铸机圆坯直径尺寸达到$\phi$700mm。

江苏兴澄特种钢铁有限公司拥有100t电炉炼钢+100tLF精炼炉+100tVD炉真空精炼和$R$17m三流弧形圆坯连铸机，连铸坯直径尺寸达到$\phi$450~1000mm。

太原钢铁集团有限公司拥有160t电炉+180tLF精炼炉+180tAOD精炼炉和$R$16.5m三流弧形圆坯连铸机，连铸坯直径尺寸在$\phi$220mm以下，有为铁路车轴制造的连铸圆坯和为车轮制造的直径$\phi$380mm以上的模铸钢锭。

### 3.2.3 供电电源

我国的电力输配电系统已经达到世界先进。城市电力输配电是通过高压输电线路，由区域变电所、配电变电所送到用户。多数城市总降压变电站的输电标准电压为35kV、110kV、220kV，厂区配电标准电压为10kV、6kV，直接用电设备的标准电压为415V、380V、220V、36V。

工程建设中的供电系统基本都是采用由国家电网的220kV或110kV城市变电站为企业提供10kV的供电电源，送到项目的区域变电所，再通过10kV的高压配电线分布到不同的车间配电变电所，降压后用于最终的用电设备。

辗钢整体铁路车轮工程的工业用电设备安装总电容量达到30000kW以上，地方供电公司要有能力提供可靠、稳定的供电电源。为保持国家电网的波动稳定，按照电力系统的要求，建设方的厂区内区域变电站，设计系统补偿后的功率因数应达到0.90以上。

### 3.2.4 给排水资源

我国城市经过几十年的快速发展，都建设了完备的自来水供排水系统，有的城市还建设了污水处理厂，可以提供再生中水，因此，铁路车轮工程建设的供排水系统都不成问题，即使如此，在确定选址时仍然要考虑供排水地点的远近、高差等条件，以期节约投资。

铁路车轮制造工程的生产水系统采用循环水系统，重复利用率基本超过96%以上，自来水的新水补充量仅不到4%。地方自来水公司需具有提供120$m^3$/h 的新水的能力。工厂的工业排水中没有有害物质，生活污水在建设区域内部设计时，采用处理后再排入城市污水管网的排水方式。

### 3.2.5　燃料资源

车轮生产中，原料钢坯的加热和热处理燃料可以采用天然气、焦炉煤气、高焦混合煤气、轻柴油等。进入21世纪以来，我国在清洁能源的开采、输送等方面做了大量的工作和投入，取得了卓越的成效。特别是西气东输工程的建成，为国内很多工业基地带来了能源使用上的变革，提供了极大的便利。

辗钢整体铁路车轮工程至少需要8000$m^3$/h 流量（标态）的天然气，由地方天然气公司用管道铺设到建设区域的接点处。

### 3.2.6　供暖热源

我国北方地区冬季需要采暖，有的城市有集中供暖的热水水源，可以直接用管道铺设到建设区域的接点处接入使用。

城市没有集中供热管网时，建设区域内可以采取三种方式设计采暖系统：第一种是建设燃油或燃天然气的锅炉房；第二种是天然气直燃辐射采暖；第三种是近年来推广采用的烟气余热溴化锂技术空调和采暖。采暖热源的需求量根据建筑面积进行换算。

### 3.2.7　通信资源

工程的对外通信线路包括电话总线、有线电缆或光纤宽带、移动信号基站、微波信号基站等，城市电信和移动通信单位按照工程的需要接入。

建设区域内的生产调度联系通常自行设置总机站。基站的容纳门数视用户点汇总而定。

### 3.2.8　气象、水温、地质与周边环境

铁路车轮工程建设厂址的气象、水文、地质与周边环境等条件很重要。气象条件涉及工程中建筑物的通风、采暖、空调的设计方案；风向和强度条件涉及厂房风荷载和建筑风的环境影响；雨雪强度涉及雨雪荷载对房屋设计的影响；水文条件涉及确定建设区域场地的标高，应有足够防御特大暴雨和洪灾等不良侵害的能力；地质条件涉及建筑物的抵抗地震、地表塌陷等一系列严重灾害的防护以及地基处理带来的投资费用增加的风险。

工业用的建筑物和厂房，使用年限一般都大于50年，甚至100年，厂区内的海拔高程基准面设计起码要高于50年的历史最高洪水位，以防积水损害现场人员和设备的安全。

所有的地质条件一定待收到地质勘探说明书并确定了地基特性后，才能真正开始土建专业和总图专业的设计计算。

抗震设防随时根据《中国地震动参数区划图》规范的修正值进行设计，选取上限参数计算，以保证人员和厂区设施的安全。

建设场地周边的环境对建设项目的实施影响很大，如历史考古的重点地区、民用住宅

和道路近期发展的规划、电厂和高压线的磁线辐射、化工厂的排烟距离、军用机场和民用机场对周边地域的限高、铁路过车对周边地坪的震动、河湖填埋的具体边界、道路坡度等，这些都给品质要求较高的铁路车轮产品的制造带来不利的影响，都是选址时需要重点考虑的内容。

### 3.2.9 总图规划

#### 3.2.9.1 红线内规划

铁路车轮工程是重大的投资项目，在遵守国家建设项目的管理规定下，设计单位要以科学、严谨的态度为建设方编制《修建性详细规划说明书》，上报地方规划部门批准和备案。

建设部《城市规划编制办法》是城市总体规划、分区规划或控制性详细规划的指导性文件，以此为依据编制工程项目的修建性详细设计才合规合法。修建性详细规划按规划红线后退 $n$ 米后，用作建设红线，各地退红线的要求不尽一致，一般厂区围墙为实际控制用地红线，在此基础上进行区域设计，内容包括：

1）建设条件分析及综合技术经济论证；

2）建构筑物、道路和绿地等的空间布局和景观规划设计，布置总平面图；

3）道路交通规划设计；

4）绿地系统规划设计；

5）工程管线规划设计；

6）竖向规划设计；

7）估算工程量、拆迁量和总造价，分析投资效益。

#### 3.2.9.2 子项规划

铁路车轮工程除主车间外，涉及的子项设计内容包括：

1）生产主车间，坯料切割、坯料加热、锻压和辗轧、热处理、机加工、质量检测生产等；

2）辅助生产车间，区域变电站、车间配电所、净循环水泵房、浊循环水泵房、空压站、天然气或煤气调压站、地中衡、原料场、废料场、成品仓库、暖通泵房、除尘器、理化检验和研究中心、工具间等；

3）办公和厂前区，综合办公楼、大门、围墙和门卫室、通信总机、防空及安保所、停车场、道路和绿化等；

4）生活设施，员工倒班宿舍、单身公寓、食堂和浴室、体育运动场、车间更衣室和卫生间。

上述子项建筑物应按照国家标准允许的间距、工艺路线，合理高低有致地进行平面和竖向布置，保证投产后厂区内的物流顺畅，厂区外界景观视觉新颖和气派。

#### 3.2.9.3 交通规划

大型的工业项目选择在交通运输方便、道路四通八达的地方，是工程的必备要求，铁路车轮工程尤其如此：一方面原料和成品运输方便，另一方面是后续建设轮对工程项目时，运输便捷是非常关键的条件，是工程立项的重要支持论据。

铁路车轮生产中的模铸钢锭和连铸钢坯原料的运输以及成品车轮的发运，采用铁路运输方式可以直接运达企业或者用户。工厂设计时应优先考虑无砟轨道接轨站场。铁路车辆进入车间，工艺布置上至少考虑两节连挂车辆同时进入，厂区轨道最小转弯半径不小于145m，最大爬坡高度不大于10‰。运输所用的铁路车辆和机车委托铁路部门备置和调度，铁道进出的大门设交通信号控制系统。

采用汽车运输原料和成品时，新建的道路采用城市型水泥混凝土路面，与市政道路的接点处负载按最大工件起吊重量设计，道路设计的运输坡度和转弯半径均按规范执行。

3.2.9.4 区域管道规划

与市政的动力管道接点方位，靠近用户点和辅助设施子项位置。车辆行驶道路两侧的人行通道，应留出足够的宽度，以使通道的地上、地下有足够的空间架设或埋敷厂区综合管线，管线的路由不往返进出、不反复开挖。冻土地域的外线管道埋深应设计在冻土层以下。

### 3.2.10 建设投资和投资效益

建设现代化的辗钢整体高速铁路车轮制造厂，项目的固定资产静态投资达几十亿元人民币，由于工程投资较大，生产流动资金较重，一般实力的公司难以企及。因此只有产出高端产品，售价才能提高，才能达到资金平衡。工程建设周期包括设计、采购和施工需要3年时间，从投产年开始计算，项目投资回收期大约需要7年左右（含建设期2年）。

## 3.3 铁路车轮工程工艺设计的技术应用

工程工艺设计是工厂设计中的主导专业。主导专业的工作内容，首先是确定产品的生产方案、产品规模、工艺流程，之后是确定实现设计目标所需要的生产装备，以及围绕生产方式、生产装备实施必备的供电、供水和其他动力能源供应，最终形成一个完整的系统工程。

### 3.3.1 产品用途与规模设计

在市场经济的环境下，建设一个工厂，无论生产什么产品，其用途、产量规模定位第一重要，特别是铁路车轮制造厂的工厂设计，车轮产品的市场需求和产品的产量必须提前摸清和确认。

我国的铁路建设和运营是集中管理的市场，就是说：铁路系统的用户独此一家，即铁路总公司；世界上其他国家的铁路即使不是国家所有，用户也是单一的。其次，车轮的使用寿命和报废年限，是根据列车车轮的行驶摩擦情况确定的，只有清楚地知道每年新增和更新列车的数量，才能够清晰地了解车轮市场的需求缺口，准确地勘定新建工厂的生产规模。

本书第1章，列出了车轮市场需求的参考数值，下面以理论计算的方式分析和汇集各项参数，得出符合实际的结果。

3.3.1.1 国内铁路车轮使用寿命分析

计算我国铁路车轮的使用寿命，是一项比较棘手和复杂的工作，本节先从铁路车轮的磨耗量入手，进而计算铁路机车和车辆的报废界限，汇总得出车轮的使用寿命。

铁路车轮是安全产品，每个国家的铁路系统都有自己的执行标准以及统一的维修、更换界限和报废年限。20 多年前，我国由于铁路车轮短缺，没有明确的使用寿命界限，特别是铁路车辆的编组挂车特性，每个车辆山南海北到处奔跑，无法准确地统计行驶里程，一些车轮使用了几十年，即使超过使用年限只要外观看着完好就舍不得换掉，反复维修使用，给安全行驶带来隐患。

随着我国社会经济的快速发展以及人民生活水平的提高，安全旅行和诚信货运成为普遍的社会认知。特别是高铁动车组列车的投入运行，铁路车轮的承载力发生了巨大的变化，在高速、高负荷的运行条件下，车轮踏面以及轮缘极易疲劳损伤，造成车轮表面产生裂纹和圆周磨耗加剧。为了安全起见，我国铁路系统近年来对轮对的寿命管理做出了严格的规定。

近十年来，铁路系统的计算机信息管理水平有了突飞猛进的提升，全路的装备明细、定期维护、工程施工、机车和车辆的编组管理全部采取了系列化、精细化、现代化的计算机网络管理模式，每个车辆的行驶里程有了精准的反馈信息，这使得铁路车轮的定修和寿命管理有了可靠的数据来源。

（1）铁路货运车辆的车轮磨耗量限度和报废界限

铁路货运车辆的车轮磨耗量参数是使用寿命和报废界限分析的主要数据依据。以车轮在线运行的磨耗值作为基础（暂不计算车轮踏面及轮缘崩裂），计算车轮直径的磨损量，再计算维修车轮的镟修量，直到车轮被磨损和镟修到规定的极限值，即车轮直径小于规定值而无法装车使用时，就达到了该车轮磨耗的限度。根据铁路主管部门的管理规程，车轮直径磨损到小于某一限度值时，即达到报废界限。分析和汇总这些数据，就可以最终计算出车轮使用寿命和报废年限。

1）铁路货运车辆车轮的磨耗极限规定、规程和实际的调查资料。

① 2007 年执行的《铁路货车轮轴组装检修及管理规则》中对最高运行速度 ≤120km/h 的国家铁路货运轮对的寿命管理规定：1999 年以后制造的国产普通轴承轮对即 50 钢车轴的轮对，一个质量保证期为 6 年；对车轮轮径的要求：普通铁路货车的新轮直径 $\phi$840mm，轮对的踏面圆周磨耗及修限度 ≥$\phi$790mm。

② 2010 年执行的《铁路货车运用维修规程》中货运车辆轮对运用限度要求：车轮轮缘厚度 ≥23mm、车轮踏面圆周磨耗深度 ≤8mm，不符合规定即要进行镟修，超过修限值将予以报废。

③ 据铁路系统相关车间检查结果：约 85% 的货车车轮踏面圆周磨耗深度约 2mm/a，15% 的车轮磨耗深度约 3~4mm/a。

按照上述的规程要求和实际的调查数据，以实测值作为车轮磨耗的计算依据，进行寿命计算和分析。计算方法采用中国铁道科学研究院的研究公式，该公式是为了测得铁路货运车辆轮对的实际行车磨耗量进行的专门负载试验，试验结果发表于《货车车轮伤损及踏面磨耗规律的研究》一文，计算公式应用于 2005 年和 2008 年的试验报告中。

2）计算货运车辆车轮的使用寿命和年限界定。

① 计算车轮踏面圆周平均磨耗量。以直径 $\phi$840mm、轴重 23t、车辆自重 20t、时速 120km/h 的铁路货车车辆车轮为典型代表产品，以运行 40 万千米（每月估算平均行驶约 2

万千米）、空重比系数 3∶7 作为条件，计算车轮踏面的圆周平均磨耗量，运用文献［7］中的公式如下：

$$M_T = S \times \gamma \times (\alpha \times 轴重/2 \times K_1 + \beta \times 自重/8 \times K_2) \tag{3-1}$$

$$M_Y = M_T \times c \tag{3-2}$$

$$M = M_Y + M_T \tag{3-3}$$

$$W_k = M_T/S \tag{3-4}$$

$$M_z = M + M_T \tag{3-5}$$

式中　$M_T$——车轮踏面圆周磨耗量，mm；

$S$——运行里程，万千米；

$\gamma$——速度影响因子，0.55～0.579；

$\alpha$——装载重车平均磨耗率，0.0217，mm/（万吨·km），实测值；

$\beta$——无载空车平均磨耗率，0.0404，mm/（万吨·km），实测值；

$K_1$——装车系数，0.7；

$K_2$——空载系数，0.3；

$c$——轮缘与踏面镟切比，1∶4.5；

$M$——单次镟修踏面圆周共减少量，mm；

$M_z$——踏面圆周总减少量，mm；

$M_Y$——踏面修限深度，mm；

$W_k$——万千米车轮踏面磨耗率。

- 代入式（3-1），计算普通铁路货运车辆车轮踏面圆周磨耗量：

$$M_T = 40 \times 0.55 \times (0.0217 \times 23/2 \times 0.7 + 0.0404 \times 20/8 \times 0.3) = 4.51(\text{mm})$$

上述公式的计算结果说明：当车辆的运行里程 $S=40$ 万千米、速度影响因子 $\gamma=0.55$、载货轮对承载轴重＝23$t$/2、装载重车车轮平均磨耗率 $\alpha=0.0217$、装车系数 $K_1=0.7$、空载轻车车轮平均磨耗率 $\beta=0.0404$、车轮承载自重＝20t/8、空载系数 $K_2=0.3$，计算结果得出车轮踏面圆周磨耗量为 4.51mm。

- 计算车轮行驶万千米时的平均磨耗率：

$$W_k = M_T/S = \frac{4.51}{40} = 0.112(\text{mm}/万千米)$$

计算数据表明车辆每行驶万千米，车轮踏面圆周平均磨耗率约 0.112mm/万千米。以此分析，多数的货车车辆行驶 2 年时间的行驶里程约为 48 万千米，此时的平均磨耗量不到 6mm，对照铁路主管部门的管理规程，该值在段修期 2 年磨耗的允许规定值内，据此说明经实践检验的上述理论计算公式，其结果与规程要求的运行磨耗值是相符合的。

② 计算车轮轮缘的镟修量。当车轮磨损后，按照规定在车辆维修段内采用镟修的方法进行踏面和轮缘的修复，修复后符合允许值可以继续使用。

车轮轮缘镟切修磨时受进刀操作的影响，轮缘恢复与踏面圆周磨耗减少量之比为 $c=1∶4.5$，即修复 1mm 的轮缘磨耗量需要进刀镟切踏面 4.5mm。当车辆车轮平均运行了 40 万千米、踏面圆周磨耗量约 4.51mm 时，代入式（3-2），计算为恢复轮缘而镟修踏面得到的踏面修限深度：

$$M_{\mathrm{Y}} = M_{\mathrm{T}} \times c = 4.51 \times 4.5 = 20.30(\mathrm{mm})$$

③ 计算单次镟修踏面圆周的实际减少量。车轮行驶 40 万千米、踏面磨耗量 4.51mm、恢复轮缘而镟修的车轮踏面圆周修限深度约 20.3mm，代入式（3-3），计算踏面实际减少量：

$$M = M_{\mathrm{T}} + M_{\mathrm{Y}} = 4.51 + 20.3 = 24.8(\mathrm{mm})$$

④ 计算镟修车轮踏面圆周直径的总减少量。当货运车辆的轮对行驶 120 万千米、时间约 6 年，期间镟修 2 次（第 3 次进厂车轮不再修复，仅计算踏面磨耗量），代入式（3-5）计算踏面圆周磨耗及修限深度共计约：

$$M_{\mathrm{z}} = 2M + M_{\mathrm{T}} = 24.8 \times 2 + 4.51 = 54.10(\mathrm{mm})$$

$$\text{此时的车轮直径} = 840 - 54.10 = 785.9(\mathrm{mm})$$

⑤ 计算车轮的使用年限。铁路货车车辆的车轮直径 $\phi$840mm，按上述规定踏面圆周磨耗及修限后的直径不得小于 $\phi$790mm，因此，当使用了约 6 年时间、第三次进厂时，车轮的直径已经达到或越过报废界限指标。考虑到货车的行驶、停靠与装卸货物时间的不均衡性，取系数 $e$=0.60，即：

$$\frac{6}{e} = \frac{6}{0.6} = 10(\mathrm{a})$$

式中，$e$ 为不均衡系数，0.6。

上述结果说明，铁路货运车辆车轮的使用寿命和报废年限理论计算界定值最高为 10 年。

（2）铁路机车车轮的磨耗量限度和报废界限

1）铁路机车车轮的检修规定。2006 年执行的《铁路机车车辆检修规则》中规定机车实行四级检修制度。四级检修的机车即更新检修，必须重新翻造；铁道管理部门《机车报废管理办法》规定，机车使用超过 20 年且状态不良即申请报废，车轮同时报废。

2）明确机车车轮的报废界限。铁路货运机车的车轮使用寿命和报废界限计算，参照上述货运车辆车轮踏面圆周磨耗量及修限深度方法，当机车在规定的行驶时间内，超过运行里程或车轮磨损达到极限值时即报废，由于铁路机车除检修期间外经年累月不存在停歇的状态，几乎都在运行当中，车轮的理论计算报废界限应限定为 6 年。

（3）铁路客运车辆车轮的磨耗量限度和报废界限

1）铁路普通客运车辆车轮的检修规定。2014 年执行的《铁路客车轮轴组装检修及管理规则》，对最高运行速度不大于 160km/h 的国家铁路客运车辆轮对的车轮检修更换以及车轮踏面圆周磨耗和修限度有专项规定。

2）明确铁路普通客运车辆车轮的理论报废界限。铁路普通客车车辆的轴重 16t，低于 23t 的普通货运车辆轴重，虽然如此，为安全起见，磨耗量和报废年限也参照上述货运车辆车轮的踏面圆周磨耗及修限深度计算方法，理论报废界限值最高取 10 年是适宜的。

（4）高铁动车组列车车轮的磨耗量限度和报废界限

1）高铁动车组列车车轮的检修规定和调查资料。截至 2016 年底，我国运行速度≥200km/h 的国家铁路高铁动车组列车的车轮均为进口薄轮缘系列车轮，基本执行的都是国外高铁车轮检修技术规定。截至 2019 年，2016 年以后上线运行的动车组车轮多数尚未到达使用界定年限，铁路管理部门和中国铁道科学研究院将根据实际情况随时修订相适应的规程。

以动车组 CRH380 系列的车轮分析，新轮直径 $\phi$860mm，一级修限要求车轮踏面圆周磨耗及修限度≥$\phi$790mm，轮缘厚度 26~33mm，小于该直径尺寸即超限，应予以换轮。

2）计算高铁动车组列车车轮的理论报废界限。据有关部门公布的 2008 年以来对京津、京沪、沪杭铁路线上时速 350km/h 的 CRH380 系列客运高铁列车车轮的磨耗量监测和调查记录数据显示：一般每列高铁列车的日运行里程超过 1800km/d，年行驶基本达到或接近 70 万千米/a，当运行里程超过 70 万千米区间，踏面圆周磨耗率约为 0.083mm/万千米。

① 代入式（3-4），计算高铁列车车轮的平均踏面圆周磨耗值：

$$M_T = W_k \times S = 0.083 \times 70 = 5.81(\text{mm})$$

② 按照规程，轮缘厚度<26~33mm 时，需要镟修恢复轮缘，代入式（3-2），计算为恢复轮缘而镟修踏面得到的踏面修限深度：

$$M_Y = M_T \times c = 5.81 \times 4.5 = 26.15(\text{mm})$$

代入式（3-3），计算单次镟修踏面圆周共减少量：

$$M = M_T + M_Y = 5.81 + 26.15 = 31.96(\text{mm})$$

③ 当列车每 70 万千米需镟修 1 次，共镟修 2 次（第 3 次进厂时车轮不再修复，仅计算踏面磨耗量），代入式（3-5），计算直径 $\phi$860mm 高铁客车车辆车轮踏面圆周磨耗及修限深度总的直径减少量：

$$M_z = M_T + 2M = 5.81 + 31.96 \times 2 = 69.7(\text{mm})$$

$$\text{此时车轮的直径} = 860 - 69.7 = 790.3(\text{mm})$$

国内的高铁动车组客车自上线运行以来，客座率一直保持在 90%以上，列车运行调度几乎满负荷周转，按照高铁列车的车轮踏面圆周磨耗及修限后直径不得小于 $\phi$790mm 的规程，显而易见，常年上路运行的高铁列车行驶时间超过 3 年，运行里程达到 210 万千米，经过 2 次镟修再入厂的，车轮的直径减少至 $\phi$790.3mm，此值接近（有时或超越）规定极限值，必须换轮了。

（5）市政地铁和轻轨列车车轮的磨耗量限度和报废界限

1）城市地铁和轻轨列车车轮的检修规定和调查资料。地铁和轻轨列车的车轮运行条件堪比高铁动车组列车，由于城轨的弯道和进出站上下坡道频繁，与铁轨的摩擦损失甚至大过国家铁路线上的列车车轮。

城轨机车车辆车轮的轮缘踏面型式和尺寸执行 TB/T 449—2003 铁道行业标准，其他条款按 TB/T 2708—1996、TB/T 2817—2018 标准。按照设计规定，新轮直径 $\phi$840mm、轮缘厚度 32mm，行驶后的轮缘需≥23mm、车轮的踏面圆周磨耗及修限值≥$\phi$770mm。

2）计算城市地铁和轻轨列车车轮的理论报废界限。根据 2016 年有关部门的公开报道，北京、上海、广州有关部门对地铁及轻轨列车的轮对磨耗监测和记录数据显示，绝大多数城轨列车平均 2 个月的月修记录里程约 1.9 万千米（即折合每月约 1.0 万千米/月），车轮的平均踏面圆周磨耗率约 0.125mm/万千米，轮缘磨耗率约 0.16mm/万千米。

为保证轮缘26~32mm的正常使用厚度，当运行里程达到38万千米、时间约3年时，车轮则需要进行镟修。受每次镟修的进刀量操作的影响，轮缘恢复与踏面圆周磨耗减少量之比为$c=1:4.5\sim1:10$之间。

① 代入式（3-4），计算城轨列车车轮的平均踏面圆周磨耗量：

$$M_T = W_k \times S = 0.125 \times 38 = 4.75(\text{mm})$$

② 按照规程，轮缘厚度≤23mm时，需要镟修恢复轮缘，代入式（3-2），计算为恢复轮缘而镟修踏面得到的踏面修限深度：

$$M_Y = M_T \times c = 0.16 \times 38 \times 4.5 = 27.36(\text{mm})$$

代入式（3-3），计算单次镟修踏面圆周共减少量：

$$M = M_T + M_Y = 4.75 + 27.36 = 33.11(\text{mm})$$

③ 城铁列车车轮平均运行38万千米需镟修1次，共镟修2次（第3次进厂时车轮不再修复，仅计算踏面磨耗量），代入式（3-5），计算踏面圆周磨耗及修限深度总的直径减少量：

$$M_z = M_T + 2M = 4.75 + 33.11 \times 2 = 69.0(\text{mm})$$

$$\text{此时车轮的直径} = 840 - 69.0 = 771.0(\text{mm})$$

按照规程，城轨列车的车轮踏面圆周磨耗及修限后直径不得小于$\phi$770mm，当列车运行里程达到114万千米，2次镟修之后再入厂时间约为9.5a，车轮的直径减少至$\phi$771mm，接近规定极限值，此时即应换轮报废，车轮报废使用年限不超过10年。

据广州城轨部门多年的实际跟踪与统计数据（见《地铁车辆车轮寿命分析》），地铁列车车辆的车轮踏面磨耗及轮缘镟修使得车轮的直径极限≤$\phi$770mm时，车辆仅平均行驶了110万千米，以此作为对比，上述的理论计算与实际监测的数据基本是一致的。

#### 3.3.1.2　铁路列车及城轨列车的数量和车轮需求量设计

除了铁路列车的车轮磨耗量和使用寿命界限值，另一个分析的着重点就是铁路列车及城轨列车每年的增长数量和更新数量以及外销的出口数量，明确了这些参数后，即可得出铁路车轮每年的市场需求量。以下按现有的中国国家建设规划方案分别进行分析。

（1）铁路列车及城轨列车的新增和保有数量

统计铁路车辆有两个重要的数据：一是随着经济发展每年需要新增加的车辆，二是保有车辆的更新。以下从我国高铁动车组列车、普通铁路货运和客运列车、铁路机车、城市地铁和轻轨列车的拥有量方面进行统计和说明。

1）高铁动车组列车每年新增和保有的数量。

① 每年新增高铁动车组列车数量。第1章中已经列出国家的铁路发展规划和高铁路网的建设目标，这个目标将每年新投入列车超过300列，除此之外，以高铁动车组设计寿命40年计，每年需要新造补充新车200列，至2025年的未来7年间，新增的列车数量至少达到3500列，其中折合短编标准车型占比83%、长编重联车型占比17%，共计约32760辆（节）；截至2019年1月，我国正式投入路网运营的高铁动车组列车约3396列，合计短编车型与重联车型共计31992辆（节）；明确计划到2025年高铁列车共计约6896列，合计短编车型与重联车型共计64752辆（节）。

② 保有车辆中每年需要更新车轮的列车数量。根据铁路系统的强制性规定以及前文论述的车轮磨耗计算，高铁动车组列车运行 3 年、行驶里程 210 万千米，到时车轮就要更换，为此，至 2025 年之后列车保有量的 1/3 即约 2299 列车、折合 21584 辆（节）的车轮需要每年更新。

2）普通铁路货运列车每年新增和更新的数量。

① 每年新造货运列车数量。至 2017 年末，国家铁路货运列车车辆的保有量约 799000 辆（节），以铁路货运车辆设计寿命 20 年计，每年平均需要新造补充车辆约 39950 辆（节）。

② 保有车辆中每年需要更新车轮的列车数量。根据上述的车轮磨耗量和使用寿命界限计算，铁路货运列车车辆的车轮使用年限为 10 年，粗略统计，列车保有量的 1/10，即约 79900 辆（节）的车轮需要每年更新。

3）普通铁路客运列车每年新增和更新的数量。

① 每年新造普通客运列车数量。我国铁路客运今后将以发展高铁动车组列车为主，在第 1 章中已经说明。以普通铁路客运车辆设计寿命 30 年计，每年至少需要新造补充的车辆约 1370 辆（节）。

② 保有车辆中每年需要更新车轮的列车数量。根据上述的铁路客运列车车辆的车轮使用年限以 10 年计算，粗略统计，列车保有量的 1/10，即约 4100 辆（节）的车轮需要每年更新。

4）铁路机车新造数量及更新量。

① 据统计，至 2018 年年中，我国普通铁路货、客运机车的保有量约 21000 台，以机车设计寿命 20 年计，粗略计算，每年至少需要新造补充机车 1050 台。

② 保有机车中每年需要更新车轮的机车数量。根据上述说明的铁路机车的车轮使用年限为 6 年计算，粗略统计，保有量的 1/6，即约 3500 台机车的车轮需要每年更新。

5）城市地铁和轻轨列车每年新增和更新的数量。

① 每年新增城市地铁和轻轨列车数量。截至 2019 年 1 月，我国内地城市（含香港）轨道交通拥有运营地铁或轻轨列车共计约 5946 列，每列地铁或轻轨列车一般编组 4~8 节车厢，折合约 37060 辆（节）；根据各地上报的建设规划，到 2025 年新增运营地铁或轻轨列车 3240 列，平均每年新增 2780 辆（节），合计折合车辆约为 19460 辆（节）；届时，共计车辆将超过 56520 辆（节）。以城轨车辆设计寿命 30 年计，每年需要新造补充的车辆折合约 1884 辆（节）。

② 保有的城市地铁和轻轨列车中每年需要更新车轮的数量。根据上述的理论计算，城市地铁和轻轨列车的车轮报废使用年限不超过 10 年，保有量的 1/10，即约 5652 辆（节）的车轮需要每年更新。

6）国内其他轨道运输车。国内工矿企业的轨道运输用车车轮数量较难统计，我国冶金工厂的轨道运输车辆、大型矿山用轨道运输车辆都是采用标准的铁路车轮，车辆数量保守统计约 120000 辆（节）；小型运输车和起重机的车轮多采用非标准的铸造车轮，少数采用辗钢整体车轮，工矿企业的轨道用车车轮可参照我国铁路车轮制造厂的实际供货量进行统计。

（2）国内铁路列车及城轨列车的车轮需求统计

铁路列车每节车厢装配2组转向架，每组转向架2组轮对，每组轮对1根车轴、2片车轮，即每节车厢装配8个车轮，按照铁路列车及城轨列车的新增和保有数量统计，以下粗略地计算每年铁路车轮的市场需求量。

1）高铁动车组列车车轮的需求量。每年新增高铁动车组列车300列折合2808辆（节），需求车轮22464片/a。新造补充200列折合1936辆（节），需求车轮15488片/a。保有车辆中约2299列折合21584辆（节），每年需求更新车轮约172672片/a。

2）普通铁路货运列车车轮的需求量。每年平均需要新造补充的车辆约39950辆（节），需求车轮319600片/a。保有车辆中约79900辆（节）每年需要更新车轮，共约639200片/a。

3）普通铁路客运列车车轮的需求量。每年至少需要新造补充车辆约1370辆（节），需求车轮10960片/a。保有车辆中约4100辆（节）每年需要更新车轮，共约32798片/a。

4）铁路机车车轮的需求量。以和谐型机车（HXD型）作为代表产品，每台机车装配8根轴16片车轮，以上述计算的每年新造补充机车约1050台，约需车轮16800片/a。保有机车中约3500台每年需要更新车轮约56000片/a。

5）城市地铁和轻轨列车车辆车轮的需求量。每年新增城轨列车2780辆（节），需求车轮22240片/a。每年新造补充约1884辆（节），需要新增车轮15072片/a。保有列车中约5652辆（节）每年需要更新车轮约45216片/a。

6）国内工矿用和其他轨道运输车轮的需求量。以国内车轮制造厂历年提供给工矿企业的供货量计算，每年约200000片/a。

（3）国际出口铁路列车和城轨列车的车轮需求量分析

2015~2018年，中国几个车轮制造厂每年的铁路车轮出口达160000片/a之多，城轨列车车轮出口约17000片/a。

（4）铁路车轮市场需求的分析汇总

综上所述，以铁路客、货运输及城轨客运的统计和计算来分析，我国铁路车轮的市场需求约1745510片/a。中国铁路车轮市场需求数量分析汇总见表3-2。

**表3-2 铁路车轮市场需求分析汇总**

| 序号 | 项 目 | 列车数量 | | 每节车辆车轮数量 | 年需求车轮数量 | 备注 |
|---|---|---|---|---|---|---|
| | | 列 | 辆（节） | 片 | 片/a | |
| 1 | 高铁动车组车轮 | | | | | |
| 1.1 | 新增车辆车轮 | 300 | 2808 | 8 | 22464 | 短编标准组列车占比83%，重联列车占比17% |
| 1.2 | 更新车辆车轮 | 200 | 1936 | 8 | 15488 | |
| 1.3 | 维修车辆更换车轮 | 2299 | 21584 | 8 | 172672 | |
| 小 计 | | | | | 210624 | |

续表 3-2

| 序号 | 项　目 | 列车数量 | | 每节车辆车轮数量 | 年需求车轮数量 | 备注 |
|---|---|---|---|---|---|---|
| | | 列 | 辆（节） | 片 | 片/a | |
| 2 | 普通铁路货车车轮 | | | | | |
| 2.1 | 更新货车车辆车轮 | | 39950 | 8 | 319600 | |
| 2.2 | 维修更换货车车轮 | | 79900 | 8 | 639200 | |
| | 小　计 | | | | 958800 | |
| 3 | 普通铁路客车车轮 | | | | | |
| 3.1 | 更新客车车辆车轮 | | 1370 | 8 | 10960 | |
| 3.2 | 维修更换客车车轮 | | 4100 | 8 | 32798 | |
| | 小　计 | | | | 43759 | |
| 4 | 铁路机车车轮 | | | | | |
| 4.1 | 更新机车车轮 | | 1050 | 16 | 16800 | |
| 4.2 | 维修更换机车车轮 | | 3500 | 16 | 56000 | |
| | 小　计 | | | | 72800 | |
| | 合　计 | | | | 1285983 | |
| 5 | 城轨车辆车轮 | | | | | |
| 5.1 | 新增城轨车辆车轮 | | 2780 | 8 | 22240 | 平均每列车约6节车辆 |
| 5.2 | 更新城轨车辆车轮 | | 1884 | 8 | 15072 | |
| 5.3 | 维修更换车辆车轮 | | 5652 | 8 | 45216 | |
| | 小　计 | | | | 82528 | |
| 6 | 工矿用车轮 | | | | 200000 | |
| | 合　计 | | | | 282528 | |
| 1~6 | 合　计 | | | | 1568510 | |
| 7 | 国际出口市场 | | | | | |
| 7.1 | 生产厂自主出口车轮订单 | | | | 160000 | |
| 7.2 | 随出口机车和车辆组装的车轮 | | 2125 | 8 | 17000 | |
| | 小　计 | | | | 177000 | |
| | 总　计 | | | | 1745510 | |

分析完成了整个市场的需求情况，对铁路车轮工程项目建设的产品设计规模可以说做到了心中有数。20 世纪 90 年代中期之前，我国仅有一个铁路车轮制造厂，当时铁路车轮奇缺，严重影响了国民经济的发展，因此，从 1997~2012 年，短短几年时间，我国连续建设并投产了三个铁路车轮制造厂，其中两个厂采用的是铸钢铁路车轮生产工艺，一个厂采用的是新型的辗钢整体高速铁路车轮生产工艺，自此，我国的铁路车轮产品实现了国产自足、积极出口的崭新格局。

### 3.3.1.3 工程项目产品的规模设计

统计出铁路车轮市场的需求量之后，从铁路车轮工程项目的设计层面出发，进而可以分析短缺的数量并确定产品应有的设计规模。建设新型的辗钢整体高速铁路车轮制造厂时，工程设计的建厂规模按照小时生产率是年产 30 万片/a，这个年产量作为一套辗钢整体铁路车轮生产线的起点规模，无论从投资力度还是工厂设计、装备能力，辅助设施配套方面来说，都是优选适宜的方案。

项目的产品用途和分类为：铁路机车和车辆用车轮、轨道运输车辆用车轮。

设计产品的规格为：成品轮直径 $\phi$700～1250mm。

设计产品的年产量：300000 片/a，其中分项明细：

1）普通机车和车辆车轮 100000 片/a；

2）高铁动车组机车和车辆车轮 120000 片/a；

3）出口欧标和美标列车车轮 60000 片/a；

4）工矿用轨道车轮 20000 片/a。

## 3.3.2 产品方案设计

工程设计的计算基础依据的是产品纲领设计方案，按照规模化生产的原则，设定典型代表产品，以代表产品分类、分工序计算各项参数。年产 30 万片/a 辗钢整体铁路车轮的设计生产纲领计算见表 3-3，表中包括原料钢号、产品规格、产量比例、分项产量、原料汇总等子项内容。

**表 3-3 产品纲领设计方案**

| 序号 | 产品用途种类 | 代表 | 主要规格 | 车轮单重 | 成品年产量 | 分项产量 | 成品折合吨位 | 原料需求量 | 产量比例 |
|---|---|---|---|---|---|---|---|---|---|
| | | 钢号 | mm | kg/片 | 片/a | 片/a | t/a | t/a | % |
| 1 | 普通机车、车辆车轮 | CL60 | $\phi$840 | 317 | 100000 | 65000 | 20604 | 60895 | 33.3 |
| | | CL70 | $\phi$915 | 386 | | 30000 | 11580 | | |
| | | CL60 | $\phi$1050～1250 | 511～785 | | 5000 | 3241 | | |
| 2 | 高铁动车组车轮 | R7 | $\phi$890 | 355 | 120000 | 36000 | 12780 | 73195 | 40.0 |
| | | R8 | $\phi$915 | 350 | | 48000 | 16801 | | |
| | | R9 | $\phi$920 | 375 | | 36000 | 13499 | | |
| 3 | 出口车轮 | R7、R8、R9、AAR-B 和 C | $\phi$920 | 315 | 60000 | 24000 | 7561 | 37530 | 20.0 |
| | | | $\phi$710 | 245 | | 12000 | 2940 | | |
| | | | $\phi$920 | 463 | | 24000 | 11112 | | |
| 4 | 工矿和其他用途车轮 | 60 | $\phi$1000 | 1000 | 20000 | 10000 | 10000 | 26080 | 6.7 |
| | | 18CrNiMo7-6 | $\phi$978 | 510 | | 10000 | 5100 | | |
| 合计 | | | | | 300000 | | 115220 | 197700 | 100 |

现行的铁路车轮产品国家标准及化学成分见表 1-1、表 2-4、表 2-5。辗钢整体铁路车轮的力学性能见表 2-2 和表 2-3。

在新的产品生产纲领表 3-3 的指导下，各加工工序需要分别计算出金属消耗和金属平衡量，统计出生产上金属采购的需求量。金属采购需求量应根据生产中的数据积累不断地进行修正，得出最终的生产原料实际需求。

各工序的金属材料消耗汇总计算见表 3-4，本章中各个装备的计算均依据此表，表中计算的成品重量约 115220t/a，原料采购总重量约 197700t/a。

表 3-4 各工序金属材料消耗计算

| 序号 | 种类 | 代表 | 主要规格 | 年产成品车轮 | 原料分类 | 分项年产成品量 | 成品单重 | 年外购量 | 年切割量 | | 不平衡系数 | 年加热量 | | 锻轧量 | | 热处理量 | | 加工量 | | 质检量 | | 抽捡量 | 包装成品 | |
|---|---|---|---|---|---|---|---|---|---|---|---|---|---|---|---|---|---|---|---|---|---|---|---|---|
| | | 钢号 | | 片/a | | 片/a | kg/片 | t/a | t/a | 片/a | % | t/a | 片/a | t/a | 片/a | t/a | 片/a | t/a | 片/a | t/a | 片/a | % | t/a | 片/a |
| 1 | 机车车辆车轮 | CL60 | ϕ840 | 65000 | 模铸固锭 | 26000 | 317 | 15489 | 13153 | 27300 | 5 | 13087 | 27164 | 12432 | 27028 | 9927 | 26663 | 9570 | 26396 | 8326 | 26264 | 0. 50 | 8242 | 26000 |
| | | | | | 连铸圆坯 | 39000 | 317 | 20222 | 19729 | 40950 | 5 | 19630 | 40745 | 18649 | 40542 | 14891 | 39994 | 14355 | 39594 | 12489 | 39396 | 0. 50 | 12363 | 39000 |
| | | CL70 | ϕ915 | 30000 | 模铸固锭 | 12000 | 386 | 8364 | 7395 | 12600 | 5 | 7358 | 12537 | 6990 | 12474 | 5581 | 12306 | 5380 | 12183 | 4681 | 12122 | 0. 50 | 4632 | 12000 |
| | | | | | 连铸圆坯 | 18000 | 386 | 11331 | 11092 | 18900 | 5 | 11037 | 18806 | 10485 | 18711 | 8372 | 18459 | 8071 | 18274 | 7021 | 18183 | 0. 50 | 6948 | 18000 |
| | | CL60 | ϕ1050 | 2500 | 模铸圆锭 | 1000 | 511 | 929 | 811 | 1050 | 5 | 807 | 1045 | 767 | 1040 | 612 | 1025 | 590 | 1015 | 514 | 1010 | 0. 50 | 511 | 1000 |
| | | | | | 连铸圆坯 | 1500 | 511 | 1241 | 1217 | 1575 | 5 | 1211 | 1567 | 1151 | 1559 | 919 | 1538 | 886 | 1523 | 771 | 1515 | 0. 50 | 767 | 1500 |
| | | CL60 | ϕ1250 | 2500 | 模铸圆锭 | 1000 | 785 | 1414 | 1250 | 1050 | 5 | 1244 | 1045 | 1181 | 1040 | 943 | 1025 | 909 | 1015 | 791 | 1010 | 0. 50 | 785 | 1000 |
| | | | | | 连铸圆坯 | 1500 | 785 | 1904 | 1878 | 1575 | 5 | 1869 | 1567 | 1775 | 1559 | 1418 | 1538 | 1366 | 1523 | 1189 | 1515 | 0. 50 | 1178 | 1500 |
| 2 | 高铁动车组车轮 | R7 | ϕ890 | 36000 | 模铸圆锭 | 14400 | 355 | 9296 | 8146 | 15120 | 5 | 8105 | 15044 | 7700 | 14969 | 6149 | 14767 | 5927 | 14619 | 5157 | 14546 | 0. 50 | 5112 | 14400 |
| | | | | | 连铸圆坯 | 21600 | 355 | 12538 | 12219 | 22680 | 5 | 12158 | 22567 | 11550 | 22454 | 9223 | 22151 | 8891 | 21929 | 7735 | 21819 | 0. 50 | 7668 | 21600 |
| | | R8 | ϕ915 | 48000 | 模铸圆锭 | 19200 | 350 | 11907 | 10711 | 20160 | 5 | 10657 | 20059 | 10124 | 19959 | 8084 | 19689 | 7793 | 19493 | 6780 | 19395 | 0. 50 | 6720 | 19200 |
| | | | | | 连铸圆坯 | 2880 | 350 | 16480 | 16066 | 30240 | 5 | 15986 | 30089 | 15186 | 29938 | 12126 | 29534 | 11690 | 29239 | 10170 | 29093 | 0. 50 | 10080 | 28800 |
| | | R9 | ϕ920 | 36000 | 模铸圆锭 | 14400 | 375 | 9755 | 8611 | 15120 | 5 | 8568 | 15044 | 8140 | 14969 | 6500 | 14767 | 6266 | 14619 | 5451 | 14546 | 0. 50 | 5400 | 14400 |
| | | | | | 连铸圆坯 | 21600 | 375 | 13220 | 12917 | 22680 | 5 | 12852 | 22567 | 12210 | 22454 | 9749 | 22151 | 9398 | 21929 | 8177 | 21819 | 0. 50 | 8100 | 21600 |
| 3 | 出口车轮 | R7、R8、R9 AAR-B 和 C | ϕ920 | 24000 | 模铸圆锭 | 9600 | 315 | 5627 | 4827 | 10080 | 5 | 4803 | 10030 | 4563 | 9979 | 3644 | 9845 | 3512 | 9746 | 3056 | 9698 | 0. 50 | 3024 | 9600 |
| | | | | | 连铸圆坯 | 14400 | 315 | 7438 | 7256 | 15120 | 5 | 7220 | 15044 | 6859 | 14969 | 5477 | 14767 | 5280 | 14619 | 4593 | 14546 | 0. 50 | 4536 | 14400 |
| | | | ϕ710 | 12000 | 模铸圆锭 | 4800 | 245 | 2294 | 1885 | 5040 | 5 | 1875 | 5015 | 1782 | 4990 | 1423 | 4922 | 1371 | 4873 | 1193 | 4849 | 0. 50 | 1176 | 4800 |
| | | | | | 连铸圆坯 | 7200 | 245 | 2904 | 2820 | 7560 | 5 | 2806 | 7522 | 2665 | 7485 | 2128 | 7384 | 2052 | 7310 | 1785 | 7273 | 0. 50 | 1764 | 7200 |
| | | | ϕ920 | 24000 | 模铸圆锭 | 9600 | 463 | 8390 | 7086 | 10080 | 5 | 7051 | 10030 | 6698 | 9979 | 5349 | 9845 | 5156 | 9746 | 4486 | 9698 | 0. 50 | 4445 | 9600 |
| | | | | | 连铸圆坯 | 14400 | 463 | 10876 | 10630 | 15120 | 5 | 10577 | 15044 | 10048 | 14969 | 8023 | 14767 | 7734 | 14619 | 6729 | 14546 | 0. 50 | 6667 | 14400 |
| 4 | 工矿和其他车轮 | 60 | ϕ1000 | 10000 | 模铸圆锭 | 4000 | 1000 | 7539 | 6382 | 4200 | 5 | 6350 | 4179 | 6033 | 4158 | 4817 | 4102 | 4644 | 4061 | 4040 | 4041 | 0. 50 | 4000 | 4000 |
| | | | | | 连铸圆坯 | 6000 | 1000 | 9801 | 9573 | 6300 | 5 | 9525 | 6269 | 9049 | 6327 | 7226 | 6153 | 6966 | 6091 | 6060 | 6061 | 0. 50 | 6000 | 6000 |
| | | 18CrNiMo7-6 | ϕ978 | 10000 | 模铸圆锭 | 4000 | 510 | 3691 | 3250 | 4200 | 5 | 3234 | 4179 | 3072 | 4158 | 2453 | 4102 | 2365 | 4061 | 2057 | 4041 | 0. 50 | 2040 | 4000 |
| | | | | | 连铸圆坯 | 6000 | 510 | 5046 | 4875 | 6300 | 5 | 4851 | 6269 | 4608 | 6327 | 3680 | 6153 | 3547 | 6091 | 3086 | 6061 | 0. 50 | 3060 | 6000 |
| 合计 | | | | 300000 | 模铸圆锭 | | | 197700 | 183780 | 315000 | | | | | | | | | | | | | 115220 | 300000 |
| | | | | | 连铸圆坯 | | | | | | | | | | | | | | | | | | | |

## 3.3.3 现代化铁路车轮生产的工艺设计

### 3.3.3.1 工艺设计选择的特点

世界各国对于辗钢整体铁路车轮生产工艺的选择和设计不尽相同，第 2 章回顾和叙述了我国多年前的工艺设计基础方案和内容，在现代化的发展过程中，我国的工业设计也产生了质的飞跃。近年来，我国自行设计和建设的现代化铁路车轮制造厂，集智能型、程序控制型、无人值守型等理念于一体，实现了真正意义上的全自动集成生产线设计。在选取和应用创新工艺和创新技术上，尽可能将国内和国际先进的技术集中体现在工程设计中，本章通过一个设计案例，讲述现代化机械加工制造业的工程设计全过程。

辗钢整体铁路车轮制造厂的设计是现代化机械加工制造业工程设计的典型体现，集中了多项创新工艺设计理念和技术，包括：

1）改革工艺流程，摒弃影响产品质量的工艺路线，注重细节，引入当代新技术。

2）从原料到成品采用网络信息化管理，工艺生产装备随机带有自动贴标、自动扫描系统，带有智能控制和信息管理接口，产品信息全程跟踪并储存。

3）采用大直径高速圆盘冷锯机组切割钢坯，装备具有钢坯自测定尺、自测重量，实现窄缝、快速、高效、定尺切割，上料和下料采用链板运输，带有感应控制、自动配送功能。

4）运用有限元软件建立车轮热加工模型，模拟锻压和辗轧成型作业，精准计算确定锻压力和轧制力，智能化工艺选择。

5）采用世界先进的车轮液压模型锻压机和先进的立式车轮辗环轧机装备，设备之间的联系转运采用智能型机械手，组成 3+1 联合生产线。

6）综合现有的国内生产优势，对比国外热处理装备的多项参数，选择新型的隧道式台车连续输送热处理生产线。

7）采用阵列组合控制型自动化桁架车轮淬火生产线，喷水程序自动控制。

8）采用车轮数控加工中心机组，配置多套刀具库，组成上下料、加工、翻转、再加工的全自动机加工生产线，一次完成车轮轮辋、轮缘、辐板、轮毂孔的粗精加工。

9）采用轻触提升单轨走行智能型机械手运输线，组成车轮输送、装夹全自动在线质量检测线，实现无碰撞、无损质量检测及成品包装。

10）所有工序的智能型机械手装备带有 HDMI 接口，采集视频和音频数据，像机器人一样，夹持工件翻转自如，全程 PLC 控制。

11）所有工艺装备和辅助装备都在不同角度配置视频探头，操作人员通过控制室的大屏幕观测生产现况。

12）智能型公辅设施设计，设计无人值守、信号反馈、集中巡检供电、供水等各子项公辅设施；舍弃高压水塔传统设计观念，采用瞬时切换系统保证设备的安全供水。

13）生产线采用网络信息化管理，执行系统做到合同管理、作业计划、质量管理、产品实绩与物料跟踪管理、库存管理、设备明细管理、生产统计管理、打印报表全覆盖，整个生产过程实现高度精细化和智能化的控制管理。

14）设计环保节能暖通系统，充分利用工业炉的烟气余热，采用溴化锂技术，建立完善的工业化空调系统，为生产厂房、办公楼、生活设施冬季送热风、夏季送冷风，实现节能减排的废气综合利用。

15）工业厂房设计中，设计近零能耗建筑，车间厂房的保温墙面和屋面装有宽体纵向通长采光带，充分利用日光照明，白天室内无需开灯，节约能源。

16）车间内综合建筑物的隔墙设计采用宽幅大玻璃材质，从走廊直视车间一览无余，立面十分美颜壮观。

17）集中设计地下管廊，避免错综复杂的综合管线到处乱挂，车间显得明净透亮，方便电缆和管网的安装和日常检修管理。

18）采用太阳能集热板建立热水系统，实现生活用水的光能利用；建立中水利用管网，保障绿色清洁用水。

19）所有的区域外线合理布置，不在通行道路上设置管井，杜绝道路填了挖、挖了填的浪费现象。

20）所有的能源和动力进出口接点设置自动计量仪表，做到自动传送和接收，实现既能随时调用数据，又能网络化成本管理。

3.3.3.2 工艺设计路线的确定

工艺流程是工厂设计的核心，20 世纪 60 年代，我国的辗钢整体铁路车轮制造工艺基本参照国外的模式，在现今的生产流程中，对车轮的锻压工序就保持了摸索和积累多年的核心生产工艺，同时又对车轮的精炼钢材、高速锯切、辗环轧制、机加工和热处理工序在流程上做了重大改变。主线工艺流程：连铸圆坯（钢锭）→快速切割→加热→高压水除鳞→液压模锻锻压→立式辗轧→热处理（过去在机加工后）→机加工→无损在线质量检测→成品包装。通过图 3-1 描述辗钢整体铁路车轮制造的整个新的工艺流程，简述如下。

1）原料准备。电炉或转炉炼钢、炉后精炼、连铸圆坯或浇铸圆锭，通过铁路或汽车运送到车轮生产制造厂。

2）坯料准备。连铸圆坯和模铸钢锭进厂后，进行原料的取样检验，合格的原料堆存在坯料库中。用磁盘起重机将连铸坯或钢锭吊到上料辊道上，测量直径，按轮型、配重等要求自动输送至高速圆盘冷锯机床。机床根据定尺装置的数据自动切割，切后的钢坯料段进行称重，逐块编号，用电脑生成信息管理编号，打印标签后自动贴在坯料段上。由计算机信息化系统对坯料标签自动扫描、记录，并上传至管理系统。

3）钢坯加热。坯料采用辊道输送至环形炉前等待入炉加热。热加工生产线全部采用智能型机械手上下料和坯料转运。

坯料加热的环形炉前装料机械手从运料小车上（或辊道）夹起钢坯，送入环形加热炉中，信息数据记录每一个坯料放置的料位并实施跟踪，根据产品的合同订单和轮型型号，调取加热模式。

坯料加热达到锻压温度后，由出料机械手将钢坯料段从炉中取出，自动运料小车机构将其转运至高压水除鳞机前，等待进入高压水除鳞机构。

4）高压水除鳞。智能型机械手将坯料送入高压水除鳞机中，冲掉钢坯表面的氧化铁皮，之后取出送入锻压和辗轧工序。

5）锻压和辗轧。锻压和辗轧工序采用镦粗+成型+辗轧+压弯穿孔的 3+1 联合作业线，智能型机械手在锻压机和辗轧机之间上下料和转运，根据产品的合同订单和轮型型号，调取锻轧作业模式。

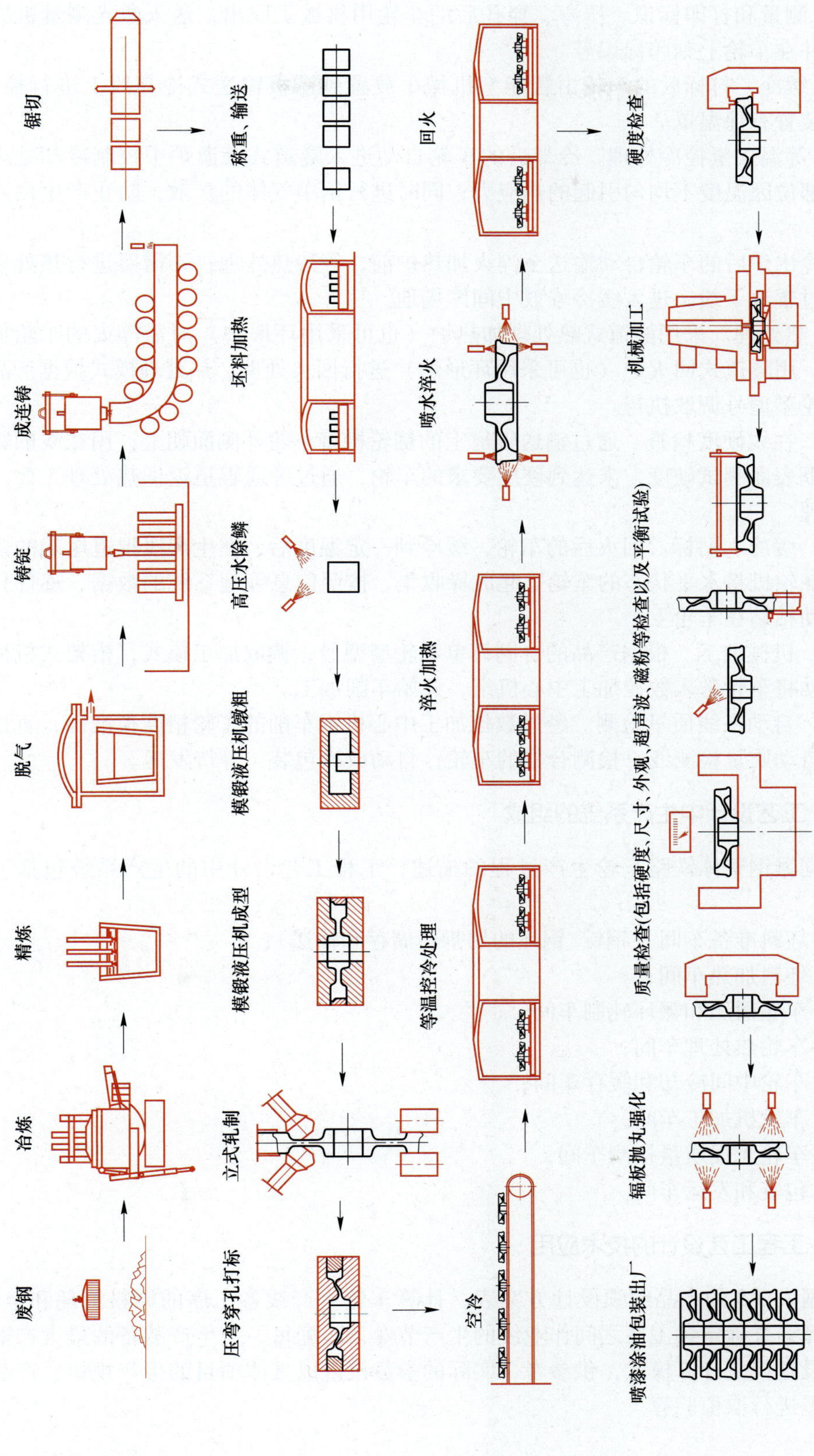


图 3-1 辗钢整体铁路车轮生产过程示意图

6）测量和打印标识。压弯、穿孔后的车轮用机械手取出，送入激光测量机进行尺寸测量，并在车轮上刻印标识号。

7）缓冷。打标后的车轮由智能型机械手放置到链板输送式冷却线上进行控制冷却，冷却线装置有保温罩。

8）等温去氢控冷处理。冷却后的车轮自动进入隧道式等温炉中控制冷却处理，消除车轮各部位因温度不均匀引起的热应力；同时进行钢中气体的扩散，防止产生白点形成内部缺陷。

控冷出炉后的车轮自动输送至淬火加热炉前，等待热处理；不需要进行热处理的非标车轮通过辊道下线，进入缓冷堆放中间库场地。

9）热处理。采用隧道式热处理加热炉（也可采用环形炉）对需淬火的车轮加热，喷水淬火。用隧道式回火炉（也可采用环形炉）进行回火处理。热处理模式根据产品的合同订单和轮型型号调取执行。

10）在线硬度检查。通过输送辊道上的翻轮机将车轮外侧面朝上，用在线的数字硬度计在轮辋表面测试硬度，未达到硬度要求的车轮，通过旁通辊道返回热处理工序，重新进行热处理。

11）缓冷、贴标。回火后的车轮，缓冷到一定温度后，在生产线辊道尾端的落轮机处下线，翻轮机将水平状态的车轮立起成垛收集，按照信息管理系统的数据，逐件打印条形码并自动粘贴在车轮上。

12）机械加工。根据产品的合同订单和轮型型号，调取加工模式，桁架式机械手配合辊道自动将车轮送入数控加工中心机组，开始车削加工。

13）自动在线质量检测。经过数控加工中心机组车削的车轮精度很准确，直接进入无损在线自动质量检测线。检测合格的车轮，自动成垛包装，等待发运。

### 3.3.4 工艺设计中生产系统的组成

依据辗钢整体铁路车轮生产过程的描述，工程工艺设计中的生产系统包括下列组成部分：

1）坯料准备车间（钢锭/钢坯的切割、储存和输送）；

2）坯料加热车间；

3）车轮锻压和辗环轧制车间；

4）车轮热处理车间；

5）车轮中间冷却和缓存车间；

6）车轮机加工车间；

7）车轮无损质量检测车间；

8）包装和发运车间。

### 3.3.5 工程工艺设计的技术应用

根据表3-3的产品纲领设计方案表，计算车轮生产线各工序的原料消耗和金属平衡，依据计算结果确定各工序之间作业线的生产节奏，匹配每一个生产装备的最大产能。表中的参数设置仅是计算模式，供参考，实际的参数设置以具体项目的生产规模、产品规格和装备水平进行取值验算。

#### 3.3.5.1 车间起重运输机的选配设计

车间起重运输机的选配是工程工艺设计工作中的一个重要部分，所有的车间和工序都涉及起重机的选配，因此，本节首先论述在机械加工车间设计中，如何进行起重机的选型和设备数量的计算，这项内容不但能够用于车轮类的专项工程，也可以用于冶金行业机械加工的其他类型工程。

（1）起重机选用的类型

机械加工类生产车间（包括铸造、锻压、机加工等）的起重机选配设计，经常选用的类型有双梁桥式起重机、单梁桥式起重机、悬挂单梁起重机、门式和半门式起重机、壁行式起重机、固定柱悬臂式起重机以及电动葫芦等几种主要类型的起重机，具体选择用哪一种起重机，需要根据生产车间的使用条件来确定。起重机的类型很多，设计经常选用的起重机设备实例图如图 3-2~图 3-9 所示。

图 3-2 双梁桥式起重机

图 3-3 单梁桥式起重机

图 3-4 悬挂单梁起重机

图 3-5 门式起重机

图 3-6 半门式起重机

图 3-7 壁行式起重机

图 3-8 固定柱悬臂式起重机

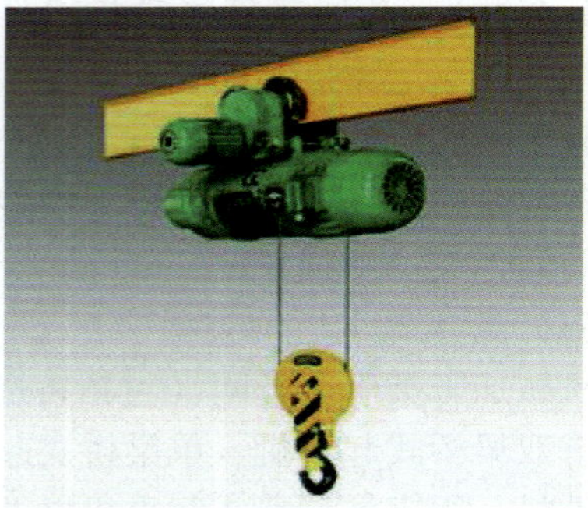

图 3-9 电动葫芦

(2) 起重机的选用计算

为了使本书的表述规范化，书中起重机设计的选用参数均来自《起重机设计规范》。工程设计中，起重机的选定对厂房的安全设计尤为重要。设计人员工作中往往按照起重机的产品样本进行选型和计算，实际上每个起重机制造厂的材质选用、安全系数范围都不尽一致，由于起重机选配与厂房设计紧密相连，一旦忽略细节，建设完工后的厂房倾斜事故会偶有出现，因此，不能单凭样本进行设计，要根据起重机设备中标企业的真实反馈资料进行设计。特别值得注意的是要以国内重点和标杆企业出具的技术参数作为设计依据，这些企业的数据虽然略有保守但很可靠，生产厂房是百年大计的资产，不可轻视和掉以轻心。

在大型锻造车间、铸造车间设计选用起重机时，应遵循国家的强制性规定，选择专业厂家制造的专用起重机。铁路车轮生产车间是连续性作业，产品生产过程中工件不落线，不需要起重机进行中间吊运，因此，可以按照机械加工类型的车间选择起重机设备。

1）设计选用代号和含义。根据《起重机设计规范（GB/T 3811）》，起重机的统一代号和含义如下：

① 起重机整机的工作级别 A1～A8；

② 起重机总工作循环数 $C_T$；

③ 起重机荷重状态的级别 Q1～Q4；

④ 起重机的使用等级 U0～U9；

⑤ 起重机的荷重谱系数 $K_p$。

2）起重机的工作级别和最大载荷。选择起重机首先需要考虑的是起重机整机的工作级别，即由起重机使用等级和起重机载荷状态因素决定。

起重机的使用等级表明其工作的繁忙程度，即循环总数决定，计算方式为：预计使用年数×年工作天数×工作天数内循环起吊次数。

根据中国机械工程协会《起重设备维修问答》的说明：起重机设备的设计寿命一般为30 年。工程设计实践中，工业用起重机的使用寿命在设备订货时都编制了订货要求：冶金行业使用起重机的预期折旧一般要求为 20 年，机械行业的预期折旧一般要求为 12 年。

起重机在期限内所有工作循环数总和表示其设计预期寿命，一个工作循环是指从起吊一个荷重开始到实施下一个起吊作业为止，包括运行及正常的停歇在内的一个完整的过程。

将起重机总的工作循环数 $C_T$ 划分为 10 个级别，用 U0，U1，U2，…，U9 表示，见表 3-5。

**表 3-5 起重机的使用等级与循环数关系**

| 使用等级 | 总的工作循环数 | 起重机使用频繁情况 |
|---|---|---|
| U0 | $C_T \leqslant 1.60\times10^4$ | 无规律的不经常使用 |
| U1 | $1.60\times10^4 < C_T \leqslant 3.20\times10^4$ | |
| U2 | $3.20\times10^4 < C_T \leqslant 6.30\times10^4$ | |
| U3 | $6.30\times10^4 < C_T \leqslant 1.25\times10^5$ | |
| U4 | $1.25\times10^5 < C_T \leqslant 2.50\times10^5$ | 有规律的较轻闲使用 |
| U5 | $2.50\times10^5 < C_T \leqslant 5.00\times10^5$ | 有规律的中等使用 |
| U6 | $5.00\times10^5 < C_T \leqslant 1.00\times10^6$ | 无规律的较繁忙使用 |
| U7 | $1.00\times10^6 < C_T \leqslant 2.00\times10^6$ | 繁忙使用 |
| U8 | $2.00\times10^6 < C_T \leqslant 4.00\times10^6$ | 很繁忙使用 |
| U9 | $4.00\times10^6 < C_T$ | |

起重机的载荷状态级别表明其能够起吊物体的轻重，即操作中被吊起物体的有效荷重加上滑轮组、吊钩、起重横梁、抓斗等吊具的总重量，用 $G_n$ 表示。

起重机的安全工作载荷指起重机能够有限制地、安全地起吊物体的重量。工作荷载有时超载，一般的安全工作载荷比为 1.2∶1，即起吊 10t 物体的起重机载荷，设计选用时要在此值基础上保证增加 20% 的安全系数。起重机的载荷状态与载荷谱系数关系见表 3-6，用 Q1～Q4 表示。

**表 3-6 起重机的载荷状态与载荷谱系数关系**

| 载荷状态级别 | 载荷谱系数 $K_p$ | 使用说明 |
|---|---|---|
| Q1 | $0.000 < K_p \leqslant 0.125$ | 极少起吊安全工作荷重，一般起吊较轻荷重 |
| Q2 | $0.125 < K_p \leqslant 0.250$ | 较少起吊安全工作荷重，一般起吊中等荷重 |
| Q3 | $0.250 < K_p \leqslant 0.500$ | 有时起吊安全工作荷重，一般起吊较重荷重 |
| Q4 | $0.500 < K_p \leqslant 1.000$ | 有规律地经常起吊接近安全工作荷重的重荷重 |

起重机的工作级别划分为 A1～A8（即工作制度）共 8 个级别，载荷状态、使用等级、工作级别关系见表 3-7。

**表 3-7 起重机整机工作级别表**

| 载荷状态 | 载荷谱系数 $K_P$ | 使用等级 | | | | | | | | | |
|---|---|---|---|---|---|---|---|---|---|---|---|
| | | U0 | U1 | U2 | U3 | U4 | U5 | U6 | U7 | U8 | U9 |
| Q1 | $0.000 < K_p \leqslant 0.125$ | A1 | A1 | A1 | A2 | A3 | A4 | A5 | A6 | A7 | A8 |
| Q2 | $0.125 < K_p \leqslant 0.250$ | A1 | A1 | A2 | A3 | A4 | A5 | A6 | A7 | A8 | A8 |

续表 3-7

| 载荷状态 | 载荷谱系数 $K_P$ | 使用等级 | | | | | | | | | |
|---|---|---|---|---|---|---|---|---|---|---|---|
| | | U0 | U1 | U2 | U3 | U4 | U5 | U6 | U7 | U8 | U9 |
| Q3 | $0.250<K_p\leqslant 0.500$ | A1 | A2 | A3 | A4 | A5 | A6 | A7 | A8 | A8 | A8 |
| Q4 | $0.500<K_p\leqslant 1.000$ | A2 | A3 | A4 | A5 | A6 | A7 | A8 | A8 | A8 | A8 |

选择起重机除了要考虑起吊工件重量、使用等级、载荷谱系数、工作循环数外，还要考虑对厂房造价的影响等经济指标。设计中每提高一个起重机的工作级别就会使厂房的造价增加一个数量级，因此，在保证安全系数的前提下，土建专业使用专用计算软件程序对厂房及地基所承担的荷重进行仔细验算，并反馈给工程工艺设计人员核定后，才能最终确定起重机的选配。

3）起重机规范标识。起重机订货绘图标识：起重量（t）= $G_n$，跨度（m）= $S$，工作级别 =A，轨面标高（m）= $H$。

设备订货时，要编制起重机订货要求的技术附件，在附件中应注明起重机设备的全称、所在跨间、运行区间、起重量、起重机跨度（或者梁长）、工作制度、吊钩起升高度（起升高度需要加上地坑深度）、起重机车轮行走轨道的轨面标高、吊钩距厂房轴线极限间距、小车最高点距起重机轨面高度、缓冲器高度、轨道型号、操作方式（驾驶室操作、地面线缆操作或遥控操作）、驾驶室位置和进入方式、驾驶室底面距轨面尺寸、滑触线方位和种类、攀爬起重机梯子所在轴线和所在柱间以及转台踏步形式、起升和运行速度限制和水平推力、工艺设备距离地坪的最高点、操作环境，采用淬火起重机/铸造起重机/锻造专用起重机时必须对照核准国家规范标明的重点和特殊内容。起重机订货标识的剖面如图 3-10 所示，所有的标识符号都要与起重机样本对应。

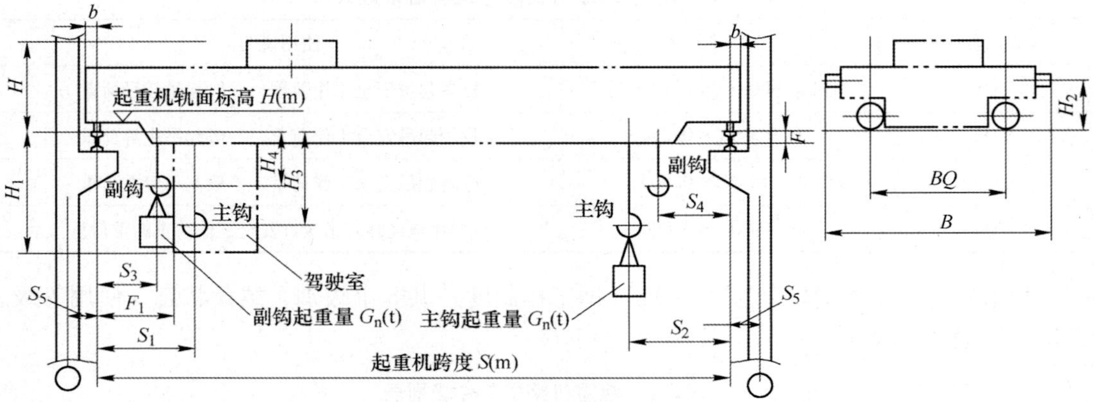


图 3-10　起重机订货标识示意图

4）起重机的额定载荷和数量计算公式。

① 额定载荷：

$$G_n = (G_1 + G_2 + \cdots) \times k_A \tag{3-6}$$

式中 $G_n$——起重机额定载荷，t；

$G_1$——起吊工件重量，t；

$G_2$——起重机吊具重量，t；

$k_A$——安全工作载荷系数，1.2。

② 工作级别。从表3-5中选择起重机使用等级U，从表3-6中选择载荷状态级别Q，之后从表3-7中查出起重机整机工作级别A。

③ 起重机的数量计算。起重机数量的计算，需要设定操作运行时间、每班工件吊运的数量、走行距离等，然后计算设备的数量和生产负荷率。计算方法的公式汇总见表3-8。

**表3-8 起重机计算方法运用**

| 序号 | 项目 | 公式符号 | 计算方法 | 序号 | 项目 | 公式符号 | 计算方法 |
|---|---|---|---|---|---|---|---|
| 1 | 每班生产工件数量 | $n$ | 年吊运数量/工作天数/工作班制 | 8 | 每班实际工作时间 | $S_t$ | 以工作分钟计 |
| | | | | 9 | 起重机开动系数 | $K_p$ | 规范 |
| 2 | 起吊次数 | $a$ | 实践计算 | 10 | 时间利用率 | $K_s$ | 起重机年时基数公称损失系数 |
| 3 | 往返次数 | $T_i$ | 实践计算 | 11 | 计算台数 | $N_c$ | $((n \times a \times T_i)/(K_s \times S_t \times K_p)) \times (L/V + T_n + T_p)$ |
| 4 | 平均走行距离 | $L$ | 起重机运料路程 | | | | |
| 5 | 速度 | $V$ | 查询起重机设备样本 | 12 | 选用台数 | 台 | 设计选择 |
| 6 | 装货时间 | $T_n$ | 实践统计 | 13 | 吊车的工作计算负荷 | % | 计算台数/设计选择 |
| 7 | 卸货时间 | $T_p$ | 实践统计 | 14 | 工作制度 | A | 查询起重机整机工作级别表 |

起重机选配数量计算公式：

$$N = ((n \times a \times T_i)/(K_s \times S_t \times K_p)) \times (L/V + T_n + T_p) \quad (3\text{-}7)$$

式中 $N$——起重机计算数量，台；

$n$——每班工件吊运数量，件；

$a$——每件物料所需起重机操作的平均次数；

$T_i$——往返次数；

$K_s$——公称时间损失系数，A6~A7级为0.85~0.7；

$S_t$——每班工作时间，8h；

$K_p$——起重机正常开动系数，剔除起重机正常检修之外实际工作时间的0.97；

$L$——起重机单次运行的距离，m；

$V$——起重机平均运行速度，m/min；

$T_n$——单次装货时间，min；

$T_p$——单次卸货时间，min。

5）起重机工作级别。双梁桥式起重机常用A6和A5两个级别，单梁桥式起重机和悬挂单梁起重机多采用A4和A3两个级别，特殊重载和专用的起重机多为A8和A7两个级别。选择起重机时要严格按照规范对应适用的级别，一般工程常用的桥式和门式起重机整机工作级别推荐见表3-9，仅供参考。

**表 3-9 一般工程桥式和门式起重机整机工作级别参考**

| 序号 | 起重机的类型 | 起重机的工作条件 | 使用等级 | 载荷状态 | 整机工作级别 |
|---|---|---|---|---|---|
| 1 | 人力驱动的起重机（含手动葫芦起重机） | | U2 | Q1 | A1 |
| 2 | 车间装配用起重机 | | U3 | Q2 | A3 |
| 3 | 电站用起重机 | | U2 | Q2 | A2 |
| 4 | 维修用起重机 | | U2 | Q3 | A3 |
| 5 | 车间用起重机（含车间用电葫芦起重机） | 经常轻载使用 | U3 | Q1 | A2 |
| 6 | 车间用起重机（含车间用电葫芦起重机） | 经常轻载使用 | U3 | Q2 | A3 |
| 7 | 车间用起重机（含车间用电葫芦起重机） | 繁忙使用 | U4 | Q2 | A4 |
| 8 | 货场用起重机（含货场电葫芦起重机） | 吊钩式，经常轻载使用 | U4 | Q1 | A3 |
| 9 | 货场用起重机 | 抓斗或电磁盘，繁忙使用 | U5 | Q3 | A6 |
| 10 | 废料场起重机 | 吊钩式，经常轻载使用 | U4 | Q1 | A3 |
| 11 | 废料场起重机 | 抓斗或电磁盘，经常中等使用 | U5 | Q3 | A6 |
| 12 | 换轧辊起重机 | 经常使用 | U3 | Q1 | A2 |
| 13 | 铸造起重机 | 繁忙使用 | U6 | Q3 | A7 |
| 14 | 冶金流程线上专用起重机 | 繁忙使用 | U7 | Q3 | A8 |
| 15 | 冶金流程线外起重机 | 较繁忙使用 | U6 | Q2 | A6 |
| 16 | 造型车间用起重机 | 较繁忙使用 | U4 | Q3 | A5 |
| 17 | 锻造起重机 | 繁忙使用 | U6 | Q3 | A7 |
| 18 | 淬火起重机 | 较繁忙使用 | U5 | Q3 | A6 |

### 3.3.5.2 原料准备工序的工艺设计和设备选择

(1) 原料的切割工艺、储存和吊运

1) 切割工艺简述。与 20 世纪的辗钢整体铁路车轮生产坯料准备方式相比，现在的钢锭和钢坯切割再也不用采取笨重的刀具先切割锯缝，再用劈刀折断的落后方法了，伴随国外高速锯切设备的引进，高速圆盘冷锯床被广泛地应用于冶金和机械行业。原料的锯切工艺，从 $\phi$10mm 的钢棒直到 1000mm 以上的方、圆钢坯锯切，都采用了高速圆盘冷锯床快速切割，如图3-11 所示。

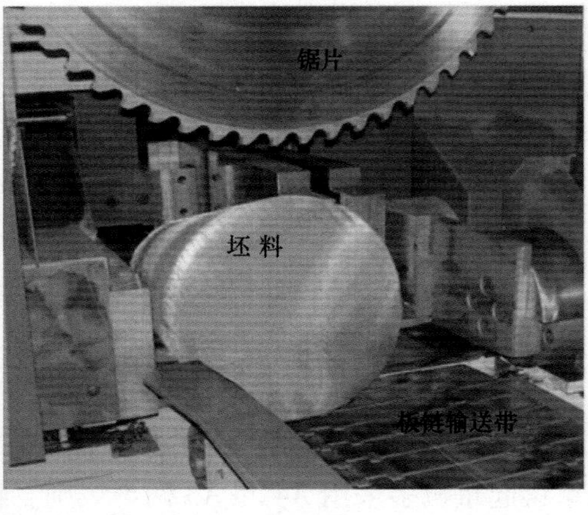

图 3-11 高速圆盘切割锯床切锭示意图

高速圆盘冷锯床根据坯料直径选配锯床的锯片，锯床的锯片很薄，生产中可以调换不同厚度的锯片，车轮原料切出来的缝隙不超过 10mm，仅这一先进设备的应用，就比旧有的原料切割车床大大地节约了金属材料。

高速圆盘冷锯床切割的断面笔直，不存在钢锭或者钢坯轴心凸起的切余，避免了后续锻压操作时造成车轮产品的褶皱和配重偏心。

连铸圆坯或模铸钢锭采用磁盘起重机从原料区域吊运到过跨的输送辊道上，转运至坯料切割车间上料区，与高速圆盘冷锯床的板链上料输送装置衔接。原料输送至设备检测位置，测量直径和重量，根据合同订单管理系统的执行指令，调用锯切工艺生产模式，按照程序进行坯料对中、轮型配重、配尺、自动定尺切割。切割后的钢坯料段在输送辊道上逐块称重、检查，合格料段自动打印编号标识，进入后续工序；暂时不进的钢坯料段，由固定柱悬臂式起重机吊出下线。

计算机信息化管理系统能够调入坯料的原始购入资料，还可以根据不同产品的生产模式自动调配切割方式，对已经执行的操作模式自动记录和存储，供今后的类似作业提供备选执行程序。在高速圆盘冷锯床的下方地下安装输送机，切头切尾和锯屑，分别落到输送链上，集中到料头和废屑收集箱中。

2）钢锭切割的金属消耗计算。采用高速圆盘冷锯床生产方式，金属消耗的统计见表3-10。表中按照拟定原料来源的60%为连铸圆坯、40%为模铸钢锭计算。

**表 3-10 切割工序金属材料消耗计算**

| 序号 | 种类 | 代表钢号 | 主要规格 | 原料分类 | 成品单重 | 年切割原料数 | 下料高度 | 设计下料直径 | 下料单重 | 锭/坯总长 | 锭重 | 年切割量 | | 切头去尾 | 废品 | |
|---|---|---|---|---|---|---|---|---|---|---|---|---|---|---|---|---|
| | | | | | kg/片 | 个/a | mm | mm | kg/片 | mm/个 | kg/个 | t/a | 片/a | t/a | t/a | 片/a |
| 1 | 普通机车车辆车轮 | CL60 | $\phi$840 | 模铸圆锭 | 317 | 6500 | 514 | 390 | 482 | 1950 | 2270 | 13153 | 27300 | 2336 | 66 | 137 |
| | | | | 连铸圆坯 | 317 | 2786 | 515 | 390 | 482 | 7375 | 6916 | 19729 | 40950 | 493 | 99 | 205 |
| | | CL70 | $\phi$915 | 模铸圆锭 | 386 | 3000 | 541 | 420 | 587 | 1999 | 2652 | 7395 | 12600 | 969 | 37 | 63 |
| | | | | 连铸圆坯 | 386 | 1500 | 541 | 420 | 587 | 6642 | 7191 | 11092 | 18900 | 239 | 55 | 95 |
| | | CL60 | $\phi$1050 | 模铸圆锭 | 511 | 333 | 665 | 435 | 773 | 2024 | 2655 | 811 | 1050 | 118 | 4 | 5 |
| | | | | 连铸圆坯 | 511 | 150 | 665 | 435 | 773 | 6800 | 7877 | 1217 | 1575 | 24 | 6 | 8 |
| | | CL60 | $\phi$1250 | 模铸圆锭 | 785 | 500 | 825 | 485 | 1190 | 1650 | 2690 | 1250 | 1050 | 164 | 6 | 5 |
| | | | | 连铸圆坯 | 785 | 250 | 825 | 485 | 1192 | 5068 | 7251 | 1878 | 1575 | 26 | 9 | 8 |
| 2 | 高铁动车组车轮 | R7 | $\phi$890 | 模铸圆锭 | 355 | 4800 | 576 | 390 | 539 | 1671 | 1846 | 8146 | 15120 | 1149 | 41 | 76 |
| | | | | 连铸圆坯 | 355 | 1800 | 576 | 390 | 539 | 7092 | 6634 | 12219 | 22680 | 318 | 61 | 113 |
| | | R8 | $\phi$915 | 模铸圆锭 | 350 | 4800 | 568 | 390 | 531 | 2133 | 2366 | 10711 | 20160 | 1197 | 54 | 101 |
| | | | | 连铸圆坯 | 350 | 2215 | 568 | 390 | 531 | 7574 | 7085 | 16066 | 30240 | 413 | 80 | 151 |
| | | R9 | $\phi$920 | 模铸圆锭 | 375 | 3600 | 525 | 420 | 570 | 1931 | 2584 | 8611 | 15120 | 1144 | 43 | 76 |
| | | | | 连铸圆坯 | 375 | 5400 | 525 | 420 | 570 | 2180 | 2329 | 12917 | 22680 | 303 | 65 | 113 |
| 3 | 出口车轮 | R7, R8, R9 AAR-B 和 C | $\phi$920 | 模铸圆锭 | 315 | 2400 | 512 | 390 | 479 | 1929 | 2234 | 4827 | 10080 | 800 | 24 | 50 |
| | | | | 连铸圆坯 | 315 | 1029 | 512 | 390 | 479 | 7348 | 6891 | 7256 | 15120 | 182 | 36 | 76 |
| | | | $\phi$710 | 模铸圆锭 | 245 | 1200 | 420 | 380 | 373 | 1598 | 1819 | 1885 | 5040 | 409 | 9 | 25 |
| | | | | 连铸圆坯 | 245 | 450 | 420 | 380 | 373 | 6930 | 6148 | 2820 | 7560 | 84 | 14 | 38 |
| | | | $\phi$920 | 模铸圆锭 | 463 | 3200 | 605 | 435 | 703 | 1747 | 2497 | 7086 | 10080 | 1304 | 35 | 50 |
| | | | | 连铸圆坯 | 463 | 1440 | 605 | 435 | 703 | 6200 | 7191 | 10630 | 15120 | 246 | 53 | 76 |

续表 3-10

| 序号 | 种类 | 代表 | 主要规格 | 原料分类 | 成品单重 | 年切割原料数 | 下料高度 | 设计下料直径 | 下料单重 | 锭/坯总长 | 锭重 | 年切割量 | | 切头去尾 | 废品 | |
|---|---|---|---|---|---|---|---|---|---|---|---|---|---|---|---|---|
| | | 钢号 | | | kg/片 | 个/a | mm | mm | kg/片 | mm/个 | kg/个 | t/a | 片/a | t/a | t/a | 片/a |
| 4 | 工矿和其他车轮 | 60<br>18CrNiMo7-6 | $\phi$1000 | 模铸圆锭 | 1000 | 2000 | 736 | 580 | 1520 | 1408 | 3590 | 6382 | 4200 | 1156 | 32 | 21 |
| | | | | 连铸圆坯 | 1000 | 3000 | 736 | 580 | 1520 | 1496 | 3108 | 9573 | 6300 | 228 | 48 | 32 |
| | | | $\phi$978 | 模铸圆锭 | 510 | 1333 | 665 | 435 | 774 | 1897 | 2637 | 3250 | 4200 | 441 | 16 | 21 |
| | | | | 连铸圆坯 | 510 | 2000 | 665 | 435 | 774 | 2065 | 2402 | 4875 | 6300 | 171 | 24 | 32 |
| 合计 | | | | | | 55686 | | | | | | 183780 | | 13915 | | |

钢铁厂在浇铸多角圆柱形钢锭时，为了脱模顺利，钢锭模的内腔设计具有一定的锥度，钢锭脱模的形状因此也具有锥度，为此，切割钢锭时料段不是等分而是需要进行配尺计算。从图 2-3～图 2-5 中可以看出，除去机床刀具切割的缝隙宽度之外，即使切割无锥度的模铸钢锭，切头去尾的占比也较大，金属消耗量的损失甚至达到 11%～19%。而连铸圆坯没有锥度，也没有浇注冒口和锭尾，按照预先设定好的各种规格的圆坯，用高速圆盘冷锯床的薄锯片进行切割，切头去尾的金属损失很少，一般不到 3. 5%。模铸钢锭坯料分段切割示意图如图 3-12 所示，连铸圆坯分段切割示意图如图 3-13 所示。

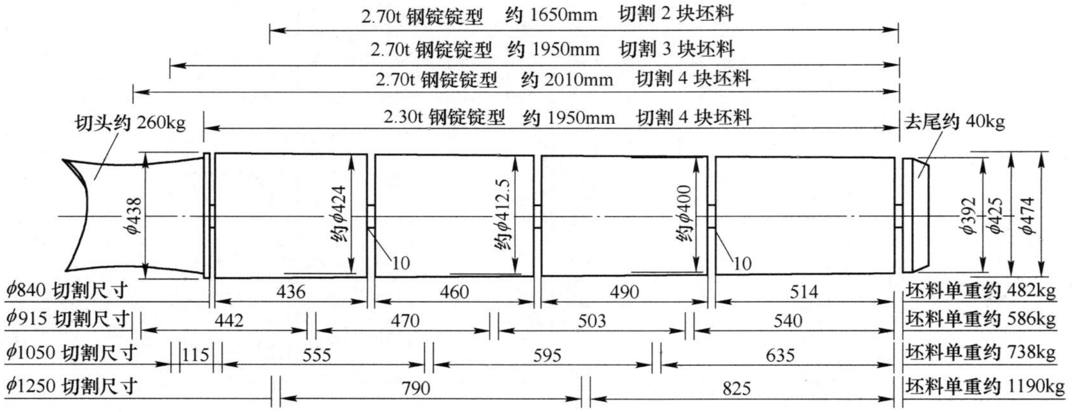


图 3-12　模铸钢锭坯料分段切割示意图

由于车轮制造厂的原料来源不同，设计时应尽量选择钢铁厂生产的常规钢锭锭型和连铸圆坯作原料。

3）废料和切屑计算。车轮坯料常用的模铸圆锭规格尺寸：直径范围 $\phi$380～580mm，长度 1300～2600mm，单支重量约 2. 0～3. 6t。

车轮坯料常用的连铸圆坯规格尺寸：直径 $\phi$380～600mm，长 2000～7300mm，单支重量约 2. 0～7. 8t。

按照计算，每个模铸钢锭切头废料为 220～260kg、切尾废料为 30～40kg，每块坯料的锯片切割间隙约 10mm，切屑 10～20kg，平均摊到单个坯料上合计约 80kg；而每个连铸圆坯切头切尾的金属废料摊到单个坯料上平均为 20kg 左右，每块坯料的锯片切割间隙也是约 10mm，切屑平均摊到单个坯料上约 10kg，合计不到 30kg；据此计算，坯料切割工序每

图 3-13 连铸圆坯切割示意图

班产生的切割锯屑约 1.2t，切头切尾约 19t。

由表 3-10 可以看出，年产 300000 片/a 的成品车轮，切割工序的合格出料量约 183780t/a，切头切尾和切屑的金属消耗量约 13015t/a。落入废料头箱和废屑箱储存的废钢是很好的冶金原料，应定期回收集中销售给钢铁厂。

4）坯料堆存场地和车间面积估算。连铸圆坯和模铸钢锭的堆存需要比较大的堆料场地。坯料应在场地按炉号分类落垛，按原料堆存天数计算库存量。目前国内的生产企业多以 15~60d 作为生产出货周期，为节约周转压库资金。本章以生产 $\phi$840mm 车轮的原料作为代表性产品，每垛堆存 3 层 6 个连铸圆坯或模铸钢锭的方式，堆占周期 15d，依据表 3-10 的金属材料计算参数，堆存场地面积的估算见表 3-11。

**表 3-11 原料库和切割坯料堆存面积计算**

| 1. 原料堆存面积 | | | | | | | | | | | | | | |
|---|---|---|---|---|---|---|---|---|---|---|---|---|---|---|
| 原料锭型 | 车轮规格 | 坯料直径 | 钢锭/圆坯长度 | 年切锭/坯数量 | 单支重量 | 日切锭/坯个数 | 每垛堆数 | 每垛堆重 | 单支占地面积 | 堆占系数 | 每垛占地面积 | 锭/坯堆存1天占地面积 | 库存天数 | 锭/坯堆存15天占地面 |
| | | mm | mm | 个/a | t/个 | 个/d | 个 | t | m² | | m² | m² | d | m² |
| 铸锭圆锭 | $\phi$840 | 390 | 2600 | 22020 | 2.3 | 73 | 6 | 13.6 | 1.01 | 1.6 | 4.9 | 95 | 15 | 1429 |
| 连铸圆坯 | $\phi$840 | 390 | 7300 | 33667 | 6.9 | 112 | 6 | 41.5 | 2.85 | 1.6 | 13.7 | 409 | 15 | 6134 |
| 合计 | | | | 55686 | | 186 | | | | | | | | 7563 |
| 2. 切割后料段占地面积 | | | | | | | | | | | | | | |
| 原料锭型 | 车轮种类 | 锭/坯切割段数 | 日切割料块数 | 日切锭/坯重量 | 料段平均长度 | 待料比例 | 单块占地面积 | 堆占系数 | 每块占地面积 | 地坪静承载力 | 汽车轮压 | 存料1天占地面积 | 库存天数 | 总占地面积 |
| | | 块/个 | 块/d | t/d | mm | % | m² | | m² | kN/m² | | m² | d | m² |
| 铸锭圆锭 | $\phi$840 | 4 | 294 | 167 | 500 | 20 | 0.61 | 1.6 | 0.98 | 45 | 82 | 58 | 2 | 115 |
| 连铸圆坯 | $\phi$840 | 14 | 1571 | 776 | 500 | 20 | 0.61 | 1.6 | 0.98 | 49 | 82 | 308 | 2 | 616 |
| 合计 | | | 1865 | | | | | | | | | | | 731 |
| 3. 原料占地面积与切割后料段占地面积合计 | | | | | | | | | | | | 设计面积 | | 8294 |

注：堆垛采取第 1 层平铺 3 根原料、第 2 层 2 根、第 3 层 1 根堆料方式。

5）原料车间地坪承载负荷估算。车间地坪是指厂房内的地面表层，为使地面不会因过载而下沉，在原始的地基垫层上要铺砌砂石混凝土或钢筋混凝土层，使其能够支撑地面堆放重物，成为地面承载力层。车轮原料堆存的车间地坪负荷很重，不采取措施会使其过于超重而使地面下沉，当超过承载的安全值，将危及厂房柱子基础的稳定，严重时会拖拽基础造成厂房倾斜事故。工程工艺专业要给出地坪静载荷计算值，见表 3-11。

表 3-11 中对原料库和切割车间堆料区域的地坪静载荷进行了计算汇总，另外附加计算了汽车进入车间对地面的轮压载荷，表中列出原料钢锭和钢坯对地面的堆载约 $50\text{kN/m}^2$，六轮的 50t 汽车进入原料厂房内时对地坪的轮压载荷约为 $80\text{kN/m}^2$，因此，土建专业设计厂房地坪时，堆料区域要按此承载力进行考虑。$50\text{kN/m}^2$ 以上的地坪需要敷设钢筋混凝土地面。

从表 3-11 的计算结果可以看出，要满足年产 300000 片/a 成品车轮的生产，原料库堆存面积、切割坯料的缓存周转面积和场地几项合计至少需要约 $8300\text{m}^2$。

（2）原料准备和切割工序的主要工艺设备选配

1）高速锯切机组。现代化的辗钢整体铁路车轮生产线的基本设计理念就是要实现生产过程的全部机械化、程序化、自动化直至智能化。车轮钢坯所用的模铸钢锭或连铸圆坯从原料库起吊开始，直至热加工过程完成，全部要求工料不落地，而且现场无人操作。坯料准备生产线配置的装备包括钢锭输送上料起吊装置、输送辊道、高速圆盘冷锯床（含自动称重、测量）、坯料下料辊道、打印贴标装置、坯料直立翻转机、锯切废料地下收集和运输装置、为整条生产线实现自动化设计的全套 PLC 电气控制和操作系统。

为配合原料和钢坯料段的上下吊运，车间内需配置固定柱悬臂式起重机、厂房桥式磁盘起重机等。

工艺设备的选配中，非常重要的就是生产率的计算。按表 3-10 的数值计算所要配置的高速圆盘冷锯床的数量和设备生产负荷率。生产设备负荷率超过 95%以上时，说明设备超负荷运转，在设计选用时就要增加设备配置数量了。

2）原料锯切生产能力。高速圆盘冷锯床的技术资料中有各项技术参数说明，切割 $\phi$500mm 直径的钢锭，锯切速率约 3min/每刀缝，将这项性能指标作为条件，代入式（2-21），公称时间损失系数 0. 85，计算锯切机床小时生产率：

$$V_{\text{h}} = \frac{\text{单位时间} \times k}{V} = \frac{60 \times 0.85}{3} = 17(\text{块}/\text{h})$$

3）高速圆盘冷锯床的数量和负荷率的计算。表 3-10 的配尺计算显示，年产车轮成品 300000 片/a，需要切割模铸钢锭 22020 支、连铸圆坯 33667 支，共计 55686 支，折合切割下来合格的车轮钢坯料段约 315000 块/a，每年 250d 工作，每天工作 8h，代入式（2-21）、式（2-2）计算选配高速圆盘冷锯床的数量和生产负荷率，公式如下：

$$N = \frac{G_{\text{n}}}{V_{\text{h}} \times h} = \frac{G_{\text{n}}}{V_{\text{h}} \times D \times 24}$$

式中　$N$——高速圆盘冷锯床的数量，台；

$G_{\text{n}}$——年需要切割轮坯料段数量，片/a；

$V_h$——锯切机床的小时生产率，块/h；

$D$——年工作天数。

计算：

$$N = \frac{315000}{17 \times 250 \times 24} \approx 3.1(台)$$

$$\frac{3.1}{4} = 0.78$$

计算结果：切割钢坯料段需要 3.1 台高速圆盘冷锯床，设计选用 4 台，设备的生产负荷率约 78%。切割机的速率视坯料直径可调，因此，选择 3 台切割机设备即可。

（3）高速圆盘冷锯床机组的设备组成和主要技术参数

高速圆盘冷锯床机组由锯床、板链式上料和下料辊道、自动称重、定尺系统、自动打印贴标装置组成，主要性能和技术参数见表 3-12。

**表 3-12 高速圆盘冷锯的主要性能和技术参数**

| 序号 | 项 目 | 单位 | 技术参数 |
|---|---|---|---|
| 1 | 锯切范围 | mm | $\phi$300~600 |
| 2 | 锯切精度 | mm | 1~2 |
| 3 | 锯切速度（$\phi$500mm 直径钢锭） | min | 3 |
| 4 | 最大承载重量 | kg | 1800 |
| 5 | 循环冷却水消耗量 | $m^3/h$ | 3 |
|  | 冷却水压力 | MPa | 0.3 |
| 6 | 冷却用压缩空气消耗量 | $m^3/min$ | 2.5 |
|  | 压缩空气压力 | MPa | 0.6 |
| 7 | 装机电容量 | kW | 182 |
| 8 | 电压 | V | 415 |
| 9 | 设备重量 | kg | 55000 |

（4）坯料的起重和运输设备

原料和切割后的料段，地面运输和堆料采用清洁能源的电瓶叉车，空间运输采用桥式磁盘起重机。

从表 3-10 中可以看出，原料中连铸圆坯和模铸钢锭的最大重量约 7.8t，最大长度约 7300mm，最大直径约 $\phi$600mm，由于连铸圆坯较长，原料库和坯料切割生产区域都选配了带有起重横梁吊具的磁盘起重机，以方便在空中的吊运。为配合锻压和辗轧工序的生产节奏，每个工作日切割模铸钢锭和连铸圆坯的数量至少为 186~220 支，每班起吊至少约 62~74 支，每小时起吊约 8~9 支。

1）选择起重机额定载荷。坯料重量考虑 8t，吊具 2t，安全工作载荷系数 1.2，代入式(3-6)，计算起重机的额定载荷：

$$G_n = (G_1 + G_2 + \cdots) \times k_A = (8 + 2) \times 1.2 = 12(t)$$

由此确定原料库和切割车间起重机的额定起重量为 12t。

2）工作级别。从表 3-5 中选择起重机使用等级为 U5，从表 3-6 中选择载荷状态级别为 Q3，从表 3-7 中查到起重机整机工作级别为 A6。

3）起重机的数量计算。坯料吊运起重机数量的计算，需要设定操作运行时间、物件运输的数量、走行距离等，代入式（3-7），计算设备数量和负荷率：

$$N = [(n \times a \times T_i)/(K_s \times S_t \times K_p)] \times (L/V + T_n + T_p)$$
$$= \{(62 \times 2 \times 1)/[0.7 \times (8 \times 60) \times 0.97]\} \times (200/85 + 2.5 + 2) \approx 2.6(\text{台})$$
$$\frac{2.6}{3} = 0.87$$

计算结果，原料库吊运起重机计算至少需要 2.6 台，设计选择 3 台，设备生产负荷率 87%。工作级别较高时，选择工作制度 A6～A7。

切割车间的起重机计算相同。两个车间的计算过程和结果汇总于表 3-13。

**表 3-13　原料库和坯料切割车间起重机设备数量和负荷率计算**

| 序号 | 项目 | 公式符号 | 计算方法 | 原料库 | 切割车间 |
|---|---|---|---|---|---|
| | | | | 12t 起重机 | 12t 起重机 |
| 1 | 每班生产工件数量 | $n$ | 年吊运数量/工作天数/工作班制 | 62 | 10 |
| 2 | 起吊次数 | $a$ | 实践计算 | 2 | 12 |
| 3 | 往返次数 | $T_i$ | 实践计算 | 1 | 1 |
| 4 | 平均走行距离 | $L$ | 起重机运料路程 | 200 | 10 |
| 5 | 速度 | $V$ | 查询起重机设备样本 | 85 | 85 |
| 6 | 装货时间 | $T_n$ | 实践统计 | 2.5 | 3 |
| 7 | 卸货时间 | $T_p$ | 实践统计 | 2 | 2 |
| 8 | 每班实际工作时间 | $S_t$ | 每班的工作分钟计 | 480 | 480 |
| 9 | 起重机开动系数 | $K_p$ | 规范 | 0.97 | 0.97 |
| 10 | 时间利用率 | $K_s$ | 起重机年时基数公称损失系数 | 0.7 | 0.7 |
| 11 | 计算台数 | $N_c$ | $[(n \times a \times T_i)/(K_s \times S_t \times K_p)] \times (L/V + T_n + T_p)$ | 2.60 | 1.88 |
| 12 | 选用台数 | 台 | 设计选择 | 3 | 2 |
| 13 | 吊车的工作计算负荷 | % | 计算台数/设计选择 | 0.87 | 0.94 |
| 14 | 工作制度 | $A$ | 查询起重机整机工作级别表 | A6 | A7 |

（5）原料库和坯料切割车间的主要工艺设备汇总

坯料切割工序包括过跨电动平车、高速圆盘切割冷锯床和输送板链、地下废料和废屑输送机、设备动力和电气控制、起重机等设备。主要工艺设备汇总见表 3-14。表中的设备序号均与附图中的件号相对应。

（6）原料库和坯料准备工序的车间工艺布置

原料库和坯料准备工序的车间工艺布置平面图如图 3-14 所示。

表 3-14 原料库和坯料切割工序主要工艺设备

| 序号 | 设备名称 | 单位 | 数量 | 设备重量/t | |
|---|---|---|---|---|---|
| | | | | 单重 | 总重 |
| 1 | 高速圆盘冷锯 | 组 | 3 | 55 | 165 |
| 2 | 上下料输送装置 | 套 | 3 | 40 | 120 |
| 3 | 钢坯测尺、条码扫描机构 | 套 | 3 | 10 | 30 |
| 4 | 地下排屑机 | 套 | 3 | 20 | 60 |
| 5 | 地下锯切废料输送机 | 套 | 3 | 5 | 15 |
| 6 | 双梁桥式磁盘起重机（原料） | 台 | 3 | 28 | 84 |
| 7 | 双梁桥式磁盘起重机（切割） | 台 | 2 | 15 | 30 |
| 8 | 固定悬臂起重机 | 台 | 3 | 7 | 21 |
| 9 | 电动平板车 | 台 | 1 | 10 | 10 |

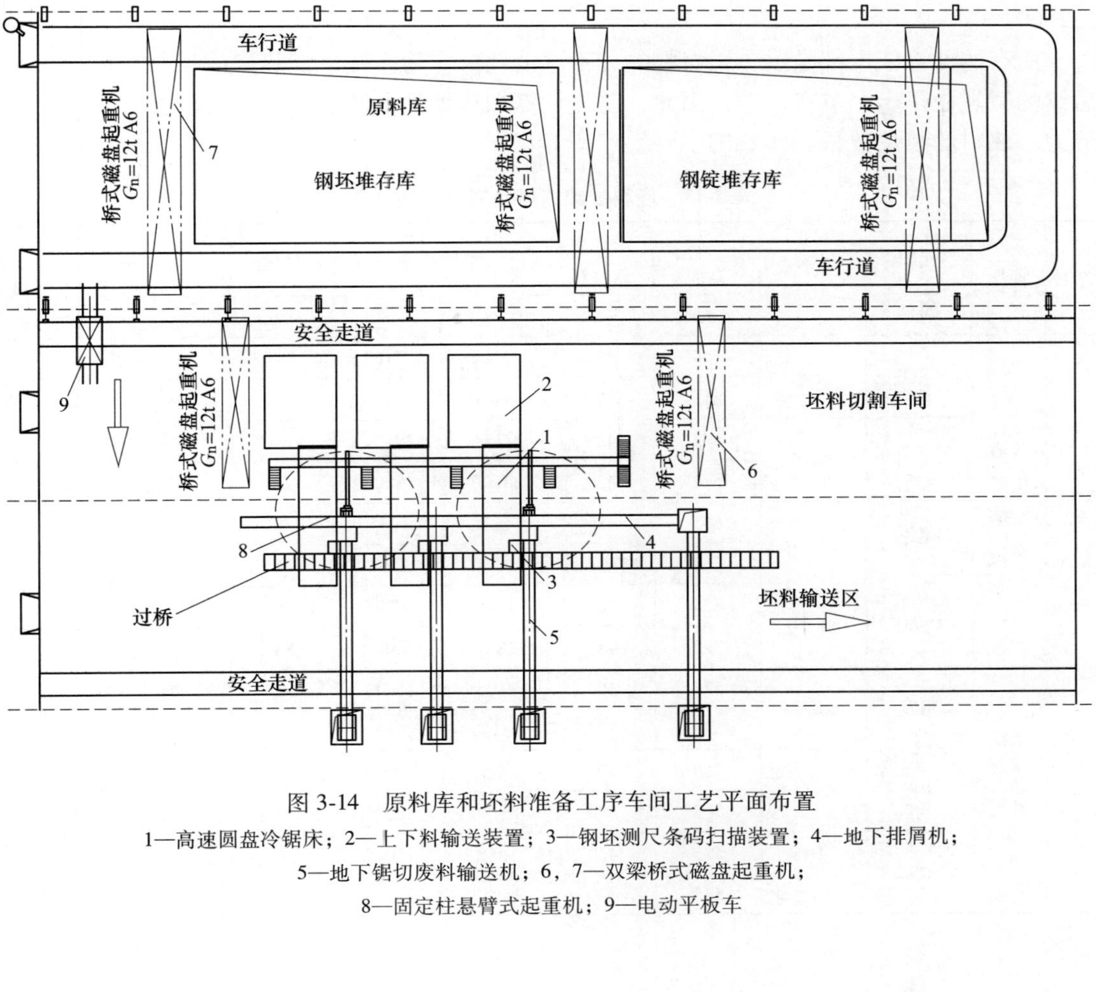


图 3-14 原料库和坯料准备工序车间工艺平面布置

1—高速圆盘冷锯床；2—上下料输送装置；3—钢坯测尺条码扫描装置；4—地下排屑机；

5—地下锯切废料输送机；6，7—双梁桥式磁盘起重机；

8—固定柱悬臂式起重机；9—电动平板车

切割好的钢坯料段直接用链传动辊道送至环形加热炉前准备入炉加热，暂时不加热的钢坯料段，用固定柱悬臂式起重机捡起放在附近区域落垛存放。

连续生产线的辊道过长时，中间需要设计跨越辊道线的过桥。过桥的高度特别要注意生产线上的吊运空间，必须符合国家的各项安全规范，当操作人员站在桥面时，起重机起吊工件的底部距离人员头部应保持安全间距，具体说明见 4. 3. 11. 3 节防机械伤害。

原料库和坯料切割区域的车间面积包括原料堆存库区、坯料切割区、高速圆盘冷锯床安装区、上料区、下料区、液压站、废料吊出区、暂不上线的切割坯料堆存区。

#### 3. 3. 5. 3　钢坯加热工序的工艺设计和设备选配

根据车轮生产的主工艺流程，钢坯料段切割后将进入加热工序，加热工艺设计包括加热工序的金属材料消耗、燃料种类选择、加热温度的确定、加热曲线的设计和计算加热时间、加热设备的数量选配等，是本节的论述重点。

确定钢坯加热温度是金属学相变理论的运用，设计加热曲线和计算加热时间是金属材料热能量交换理论的实践应用技术。

（1）坯料加热工序的金属消耗

1）金属消耗计算。依据表 3-4，进一步细算坯料加热工序的金属材料消耗，结果见表 3-15。表中显示，等待进炉加热、为锻轧工序提供合格的钢坯料段共约 313425 块/a，折合 182860t/a。

所有的计算依据都是以金属材料的分工序消耗量作为基础，加热炉的参数设计考虑与后续的锻轧操作生产节奏一致，因此，首先计算加热炉的金属消耗，然后计算设备的生产能力、坯料的装炉数量、坯料的小时生产率等。

**表 3-15　坯料加热工序金属消耗量计算**

| 序号 | 种类 | 代表 | 主要规格 | 下料高度 | 设计下料直径 | 年加热量 | | 烧损 | 废品 | |
|---|---|---|---|---|---|---|---|---|---|---|
| | | 钢号 | | mm | mm | t/a | 片/a | t/a | t/a | 片/a |
| 1 | 普通机车车辆车轮 | CL60 | $\phi 840$ | 514 | 390 | 13087 | 27164 | 589 | 65 | 136 |
| | | | | 515 | 390 | 19630 | 40745 | 883 | 98 | 204 |
| | | CL70 | $\phi 915$ | 541 | 420 | 7358 | 12537 | 331 | 37 | 63 |
| | | | | 541 | 420 | 11037 | 18806 | 497 | 55 | 94 |
| | | CL60 | $\phi 1050$ | 665 | 435 | 807 | 1045 | 36 | 4 | 5 |
| | | | | 665 | 435 | 1211 | 1567 | 55 | 6 | 8 |
| | | CL60 | $\phi 1250$ | 825 | 485 | 1244 | 1045 | 56 | 6 | 5 |
| | | | | 825 | 485 | 1869 | 1567 | 84 | 9 | 8 |
| 2 | 高铁动车组车轮 | R7 | $\phi 890$ | 576 | 390 | 8105 | 15044 | 365 | 41 | 75 |
| | | | | 576 | 390 | 12158 | 22567 | 547 | 61 | 113 |
| | | R8 | $\phi 915$ | 568 | 390 | 10657 | 20059 | 480 | 53 | 100 |
| | | | | 568 | 390 | 15986 | 30089 | 719 | 80 | 150 |
| | | R9 | $\phi 920$ | 525 | 420 | 8568 | 15044 | 386 | 43 | 75 |
| | | | | 525 | 420 | 12852 | 22567 | 578 | 64 | 113 |

续表 3-15

| 序号 | 种类 | 代表 | 主要规格 | 下料高度 | 设计下料直径 | 年加热量 | | 烧损 | 废品 | |
|---|---|---|---|---|---|---|---|---|---|---|
| | | 钢号 | | mm | mm | t/a | 片/a | t/a | t/a | 片/a |
| 3 | 出口车轮 | R7，R8，R9 AAR-B 和 C | $\phi$920 | 512 | 390 | 4803 | 10030 | 216 | 24 | 50 |
| | | | | 512 | 390 | 7220 | 15044 | 325 | 36 | 75 |
| | | | $\phi$710 | 420 | 380 | 1875 | 5015 | 84 | 9 | 25 |
| | | | | 420 | 380 | 2806 | 7522 | 126 | 14 | 38 |
| | | | $\phi$920 | 605 | 435 | 7051 | 10030 | 317 | 35 | 50 |
| | | | | 605 | 435 | 10577 | 15044 | 476 | 53 | 75 |
| 4 | 工矿和其他车轮 | 60 | $\phi$1000 | 736 | 580 | 6350 | 4179 | 286 | 32 | 21 |
| | | | | 736 | 580 | 9525 | 6269 | 429 | 48 | 31 |
| | | 18CrNiMo7-6 | $\phi$978 | 665 | 435 | 3234 | 4179 | 146 | 16 | 21 |
| | | | | 665 | 435 | 4851 | 6269 | 218 | 24 | 31 |
| 合计 | | | | | | 182860 | 313425 | 8229 | 914 | |

2）加热炉烧损。按照表 3-15 中设定的加热工序烧损率计算，年工作 250d，每日最大班的烧损氧化铁皮量约 11t、不合格的钢坯料段约 2.4t。这些氧化铁皮从加热炉底部落入设备基础下部的地坑中，由输送装置收集到废钢箱中，废钢箱用车间起重机从地下通道出料端部的坑中吊起运出，废轮坯在出炉处由下线的起重机直接吊走。

（2）坯料加热设备的形式

1）加热设备炉型。国内规模化生产、连续作业的锻造生产企业，通过多年的经验总结，对锻前工件的加热设备基本都采用环形炉加热形式。环形炉一方面占地面积较小，另一方面在连续生产功能方面占有很大的优势，因此，铁路车轮的锻前加热设备首推采用环形加热炉。

环形炉的设备设计和制造近年来有了长足的改进：第一，采用新型耐火纤维作保温材料，减轻了砌筑重量，新型耐火纤维是以 $Al_2O_3$ 和 $SiO_2$ 为主要成分组成的结晶相二元化合物，耐火纤维制作成预制毡块，施工非常方便，它的热导率低，在环形炉的炉壁中采用这种材料，散热损失和蓄热损失极大地减少，既可起到保温隔热作用，又可起到简化施工工作量的效果；第二，炉底转动机械的动力传动采用液压传动，转角保持稳定，可自如地控制多角度转动布料，适合多规格和多品种的坯料传送；第三，采用新型集成烧嘴，环形炉烧嘴的研究近年有了极大的技术提升，特别是天然气高速、亚高速烧嘴的应用，出口喷射速度达到 100m/s 以上，使得环形炉具有强化对流传热，升温速度快，炉气温度均匀等特性；第四，就是烟气排放余热的综合利用，多年前加热炉的烟气余热利用仅仅是在烟道内设置换热器，用于车间内加热洗澡水或小房间的采暖热源而已，现在则不同，设计中采用于加热炉旁置旁通烟道的手段，安装溴化锂余热吸收装置，利用其制冷和制热的技术原理，成为具备为大型生产车间和建筑物提供节能型空调和清洁采暖热源的独特系统；第五，新型的环形加热炉采用 PLC 程序控制，炉内参数设置进入信息化管理系统，每批次的车轮钢坯料段进炉前，系统根据 MES 合同管理的执行指令，调用适应性的加热工艺，智能化程序化筛选运行程序，以优化的程序生成典型生产模式，存储后用于实际的生产调度。

2）装出料设备。国内目前用于环形加热炉的较常用装出料设备有固定液压装出料机、普通装出料机械手和智能型装出料机械手，如图 3-15～图 3-17 所示。

图 3-15 固定液压装出料机

图 3-16 普通装出料机械手

我国新建设的辗钢整体铁路车轮生产线的环形加热炉的进出料装置采用的是转臂移动式智能型机械手。

智能型装料机械手从输送辊道的料台上连续自动夹持坯料，自由夹持翻转 90°，工件始终呈水平或垂直状态，之后长臂进入环形加热炉中，按照料位信息码放到定点料位。智能型机械手由平行连杆臂组成，带有 5 个自由度动作：夹钳张紧、夹钳伸缩、夹钳升降、夹钳平移、钳杆回转，可实现将钢坯料段按设定的节奏、定距移动。

图 3-17 智能型装出料机械手

智能型出料机械手与装料机械手的结构和动作相同，是从环形加热炉内的定点料位上根据控制程序连续夹持高温坯料，取出并且自由地将工件平行或者翻转 90°，放在输送辊道的板链上或走行输送小车上。

智能型机械手采用全自动液压驱动形式，其开始动作由前一个完成动作发出的信号触发，整个动作完成后发出反馈信号给前后衔接的设备，主控制系统的 HMI 按照生产模式调整动作和周期时间。

（3）加热工序工艺过程简述

加热前切割好的钢坯料段，由锯切工序的板链式输送机或衡轨式走行小车直接运送到环形加热炉前，智能型装料机械手将坯料夹持送入炉中的料位上。进炉前由输送装备上的装置扫描条形码，按照坯料条形码，信息数据系统记录其在炉内放置的料位并实施跟踪。

环形加热炉内坯料的摆放是根据尺寸状态确定的，对小于 700mm 高度的坯料，在进炉前的输送线上设有立料机将其直立，智能型装料机械手夹起直接放入炉中；对大于 700mm 高度的坯料，由机械手夹持并转动角度呈适合状态送至炉中。

炉内的钢坯料段通过炉底机械的传动装置沿环形辊轨转动运行，自装料进炉的开始位置起，顺序经过炉内的预热段、一加热段、二加热段、三加热段、均热段，一步步地转到炉子的出料位置。环形炉的炉门启闭由液压装置驱动，电气控制系统将坯料的进出和炉门移动联锁。

环形炉炉门接到出坯信号后，自动打开，智能型出料机械手伸入炉中将位于出料位置的钢坯料段夹持取到炉外，随后放置到炉外钢坯受料工作台上，由输送小车或板链式辊道运至高压水除鳞工位；也可以由机械手将钢坯料段直接转送进入高压水除鳞装置。

（4）环形炉的加热燃料选择

前文已经介绍过加热炉的几种不同的燃料，选择什么种类的燃料主要取决于企业的自身条件以及当地的燃料供应成本。

近年来，我国雾霾天气增多，其成因有多种论据，现分析各种能源介质，比对燃料选择的优劣。

石油焦是国内企业常用的价格较低的燃料，石油焦发热值约（8500~8600）×4.18kJ/kg，是由原油经蒸馏将轻重质油分离后，重质油再热裂转化而成的产品，外形为像焦炭的黑色粒块。我国进口的原油大多数是高硫原油，炼油后渣油的硫分达40%。国际上出口到我国的石油焦基本上不进行脱硫再处理，因此不论国内生产或进口的石油焦粉粒与重油相比，燃烧排放物对大气的污染与重油相当，仅仅由于石油焦是固体，运输上比重油节省一些费用，目前很多企业都在使用。但是石油焦的燃烧给环境带来的污染后果是较难挽回的。20世纪末，我国冶金行业为了达到环保要求，早已规定不允许使用重质油作为燃料了，所有的燃重油设备全部都进行了更新，由于石油焦与重油是一样的污染燃料，故应该避免作为能源使用。

我国水利发电量占比约为20%，火力发电量占比约为75%，核能和风能等其他发电量占比约5%。火力发电是利用煤、石油、天然气等石化原料作为燃料生产电能，其中燃煤发电量占到火力发电的85%以上。燃煤发电不论是用烟煤或是无烟煤，虽然经过烟尘收集和除尘装置的处理，排放到大气当中的粉尘、$SO_2$、CO、$NO_X$ 等仍然会对环境造成长期的、累积性的不利影响。

天然气燃烧后产生的 $CO_2$+水汽以及微量 $SO_2$、$CO_2$ 是造成温室效应的主要元凶，水汽及微量 $SO_2$ 的增加也是近几年有关大气雾霾加重的争论之一，尽管如此，天然气相比其他燃料仍是污染较低的能源。

选择天然气主要有两个原因：一方面与其他燃料相比，天然气燃烧后排放物的粉尘和 $SO_2$ 含量极低，短期对大气成分和粉尘 PM2.5 的影响不大；另一方面从能耗分析，西气东输的天然气发热值（标态）约 8500×4.18kJ/$m^3$，而电能的热值约 3600kJ/(kW·h)，与电能相比在相同热值的条件下，生产中每获取 1$m^3$ 的天然气热值（标态）用电要约 9.87kW·h，以工业用天然气（标态）平均价格 3.6 元/$m^3$、工业用电平均价格 0.80 元/(kW·h) 计，用电价格是用天然气价格的约 2.2 倍。为此，若采用电能作为工业炉的加热介质，对企业控制成本有着不利的影响。还有一个很重要的因素，电阻丝或电阻带等电热元件，无法将自身材料加热超过 1200℃ 以上，超过就会因过热而熔化，更谈不上将钢锭和钢坯加热到 1200℃ 以上。中频或高频感应的加热方式目前还不太适合大断面的钢坯快速加热，因此，在现有的价格条件下，用电能介质作为大断面钢坯锻造前的加热方式应用较少。

在没有更好的替代燃料以及核电在我国尚不能成为主流能源之前，工业建设采用天然气作为清洁燃料是当前较有优势的选择，世界上新建的车轮制造厂也多选用天然气作为加热燃料。

我国天然气是城市集中管理的，天然气需要由市政管道接入厂区，经区域天然气调压站调压，再用管道输送至具体的用户点。界点的压力要求为0.4MPa，用户点的压力视不同的设备需要为20~30kPa，供给车轮钢坯加热环形炉的接点最大流量不能低于2700$m^3$/h。

（5）加热温度的选择

钢坯加热是通过炉内热交换过程进行的。炉内热交换过程有三种基本方式，即辐射传热、对流传热和传导传热。

将钢坯加热到锻造温度并达到工艺允许的截面温差时需要的全部时间是锻造坯料的加热周期，加热较厚的坯料时需要另外的均热时间，均热时间的作用是均匀截面各点温差达到规定一致的温度值，均热时间的长短与钢坯种类及截面尺寸有关。根据这些工艺要求，车轮钢坯料段的加热过程包括两个阶段：加热阶段、均热阶段。

铁路车轮的主要原料材质是优质碳素钢，从金属学理论分析：含碳量0.6%~0.7%的亚共析钢，锻造加热温度为：铁碳平衡相图上固相线*AE*下温度低约150~200℃，即锻造的始锻温度约1200℃，该温度是锻造作业的常规温度，终锻温度于1000℃以上，在此温度范围内，钢材保持固态，基体组织不会发生变化，有很好的延展性，金属铁碳平衡相图如图3-18所示。

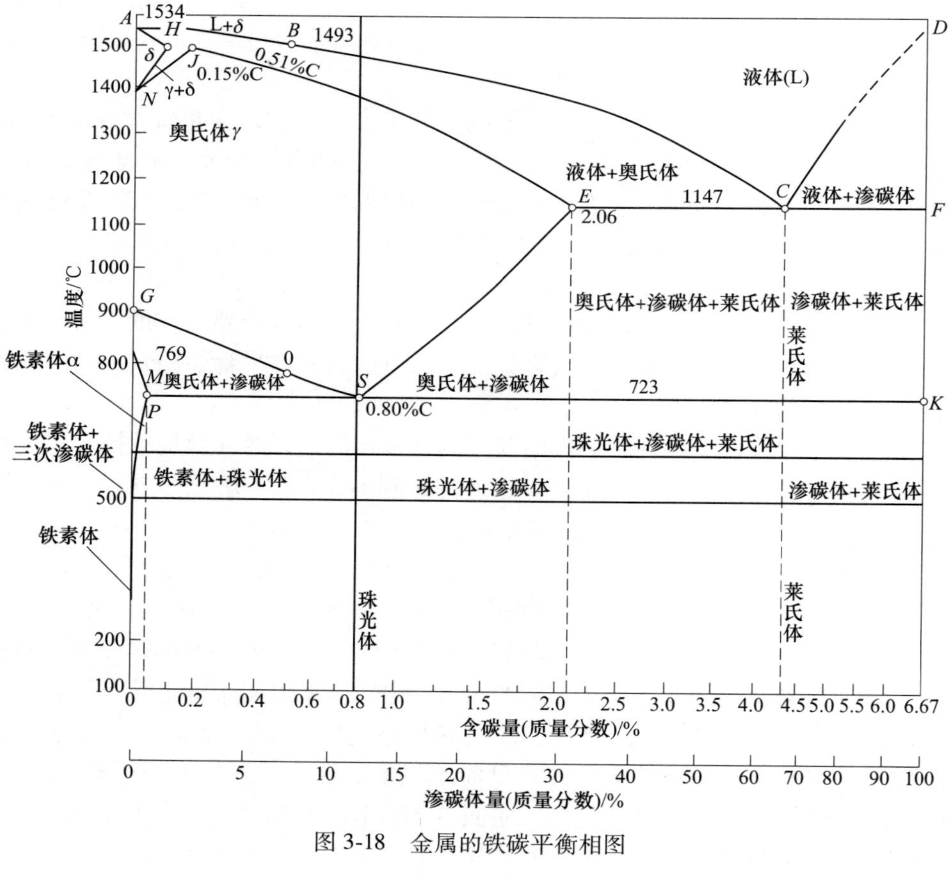


图3-18　金属的铁碳平衡相图

当车轮钢坯料段的截面较大时，热量需要较长的时间向内部传递才能达到锻造变形操作时内外一致的温度，但是如果时间过长，或者加热梯度不合理，钢坯料段的表面会产生较厚的氧化铁皮层甚至脱碳，因而，加热温度和加热时间需要依据严格的计算选定最佳的相互关系。

考虑到钢坯加热出炉后运送至锻压设备，在此期间会产生约 50℃的温降，工艺设计时将钢坯料段的出炉温度适当提高，定在 1250℃。理论上加热炉的炉气温度与钢坯截面温度差为 50℃左右，这样，加热炉的炉温应该设计选定在约 1300℃合适。

（6）钢坯加热时间的计算和选择方法

由于轮坯料段的锻前加热计算是个复杂的过程，计算公式也比较多，为设计表述规范，本节将《工业炉设计手册（第 3 版）》中的钢材加热篇章作为参照依据，以环形炉加热钢坯的范例同时用经验公式进行修正来推导，以确定轮坯的加热时间，参照计算出的加热时间，设计绘制整个坯料的加热工艺曲线。

轮坯加热的环形炉设定分为 5 个温度段进行加热时间计算。计算过程中依次求出辐射系数（包括辐射厚度、辐射角度系数、钢坯受热面积、各温度段的燃烧炉气的黑度等）之后，再分别求出加热时间。

1）应用计算公式。

① 计算辐射系数 $\sigma$ 分为三步，公式如下。

- 求辐射厚度：

$$\delta_f = \eta \cdot 4V/A \tag{3-8}$$

式中 $\delta_f$——辐射厚度，m，用该值查找燃烧生成炉气的黑度 $\varepsilon_q$；

$V$——充满辐射气体区域的容积，$m^3$；

$A$——单位炉膛内的总表面积，$m^2$；

$\eta$——气体辐射有效系数，一般取 0.85~0.9。

- 求辐射角度系数：

$$\varphi_b = A_g/A_b \tag{3-9}$$

$$A_g = 2 \times R^2 \times \pi + 2R \times \pi \times H$$

$$A_b = 2 \times H_t \times L_1 + W \times L_1 \times L_s$$

式中 $\varphi_b$——辐射角度系数；

$A_g$——钢坯受热面积，$m^2$；

$A_b$——单位炉内壁面积，$m^2$；

$R$——圆柱钢坯半径，m；

$H$——圆柱钢坯长度，m；

$H_t$——炉膛高度，m；

$L_1$——单位有效炉段的炉膛长度，m，取 1m；

$W$——炉底宽度，m；

$L_s$——炉顶弧度系数，取 1.1。

- 求辐射系数：

$$\sigma_L = C_0 \times \varepsilon_g \times \varepsilon_{qL} \times [\varphi_b \times (1 - \varepsilon_{qL}) + 1]/\varphi_b \times (1 - \varepsilon_{qH}) \times [\varepsilon_g + \varepsilon_{qH} \times (1 - \varepsilon_g)] + \varepsilon_{qH} \tag{3-10}$$

$$\sigma_H = C_0 \times \varepsilon_g \times \varepsilon_{qH} \times [\varphi_b \times (1-\varepsilon_{qH}) + 1]/\varphi_b \times (1-\varepsilon_{qH}) \times [\varepsilon_g + \varepsilon_{qH} \times (1-\varepsilon_g)] + \varepsilon_{qH} \tag{3-11}$$

式中　$\sigma_L$——低温段辐射系数，$W/(m^2 \cdot K^4)$；

$\sigma_H$——高温段辐射系数，$W/(m^2 \cdot K^4)$；

$\varepsilon_g$——钢材黑度，理论上钢质物体的高温黑度（辐射率），取 0.79~0.8；

$\varepsilon_{qL}$——低温段燃烧炉气的黑度，如图 3-19 所示；

$\varepsilon_{qH}$——高温段燃烧炉气的黑度，如图 3-19 所示；

$C_0$——绝对黑体辐射系数，$W/(m^2 \cdot K^4)$，取 5.675。

- 计算各段加热时间（包括时间准数、热导率）公式。

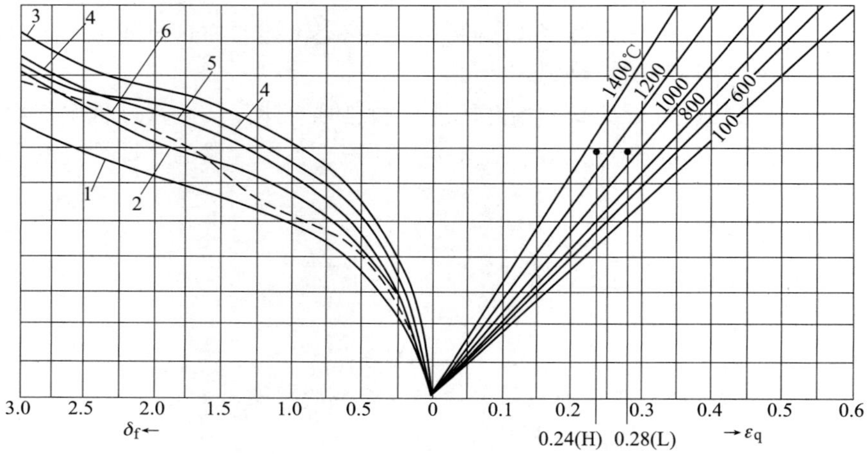


图 3-19　各种燃料燃烧生成炉气的黑度 $\varepsilon_q$（图中编号对应表 3-16）

② 求时间准数：

$$U = \frac{T_s}{T_i} \tag{3-12}$$

$$K_p = 10\frac{\sigma \times \delta}{\lambda} \times \left(\frac{T_i}{1000}\right)^3 \tag{3-13}$$

$$\theta_d = 1 - \frac{T_d}{T_i} \tag{3-14}$$

$$\theta_b = 1 - \frac{T_b}{T_i} \tag{3-15}$$

式中　$U$——相对开始温度；

$T_i$——平均炉温（K）= $t$(℃) + 273；

$T_s$——初始炉温（K）= $t$(℃) + 273；

$T_b$——钢坯表面温度（K）= $t_b$(℃) + 273；

$T_d$——钢坯底面温度（K）= $t_d$(℃) + 273；

$K_p$——尺寸准数；

$\delta$——钢坯加热厚度，圆柱形钢坯立放时计算高度、平放时计算直径，m；

（注：辐射厚度$\delta$简单解释即钢的“透热深度”，透热深度的性质说明见参考文献［6］，对两面加热的平板钢材其透热深度是厚度的1/2，单面加热的平板钢材透热深度是全部的厚度，两面加热的长圆柱形的钢坯其透热深度是半径的厚度，单面加热的长圆柱形的钢坯其透热深度是直径的厚度。）

$\lambda$——热导率，W/(m · ℃)，单位时间内通过单位截面积所传递的热量；

$\theta_d$——各段温度终了处钢坯底面温度的加热不完善度；

$\theta_b$——各段温度终了处钢坯表面温度的加热不完善度。

③ 求分段加热时间：

$$\tau = \frac{K_b}{100(\sigma/b)^2(T_i/1000)^6} \tag{3-16}$$

式中 $\tau$——分段加热时间，h；

$b$——热惰性系数，一般约200；

$K_b$——时间准数，W/(m$^2$ · ℃)，传热系数，即在单位温差下每小时通过单位面积的热量，查图3-21～图3-24得出。

④ 求均热时间：

$$\tau = F_0 \times \delta^2/\alpha = F_0 \times \delta^2 / \frac{\lambda}{C_p \times G} \tag{3-17}$$

式中 $F_0$——傅里叶准数；

$\alpha$——钢材热扩散率，m$^2$/h；

$C_p$——钢的比热容，kJ/(kg · ℃)，取0.691；

$\delta$——钢材加热厚度，m，圆柱形轮坯的半径；

$G$——钢坯比重，取7850kg/m$^3$。

2）推举的典型案例设计计算。案例条件：选用的坯料直径$\phi$600mm（透热深度300mm），长0.5m，端面面积$2\times0.3^2\times\pi$(m$^2$)、柱体表面积$2\times0.3\times\pi\times0.5$(m$^2$)；环形炉炉膛高度1.4m，单位炉底长度1m、宽度3m，在单位炉底面积内平面布置2列3排共计6块钢坯料段；环形加热炉设定炉温按直线变化，高温段炉温恒定为1300℃±不超过10℃；加热段分成5个计算段：第1计算段炉温1050℃，第2计算段炉温1150℃，第3计算段炉温1250℃，第4计算段炉温1300℃，第5计算段为均热段。

环形炉为实炉底，属于单面加热，钢坯入炉温度20℃、出炉温度加热到（1250±5)℃。温度梯度：第1计算段终了处钢坯底面温度（圆钢坯中心温度）升高至300℃，第2计算段终了处钢坯底面温度升高至550℃，第3计算段终了处钢坯底面温度升高至800℃，第4计算段钢坯底面温度升高至1100℃，最终钢坯均热段温度至1250℃。按照设定的炉温和钢坯温度条件，计算环形炉的分段炉温加热时间和总加热时间。

计算过程当中，首先要明确燃料性质以及燃料的发热值，燃料性质的曲线编号见表3-16，代表各燃料曲线编号的详细性质说明见《工业炉设计手册（第3版）》。

**表 3-16　代表燃料性质的各曲线编号**

| 对应图 3-19 曲线编号 | 代表燃料名称 | 单位 | 发热值 | 烟气中 $CO_2$ 及 $H_2O$（体积分数）/% | |
|---|---|---|---|---|---|
| | | | | $CO_2$ | $H_2O$ |
| 1 | 发生炉煤气 | $kJ/m^3$ | 5024 | 18 | 7 |
| 2 | 发生炉煤气 | $kJ/m^3$ | 5650 | 14 | 8 |
| 3 | 发生炉煤气（烟煤） | $kJ/m^3$ | 4187 | 18 | 11 |
| | 煤 | $kJ/m^3$ | 25120~28470 | 18 | 11 |
| 4 | 混合煤气 | $kJ/m^3$ | 7536 | 18 | 18 |
| 5 | 焦炉煤气 | $kJ/m^3$ | 20930 | 10 | 18 |
| 6 | 燃油 | kJ/kg | 41860 | 14 | 12 |
| | 天然气 | kJ/kg | 42050 | ~12 | ~8 |

在典型案例的计算中，先从表 3-16 中查找出代表燃料性质的曲线编号后，再按编号到图 3-19 中按号索骥查找对应的燃烧炉气的黑度。

钢坯热导率是加热时间计算中必用的因数，见表 3-17。为计算方便常用导热系数单位换算列于表 3-18 中，供计算中参考之用。

**表 3-17　钢坯热导率**　　（W/(m · ℃)）

| 钢种类别 | 不同温度（℃）下的热导率 | | | | | | | | | | | | |
|---|---|---|---|---|---|---|---|---|---|---|---|---|---|
| | 0 | 100 | 200 | 300 | 400 | 500 | 600 | 700 | 800 | 900 | 1000 | 1100 | 1200 |
| 低碳钢 | — | 55. 6 | 52. 7 | 48. 5 | 45 | 40. 8 | 37. 1 | 34. 2 | 30. 1 | 27. 3 | 27. 7 | 28. 5 | 29. 8 |
| 高碳钢 | — | 49. 3 | 48. 1 | 45. 6 | 42. 4 | 39. 1 | 35. 7 | 32. 4 | 26. 2 | 26. 0 | 26. 9 | 28. 0 | 29. 5 |
| 中碳钢 | — | 46. 5 | 44. 0 | 40. 8 | 37. 7 | 35. 0 | 32. 3 | 29. 2 | 24. 1 | 25. 2 | 26. 5 | 27. 9 | 29. 4 |
| 铬钢 | 44. 8 | 42. 2 | 39. 3 | 36. 4 | — | 32. 6 | — | 26. 7 | — | — | — | — | — |

**表 3-18　常用导热系数单位换算**

| 千卡/(米 · 时 · ℃) | 卡/(厘米 · 秒 · ℃) | 瓦/(米 · 开) | 焦耳/(厘米 · 秒 · ℃) | 英热/(英寸 · 时 · ℉) |
|---|---|---|---|---|
| kcal/(m · h · ℃) | cal/(cm · s · ℃) | W/(m · K) | J/(cm · s · ℃) | Btu/(ft · h · ℉) |
| 1 | $2.78\times10^{-3}$ | 1. 16 | $1.16\times10^{-2}$ | 0. 672 |
| 360 | 1 | 418. 7 | 4. 187 | 242 |
| 0. 8598 | $2.93\times10^{-3}$ | 1 | $1\times10^{-2}$ | 0. 578 |
| 85. 98 | 0. 239 | 100 | 1 | 57. 8 |
| 1. 49 | $4.13\times10^{-3}$ | 1. 73 | $1.73\times10^{-2}$ | 1 |

案例计算如下：

① 计算辐射厚度查出炉气的黑度 $\varepsilon_q$。按前文计算顺序，首先需要求出辐射系数 $\sigma$，第一步代入式（3-8），

$$\delta_f = \eta \times 4V/A = 0.9 \times \frac{4 \times 1.4 \times 3 \times 1}{2 \times 1.4 + 2 \times 3} = 0.9 \times \frac{16.8}{8.8} \approx 1.72(\mathrm{m})$$

从表 3-16 中查出天然气的编号为 6，以此热值作为参考值，再查图 3-19，根据计算结果，从图中纵向坐标左侧查找曲线编号 6 在 $\delta_f \approx 1.72$ 处所对应的横向坐标燃烧生成炉气的黑度 $\varepsilon_q$ 值。

取预热段平均炉温 1150℃、高温段平均炉温 1300℃，查出图中对应的 $\varepsilon_q$ 值：预热段燃烧炉气的黑度 $\varepsilon_{qL} \approx 0.28$，高温段燃烧炉气的黑度 $\varepsilon_{qH} \approx 0.24$。

② 第二步计算辐射角度系数 $\varphi_b$。平板钢坯受热面为钢材接受加热的 6 个外侧面积=2×(钢坯剖面宽度×钢坯剖面高度+钢坯长度×钢坯剖面宽度+钢坯长度×钢坯剖面高度)($m^2$)。

圆柱形钢坯受热面积=2×(直径/2)$^2$×π+2×(直径/2)×π×长度($m^2$)。

环形炉炉内壁面积：单位有效炉段的炉膛长度拟定为 1m，炉顶弧度系数定为 1.1；计算公式=单位有效炉段内的炉墙的面积+炉顶面积=2×炉膛高度×单位有效炉段的炉膛长度+炉底宽度×单位有效炉段的炉膛长度×炉顶弧度系数=2×1.4×1+3×1×1.1($m^2$)。

代入式（3-9），计算加热放置 6 块圆柱形钢坯的辐射角度系数：

$$\varphi_b = A_g/A_b = \frac{(2 \times R^2 \times \pi + 2 \times R \times \pi \times H) \times 6}{2 \times H_t \times L_1 + W \times L_1 \times L_s}$$

$$= \frac{(2 \times 0.3^2 \times \pi + 2 \times 0.3 \times \pi \times 0.5) \times 6}{2 \times 1.4 \times 1 + 3 \times 1 \times 1.1}$$

$$\approx 1.483$$

在工艺设计阶段，环形炉的炉台侧面宽度 $L$ 可以暂不考虑计算，施工图设计时再进行详细计算，如图 3-20 所示。

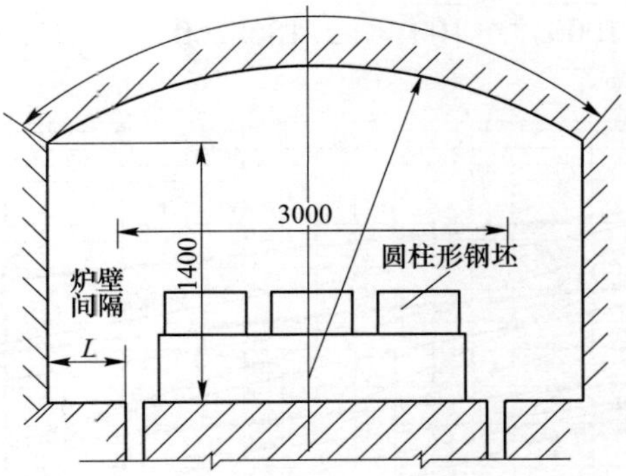


图 3-20 环形炉放料剖面示意图

③ 第三步计算预热段辐射系数 $\sigma_L$ 和高温段辐射系数 $\sigma_H$。代入式（3-10）、式（3-11），$C_0$ 值取 5.675W/($m^2 \cdot K^4$) 计算：

$$\sigma_L = C_0 \times \varepsilon_g \times \varepsilon_{qL} \times [\varphi_b \times (1 - \varepsilon_{qL}) + 1]/\varphi_b \times (1 - \varepsilon_{qH}) \times [\varepsilon_g + \varepsilon_{qH} \times (1 - \varepsilon_g)] + \varepsilon_{qH}$$

$$\sigma_H = C_0 \times \varepsilon_g \times \varepsilon_{qH} \times [\varphi_b \times (1 - \varepsilon_{qH}) + 1]/\varphi_b \times (1 - \varepsilon_{qH}) \times [\varepsilon_g + \varepsilon_{qH} \times (1 - \varepsilon_g)] + \varepsilon_{qH}$$

$$预热段\ \sigma_L = 5.675 \times 0.79 \times 0.28 \times \frac{1.483 \times (1 - 0.28) + 1}{1.483 \times (1 - 0.24) \times [0.79 + 0.24 \times (1 - 0.79)] + 0.24}$$

$$= 2.186[W/(m^2 \cdot K^4)]$$

高温段 $\sigma_H = 5.675 \times 0.79 \times 0.24 \times \dfrac{1.483 \times (1-0.24)+1}{1.483 \times (1-0.24) \times [0.79 + 0.24 \times (1-0.79)] + 0.24}$

$= 1.928[\mathrm{W/(m^2 \cdot K^4)}]$

以下分段求出各段加热时间（包括时间准数、热导率）。

④ 第一计算段加热时间，代入式（3-12），计算相对开始温度：

$$T_s = 20 + 273(\text{初始炉温 K})$$

$$T_i = 1050 + 273(\text{平均炉温 K})$$

$$U = \frac{T_s}{T_i} = \frac{20+273}{1050+273} = \frac{293}{1323} = 0.22$$

钢坯的透热深度半径为 0.3m，计算出 $U=0.22$ 后，查表 3-17 中高碳钢坯 400℃左右热导率为 42.4W/(m · ℃)，代入式（3-13），计算尺寸准数：

$$K_p = 10\frac{\sigma \times \delta}{\lambda} \times \left(\frac{T_i}{1000}\right)^3 = 10 \times \frac{2.186 \times 0.3}{42.4} \times \left(\frac{1323}{1000}\right)^3 \approx 0.36$$

代入式（3-14），计算第一计算段终了处钢坯底面温度为 300℃时的加热不完善度：

$$\theta_d = 1 - \frac{T_d}{T_i} = 1 - \frac{300+273}{1050+273} = 0.57$$

通过计算，在相对开始温度 $U=0.22$、尺寸准数 $K_p=0.36$、$\theta_d=0.57$ 时，查图 3-21 用内插作图法连线查出时间准数 $K_b=0.11$，代入式（3-16），求第一计算段加热时间：

$$\tau_1 = \frac{K_b}{100(\sigma/b)^2(T_i/1000)^6} = \frac{0.11}{100 \times (2.186/200)^2 \times (1323/1000)^6} = 1.7(\mathrm{h})$$

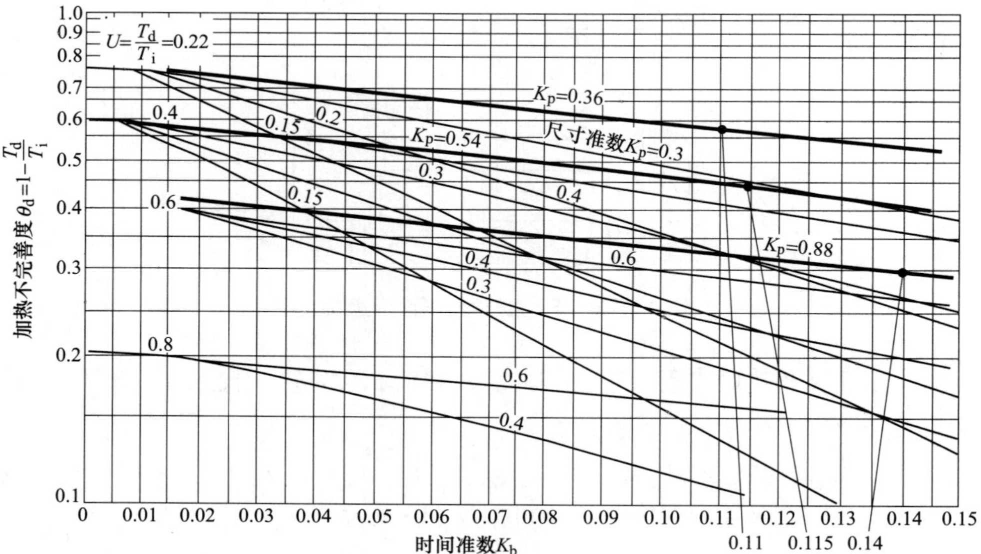


图 3-21 预热段钢坯中心加热计算结果

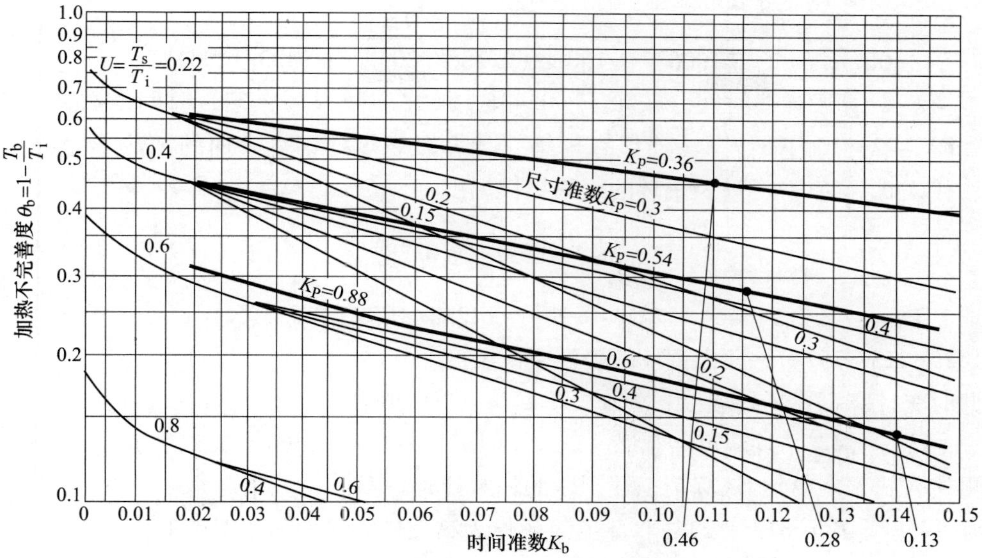


图 3-22　预热段钢坯表面加热计算结果

⑤ 第二计算段加热时间。先按照 $U=0.22$、尺寸准数 $K_p=0.36$、时间准数 $K_b=0.11$ 时，查询图 3-22，用内插作图法连线查出第一计算段终了处钢坯表面的加热不完善度 $\theta_b=0.46$，代入式（3-15），计算钢坯的表面摄氏温度：

$$\theta_b = 1 - \frac{T_b}{T_i} = 0.46$$

$$T_b = T_i \times (1 - 0.46) = 1323 \times 0.54 = 714(\mathrm{K})$$

714−273=441℃，即为钢坯的表面摄氏温度。

此时计算钢坯平均温度：

钢坯平均温度 $= t_b - 2/3 \times (T_b - t_d) = 441 - 2/3 \times (714 - 273 - 330) = 347(℃)$

再代入式（3-12），计算第二计算段的相对开始炉温：

$$T_s = 347 + 273(\text{将此值简化作为第二计算段的初始温度 K})$$

$$T_i = 1150 + 273(\text{平均炉温 K})$$

$$U = \frac{T_s}{T_i} = \frac{347 + 273}{1150 + 273} = \frac{620}{1423} = 0.436$$

查询表 3-17，中高碳钢 500℃条件下，热导率 $\lambda=35.0\mathrm{W/(m \cdot ℃)}$，代入式（3-13），计算此时尺寸准数 $K_p$：

$$K_p = 10\frac{\sigma \times \delta}{\lambda} \times \left(\frac{T_i}{1000}\right)^3 = 10\frac{2.186 \times 0.3}{35} \times \left(\frac{1423}{1000}\right)^3 \approx 0.54$$

代入式（3-14），计算第二计算段终了处钢坯底面温度为 550℃时的加热不完善度：

$$\theta_d = 1 - \frac{T_d}{T_i} = 1 - \frac{550 + 273}{1150 + 273} = 0.42$$

通过计算，在相对开始温度，即 $U=0.436$、$K_p=0.54$、$\theta_d=0.42$ 时，查图 3-21，用内插作图法连线查出时间准数 $K_b=0.115$，代入式（3-15），求第二计算段加热时间：

$$\tau_2 = \frac{K_b}{100(\sigma/b)^2(T_i/1000)^6} = \frac{0.115}{100 \times (2.186/200)^2 \times (1423/1000)^6} \approx 1.2(\text{h})$$

⑥ 第三计算段加热时间。按照 $U=0.436$、尺寸准数 $K_p=0.54$、时间准数 $K_b=0.115$ 时，查图 3-22，用内插作图法连线查出第二计算段终了处钢坯表面的加热不完善度 $\theta_b=0.28$，代入式（3-13），计算钢坯的表面摄氏温度：

$$\theta_b = 1 - \frac{T_b}{T_i} = 0.28$$

$$T_b = T_i \times (1 - 0.28) = 1423 \times 0.72 = 1025(\text{K})$$

1025−273=752℃，即为钢坯的表面摄氏温度。

此时先计算钢坯平均温度：

$$\text{钢坯平均温度} = 752 - 2/3 \times (1025 - 273 - 550) = 617(℃)$$

再代入式（3-12），计算第三计算段的相对开始炉温：

$$T_s = 617 + 273(\text{将此值简化作为第三计算段的初始温度 K})$$

$$T_i = 1250 + 273(\text{平均炉温 K})$$

$$U = \frac{T_s}{T_i} = \frac{617 + 273}{1250 + 273} = \frac{890}{1523} = 0.58$$

查询表 3-17，中高碳钢 800℃条件下，热导率 $\lambda=26.2\text{W}/(\text{m}\cdot℃)$，代入式（3-13），计算此时尺寸准数 $K_p$：

$$K_p = 10\frac{\sigma \times \delta}{\lambda} \times \left(\frac{T_i}{1000}\right)^3 = 10\frac{2.186 \times 0.3}{26.2} \times \left(\frac{1523}{1000}\right)^3 \approx 0.88$$

代入式（3-14），再次计算第三计算段终了处钢坯底面温度为 800℃时的加热不完善度：

$$\theta_d = 1 - \frac{T_d}{T_i} = 1 - \frac{800 + 273}{1250 + 273} = 0.3$$

通过计算，在相对开始温度，即 $U=0.58$、$K_p=0.88$、$\theta_d=0.3$，查图 3-21，用内插作图法连线查出时间准数 $K_b=0.14$，代入式（3-16），求第三计算段加热时间：

$$\tau_3 = \frac{K_b}{100(\sigma/b)^2(T_i/1000)^6} = \frac{0.14}{100 \times (2.186/200)^2 \times (1523/1000)^6} = 0.9(\text{h})$$

⑦ 第四计算段加热时间。按照 $U=0.58$、尺寸准数 $K_p=0.88$、时间准数 $K_b=0.14$，查图 3-22，用内插作图法连线查出第四计算段终了处钢坯表面的加热不完善度 $\theta_b=0.13$，代入式（3-15），计算钢坯的表面摄氏温度：

$$\theta_b = 1 - \frac{T_b}{T_i} = 0.13$$

$$T_b = T_i \times (1 - 0.13) = 1523 \times 0.87 = 1325(\text{K})$$

1325−273=1052℃，即为钢坯的表面摄氏温度。

此时计算钢坯平均温度：

$$\text{钢坯平均温度} = 1052 - 2/3 \times (1325 - 273 - 800) = 884(℃)$$

再代入式（3-12），计算第四计算段的相对开始炉温：

$$T_s = 884 + 273(\text{将此值简化作为第三计算段的初始温度 }K)$$

$$T_i = 1300 + 273(\text{平均炉温 K})$$

$$U = \frac{T_s}{T_i} = \frac{884 + 273}{1300 + 273} = \frac{1157}{1573} = 0.73$$

查询表 3-17，中高碳钢 800℃条件下，热导率 $\lambda = 28.0\text{W}/(\text{m}\cdot℃)$，代入式（3-13），计算此时尺寸准数 $K_p$：

$$K_p = 10\frac{\sigma \times \delta}{\lambda} \times \left(\frac{T_i}{1000}\right)^3 = 10\frac{1.928 \times 0.3}{28.0} \times \left(\frac{1573}{1000}\right)^3 \approx 0.8$$

代入式（3-14），再次计算第四计算段终了处钢坯底面温度为 1100℃时的加热不完善度：

$$\theta_d = 1 - \frac{T_d}{T_i} = 1 - \frac{1100 + 273}{1300 + 273} = 0.127$$

通过计算，在相对开始温度，即 $U=0.73$、$K_p=0.8$、$\theta_d=0.127$，查图 3-23，用内插作图法连线查出时间准数 $K_b=0.18$，代入式（3-16），求第四计算段加热时间：

$$\tau_4 = \frac{K_b}{100(\sigma/b)^2(T_i/1000)^6} = \frac{0.18}{100 \times (2.186/200)^2 \times (1573/1000)^6} = 1.3(\text{h})$$

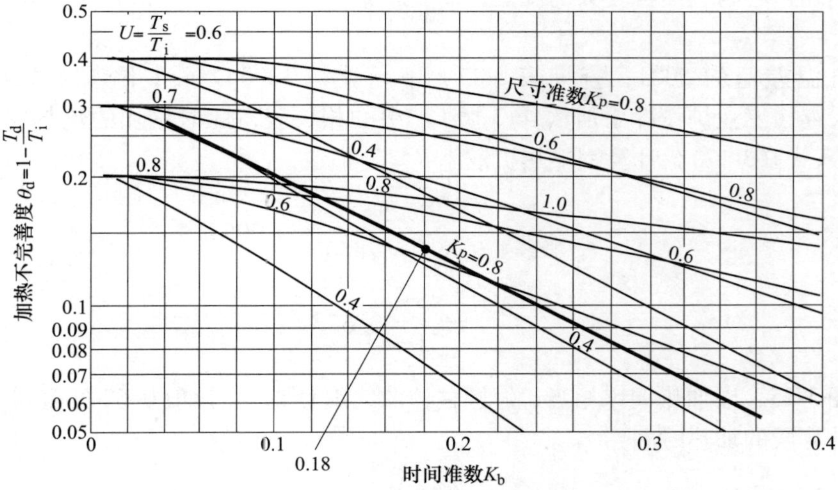


图 3-23　高温段钢坯中心加热计算结果

⑧ 第五计算段加热时间。按照 $U=0.73$、尺寸准数 $K_p=0.8$、时间准数 $K_b=0.18$，查图 3-24，用内插作图法连线查出第四计算段终了处钢坯表面的加热不完善度 $\theta_b=0.08$，代入式（3-15），计算钢坯的表面摄氏温度：

$$\theta_b = 1 - \frac{T_b}{T_i} = 0.08$$

$$T_b = T_i(1 - 0.08) = 1573 \times 0.92 = 1447(\text{K})$$

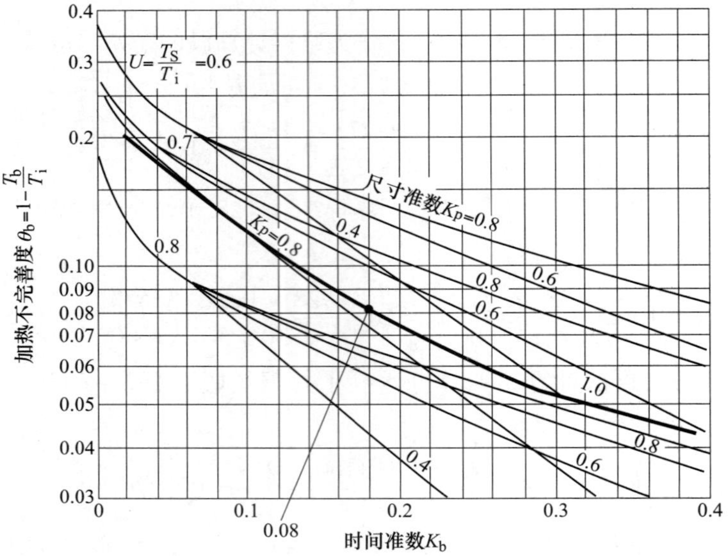


图 3-24　高温段钢坯表面加热计算结果

1447−273=1174℃，为钢坯的表面摄氏温度。

此时钢坯截面温差=1174−1100=74℃。

由于钢坯中心与表面有较大的温差，需要在钢坯表面温度不变的情况下将高温段延长进行均热。

令允许温差值为 50℃，查询表 3-17，中高碳钢 1200℃ 条件下热导率 $\lambda$ = 29.5W/(m·℃)，查《工业炉设计手册（第 3 版）》中的相关表，此时钢坯的比热容 $C_p$ 值约为 0.691，代入式（3-17），计算钢坯热扩散率：

$$\alpha = \frac{\lambda}{C_p \times G} = \frac{29.5}{0.691 \times 7850} = 0.00544$$

$$\frac{\Delta t'}{\Delta t} = \frac{50}{74} = 0.68$$

查询图 3-25，以加热钢坯相当于短圆柱体曲线编号 2，在比值 0.68 处得到 $F_0$=0.015，计算第五计算段的加热时间：

$$\tau_5 = F_0 \times \delta^2/\alpha = 0.015 \times \frac{0.3^2}{0.00544} = 0.25(\text{h})$$

钢坯的摆放间距对加热时间有一定的影响，放置间距的示意图如图 3-26 所示。当圆柱钢坯紧靠时，对应系数值 $M$=2，如果加大钢坯之间的放置间距，对应系数值 $M$=1.4。

⑨ 计算结果。综合上面的计算，以直径 $\phi$600mm 的车轮钢坯作为典型案例，总的加热时间计算值：

$$\tau = \tau_1 + \tau_2 + \tau_3 + \tau_4 + \tau_5 = 1.7 + 1.2 + 0.9 + 1.3 + 0.25 \approx 5.3(\text{h})$$

若加大钢坯的放置间距，置放系数：$\frac{1.4}{2}\approx 0.7$，那么 $\tau$ 的时间计算为 5.3×0.7≈

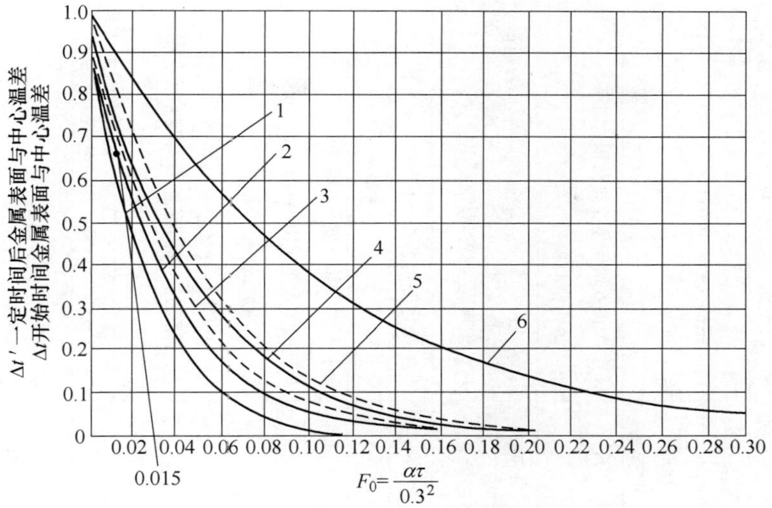


图 3-25　钢材截面温差与实践的关系 $F_0$

1—球状钢坯；2—短圆柱体状；3—立方体状；4—长圆柱体状；5—长角棒状；6—平板状

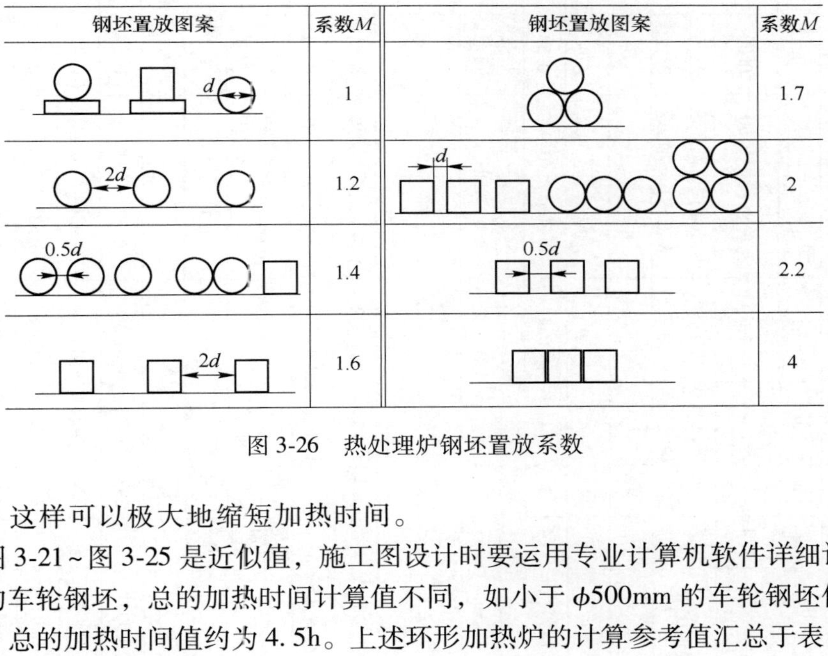


图 3-26　热处理炉钢坯置放系数

3.75(h)，这样可以极大地缩短加热时间。

注：图 3-21～图 3-25 是近似值，施工图设计时要运用专业计算机软件详细计算；加热不同规格的车轮钢坯，总的加热时间计算值不同，如小于 $\phi$500mm 的车轮钢坯作为典型产品计算时，总的加热时间值约为 4.5h。上述环形加热炉的计算参考值汇总于表 3-19 中。

（7）含碳量对加热时间的影响

根据生产实践的数据分析，钢中的碳含量增加，钢坯的透热时间也会随之增加。设计人员曾在实际生产中对在环形炉中加热的中高碳钢车轮钢坯进行过多次的实测，含碳量不同的钢坯其加热温度和时间对照见表 3-20。

（8）确定和设计绘制加热曲线

按照上述的车轮钢坯锻前加热时间计算含碳量（质量分数）0.6%、直径 $\phi$600mm 的轮坯加热曲线设计图，如图 3-27 所示。

**表 3-19 环形炉轮坯加热时间理论计算汇总**

| 项目 | 计算公式 | 系数 | | 炉膛高度 | 炉底宽度 | 单位有效炉段长度 | 辐射气体区域的容积 | 单位炉膛的总表面积 | 工件直径 | 加热厚度 | 比热容 | 计算辐射厚度 | 公式说明 |
|---|---|---|---|---|---|---|---|---|---|---|---|---|---|
| | | | | $H_t$ | $W$ | $L_1$ | $V$ | $A$ | $\phi$ | $\delta$ | $C_p$ | $S$ | $V$：充满辐射气体区域的容积 $m^3$ |
| | | | | m | m | m | $m^3$ | $m^2$ | m | m | kJ/(kg·℃) | m | $A$：该容积总表面积 $m^2$ |
| 计算辐射厚度 | $\delta_f=0.9\times 4V/A$ | 0.9 | 4 | 1.4 | 3 | 1 | 4.2 | 8.8 | 0.60 | 0.30 | 0.691 | 1.72 | $C_p$：钢的比热容 0.691 |
| 计算辐射角度系数 | | 碳钢比重 | | 炉膛高度 | 炉底宽度 | 单位有效炉段长度 | 炉内壁面积 | 原坯端面表面积 | 圆坯表面积 | 轮坯高度 | 热扩散率 | 辐射角度系数 | $\lambda$：热导率 W/(m·℃) |
| | | $G$ | | $H_t$ | $W$ | $L_1$ | $A_b$ | $A_g$ | | $H$ | $\alpha$ | $\varphi_b$ | $A_g$：炉内 6 块钢坯受热面积合计 $m^2$ |
| | | $kg/m^3$ | | m | m | m | $m^2$ | $m^2$ | $m^2$ | m | $m^2/h$ | | $A_b$：炉内壁面积 $m^2$ |
| | $\varphi_b=A_g/A_b$ | 7850 | | 1.4 | 3 | 1 | 6.1 | 0.565 | 0.942 | 0.50 | 0.00544 | 1.483 | 查图 $\varepsilon_{qL}$、$\varepsilon_{qH}$：预热段、高温段炉气黑度 |
| 计算辐射系数 | | | | | | | | | 钢材黑度 | 炉气黑度 | 黑体辐射系数 | 辐射系数 | $\varepsilon_g$：预热段、高温段钢材黑度 |
| | | | | | | | | | $\varepsilon_g$ | $\varepsilon_q$ | $C_0$ | $\sigma$ | $C_0$：黑体辐射系数 5.675W/($m^2\cdot K^4$) |
| | | | | | | | | | | | W/($m^2\cdot K^4$) | W/($m^2\cdot K^4$) | |
| | $\sigma_L[W/(m^2\cdot K^4)] = C_0\varepsilon_g\varepsilon_{qL}\times[\varphi_b(1-\varepsilon_{qL})+1]/\{\varphi_b(1-\varepsilon_{qH})[\varepsilon_g+\varepsilon_{qH}(1-\varepsilon_g)]+\varepsilon_{qH}\}$ | | | | | | | | 0.79 | 0.28 | 5.675 | 2.186 | $U$：相对开始温度$=T_s/T_i$ |
| | $\sigma_H[W/(m^2\cdot K^4)] = C_0\varepsilon_g\varepsilon_{qH}\times[\varphi_b(1-\varepsilon_{qH})+1]/\{\varphi_b(1-\varepsilon_{qH})[\varepsilon_g+\varepsilon_{qH}(1-\varepsilon_g)]+\varepsilon_{qH}\}$ | | | | | | | | 0.79 | 0.24 | 5.675 | 1.928 | $K_p$：尺寸准数$=10\times\sigma\delta/\lambda\times(T_i/1000)^3$ |
| 分段计算时间 | 计算公式 | | | 傅里叶准数 | 初始温度 | 终端平均炉温 | 尺寸准数 | 相对温度 | 时间准数查图 | 不完善度 | 热导率 | 加热时间 | $T_i$：平均炉温$=T_s+273$<br>$T_b$：各段终了处钢坯表面中心温度$=T_i(1-\theta_b)$ |
| | | | | $F_0$ | $T_s$ | $T_i$ | $K_p$ | $U$ | $K_b$ | $\theta_d$ | $\lambda$ | $\tau$ | $T_d$：各段终了处钢坯底面中心温度$=T_i(1-\theta_d)$ |
| | | | | | K | K | | | W/($m^2\cdot$℃) | | W/(m·℃) | h | |
| | $\tau_1 = K_b/100(\sigma_L/b)^2(T_i/1000)^6$ | | | | 293 | 1323 | 0.36 | 0.22 | 0.11 | 0.57 | 42.40 | 1.7 | |
| | $\tau_2 = K_b/100(\sigma_L/b)^2(T_i/1000)^6$ | | | | 620 | 1423 | 0.54 | 0.436 | 0.115 | 0.42 | 35.00 | 1.2 | $b$：热惰性系数=200， |
| | $\tau_3 = K_b/100(\sigma_L/b)^2(T_i/1000)^6$ | | | | 890 | 1523 | 0.88 | 0.585 | 0.14 | 0.30 | 26.20 | 0.9 | $\alpha$：热扩散率$=\lambda/C_p\times G$ |
| | $\tau_4 = K_b/100(\sigma_L/b)^2(T_i/1000)^6$ | | | | 1157 | 1573 | 0.80 | 0.73 | 0.18 | 0.127 | 28.00 | 1.3 | $\theta_d$：钢坯底面加热不完全度$=1-T_d/T_i$ |
| | $\tau_5 = F_0\delta^2/\alpha$ | | | 0.015 | 1398 | 1573 | | | | 0.080 | 29.50 | 0.25 | $\theta_b$：钢坯表面加热不完全度$=1-T_b/T_i$<br>$K_b$：查图 |
| 合计时间 | 计算时间合计 $\tau = \tau_1+\tau_2+\tau_3+\tau_4+\tau_5$ | | | | | | | | | | | 5.3 | |
| | 变化放置系数，则均热时间缩短 | | | 0.7 | | | | | | | | 3.75 | |

**表 3-20 轮坯含碳量、温度与加热时间对比**

| 工件类别 | 对比测试钢坯项目 | 含碳量（质量分数） | 预热段 | 加热Ⅰ段 | 加热Ⅱ段 | 均热段 | 坯料加热最终温度 | 对比加热时间 |
|---|---|---|---|---|---|---|---|---|
| | | % | ℃ | | | | | h & min |
| 1 | $\phi$840 轮坯 | 0.5~0.6 | ≤850 | 1100~1200 | 1280~1320 | 1280~1320 | 1200~1250 | 5h15min |
| 2 | $\phi$915 轮坯 | 0.5~0.6 | ≤850 | 1100~1200 | 1280~1320 | 1280~1320 | 1200~1250 | 5h30min |
| 3 | $\phi$840 轮坯 | 0.61~0.7 | ≤850 | 1100~1200 | 1280~1320 | 1280~1320 | 1200~1250 | 5h20min |
| 4 | $\phi$915 轮坯 | 0.61~0.7 | ≤850 | 1100~1200 | 1280~1320 | 1280~1320 | 1200~1250 | 6h |

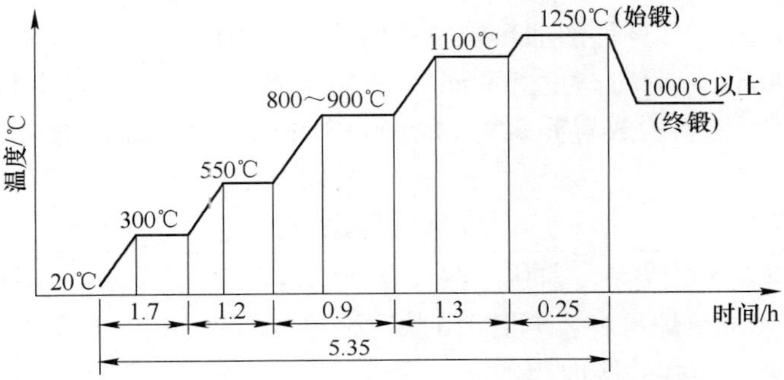


图 3-27 $\phi$600mm 轮坯的锻前加热理论计算曲线

（9）计算环形加热炉的生产能力、设备数量和生产负荷率

钢坯加热工序的工程工艺设计中，另一项任务是选配合理数量的加热设备。

企业现代化的生产调度是根据合同订单安排的，生产间隔常常很不均衡，当订单量较少时，交货时间会有所延长，以便汇集多个订单后开机生产；当订单量较大时，就要求加热设备能够容纳较重的生产能力，以最快的速度完成客户的合同规定。钢坯加热设备一旦开炉，正常情况下不会任意停炉，因此，公称时间损失系数为 1，而锻轧设备的公称时间损失系数为 0.75~0.85，为与后续工序的生产节奏相适应，本节按年工作天数 250d，公称时间损失系数 0.75 进行演示计算。

加热工序的表 3-15 中显示了需要加热供给锻轧工序的合格坯料为 313425 块/a，折合 182860t/a。环形炉为实炉底，属于单面加热，设定坯料的加热温度为（1250±5）℃，依据设定的直径和高度，在入炉加热时间 4.5~5.0h 的条件下，求环形加热炉的设备数量和设备生产负荷率，计算如下。

1）运用式（2-3），计算环形加热炉的小时生产能力：

$$Q_a = \frac{G_a}{D \times 24 \times k} = \frac{182860}{250 \times 24 \times 0.75} = 40.6(\mathrm{t/h})$$

运用式（2-2），计算环形加热炉的小时生产率：

$$Q_n = \frac{G_n}{D \times 24 \times k} = \frac{313425}{250 \times 24 \times 0.75} \approx 70(\text{片/h})$$

计算结果，环形炉的生产能力达到 40.6t/h、生产节奏达到 70~72 块/h。若按照年工作 300d 计算，坯料加热的环形炉生产能力为 33.9t/h、节奏仅为约 58 块/h。按此分析，设计生产能力时需要通盘进行考量，使加热工序与锻轧工序的生产率有一个平衡点，选择最佳的综合值。

2）代入式（2-4），按上述最短的坯料加热时间，坯料单重平均700kg，计算环形加热炉最大装炉量：

$$Q_p = \frac{Q_a \times V_h}{g} = \frac{40.6 \times 3.75}{0.7} \approx 218(\text{块})$$

计算结果：环形炉每炉可以容纳约216~218块钢坯，为充分合理地利用环形炉的炉底面积，坯料设计沿圆周平层3排布置，每排72块，除去进出炉门占用的面积外，炉底坯料摆放通常能够放置坯料216块。

3）代入式（2-5），计算环形加热炉单位面积小时生产率：

轮坯直径 $\phi$500mm、平均高度500mm、平均单重约700kg，装出料机的操作钳需要350mm的空间，每个坯料的放置间距为500mm+350mm=850mm，每块坯料的周边最大占地面积1.2$m^2$。

$$Q_m = \frac{G_n \times g}{D \times 24 \times k \times Q_p \times A} = \frac{313425 \times 700}{250 \times 24 \times 0.75 \times 216 \times 1.20} \approx 188[\text{kg}/(\text{m}^2 \cdot \text{h})]$$

计算结果：环形加热炉每炉装炉量216块时，单位面积小时生产率约188kg/($m^2$·h)。

4）计算加热炉中径和炉底面积：

$$\phi = 360 \times Q_a \times \tau \times L/[f \times g \times \pi \times (360 - \beta)] \tag{3-18}$$

$$m = \phi \times \pi \times W$$

式中　$\phi$——环形炉中径，m；

$m$——炉底面积，$m^2$；

$\tau$——加热时间，h，平均坯料加热时间取4.5h；

$L$——坯料中间距，mm；

$f$——布料排数，3排；

$\beta$——炉门夹角，18°；

$W$——炉底宽度，m。

计算：

$$\phi = \frac{360 \times 40.6 \times 4.5 \times 850}{3 \times 700 \times \pi \times (360 - 18)} \approx 24.8(\text{m})$$

$$m = 24.8 \times \pi \times 3.0 \approx 234(\text{m}^2)$$

计算结果：环形加热炉中径需要24.8m，炉底设计宽度为3.0m左右、炉门开启最小夹角18°时，炉底计算面积约234$m^2$。

考虑到砌砖尺寸、炉壁内缘的结构要求和布料方式，炉型选定尺寸：炉子外径定为约 $\phi$28.0m，内径定为约 $\phi$20.0m。

5）验证炉底宽度：

$$W = f \times i + (f + 1) \times S$$

式中　$S$——钢坯边缘之间或钢坯端头与炉墙之间的距离，取0.3m；

$i$——坯料放置长度，m。

设定坯料长度600~900mm，验算：

$W_1 = 3 \times 0.6 + (3 + 1) \times 0.3 = 3.0(\mathrm{m})$ ——圆柱钢坯垂直放置加热时

$W_2 = 2 \times 0.9 + (2 + 1) \times 0.3 = 2.7(\mathrm{m})$ ——较长钢坯水平放置加热时

从计算结果分析，当较短的钢坯放于炉底，布料平层排列 3 排时，炉底宽度需要 3m；当较长的钢坯采取水平放置于炉底时，平层布料排列 2 排，炉底宽度 2.7m 足矣，综合考虑，环形加热炉的炉底净空宽度定为约 3.0m 为宜。

6）环形加热炉的数量。从表 3-15 可以看出，每年需要供给锻轧工序的合格加热车轮钢坯数量为 313425 片/a，环形加热炉的小时生产率 70～72 块/h，每天 3 班工作，年工作天数按 250d，时间损失系数 $k = 0.75 \sim 0.85$，进行作业分析，计算需要环形炉的数量：

$$N = \frac{G_n}{D \times 24 \times k \times 72} = \frac{313245}{250 \times 24 \times 0.75 \times 72} = 0.967(\text{座})$$

$$N = \frac{G_n}{D \times 24 \times k \times 72} = \frac{313245}{250 \times 24 \times 0.85 \times 72} = 0.854(\text{座})$$

最终计算结果，当年工作 250d 时，公称时间损失系数 0.75，中径 $\phi$24.8m 的环形加热炉计算数量为 0.967，选用 1 座炉子，设备的生产负荷率高达 96.7%；若公称时间损失系数按 0.85 计算，设备的生产负荷率则为 85.4%，较为宽松，因而工程设计时需要很好地衡量工艺设备的工作制度。

7）环形加热炉的布料形式。设计坯料沿环形炉的圆周平层布料，常规作业时每排 72 块，共 3 排，布料转动角度计算：

$$\beta = \frac{360 - 18}{72} = 4.75°$$

计算结果：装出料炉门中心的最小夹角定为 18°时，环形炉每次转动角度 4.75°，由于坯料的规格不同，装炉数量不等，环形炉的转角设计为 4.75°、6°、7.125°几个不同的角度。

（10）环形加热炉的设计委托

工业用的大型环形加热炉是非标设备，要由专业的工业炉设计和制造部门单独进行设计。工程工艺设计专业根据上述的计算结果和参数向工业炉专业提出以下的设备设计委托任务：

1）铁路车轮的产品方案、钢种、坯料规格、坯料单重；

2）推荐或确定车轮钢坯加热和热处理的炉型（包含步进式炉、环形炉、推钢式炉、隧道式炉、井式炉、台车式炉等）；

3）根据计算，提出工业炉需要满足的最大产量、最大出料频率，小时平均和最大生产率；

4）加热炉的布料方式，炉子的座数；

5）采用环形炉时炉门的装出料夹角、炉子的中径；

6）工业炉的所在车间跨度、平面布置、区间、起重机吨位和轨面标高；

7）车轮工件的初步加热曲线、冷却方式；

8）炉子的装出料机械以及装出料机械连接的上料和下料方式；

9）工业炉的燃料种类、条件、介质来源、发热值、接口坐标；

10）烟囱的方位、限高要求，烟气的余热利用方式和形式。

（11）高温段过热和炉内气氛对钢坯的影响

1）加热时高温段的影响。钢坯加热温度超过 1250℃以上时，氧化速度迅速扩大，表面氧化铁皮开始熔融，钢坯的烧损增加。

2）炉内气氛对钢坯氧化的影响。炉内燃烧的气体对加热过程中钢坯氧化的影响也很大。生产操作时应将高温段内的烧嘴进风开得小一些，低温段内烧嘴进风开得大一些，以控制炉内气氛。实践证明，燃气与助燃空气量和空气温度达到合适的比例时，会在较短的时间升至规定的温度并减少钢坯氧化的作用。

3）钢坯烧损的测试。在热加工工程工艺设计中，金属平衡的计算是相当关键的内容。工件的烧损对金属收得率有重要影响。为了得出准确的数据，设计人员曾经对 $\phi$1050mm 车轮钢坯的各加热阶段的氧化铁皮厚度和掉落渣滓进行过实际的测量和称重，测试后验证了理论计算与实践结果是相一致的。

在同等炉内气氛的条件下，同样规格的钢坯在高温段中持续停留时间长短对氧化铁皮厚度的影响见表 3-21。

**表 3-21 钢坯在高温下持续时间对氧化铁皮的厚度影响**

| 钢坯件号 | 对比项目 | 单位 | 预热段 | 加热Ⅰ段 | 加热Ⅱ段 | 均热段 | 氧化铁皮厚度 | 钢坯重量烧损比 |
|---|---|---|---|---|---|---|---|---|
| | | | | | | | mm | % |
| 1 | 温度 | ℃ | 970 | 1150~1180 | ~1300 | ~1300 | 5 | ~4 |
| | 时间 | min | 55 | | 250 | | | |
| 2 | 温度 | ℃ | 900 | 1150~1250 | ~1300 | ~1300 | 2.5 | ~2 |
| | 时间 | min | 300 | | 70 | | | |

（12）环形加热炉的设备组成和主要技术参数

环形加热炉由机械设备、耐材砌筑、钢结构、燃嘴、空燃系统、排烟系统、水冷系统、液压系统、润滑系统、电控和仪控系统、配电柜、PLC 控制柜、操作编程/运行平台系统、电脑显示器、45 英寸以上视频屏幕、打印机等组成。

1）炉子基本尺寸结论。根据上述的计算结果，车轮坯料加热宜选用环形炉，中径 $\phi$24.8m，炉膛宽约 3000mm，炉膛高度 1400mm，炉台面标高+0.8m 是合理的。

2）炉型分段。环形炉分为装出料区、预热段、一加热段、二加热段、三加热段、均热段区。炉内设水冷隔墙，用于各区段相互隔离，减少高温烟气溢出和冷风吸入。内外环墙与转动炉底之间采用水封。

3）耐材砌筑。环形加热炉砌筑采用复合砌筑炉衬。炉顶和炉墙及炉底为耐火浇注料、耐火纤维毡、纤维浇注料、黏土质隔热耐火砖、抗渣浇注料等复合结构。

烟道的烟管内衬采用轻质浇注料和纤维毡保温，烟道采用黏土质隔热耐火砖和纤维板结构。

4）钢结构。环形炉的炉底、炉侧采用普碳钢板和型钢的焊接结构，炉顶采用大型钢梁及小型钢吊梁焊接，内外环和炉顶设计有操作和检修用的钢制平台以及支撑炉顶和烟道的钢结构支架。

5）烧嘴。环形加热炉采用的烧嘴分两类：高速烧嘴/亚高速烧嘴和平焰烧嘴。高/亚高速烧嘴用于各燃烧段供热，平焰烧嘴用于出料口进行火封。

平焰烧嘴的结构是按分段燃烧法进行设计的，具有火焰稳定、燃烧完全、调节灵活以及低 $NO_x$ 生成等特点。

高/亚高速烧嘴为高性能 SiC 合成材料的燃气烧嘴，烧嘴具有火焰稳定、燃烧完全、调节灵活以及低 $NO_x$ 生成等特点，烧嘴的速度可以达到 100~120m/s，高温燃烧产物喷入炉膛产生强对流炉气循环，以脉冲方式进行控制以促使炉膛温度均匀，同时，配置自动点火以及火焰监测手段。

6）空燃系统。采用天然气作为燃料时，燃气总管配有蝶阀、眼镜阀、快速切断阀、减压阀以及流量测量装置和必要的 $N_2$ 气吹扫系统。

由于采用脉冲控制的燃烧系统，主要的控制功能在烧嘴前实现。每个烧嘴前的空气管路配置了空气电磁阀、高温切断蝶阀及点火装置，烧嘴前的天然气管路配置了燃气快切阀和密封蝶阀。

空气管道系统中有助燃高压离心风机。风机的进出口有相应的消音、调节、隔震、降噪措施和装置。

在空气预热器出口的热风总管上有热风放散管道及热风放散阀，当热风温度超过设定值时自动放散热风，保护预热器。

7）安全报警。为安全起见，在停炉以及燃气切断吹扫管道时，有氮气吹扫系统。车间内的工业炉周边设计低氧报警装置，如遇烟气泄漏造成周围环境氧气含量低于标准值，立即自动报警。

8）排烟系统。从环形加热炉排出的烟气经地下（或架空）助燃空气预热器（预热温度约 450℃）、烟道闸板以及水平烟管穿出厂房，最后由厂房外的烟囱将其排出。根据炉膛压力的变化开启烟道上的电动调节阀，调节炉内压力。

环形加热炉的烟气余热温度很高，超过 450℃，有烟气余热利用的价值。可在烟道上设计一个旁通烟道，热烟气通过调节阀引出并进入溴化锂机组，采用溴化锂换热技术，夏季或冬季由溴化锂机组及时送出冷水或暖水，作为厂房和建筑物空调系统的能源。经过处理后的低温烟气，再汇至总烟道，由烟囱排入大气。

烟囱入口处装有排烟引风机，烟囱高度不超过 30m，出口内径 $\phi$1.8m。天然气燃烧后的烟气排放符合国家标准。

9）环形炉的电讯监控系统。环形加热炉前方采用高温型工业监视探头对装出料现场进行摄像，反馈装出料运行的全部过程，操作室内安装相配的彩色监视器，实时收视和录制全过程。

10）环形加热炉的水冷系统。环形加热炉的循环水冷却系统有两种：一是净循环水，用于炉内水冷隔墙、水冷炉门框、装出料机械手的钳杆、液压站等设备和部位的冷却，净循环水消耗量约 $60m^3/h$，水压 0.3MPa，回水是有余压的，依靠压力回流到厂内的总循环水泵站集中处理；二是浊循环水，用于水封，浊循环水供水量约 $40m^3/h$，水压 0.3MPa，回水为泄压状态，直接自流排放到浊环水沉淀水池处理。

生产当中有时会出现临时停电现象，一旦停电，正常供水的循环水系统将无法供水，为防止部件被高温损坏，以往的救援措施都是建设一个几十米的高位水塔，当事故停水时，打开阀门，高位水塔的水流依靠自重流入需要冷却的设备管道中继续冷却。现在的机械加工工程设计中不再采用建设高位水塔的做法，而是在水循环系统中加设紧急柴油泵，当出现临时停电停水时，在短短的数秒内，循环水泵房的柴油泵会自动启动，切换阀门，将自来水或净循环水池中的降温水作为应急水源继续供水。一般事故的通水冷却时间设计为 1h 左右，在此期间，设备通过持续降温，然后依靠本身的散热能力保持正常的状态，直至恢复系统的正常供水，重新启动设备运行。

11）电控和仪控系统。环形加热炉设备的基础自动化包括电控和温度仪控系统，采用 SIEMENS Sx 系列 PLC 作为中央控制设备，WINCC 工控软件和工控机组成人机界面系统（HMI），用以分别对电气、仪表系统进行在线监视操作。

采用 PROFIBUS-DP 网络，将 HMI、PLC 与现场设备结合，实现整体自动控制。设计中加热炉有与锻压和辗轧生产线系统及优化控制系统通信的接口。

12）主要技术参数。环形加热炉主要性能和技术参数见表 3-22（根据具体的工程情况设置）。

**表 3-22　环形加热炉的主要技术性能和参数**

| 序号 | 项目 | 单位 | 参数 | 序号 | 项目 | 单位 | 参数 |
|---|---|---|---|---|---|---|---|
| 1 | 炉型及用途 | | 锻前钢坯加热用 | 11 | 燃气接点流量（标态） | $m^3/h$ | 2700 |
| 2 | 钢坯规格 | mm | 直径 $\phi$390~600 | 12 | 助燃空气耗量 | $m^3/h$ | 约 24000 |
| | | | 高度 420~800 | 13 | 炉用设备装机电容量 | kW | 约 280 |
| 3 | 钢坯单重 | kg/块 | 380~1500 | | 电压 | V | 380 |
| 4 | 加热钢种 | | 优质中高碳素钢、低合金钢 | 14 | 烧嘴形式及数量 | 个 | 高速/亚高速烧嘴 96 |
| | | | | | | 个 | 平焰烧嘴 2 |
| 5 | 钢坯装料温度 | ℃ | 室温 | 15 | 净环水/浊环水消耗量 | $m^3/h$ | 60/40 |
| 6 | 钢坯加热温度 | ℃ | 1250±5 | | 压力 | MPa | 0.3 |
| 7 | 炉子生产能力（最大） | t/h | 40.6 | 16 | 环形炉中径 | m | $\phi$24.8 |
| | 小时生产率 | 块/h | 58~80 | 17 | 单位炉底面积小时生产率 | kg/（$m^2$·h） | 188 |
| 8 | 设计装炉量（单层布料） | 块 | 常规装炉量 216，每排 72，共 3 排 | 18 | 炉底宽 | mm | 3100 |
| 9 | 燃料种类（发热值） | $kJ/m^3$ | 天然气（8500×4.18） | 19 | 装出料门夹角 | （°） | 18 |
| 10 | 单位热耗 | kJ/kg | 1500 | 20 | 布料夹角 | （°） | 4.75、6、7.125 |

（13）钢坯加热设计中的特殊性问题

通过多年的生产实践的总结，环形加热炉的主要工艺设计参数有一些特殊性的问题，是设计中要格外注意的。

1）采用低合金钢材质制造车轮时，钢锭原料是采用真空自耗或电渣重熔的方式冶炼的，钢锭中的夹杂物极少，组织晶粒容易出现长大，因此，锻前的加热温度要比常规温度降低，一般低 40℃左右，即钢坯加热的出炉温度 1200℃，始锻温度约 1160℃。

2）碳素钢的加热速度是指单位时间内钢锭的升温程度，即横截面热透系数。当钢坯预热阶段温度达到 700~800℃时，由于温度较低、塑性差，金属基体组织在转变之际，如果温度应力和组织应力超过钢材抗拉强度，就会产生裂纹。因此，这一阶段的温升速度不宜过快。钢坯加热阶段达到 800~1200℃时，为了抵消高温脱碳现象的影响，这一阶段的温升速度应适当加快，直至达到设定温度，此后的均热目的是使钢坯稳定在一个几乎没有温差的环境中，直至出炉。

3）从各个钢厂锻造工件加热的经验总结看，一味采取钢坯快速加热的方式，虽然减少了能耗，但是钢材的烧损却很严重，从成本方面衡量考虑，采用经济型速度的加热工艺是既保持加热速度又降低烧损的好思路，因此，选取合理的单位时间内钢坯表面的升温程度参数极为重要。

4）我国钢铁厂内的大型锻件生产以及轧钢生产线基本都实现了热装工艺，即钢锭或连铸钢坯温度尚未完全冷却，甚至芯部尚保持液态时，就用保温运输车送至锻造车间或轧钢车间进行下一步的锻造或轧制工序生产，因此，如果新建的车轮厂与钢铁厂距离不远，应统筹考虑热装方案。多年来，热装方案的能源消耗有专业性的统计：钢坯每提高 50℃热装，加热炉可以节约 3%~4%的能耗，产量可以提高 3%~5%。

5）锻压生产线的装备，其工作时间不能计算得过于饱满，根据钢铁企业锻压车间多年客观的生产管理数据归纳，生产中标准的额定年时基数很难达到，设计中按照年工作 300d、3 班生产、公称时间损失系数 $k=0.75$，年时基数 5400h 较为合理。以此为基准，小时产量按 60 片/h 粗算，一条车轮生产线的能力定在 300000~360000 片/a 是符合产能实际的。工程项目的产量不宜搞得过大，钢坯的热加工生产规模需要与生产设备的能力相匹配。

（14）坯料加热工序主要工艺设备汇总

坯料加热工序的生产设备包括环形加热炉、智能型装出料机械手以及上下料的走行输送小车或板链输送机、检修起重机、氧化铁皮渣滓地下输送机械、液压站等。主要工艺设备汇总见表 3-23。

**表 3-23 坯料加热工序主要工艺设备**

| 序号 | 设备名称 | 单位 | 数量 | 重量/t | | 序号 | 设备名称 | 单位 | 数量 | 重量/t | |
|---|---|---|---|---|---|---|---|---|---|---|---|
| | | | | 单重 | 总重 | | | | | 单重 | 总重 |
| 1 | 环形加热炉上料输送机 | 套 | 1 | 30 | 30 | 5 | 环形加热炉出料输送机 | 套 | 1 | 30 | 30 |
| 2 | 智能装料机械手 | 台 | 1 | 15 | 15 | 6 | 氧化铁皮地下输送机 | 套 | 1 | 5 | 5 |
| 3 | 智能出料机械手 | 台 | 1 | 15 | 15 | 7 | 检修用桥式吊钩起重机 | 台 | 1 | 15 | 15 |
| 4 | 中径 $\phi$24.8m 坯料环形加热炉 | 座 | 1 | 1700 | 1700 | 8 | 环形炉液压站 | 套 | 1 | 15 | 15 |

（15）车间工艺布置

1）坯料加热工序的车间面积。坯料加热工序中的主要区域为环形加热炉安装区、装出料机械安装区、坯料上下料输送机械安装区、风机房、液压站、燃气站、溴化锂机房和管道、吹扫用的氮气储罐、操作室和电气室、净循环水和浊循环水管道区、积水池、排烟烟道、烟囱等。车轮钢坯加热工序至少需要车间面积约 4000m$^2$。

2）坯料加热工序的车间工艺布置。加热工序在选配好了能力相配的设备后，接踵而来的就是进行车间工艺布置设计。坯料加热工序的车间工艺布置剖面和平面图如图 3-28、图 3-29 所示。

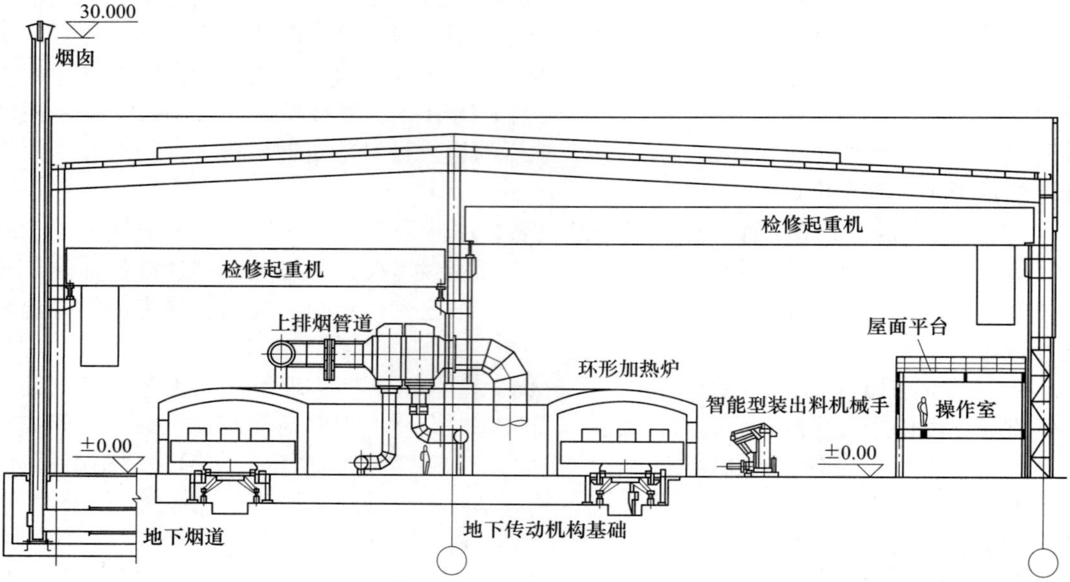


图 3-28 坯料加热工序车间工艺布置剖面图

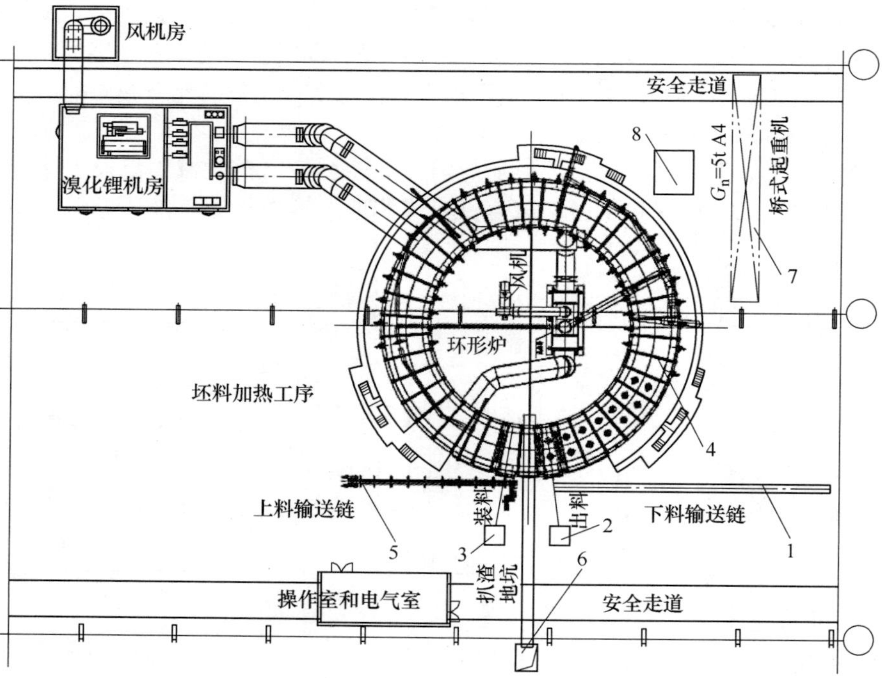


图 3-29 坯料加热工序车间工艺布置平面图

1—上料输送机构；2—智能型装料机械手；3—智能型出料机械手；4—中径 ϕ24.8m 环形加热炉；5—环形加热炉出料输送机构；6—氧化铁皮地下输送机；7—检修用桥式吊钩起重机；8—液压站

设计厂房标高时，环形炉顶部空气管道的上方应留出起重机运行通道的空间。当采用上排烟方式时，先绘制烟道和支架的剖面，画出详图确认没有碰撞时最终确定厂房的高度。

生产用的净循环水泵房在全厂内统一考虑，在车间内的足够场地中，设计浊循环水积水池，基本采用靠近加热炉附近的地下空间。氮气储存的液氮罐布置间距应符合国家相关标准。烟囱布置在车间厂房外侧，如果加热车间处在连跨厂房的中部，就从两连跨厂房的柱子中间穿过吊车梁的空隙伸出屋面通出车间外。

3.3.5.4 高压水除鳞工序的工艺设计和设备选配

(1) 高压水除鳞工艺

高压水除鳞装置的装出料采用智能型机械手。机械手由平行连杆臂构成，有多个自由度动作，从环形加热炉出料后的输送辊道尾端料台上夹持坯料送入高压水除鳞机中，除鳞后，再从除鳞机中取出坯料，回转直接送入锻轧工序的第一个模锻锻压机——镦粗液压机中。

除鳞机采用高压水喷射，强力将高温钢坯表面的氧化铁皮冲掉，为防止除鳞时水汽和粉尘飞溅，除鳞装置四周安装了围挡和进出料液压活动门。进行冲洗作业时活动门落下，形成四面围挡；冲洗后，活动门开启，机械手方便地伸入门内将钢坯夹持取出。

喷射坯料的冲洗水中带有氧化铁皮，落入设备下部的浊循环水沉淀池中，经过沉淀和过滤，加压回送到高压水除鳞装置，循环使用。

(2) 高压水除鳞装置的水系统参数

高压水除鳞装置的浊循环水喷射量设计为 380m$^3$/h，压力 32MPa。除鳞生产节奏与锻轧生产线一致，直接对坯料的喷射水的时间为 7~10s/块，加上进出料时间，节奏为 36s/块。在这么短的时间内，钢坯料段的表面温度降低很小。高压水除鳞装置的循环水系统是自循环，设计约 20m$^3$/h 的补充水。

(3) 除鳞氧化铁皮

满负荷生产时，高压水除鳞的浊水池中，氧化铁皮每日累计增加量不到 5t，用泥浆泵抽出后脱水、挤压、打包收集，定期出售给回收企业。

3.3.5.5 锻压和辗轧工序的工艺设计和设备选配

(1) 铁路车轮锻压和辗轧变形工艺理论的新型应用

金属的变形方式有两种：一种是冷变形，一种是热变形。热变形时金属的晶粒移动抗力小，一般在金属的再结晶温度以上进行。不同碳元素含量的黑色金属再结晶温度曲线如图 3-18 所示。

金属材料的晶格组织在热状态下，通过压力向非压力方向有序流动，当晶格位错运动滑移至人为设定的位置条件时，形成理想形态，这就是车轮钢坯成型的金属塑性热变形理论的技术应用。

在不同的压力下，金属的力学性能会发生相应的变化，钢坯的初始体积形态在压力的作用下压缩至一定比例，称为锻压比。锻压比是技术人员根据不同的变化数值制定锻压生产工艺的重要依据，车轮钢坯的热变形压力大小，经过严格的公式计算以及计算机的有限元分析论证获得。

20世纪60年代的铁路车轮制造技术和装备水平，不论是苏联或者是其他西方国家以及当时的中国冶金工业，以现在的眼光衡量都属于较落后的状态，与现今的技术无法相比。第2章中叙述了当时的铁路车轮锻压和辗轧生产工艺，目前我国经过半个多世纪的进步和发展，在吸收国外先进技术的同时，积累了深厚的科学理论根底和应用技术储备，逐步形成了自己的冶金锻造和机械制造体系。

铁路车轮的制造是特殊锻压、特殊轧钢专业，如今的工艺选择、钢材的冶炼、锻压和辗轧装备生产线的自动化控制水平，都有自己独特的工艺技术，与当年相比可谓是改天换地了。以下对车轮锻造和辗环轧制的工艺选择和设备选配进行专业性的论述。

辗钢整体铁路车轮产品在制造选材方面，即使采用与以往相同钢号的钢材，在炼钢技术、质量和强度控制上都有了极大的提高。装备制造方面，国际和国内的可供优选的制造厂商云集，都能够集装备材料、结构性能、液压系统和计算机控制技术于一体，提供高度智能化、全新自动控制的锻压和辗轧生产线设备，如：

1）车轮的锻压变形方式、工艺技术虽然采用模型锻造，但是生产设备淘汰了水压机，取而代之的是全新的液压模锻机，液压模锻机的工作台在移动形式上彻底地进行了改变，新的模具和顶出机构的设计使模型内填充尺寸达到相当高的精度；

2）车轮的辗环轧制变形工艺技术有了改变，不再是卧式碾碾而是立式辗轧方式，根除了卧式轧机的上下轧辊由于动力不同产生的轧制偏差，实现了车轮辐板双侧非对称曲线造型而精度无差异的理想目标。

新技术的发展使得铁路车轮制造厂锻压工艺设备的选择中，将液压模锻机预镦粗冲孔、液压模锻机锻压成型、立式辗环轧机扩径轧制、液压模锻机压弯穿孔这一系列的装备组合成为新的工艺生产标配。

（2）锻压工序的金属消耗

1）金属消耗计算。锻压和辗轧生产线的设计同样要先计算整个工序中的金属消耗，以此为依据计算生产能力和小时生产率，确定了这些之后，锻压和辗轧以及整条作业线的生产主节奏就确定下来了。依据表3-4，计算锻压和辗轧工序的金属消耗，具体计算数据见表3-24。从计算结果得知，年产300000片/a成品车轮，锻压和辗轧工序的合格钢坯料段约311860块/a，折合约173720t/a。

2）锻压和辗轧工序的金属烧损和废品。从表3-24中可以看出锻压和辗轧工序每班产生的烧损氧化铁皮约8.8t、冲孔和锻余金属约34.7t、废轮金属约3.1t。这些废料和氧化铁皮通过废料溜槽进入各个设备基座下部的料头和废渣收集箱中，由输送小车从地下通道运出，再由车间起重机吊起收集箱，集中堆存，定期出售给回收公司。

**表 3-24 锻压和辗轧工序金属消耗量**

| 序号 | 种类 | 代表钢号 | 主要规格 | 年产成品车轮 | 下料高度 | 设计下料直径 | 锻轧量 | | 坯料单重 | 锻余及冲孔 | 烧损 | 废品 | |
|---|---|---|---|---|---|---|---|---|---|---|---|---|---|
| | | | | 片/a | mm | mm | t/a | 片/a | t/片 | t/a | t/a | t/a | 片/a |
| 1 | 机车车辆车轮 | CL60 | $\phi$840 | 65000 | 514 | 390 | 12432 | 27028 | 0.460 | 1865 | 472 | 168 | 365 |
| | | | | | 515 | 390 | 18649 | 40542 | 0.460 | 2797 | 709 | 252 | 547 |
| | | CL70 | $\phi$915 | 30000 | 541 | 420 | 6990 | 12474 | 0.560 | 1048 | 266 | 94 | 168 |
| | | | | | 541 | 420 | 10485 | 18711 | 0.560 | 1573 | 398 | 142 | 253 |
| | | CL60 | $\phi$1050 | 2500 | 665 | 435 | 767 | 1040 | 0.738 | 115 | 29 | 10 | 14 |
| | | | | | 665 | 435 | 1151 | 1559 | 0.738 | 173 | 44 | 16 | 21 |
| | | CL60 | $\phi$1250 | 2500 | 825 | 485 | 1181 | 1040 | 1.137 | 177 | 45 | 16 | 14 |
| | | | | | 825 | 485 | 1775 | 1559 | 1.138 | 266 | 67 | 24 | 21 |
| 2 | 动车高铁车轮 | R7 | $\phi$890 | 36000 | 576 | 390 | 7700 | 14969 | 0.514 | 1155 | 293 | 104 | 202 |
| | | | | | 576 | 390 | 11550 | 22454 | 0.514 | 1733 | 439 | 156 | 303 |
| | | R8 | $\phi$915 | 48000 | 568 | 390 | 10124 | 19959 | 0.507 | 1519 | 385 | 137 | 269 |
| | | | | | 568 | 390 | 15186 | 29938 | 0.507 | 2278 | 577 | 205 | 404 |
| | | R9 | $\phi$920 | 36000 | 525 | 420 | 8140 | 14969 | 0.544 | 1221 | 309 | 110 | 202 |
| | | | | | 525 | 420 | 12210 | 22454 | 0.544 | 1831 | 464 | 165 | 303 |
| 3 | 出口车轮 | R7，R8，R9 AAR-B 和 C | $\phi$920 | 24000 | 512 | 390 | 4563 | 9979 | 0.457 | 684 | 173 | 62 | 135 |
| | | | | | 512 | 390 | 6859 | 14969 | 0.458 | 1029 | 261 | 93 | 202 |
| | | | $\phi$710 | 12000 | 420 | 380 | 1782 | 4990 | 0.357 | 267 | 68 | 24 | 67 |
| | | | | | 420 | 380 | 2665 | 7485 | 0.356 | 400 | 101 | 36 | 101 |
| | | | $\phi$920 | 24000 | 605 | 435 | 6698 | 9979 | 0.671 | 1005 | 255 | 90 | 135 |
| | | | | | 605 | 435 | 10048 | 14969 | 0.671 | 1507 | 382 | 136 | 202 |
| 4 | 工矿和其他车轮 | 60 | $\phi$1000 | 10000 | 736 | 580 | 6033 | 4158 | 1.451 | 905 | 229 | 81 | 56 |
| | | | | | 736 | 580 | 9049 | 6237 | 1.451 | 1357 | 344 | 122 | 84 |
| | | 18CrNiMo7-6 | $\phi$978 | 10000 | 665 | 435 | 3072 | 4158 | 0.739 | 461 | 117 | 41 | 56 |
| | | | | | 665 | 435 | 4608 | 6237 | 0.739 | 691 | 175 | 62 | 84 |
| 合计 | | | | 300000 | | | 173720 | 311860 | | 26058 | 6601 | 2345 | |

（3）车轮锻压变形力的计算

确定工艺设计中的参数，首先要计算钢坯的变形力。本节的车轮钢坯热变形力的演算将介绍两种方式：一种是采用通用的计算公式；另一种是采用有限元分析的方式。有限元分析的计算方式仅将分析结果汇入文中。

本节给出的变形力计算的举例，读者可以根据自己的需要，在工程和实际的工作中，结合具体的情况予以借鉴和参考。

1）采用通用公式计算变形力。第一种计算方式采用参考文献［3］中金属材料的锻压力公式，计算镦粗、成型、压弯几个步骤的液压模锻机锻压力。由于车轮产品方案中的轮型较多，为达到有效涵盖最大规格的产品，以 $\phi$1250mm 直径的车轮作为典型代表产品进行分析。条件：加热工序后的坯料单重约 1137kg，轮坯直径约 $\phi$480mm、高度约 815mm、镦粗时飞边预设约 50mm，成型时轮坯直径预设 $\phi$1000mm、飞边 25mm。由于锻压比的数值较大，采取分步锻压，计算过程如下。

① 代入式（2-9）、式（2-10），计算车轮钢坯镦粗、预冲孔锻压力：

$$P_f = K \times Z \times F$$

$$F = R^2 \times \pi$$

式中 $K$——钢种系数，车轮工件的参考锻压比值，取值为 2. 3、1. 5；

$Z$——钢坯形状复杂系数，修正值取 7. 3。

计算如下：

$$P_f = K \times Z \times F = 2.3 \times 7.3 \times \left(\frac{48 + 10}{2}\right)^2 \times \pi \approx 44.3(\text{MN})$$

计算结果：钢坯镦粗、预冲孔的锻压力 44. 3MN，选用 50MN 的液压模锻机较为适宜。

② 计算车轮钢坯成型锻压力：

$$P_f = K \times Z \times F = 1.5 \times 7.3 \times \left(\frac{100 + 5}{2}\right)^2 \times \pi \approx 94.9(\text{MN})$$

计算结果：车轮成型的锻压力 94. 9MN，选用 100MN 液压模锻机较为适合。

③ 计算车轮压弯、穿孔锻压力。车轮锻压成型并辗环轧制之后，压弯锻压机对辐板进行压弯并对中心孔的连皮进行穿透，采用两个通用公式计算：压弯计算采用锻压力公式、穿孔采用冲裁力公式。预设辐板压弯区域直径范围约 $\phi$900mm，中心孔直径 $\phi$194mm，冲压余量约 17mm/单边，因而中心孔直径约 $\phi$160mm，连皮厚度 100mm，钢材的抗拉强度 910~1155N/mm²，应用参考文献［5］中的冲裁力计算公式：

$$P = 1.3P_0 = 1.3 \times \int \times L \times t \times R_m \tag{3-19}$$

$$P_0 = \int \times L \times t \times R_m$$

式中 $L$——冲裁周边总长，mm；

$t$——材料厚度，mm；

$\int$——屈强比，一般为 0. 6~0. 7，取值 0. 617；

$R_m$——金属材料的抗拉强度，MPa。

运用式（3-19），计算车轮中心的穿孔冲裁力：

$$P_1(910\text{N/mm}^2\text{时}) = 1.3 \times (160 \times \pi \times 100 \times 910 \times 0.617) = 1.3 \times 28.2 \approx 36.7(\text{MN})$$

$$P_2(1155\text{N/mm}^2\text{时}) = 1.3 \times (160 \times \pi \times 100 \times 1155 \times 0.617) = 1.3 \times 35.8 \approx 46.5(\text{MN})$$

代入式（2-9），计算车轮辐板压弯锻压力，由于压弯仅改变车轮辐板的形状而不改变截面积，故不考虑锻压比值：

$$P_f = K \times Z \times F = 7.3 \times \left(\frac{90}{2}\right)^2 \times \pi \approx 46.5(\text{MN})$$

计算结果：压弯锻压力为 46. 5MN。当车轮材质的抗拉强度为 910N/mm² 时，穿孔的冲裁力约 36.7MN；当车轮材质的抗拉强度为 1155N/mm$^2$ 时，穿孔的冲裁力为 46.5MN。车轮辐板压弯和穿透中心孔的上下模，是设计在同一台锻压机上连续操作作业的，锻压机的锻造力选择为 50MN 是适当的。

2）采用有限元软件（Marc）成型仿真方式计算锻压力，以下就车轮成型和压弯操作步骤进行分析。

① 车轮镦粗、成型锻压力分析。

• 先通过 Pro-E 建立精确的三维模型，上下模具及坯料如图 3-30 所示。

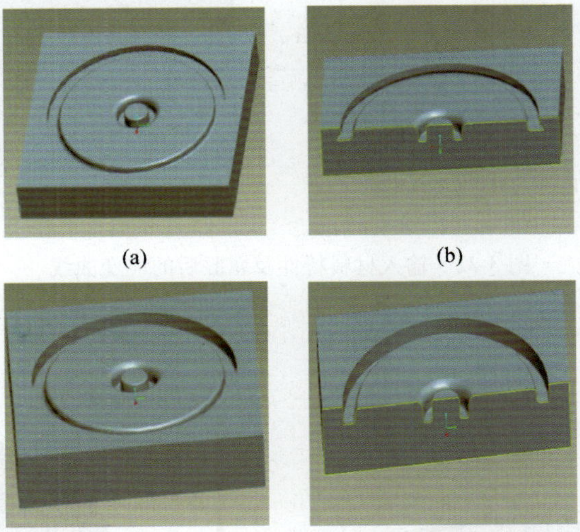

(a) (b) (c) (d)

图 3-30 Pro-E 建立的上下模具及坯料三维模型

（a）上模；（b）上模剖视图；（c）下模；（d）下模剖视图

• 参照锻压成型图，将模型参数输入 Marc 软件，形成车轮形态，如图 3-31 所示。

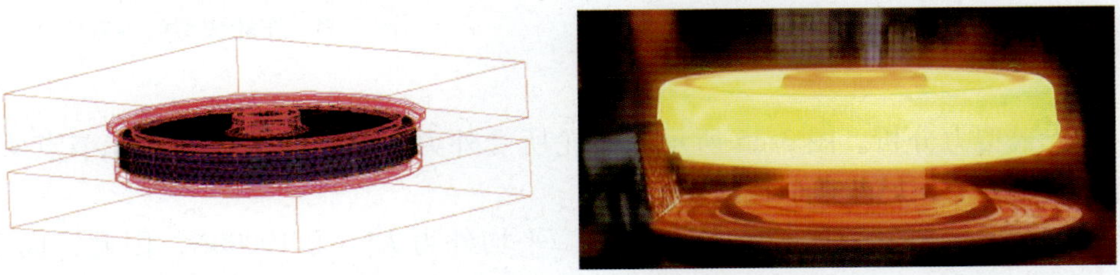

图 3-31 Marc 软件车轮成型图、锻压成型图

• 定义轮坯材料特性。定义上下模具为刚体，坯料为变形体。材料特性：弹性模量 $E=202000$MPa，泊松比 $v=0.3$，镦粗成型初始温度 1200℃，输入屈服后的应力应变曲线如图 3-32 所示。

• 仿真结果。模具与坯料之间的摩擦因子取 $m=0.6$，变形速度取 40mm/s，仿真结果分析如图 3-33 仿真车轮成型图所示。从图 3-34 的车轮成型的等效应力图中可以看出，成型过程中发生在不流动的轮毂部位最大的应力值为 160MPa，其他平均压力值 30MN，以此认为初锻时的镦粗锻压力 30~50MN 即可。

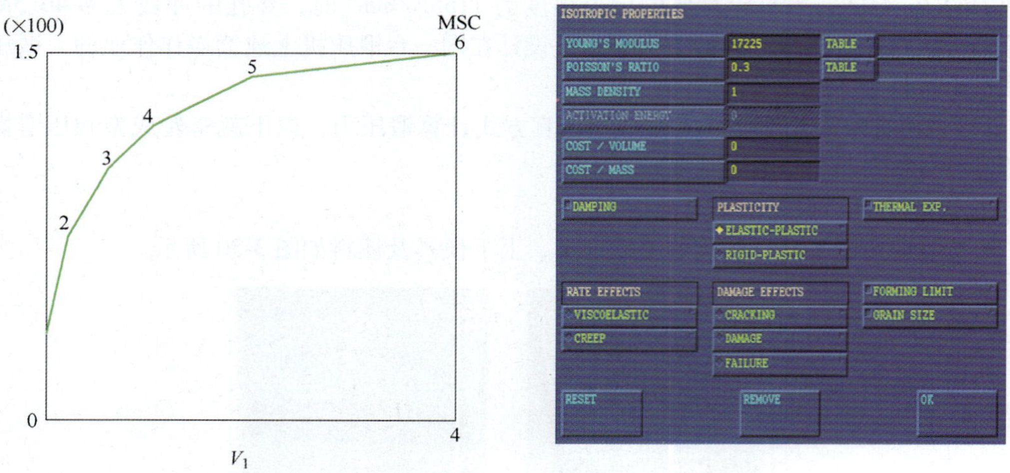


图 3-32　输入材料特性及屈服后的应变曲线

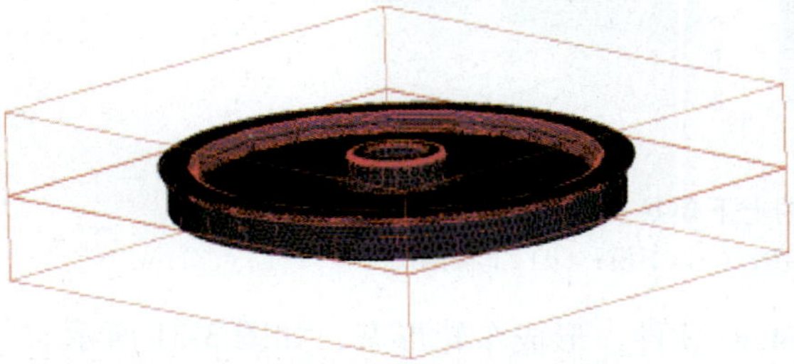

图 3-33　仿真车轮成型图

图 3-34　车轮成型的等效应力

• 节点成型力分析。图 3-35 所示为车轮所受外力，图中的数值为单元节点所受力，将所有节点受力值相加即为车轮的成型力。

车轮与上模接触部位的节点数为 4841。平均外力大小为 19000N，因此，成型力大小为：

$$P = 4841 \times 19000 = 91.9(\mathrm{MN})$$

• 仿真计算结果分析。基于通用公式计算出的成型锻压力较大，而采用上述成型过程仿真，成型车轮对模具的反接触力得出成型力为 91.9MN，即可以完成车轮锻压的成型操作。

② 压弯穿孔仿真变形力计算。压弯变形力受材料性能、零件形状、弯曲方法、模具结构等因素的影响，用通用公式计算较为复杂，采用 Marc 软件对其弯曲成型过程进行仿真，根据成型过程中车轮钢坯对上模的反接触力确定成型力。

• 建立精确的三维模型。

设定边界条件，如图 3-36 所示。建立压弯车轮模型。

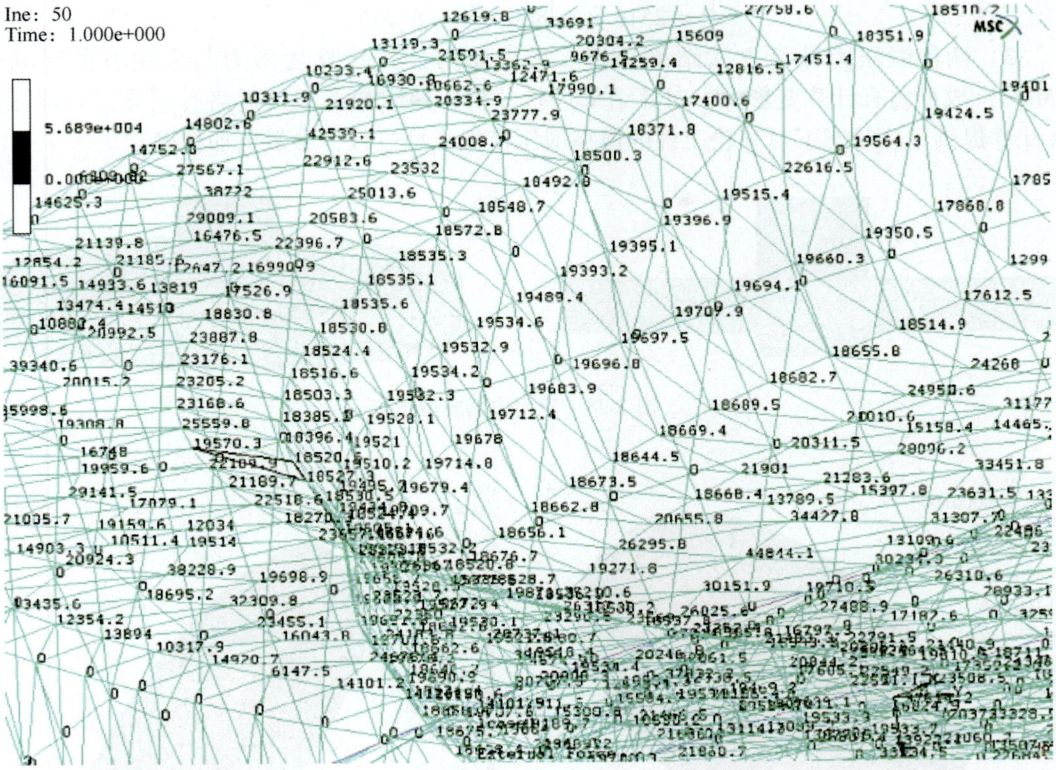


图 3-35 节点受力值

图 3-37 所示为接触定义表。对车轮轮毂、轮缘面上的节点进行全约束，让上模以 20mm/s 的速度下行 6s，下模位移定义为 0，成型温度为 1000℃。

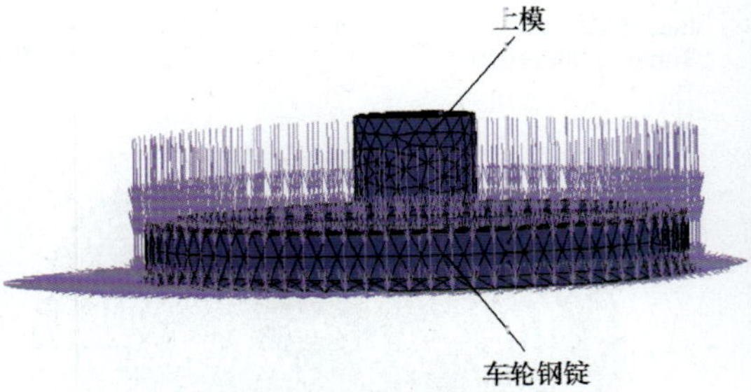


图 3-36 建立压弯车轮模型

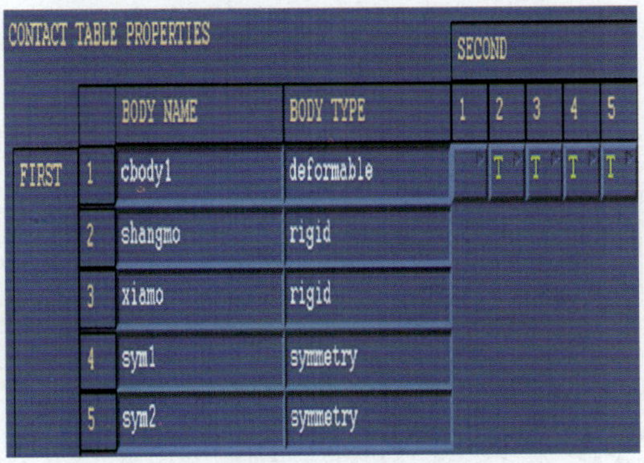

| CONTACT TABLE PROPERTIES | | | | SECOND | | | | |
|---|---|---|---|---|---|---|---|---|
| | | BODY NAME | BODY TYPE | 1 | 2 | 3 | 4 | 5 |
| FIRST | 1 | cbody1 | deformable | | T | T | T | T |
| | 2 | shangmo | rigid | | | | | |
| | 3 | xiamo | rigid | | | | | |
| | 4 | sym1 | symmetry | | | | | |
| | 5 | sym2 | symmetry | | | | | |

图 3-37 接触定义表

- 仿真结果。建模仿真成型终了图，如图 3-38 所示。
- 等效应力分析。图 3-39 所示为车轮弯曲成型时的等效应力，轮毂圆角处的最大值为 85MPa。
- 节点成型力分析。图 3-40 所示为上模与车轮接触节点的力，节点受力平均值为 17800N，接触节点共 2516 个，因此，压弯成型力大小为：

$$P = 2516 \times 17800 \approx 44.8(\mathrm{MN})$$

3）两种锻压力计算方式结果分析。采用通用公式计算变形力与采用有限元软件（Marc）成型仿真计算变形力，对其结果进行分析，两组数据很接近略有差异。有限元仿真计算提供了热状态下对车轮工件的模型锻压模拟成型过程，参数更加精确。

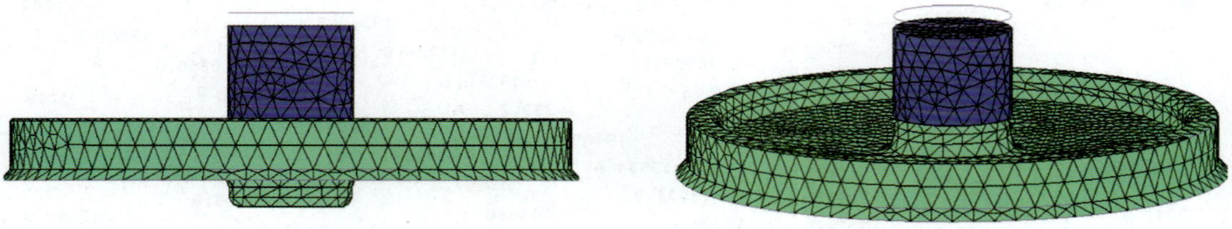

图 3-38　建模仿真成型图

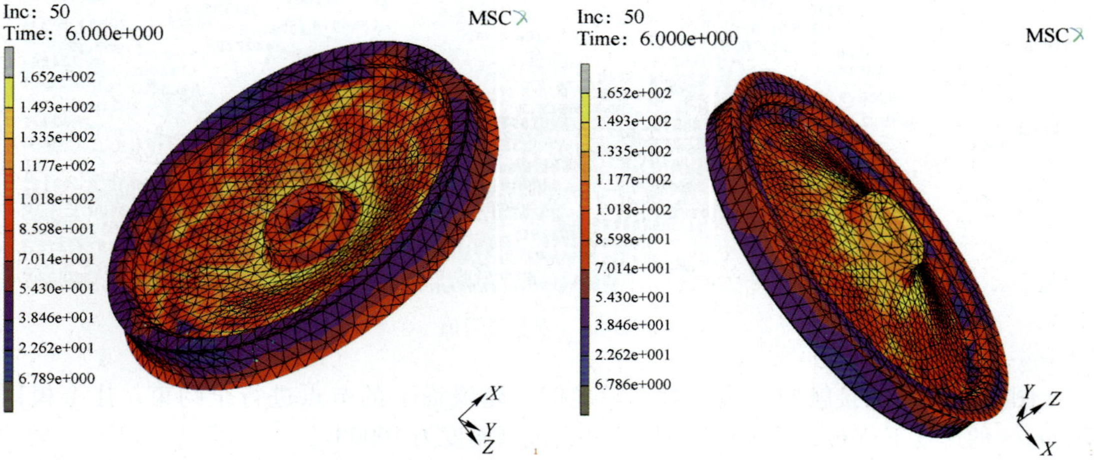


图 3-39　车轮压弯成形时的等效应力

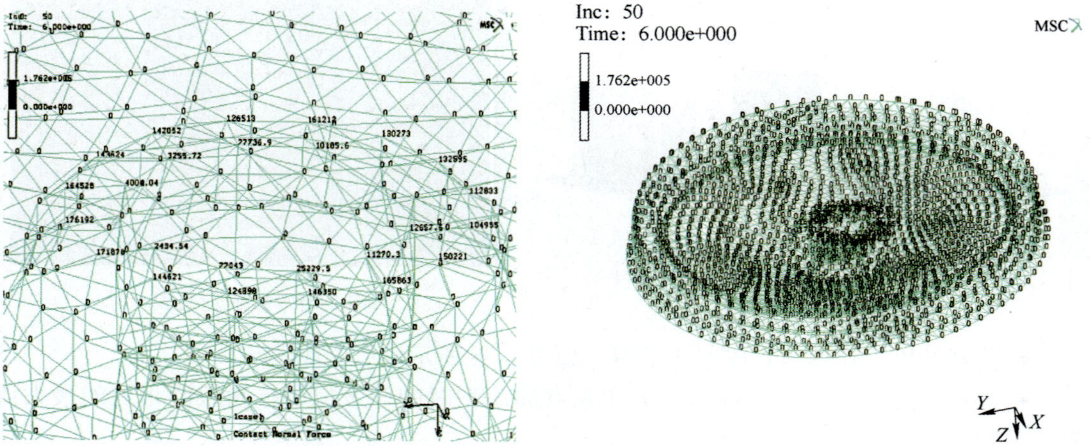


图 3-40　弯曲节点成型力分析

根据模拟计算结果，镦粗预冲孔轮坯设备选用50MN锻压机，车轮锻压成型设备选择锻压力90MN以上的锻压机即可。考虑到加大锻压力可以直接有效地避免辐板欠压，同时为后续的辗轧工序减少轧制变形量，对$\phi$1250mm直径的车轮，成型锻压选择一次变形到位，即锻压力100MN的液压成型模锻机更为合适。

用有限元软件过程仿真，模拟车轮工件压弯过程对模具的反接触力得出压弯成型力为44.8MN，穿孔冲裁力用通用公式已经计算出为46.5MN，为此，综合考虑选择锻压力50MN的液压模锻机，既能完成将车轮压成S形曲线，也能适应直辐板形态压弯以及同时穿透中心孔的锻压操作。

车轮锻压工艺的设计中，除了锻压力的选择，锻压机的模具设计同样是非常重要的内容。金属的成型模具设计很复杂，需要通过特殊的设定让高温固态金属的流向在型腔内受到限制，来计算车轮的轮毂、轮辋等部位流动金属的体积，从而使锻压机的上下模腔填充合理，完成整个车轮工件曲线部位的成型。锻压模具的设计和加工相关书籍很多，本书不再赘述。

（4）车轮的辗环轧制力计算

车轮产品的辗环轧制是钢制工件回转成型轧制理论的应用。环件径向轧制时，咬入孔型的上端主动辊和下端的无芯压紧辊对环件形成正压力，在其作用下产生连续局部塑性变形，使得径向环件壁厚减小，直径按设定的尺寸变大成型。

环形工件在径-轴向轧制中，除了环件构成的径向孔型，两侧的轴向辊和斜辊对工件的辐板面同样形成正压力，咬入条件与径向孔型相同。在两侧轧辊和斜辊的作用下，钢坯侧面产生连续塑性变形，轴向的厚度减小，工件按设定的曲线和尺寸变化，达到产品标准的规定形态和尺寸。

铁路车轮辗环轧机正是运用了上述原理，在驱动辊和从动辊的作用下，使热状态的钢坯径向受力而轮辋壁厚减小外径扩大、轴向受力而辐板和轮辋厚度减薄，产生多向塑性变形从而达到截面轮廓的曲面形态。经过辗环轧制后的车轮，轮辋和轮缘部甩圆并扩展，轮辋、辐板、轮毂过渡部同时形成圆滑弧形形态。

近年来，随着车轮轧制理论研究的深入，设计和生产人员一致认为立式轧制的方法更能体现辗环轧机径向-轴向轧制的优势。

1）轧制过程中产生的氧化铁皮不会留存在车轮钢坯表面，而是自动垂直下落进入轧机下的收集箱内，工件表面保持光滑，铁渣也易于清除；杜绝了卧式轧制中氧化铁皮遗存在车轮表面进而被轧进工件中，造成车轮的瘢皮现象。

2）轧机轧辊的安装由卧式改变为立式，克服了由于上下轧辊在卧式轧制中位移不同，产生轮辋厚度的差异进而加大缺陷。

3）轧制车轮轮辋侧面的轧辊与轧制辐板的轧辊驱动装置分开，互不干扰。

4）立式辗环轧制的车轮辐板、轮辋过渡圆的精度很高，可以做到前期产品的坯料设计时尽量接近成品尺寸，加工余量很少，节约金属材料。

5）车轮在高温时始终处于立式状态，不产生卧式姿态时底部和上部由于非对称性形态使转动惯量不一致，进而因重力差异导致尺寸不精确的现象。

6）设备设计上，克服了卧式轧机的上传动电机和下传动电机有效功率不一致，很难保持轧制工件均匀性的缺陷。

7）随着国际标准的直辐板车轮的应用，立式轧机中车轮两侧的轧辊压紧力计算简便，为设备设计带来改进。

8）卧式轧机下部的传动机构较大，受操作高度的限制不能过高地抬升地下安装设备，维修很不方便；而立式轧机的机械设备全部在地坪以上，便于换辊操作和设备维护。

铁路车轮立式辗环轧机的轧辊分为主轧辊、左右斜锥辊、左右辐板辊、左右导向辊、上下对中压紧辊，共 9 个（套）。轧制进程采用的是径-轴向环件轧制原理。轧制过程中，左右辐板轧辊位置基本不动，主辊沿径向缓慢推进，随着轧制的进程车轮钢坯的中心在径向线上不断地移动，如图 3-41 所示。

立式车轮辗环轧机的辊系中，主轧辊、对中压紧辊、左右辐板辊形成一个孔型，在主轧辊和左右辐板辊的作用下，对车轮的踏面外缘、轮缘、轮辋内缘实施径向轧制，轧制过程中车轮旋转几十圈，每转一圈轮辋的径向厚度就减小直径向外扩大，直至达到设定的尺寸。

主轧辊、左右辐板轧辊、左右斜辊形成又一个孔型，对轮辋圆弧、轮毂圆弧实施径-轴向轧制，而对车轮辐板实施轴向轧制；同时，左右斜锥辊两侧对称，对轮辋的内外两侧施行轴向轧制，完成轮辋的外侧尺寸定型。

在辗环轧机轧辊的曲线和角度的轧制作用下，高温金属向轮辋和辐板径-轴向流动，完成对称等尺扩径和非对称不等尺寸厚度变形。

径向轧制结束时，轴向轧制同时结束。车轮立式轧制径-轴向轧制力学模型示意图如图 3-42 所示。

图 3-41　立式辗环轧机轧制示意图

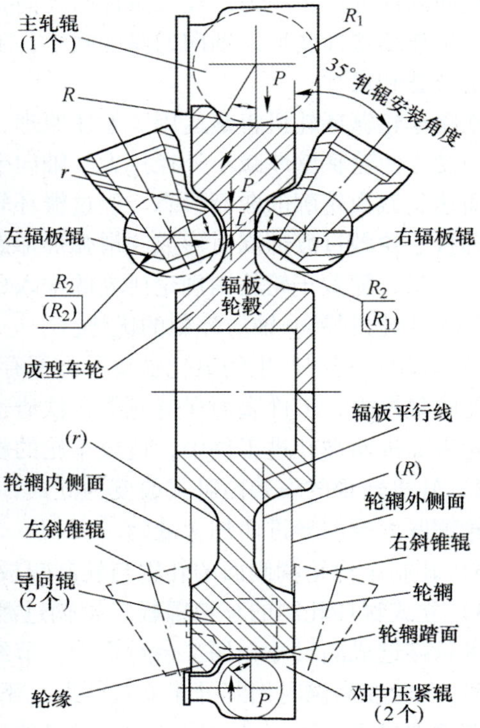


图 3-42　车轮立式轧制的径-轴向力学模型示意图

现代化的立式车轮辗环轧机由电脑数字控制，屏幕数字显示，热态激光测量仪反馈修正，当轧制进给值达到屏幕上设定的参数时，径向和轴向的进给均自动停止，轧制完成。

铁路车轮的轮缘、辐板呈不等厚曲线形状，所以辗环轧机的轧制力计算是一个较为复杂、十分烦琐的过程，不能简单地运用一次性径向或轴向轧制公式计算出来。在工厂设计中，工程工艺设计需要了解的是环形件回转成型的原理和计算方法，掌握选择轧制工艺和设备的基本手段，根据建设项目的条件，选用适用的流程和提出工艺设备的性能和参数，指导工程设计和设备配置合理地进行，而不需纠结特殊的设备设计。下面举例说明车轮辗环轧机的轧制力的计算内容。

轧制力的计算公式有繁有简，为了对环件轧制力的计算进行规范性地说明，本节选择依照《环件轧制理论和技术》中的闭式轧制力能计算公式，对铁路车轮轧制中径向-轴向轧环咬入孔型条件与进给量的关系进行分析。

从环件轧制力能计算的力学模型来看，车轮立式辗环轧机与卧式轧机的不同在于轮辋的两侧增加了一对斜锥轧辊，类似闭式轧制模型形态。但是，按照参考文献［10］中的理论，环件开式轧制与环件闭式轧制的差别仅在于环件端面的摩擦作用，一旦环件闭式轧制端面摩擦影响较小，则环件闭式轧制力能参数与环件开式轧制力能参数在计算公式中有关端面摩擦的项可以忽略，忽略后的环件开式轧制与闭式轧制力能计算的过程相同，结果也基本相同，为此，以下选用闭式轧制力计算公式予以演算。

辗环轧机的工艺设备选配在设计参数的选用上，仅按照理论计算的结果不能完全反映实际工况的复杂情形，需要适当地扩大轧制力，以便能够既避免坯料的欠轧缺陷发生，又足以克服轧机启动时的瞬时启动阻力，因此，在引用参考文献［10］的计算公式前提下，另外增加扩展系数 $k_0$ 予以修正，使得计算结果能够留有一定的余量，以适用克服轧制钢坯圆角时遇到的较大的阻力。

1）轧制力计算公式。

① 选择式（2-17），分析轧辊的接触弧长：

$$L = \sqrt{\frac{2\Delta h}{\frac{1}{R_1} + \frac{1}{R_2} + \frac{1}{R} - \frac{1}{r}}}$$

② 计算车轮的轧制力 $P$、单位面积轧制力 $p$ 和轧制力矩 $M$：

$$P = p \times b \times L \tag{3-20}$$

$$p = 2 \times k \times \left(1 + \frac{1}{4} \times \frac{h_0}{L} \times \frac{3}{8} \times m \times \frac{L}{h_0} + \frac{3}{4} \times m \times \frac{L}{b}\right) \tag{3-21}$$

$$M = 2 \times k \times b \times R_1 \times \Delta h \times \left(1 + \frac{1}{4} \times \frac{h_0}{L} + \frac{3}{8} \times m \times \frac{L}{h_0} + \frac{3}{4} \times m \times \frac{L}{b}\right) \tag{3-22}$$

式中 $P$——车轮工件的轧制力，N；

$p$——单位面积轧制力，N；

$h_0$——平均壁厚，mm；

$\Delta h$——设定的轮辋径向轧制每转进给量/辐板的轴向轧制每转进给量，mm；

$b$——与辐板轧辊相接触的轮辋内环投影宽度尺寸/与辐板轧辊相接触的辐板两侧投影宽度尺寸，mm；

$L$——进给方向的接触弧长，mm；

$k$——钢材剪切屈服强度，$\sigma_s = R_{eL}/\sqrt{3}$，MPa；

$m$——摩擦因子；

$R_1$——与车轮轮辋外缘接触的径向主辊半径/与辐板外侧面接触的轴向轧辊半径，mm；

$R_2$——与车轮轮辋内缘接触的辐板轧辊半径/与辐板内侧面接触的轴向轧辊半径，mm；

$R$——车轮工件轮辋外环半径/辐板外侧曲线半径，mm；

$r$——车轮工件轮辋内环半径/辐板内侧曲线半径，mm。

2）案例计算。以 $\phi$920mm 车轮为典型代表产品，参考图 3-42 车轮立式轧制径—轴向力学模型示意图，举例计算轧机的轧制接触弧长、轧制力、单位面积轧制力和力矩。

预设与车轮轮辋外缘接触的驱动主辊直径 $D_1 = 360$mm（$R_1 = 180$mm），与轮辋内缘接触的辐板轧辊直径 $D_2 = 260$mm（$R_2 = 130$mm），车轮轮辋毛坯外环直径 $\phi$960mm（$R = 480$mm），轮辋毛坯内环直径 $\phi$760mm（$r = 380$mm）。轮辋两侧对称布置斜锥轧辊保持轮辋厚度，辐板轧辊布置在轮辋内缘，辐板轧辊的非对称推进曲线暂不设置具体的参考系数，与辐板轧辊相接触的轮辋内缘两侧投影宽度尺寸 $b = 70$mm，轮辋轧制前的壁厚 $h_a = 100$mm，轧制后的壁厚 $h = 90$mm，平均壁厚 $h_0 = 95$mm，径向每次进给量 $\Delta h = 4 \sim 5$mm，车轮开轧温度约 1040℃，终轧温度约 940℃，该温度下 CL60 优质碳素钢的屈服强度 110MPa，因而剪切屈服强度 $k = R_{eL}/\sqrt{3} = 63.5$MPa，终轧温度下的孔型轧制摩擦系数 $\mu \approx 0.3$，相应的摩擦因子 $m \approx 0.6$。

① 计算径向轧制力。

代入式（2-17），分析轧辊的径向接触弧长：

$$L = \sqrt{\frac{2\Delta h}{\frac{1}{R_1} + \frac{1}{R_2} + \frac{1}{R} - \frac{1}{r}}} = \sqrt{\frac{2 \times 4}{\frac{1}{360/2} + \frac{1}{260/2} + \frac{1}{960/2} - \frac{1}{760/2}}}$$

$$= \sqrt{\frac{8}{0.0056 + 0.0077 + 0.0021 - 0.0026}} = 25.1(\text{mm})$$

代入式（3-20）、式（3-21）、式（3-22），计算径向轧制力、单位面积轧制力和轧制力矩：

$$p = 2 \times k \times \left(1 + \frac{1}{4} \times \frac{h_0}{L} + \frac{3}{8} \times m \times \frac{L}{h_0} + \frac{3}{4} \times m \times \frac{L}{b}\right)$$

$$= 2 \times 63.5 \times [1 + (1/4 \times 95/25.1) + (3/8 \times 0.6 \times 25.1/95) + (3/4 \times 0.6 \times 25.1/70)]$$

$$\approx 275(\text{MPa})$$

$$P = p \times b \times L = 275 \times 70 \times 25.1/1000 \approx 484(\text{kN})$$

$$M = 2 \times k \times b \times R_1 \times \Delta h \times \left(1 + \frac{1}{4} \times \frac{h_0}{L} + \frac{3}{8} \times m \times \frac{L}{h_0} + \frac{3}{4} \times m \times \frac{L}{b}\right)$$

$$= 2 \times 63.5 \times 70 \times 180 \times 4 \times [1 + (1/4 \times 95/25.1) + (3/8 \times 0.6 \times 25.1/95) + (3/4 \times 0.6 \times 25.1/70)]/1000 \approx 13873(\text{N} \cdot \text{m})$$

车轮辗环轧机的对中压紧辊与辐板辊同样对轮辋施之径向力，简略计算合力 $= P \times 2$，同时，代入扩展系数 $k_0$，得出设计方案选配的主辊—对中压紧辊—辐板轧辊辊系的径向轧制力、径向轧制力矩为：

$$P = 2 \times P \times k_0 = 2 \times 484 \times (1.1 \sim 1.3) = 532 \sim 629 = 1064 \sim 1258(\text{kN})$$

式中，$k_0$ 为扩展系数，取 1.1~1.3。

$$M = M \times k_0 = 13873 \times (1.1 \sim 1.3) = 15260 \sim 18035(\text{N} \cdot \text{m})$$

理论计算结果：轧机主辊、对中压紧辊与辐板辊对轮辋的径向辗环扩径轧制力 $P$ 为 1258kN，单位面积轧制力 $p$ 为 275MPa，径向轧制力矩 $M$ 为 18035N · m。

② 计算轴向轧制力。预设与辐板内侧接触的轧辊半径 $R_1 = 130$mm，与辐板外侧接触的轧辊半径视为相同，$R_2 = 130$mm，辐板毛坯内侧半径（$r$）= 310mm，辐板毛坯外侧半径（$R$）= 305mm，轮毂侧弧半径 = 140mm。辐板轧辊两侧对称布置交角 35°，与轧辊相接触的辐板投影宽度尺寸 $b = 105$mm，辐板轧制前的壁厚 $h_a = 45$mm，轧制后的壁厚 $h = 35$mm，平均壁厚 $h_0 = 40$mm，轴向每次进给量约 $\Delta h = 2 \sim 3.6$mm，其他条件同上。

采用与径向轧制力相同的计算公式，计算轧机轴向轧制力 $P$、单位面积轧制力 $p$ 和轧制力矩 $M$。

代入式（2-17），分析轧辊的轴向接触弧长：

$$L = \sqrt{\frac{2\Delta h}{\frac{1}{R_1} + \frac{1}{R_2} + \frac{1}{R} - \frac{1}{r}}} = \sqrt{\frac{2 \times 3.6}{\frac{1}{260/2} + \frac{1}{260/2} + \frac{1}{(610 - 280)/2} - \frac{1}{(620 - 280)/2}}}$$

$$= \sqrt{\frac{7.2}{0.0077 + 0.0077 + 0.0061 - 0.0059}} = 21.5(\text{mm})$$

代入式（3-20）、式（3-21）、式（3-22），计算轴向轧制力、单位面积轧制力和轧制力矩：

$$p = 2 \times k \times \left(1 + \frac{1}{4} \times \frac{h_0}{L} + \frac{3}{8} \times m \times \frac{L}{h_0} + \frac{3}{4} \times m \times \frac{L}{b}\right)$$

$$= 2 \times 63.5 \times [1 + (1/4 \times 40/21.5) + (3/8 \times 0.6 \times 21.5/40) + (3/4 \times 0.6 \times 21.5/105)]$$

$$= 213(\text{MPa})$$

$$P = p \times b \times L = 208 \times 105 \times 21.5/1000 = 480(\text{kN})$$

$$M = 2 \times k \times b \times R_1 \times \Delta h \times \left(1 + \frac{1}{4} \times \frac{h_0}{L} + \frac{3}{8} \times m \times \frac{L}{h_0} + \frac{3}{4} \times m \times \frac{L}{b}\right)$$

$$= 2 \times 63.5 \times 105 \times 130 \times 3.6 \times [1 + (1/4 \times 40/21.5) + (3/8 \times 0.6 \times 21.5/40) + (3/4 \times 0.6 \times 21.5/105)]/1000 = 10448(\text{N} \cdot \text{m})$$

代入扩展系数 $k_0$，得出设计方案选配的主轧辊—辐板轧辊辊系的轴向轧制力、轴向轧制力矩为：

$$P = P \times k_0 = 480 \times (1.1 \sim 1.3) = 528 \sim 624(\text{kN})$$

$$M = M \times k_0 = 10448 \times (1.1 \sim 1.3) = 11492 \sim 13582(\text{N} \cdot \text{m})$$

由于辐板轧辊与车轮的辐板垂直面呈 35°夹角，轧辊的设计轧制力为：

$$P = (528 \sim 624)/\cos(90° - 35°) = 920 \sim 1088(\text{kN})$$

理论计算结果：轧机的辐板轧辊轴向轧制力 $P$ 为 1088kN、单位面积轧制力 $p$ 为 213MPa、轴向轧制力矩 $M$ 为 13582N · m。

③ 轮辋的斜辊轧制力。车轮轮辋的内外侧轧制是斜锥辊作用，以闭式轴向轧制力的

公式计算，因为轧制量较少，方法同上，不在此多加繁述。

④ 主辊对辐板轧制的分力。轧机主辊对车轮辐板轧制有分力存在，但由于公式中代入了扩展系数 $k_0$，足以涵盖各种分力的作用，因此在工艺设计阶段可以不单独计算轧机主辊对辐板轧制分力。

3）计算结果分析。在实际生产中对车轮立式辗环轧机曾经进行过测试：轧制 $\phi$840mm 车轮的轮缘和踏面过程中，最大径向轧制力逐步上升峰值达至 1200kN 以上；轧制辐板时，轴向轧制力随车轮规格不同峰值在 850~950kN 之间，测试结果与理论计算值：即轧机径向辊系的轧制合力为 1258kN、轴向辊系的轧制力为 920~1088kN，这些数值基本相符。

上述案例以 $\phi$920mm 车轮的轧制力的理论计算结果汇总在表 3-25 中。

**表 3-25　车轮立式轧机径向-轴向轧制力能理论计算汇总**

| 项目 | 计算轧制合力 | 扩展轧制合力 | 单位面积轧制力 | 计算轧制力矩 | 扩展轧制力矩 | 每转进给量 | 接触弧长 | 主辊直径 | 辐板辊直径 | 环件外径 | 环件内径 | 平均壁厚 | 摩擦系数 | 轧辊接触投影宽度 |
|---|---|---|---|---|---|---|---|---|---|---|---|---|---|---|
| | $P$ | $P(1.1)$ | $p$ | $M$ | $M(1.1)$ | $\Delta h$ | $L$ | $R_1$ | $R_2$ | $R$ | $r$ | $h_0$ | $m$ | $b$ |
| | kN | kN | MPa | N·m | N·m | mm | mm | mm | mm | mm | mm | mm | | mm |
| 径向轧制合力 | 484 | 1064 | 275 | 13873 | | 4 | 25.1 | 360 | 260 | 960 | 760 | 95 | 0.6 | 70 |
| 轴向轧制力 | 480 | 920 | 213 | 10448 | | 3.6 | 21.5 | 260 | 260 | 610 | 620 | 40 | 0.6 | 105 |
| 扩展系数 $k_0$ | | | | | | | | | | | | | | |
| 径向轧制力 | 1.1 | 532 | | | 15260 | | | | | | | | | |
| | 1.3 | 629 | | | 18035 | | | | | | | | | |
| 轴向轧制力（夹角 35°） | 1.1 | 920 | | | 11492 | | | | | | | | | |
| | 1.3 | 1088 | | | 13582 | | | | | | | | | |
| 作用在主辊上的轧制合力 | 1.1 | 1064 | | | | | | | | | | | | |
| | 1.3 | 1258 | | | | | | | | | | | | |

轧机的辐板轧辊的径向-轴向轧制每转进给量 $\Delta h$ 如果设定减小，轧制时间将延长，这样会影响生产效率；每转进给量 $\Delta h$ 若增大，效率能够提高，但轧制力和轧制力矩都会大幅度地增加。设计轧机设备时，过分加大动力装置也会增加设备的投资和功率浪费，因此，应具体分析和平衡生产规模和设备投资，结合工程项目本身的要求最终确定工艺设备的参数选择。

上述所有的参数和结果均为理论的计算值，仅供工厂设计中的工程工艺设计参考，实际的技术参数需要根据轧辊的旋转速度、切入夹角、轧制量进给、轧辊直径、驱动电机的功率以及车轮工件规格等具体设定条件决定，用计算机软件程序精确地计算得出。

（5）锻压和辗轧工艺设计方案比较

1）镦粗、成型、轧制和压弯机组的选配。从上述锻压力和轧制力的推算过程中，已经得出了车轮热加工作业线上工艺设备配备的基本构成，即车轮的镦粗和预成型阶段至少选择 50MN 的液压模锻压机，成型阶段需要选择 100MN 的液压模锻压机，轧制需要选择总轧制力大于 7000kN 的立式辗环轧机，压弯和穿孔阶段应该选择 50MN 的液压模锻压机，由此，新建设的车轮制造厂热加工生产线的选型配置组成有以下几种方案：

① 选择配置 50MN 液压模锻机+100MN 液压模锻机+D1250 辗环轧机+50MN 液压模锻机，组成连续生产线，称为 3+1 模式，我国太原重工轨道交通设备有限公司新建设的世界一流的铁路车轮制造厂采用的就是此种模式。

② 选择配置 60MN 液压模锻机+90MN 液压模锻机+D1050 辗环轧机+30MN 液压模锻机组成连续生产线，同样为 3+1 模式，我国马鞍山钢铁股份有限公司车轮轮箍分公司第三条作业线采用的即是此种模式。

③ 选择配置 90~100MN 液压模锻机+D1250 辗环轧机+50MN 液压模锻机组成连续生产作业线，称为 2+1 的模式，世界上其他国家有采用此类选配方案的。这种工艺配置，优势是可以减少一台液压模锻机和一台机械手，设备造价大大降低；不足的是，生产中一台液压模锻机要分步完成两个操作步骤，延长了该台设备的作业周期时间，生产效率有所降低，对于产量规模不是很大的企业，2+1 模式不失为一种经济实用的选择。

2）工艺方案运行说明。

① 3+1 模式的锻压和轧制工艺过程描述。现在新建设的铁路车轮锻压和辗轧生产线，已经不像我国 20 世纪 60 年代建设第一条铁路车轮生产线那样采用 10MN 水压模锻机+30MN 水压模锻机+80MN 水压模锻机+卧式 D1050 辗环轧机+30MN 水压模锻机的4+1 的生产形式了，取而代之的是现代化的 3+1 模式（或 2+1 模式）生产线，上下料以及联系转运装置采用智能型机械手，整条线前后共配置 6 台智能型机械手，动作分解如下：

1 号机械手将加热钢坯从高压水除鳞装置中取出，转放到 50MN 镦粗模锻液压机的工作台上，模锻液压机工作台为固定式工作台，按照生产管理系统（即 MES 系统）的订单及预定工艺生产模块，选择不同产品规格的生产模式。镦粗模锻液压机完成镦粗锻压，并在中心处冲出尚带有连皮的中心孔。镦粗预成型之后，工作台的下模顶起装置将轮坯顶起，2 号机械手从另一侧伸到工作台上将其取出，转放到 100MN 成型模锻液压机工作台上，该模锻机工作台是固定式工作台，锻压机对轮坯进行成型锻压。车轮成型锻压后，工作台的下模顶起装置将车轮顶起，立式轧机的机械手，即 3 号机械手，从另一侧将其从工作台上取出，移动并翻转成垂直状态，放入 D1250 立式辗环轧机中，辗环轧机的导向抱辊将车轮定位，轧辊开始压紧并实施辗环轧制。控制生产模型的电脑显示轮径的尺寸以及轮辋、辐板、轮毂的圆弧过渡部分形态，轧制完成后，所有轧辊张开，立式轧机的机械手，即 4 号机械手从轧机中取出车轮，翻转呈水平状态转放到 50MN 压弯穿孔模锻液压机上，模锻机的工作台也是固定式工作台，模具的弯曲形状根据车轮的曲线标准制作，模锻机在压弯车轮的同时将中心孔的连皮冲透。车轮压弯穿孔后，5 号机械手从另一侧将其取出，翻转 180°转送到激光检测和热态标识打印机的料台上进行下一个操作。激光测量仪对料台上的车轮旋转 360°测量轮辋外径、内径、辐板厚度、轮毂直径、中心孔，传感器将数据传输到计算机联锁的主机控制系统中；同时，将准确测量的车轮数据，反馈到模锻液压机和立式轧机的控制系统，校核模锻液压机和立式轧机的操作精度。最后，激光测量后的、尺寸精确的、形位达标的热态车轮被专用打印机刻出标识，6 号机械手将其取出转送到缓冷输送线上。

液压模锻压机和立式辗环轧机在每次锻轧操作前都要向模具中喷吹石墨粉，作为润滑剂，锻轧操作取出车轮后，还要用压缩空气吹出石墨粉以清扫模具，这种润滑剂有很好的滑膜作用，但是由于石墨粉的质量很轻，随着喷吹飘逸到车间各处，会造成整个车间环境以及设备本身的严重污染，因此，在车间除尘的设计方面需要设置石墨粉尘防爆通风集尘装置；同时，在今后的锻轧设备设计中，需要研究淘汰石墨粉，更换其他清洁和安全的润滑剂。

② 2+1 模式的锻压和辗轧工艺过程描述。2+1 生产线上的 100MN 镦粗成型模锻液压机的工作台是移动式工作台。1 号机械手将加热钢坯从高压水除鳞装置中取出，直接转放到 100MN 镦粗成型模锻液压机 1 号工作台上，此时 1 号工作台已经就位，液压机活动横梁下降完成镦粗预成型锻压；工作台的下模顶起装置将轮坯顶起，1 号机械手将其夹持抬升，1 号工作台移出进而 2 号工作台移入，1 号机械手将车轮放下，液压机活动横梁下降完成成型锻压操作。之后，2 号工作台的下模顶起装置将车轮顶起，立式轧机的机械手，即 2 号机械手将其取出，移动并翻转成垂直状态，放入到 D1250 立式辗环轧机中，轧机的导向抱辊将车轮定位，轧辊开始压紧并实施辗环轧制，控制模型的电脑显示轧制完成后，所有轧辊张开，立式轧机的机械手，即 3 号机械手从轧机中取出车轮，翻转呈水平状态转放到 50MN 压弯穿孔模锻液压机上，50MN 压弯穿孔模锻液压机及后续的操作与 3+1 模式相同。车轮热态打标后，5 号机械手将其转送到缓冷输送线上。

不论 2+1 模式、3+1 模式、4+1 模式，各有所长，都维持了规模化生产的能力。4+1 模式的生产线将整个生产周期拆分为 5 个阶段，每个阶段分配的操作时间较短，加快了生产节奏，生产小规格的产品效率很高的，小时生产率最多时能够超过 90～120 片/h 车轮。

3+1 模式的生产线，生产节奏能够达到 72～80 片/h 的生产率，而且设备配置紧凑，减少了操作环节，降低了固定资产投资，因此，3+1 的模式是多数新建项目的选择方案。3+1 模式锻轧生产过程的实测操作时间分解见表 3-26。

**表 3-26　锻压和辗轧生产过程实测操作分解时间表**

| 序号 | 操作步骤 | 单位 | 操作时间 | | | |
|---|---|---|---|---|---|---|
| | | | $\phi$840mm 车轮 | 合计 | $\phi$1250mm 车轮 | 合计 |
| 1 | 镦粗、预冲孔工步 | | | | | |
| 1.1 | 1 号机械手上料 | s | 5 | 40 | 5 | 60 |
| 1.2 | 50MN 锻压机镦粗、冲孔预成型 | s | 30 | | 50 | |
| 1.3 | 2 号机械手从 50MN 锻压机下料 | s | 5 | | 5 | |
| 2 | 成型工艺 | | | | | |
| 2.1 | 2 号机械手回转上料 | s | 10 | 45 | 10 | 65 |
| 2.2 | 100MN 锻压机成型 | s | 30 | | 50 | |
| 2.3 | 3 号机械手从 100MN 锻压机下料 | s | 5 | | 5 | |
| 3 | 辗环轧制工步 | | | | | |
| 3.1 | 3 号机械手移动并回转上料 | s | 15 | 50 | 15 | 80 |
| 3.2 | D1250 立式辗环机轧制 | s | 25 | | 50 | |
| 3.3 | 4 号机械手从立式辗环机下料并移动 | s | 15 | | 15 | |
| 4 | 压弯、穿孔工步 | | | | | |

续表 3-26

| 序号 | 操作步骤 | 单位 | 操作时间 | | | |
|---|---|---|---|---|---|---|
| | | | $\phi$840mm 车轮 | 合计 | $\phi$1250mm 车轮 | 合计 |
| 4.1 | 4 号机械手回转上料 | s | 5 | 40 | 5 | 60 |
| 4.2 | 50MN 锻压机压弯、穿孔 | s | 30 | | 50 | |
| 5 | 下料 | | | | | |
| 5.1 | 5 号机械手从 50MN 锻压机下料 | s | 5 | | 5 | |
| 5.2 | 5 号机械手回转进入检测上料 | s | 15 | 15 | 15 | 15 |
| 6 | 检测 | | | | | |
| 6.1 | 激光检测和热态标识 | s | 40 | 50 | 50 | 60 |
| 6.2 | 6 号机械手转送到缓冷输送线 | s | 10 | | 10 | |

（6）锻压和辗轧工艺设备的选配

1）设备数量和生产负荷率的计算。初步确定了铁路车轮的生产规模、产品规格并且计算了锻轧生产设备的锻压力和轧制力后，实际就确定了锻压和辗轧工艺的生产路线和设备选配方案。

铁路车轮的锻压和轧制设备制造商，国内有著名的重型机器制造厂，设计和制造方面都是一流的，不足的是在液压元件和电气控制系统方面，国内厂家与世界著名的厂商相比目前尚有一定的差距，为此，采用引进和国产集成的方式，是我国当前大型机械设备制造的主流方式。

国内和国外新建设的铁路车轮制造厂，多与德国公司、日本公司等合作，以集成方式引进并分包制造，组建先进的锻轧生产线。以下按照锻轧生产线的周期节奏，进行数量和生产负荷率计算，列出技术性能和参数。

从表 3-26 可以看出，$\phi$840mm 车轮的锻轧生产操作中，每个工艺步骤的时间为 40～50s/片，整条线的时间并不统一，为此，在设计操作周期时，采用集聚和释放智能型机械手的时间优势，使之统一到整条线的作业节奏为 50s，以此作为计算基础。锻轧工序每年工作 250d，每天 3 班工作，公称时间损失系数 0.85。以表 3-24 中锻压和辗轧工序的 311860 块/a 车轮钢坯、折合 173720t/a 生产量进行计算。

以恒定的操作时间，计算整个生产线的小时生产率：

$$V_h = \frac{\text{单位时间}}{V} = \frac{60 \times 60}{50} \approx 72(\text{片}/\text{h})$$

代入式（2-3），计算锻轧工序设备的小时生产能力：

$$Q_a = \frac{G_a}{D \times 24 \times k} = \frac{173720}{250 \times 24 \times 0.85} \approx 34(\text{t/h})$$

代入式（2-1），计算锻轧工序设备的数量和生产设备负荷率：

$$N = \frac{G_n \times V}{D \times 24 \times k \times 3600} = \frac{311860 \times 50}{250 \times 24 \times 3600 \times 0.85} \approx 0.85(\text{套})$$

计算结果，锻轧工序生产线的小时生产率达到约 72 片/h，则需要 0.85 套设备，设计选用 1 套，设备的生产负荷率约 85%。

2）锻轧工序工艺设备的主要技术参数。

① 50MN 镦粗预成型液压锻压机。与水压机不同的是，液压机采用油基液体作为工作介质，管路系统中的液体变形速度平稳而且容易控制。液压锻压机的机械结构有三梁四柱式，或三梁两柱式，铁路车轮生产采用的模锻液压机为平稳传递压下能量，其机械机构均为三梁四柱式。后续的 100MN 成型模锻压机、立式辗环轧机、压弯和穿孔模锻压机，由于均需要步骤一致，所有的液压设备设计活动横梁的下降和提升速度都需达到统一的工艺参数。

50MN 镦粗冲孔模锻液压机设备由机座、上横梁、移动横梁、下横梁、柱塞缸、固定工作台、上下模具、模具更换装置、液压系统、润滑系统、PLC 程序控制系统、供配电柜、操作台和软件系统组成，主要性能和技术参数见表 3-27。

**表 3-27　50MN 液压镦粗冲孔模锻压机主要技术参数**

| 序号 | 项　目 | 单位 | 参数 | 序号 | 项　目 | 单位 | 参数 |
|---|---|---|---|---|---|---|---|
| 1 | 液压镦粗预成型模锻机公称压力 | MN | 50 | 9 | 模台水平度 | mm/m | ≤1.5 |
| 2 | 坯料最大高度 | mm | 900 | 10 | 装机总电容量 | kW | 2400 |
| 3 | 工作液体介质压力 | MPa | 31.5 | 11 | 液压站冷却水压力 | MPa | 0.6 |
| 4 | 活动横梁最大行程 | mm | 1250 |  | 液压站冷却水量 | $m^3/h$ | 60 |
| 5 | 活动横梁空程下降速度 | mm/s | 350 | 12 | 压缩空气压力 | MPa | 0.6 |
| 6 | 活动横梁负载下降速度 | mm/s | 50 |  | 压缩空气消耗量 | $m^3/min$ | 2.5 |
| 7 | 活动横梁提升速度 | mm/s | 350 | 13 | 锻压机总高度 | m | 约 11.2 |
| 8 | 平均压制周期 | s/片 | 40 | 14 | 锻压机总重 | t | 600 |

② 100MN 成型模锻液压锻压机。100MN 成型模锻液压机的机械结构同样是三梁四柱式，世界先进的铁路车轮模锻液压机如图 3-43 所示，智能型机械手如图 3-44 所示。

图 3-43　国际先进的车轮成型模锻压机

图 3-44　国际先进的车轮生产智能型机械手

100MN 成型模锻液压机设备由机座、上横梁、移动横梁、下横梁、柱塞缸、固定工作台、上下模具、模具更换装置、液压系统、润滑系统、PLC 程序控制系统、供配电柜、操作台和软件系统组成。100MN 液压成型模锻压机设备主要技术参数见表 3-28。

**表 3-28 100MN 液压成型模锻压机主要技术参数**

| 序号 | 项 目 | 单位 | 参数 | 序号 | 项 目 | 单位 | 参数 |
|---|---|---|---|---|---|---|---|
| 1 | 液压成型模锻机公称压力 | MN | 100 | 9 | 模台水平度 | mm/m | ≤1.5 |
| 2 | 坯料最大高度 | mm | 500 | 10 | 装机总电容量 | kW | 4500 |
| 3 | 工作液体介质压力 | MPa | 31.5 | 11 | 液压站冷却水压力 | MPa | 0.6 |
| 4 | 活动横梁最大行程 | mm | 800 | | 液压站冷却水量 | $m^3/h$ | 95 |
| 5 | 活动横梁空程下降速度 | mm/s | 300 | 12 | 压缩空气压力 | MPa | 0.6 |
| 6 | 活动横梁负载下降速度 | mm/s | 50 | | 压缩空气消耗量 | $m^3/min$ | 3 |
| 7 | 活动横梁提升速度 | mm/s | 300 | 13 | 锻压机总高度 | m | 约 11.1 |
| 8 | 平均压制周期 | s/片 | 45 | 14 | 锻压机总重 | t | 1100 |

③ D1250 车轮立式辗环轧机。立式车轮辗环轧机是采用 2 个导向辊和 2 个对中压紧辊夹持轮坯，使之保持垂直状态，主辊和 2 个辐板辊形成变形孔型，与 2 个斜锥辊作用形成径-轴向变形轧制。世界先进的立式车轮辗环轧机如图 3-45 所示。

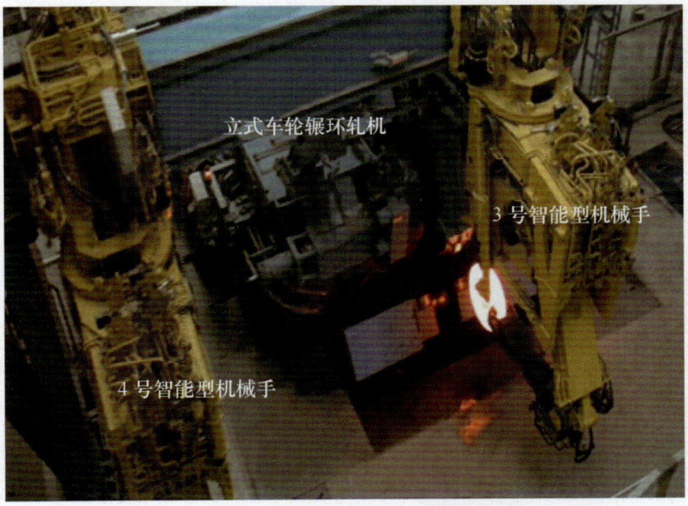


图 3-45 国际先进的立式车轮辗环轧机

辐板轧辊是主动辊，开始轧制时，主辊的形状使车轮的轮缘、踏面成型，同时与斜辊作用形成的轧制力既保证轮辋的厚度又对轮辋的宽度进行控制；两个辐板轧辊在车轮两侧对称布置，以轴向轧制力使车轮的辐板形成工艺制定的不对称曲线或直线形状。

辗环轧机上配置了热态激光测量仪，实时测量轧制过程中每一个瞬间车轮的外缘直径、辐板厚度，达到毫米精度控制，同时，轧机上还配有电子数字绝对值检测器，测量每一个径-轴向进给值，车轮的几何尺寸都可以反馈出来，控制系统将测量结果转换成数字信号，整个轧制过程的实际值和图像都清晰地显示在操作室的计算机屏幕上。

轧机的轧辊组采用分体式结构设计，各组主动辊配备了 550kW 的直流电机，互不干涉。辗环轧机与模锻压机操作步调一致，其中的 3 号和 4 号智能型机械手是轧机的随机设备，取料和送料操作设计与模锻液压机设备紧密配合。

辗环轧机设备由立式车轮轧机、梁式移动智能型机械手、轧辊组、液压系统、润滑系统、PLC 程序控制系统、供配电柜、操作台和软件系统组成。设备的主要技术参数见表 3-29。

**表 3-29　D1250 辗环轧机主要技术参数**

| 序号 | 项目 | 单位 | 技术参数 | 序号 | 项目 | 单位 | 技术参数 |
|---|---|---|---|---|---|---|---|
| 1 | 轧制车轮规格（$\phi$） | mm | 610~1400 | 9 | 轧制速度 | mm/s | 2.4 |
|  | 车轮辋高 | mm | 80~200 | 10 | 装机总电容量 | kW/V | 1380/400 |
| 2 | 轮坯单重 | kg | 350~1500 | 11 | 液压站冷却水压力 | MPa | 0.6 |
| 3 | 轧轮形式 |  | 立式垂直 |  | 液压站冷却水量 | $m^3/h$ | 60 |
| 4 | 平均轧制周期 | s/片 | 50 | 12 | 压缩空气压力 | MPa | 0.6 |
| 5 | 辐板辊动力 | kW | 2×550 |  | 压缩空气消耗量 | $m^3/min$ | 2.5 |
| 6 | 辐板辊最大轧制力 | kN/个 | 1800 | 13 | 辗轧机总高度 | m | 约 6 |
| 7 | 主辊最大轧制力 | kN | 1800 | 14 | 辗轧机总重 | t | 600 |
| 8 | 斜辊最大轧制力 | kN/个 | 800 |  |  |  |  |

④ 50MN 压弯和穿孔模锻液压锻压机。50MN 压弯和穿孔模锻液压机的机械结构也是三梁四柱式，其活动横梁的下降和提升速度都达到工艺要求的统一参数。设备主要性能和技术参数见表 3-30。

**表 3-30　50MN 液压压弯穿孔模锻压机主要技术参数**

| 序号 | 项目 | 单位 | 参数 | 序号 | 项目 | 单位 | 参数 |
|---|---|---|---|---|---|---|---|
| 1 | 液压压弯穿孔模锻机公称压力 | MN | 50 | 10 | 冲孔直径（$\phi$） | mm | 90~200 |
| 2 | 坯料最大高度 | mm | 400 | 11 | 装机总电容量 | kW | 1350 |
| 3 | 工作液体介质压力 | MPa | 31.5 | 12 | 液压站冷却水压力 | MPa | 0.6 |
| 4 | 活动横梁最大行程 | mm | 800 |  | 液压站冷却水量 | $m^3/h$ | 60 |
| 5 | 活动横梁空程下降速度 | mm/s | 350 | 13 | 压缩空气压力 | MPa | 0.6 |
| 6 | 活动横梁负载下降速度 | mm/s | 50 |  | 压缩空气消耗量 | $m^3/min$ | 3.5 |
| 7 | 活动横梁提升速度 | mm/s | 350 | 14 | 锻压机总高度 | m | 约 9.9 |
| 8 | 平均压制周期 | s/片 | 40 | 15 | 锻压机总重 | t | 600 |
| 9 | 模台水平度 | mm/m | ≤1.5 |  |  |  |  |

（7）锻压和辗轧生产线的自动化

1）智能型操作机械手功能。锻压和辗轧生产线的平均生产率为每小时 72 片车轮，各设备之间的转接机构是智能型操作机械手，机械手的操作节奏同样匹配主机的生产率。智能型操作机械手为液压驱动，夹钳可以翻转 90°或 180°。锻轧生产步骤中，从 1 号机械手开始，将车轮钢坯由高压水除鳞工位取出，到锻压、轧制，直至激光检测和打标后由 6 号机械手转出，衔接自如，实现了真正意义上的全自动程序化生产。

1 号、2 号、5 号、6 号智能型操作机械手由液压平行连杆臂组成，带有 6~8 个自由度功能：夹钳张紧、夹钳伸缩、夹钳升降、夹钳平移、夹钳翻转、钳杆回转，以使坯料按设定的节奏在模锻液压机之间夹持旋转并传递，3 号、4 号智能型机械手除这些功能之外，还设计了楔式定距平移、定距升降的功能。智能型机械手为 PLC 程序全自动控制，每个周期动作完成后发出反馈信号给上下衔接设备，主控制系统的 HMI 按照生产模式调整动作和周期时间。

2）智能型机械手的主要技术参数。锻压和辗轧生产线上的智能型机械手，设备主要性能和技术参数见表 3-31。

**表 3-31 智能操作机械手技术参数表**

| 序号 | 项目 | 单位 | 参数 | 序号 | 项目 | 单位 | 参数 |
|---|---|---|---|---|---|---|---|
| 1 | 1 号智能机械手 | | | 4 | 4 号智能机械手 | | |
| 1.1 | 控制方式：自动/手动 | | 全液压伺服控制 | 4.1 | 控制方式：自动/手动 | | 全液压伺服控制 |
| 1.2 | 夹持重量 | t | 1.5 | 4.2 | 夹持重量 | t | 1.5 |
| 1.3 | 最大夹持直径（$\phi$） | mm | 600 | 4.3 | 最大夹持宽度 | mm | 400 |
| 1.4 | 定位精度 | mm | ±1 | 4.4 | 定位精度 | mm | ±1 |
| 1.5 | 夹钳旋转角度 | (°) | 180 | 4.5 | 钳杆臂旋转角度 | (°) | 90 |
| 1.6 | 钳杆臂旋转角度 | (°) | 180 | 4.6 | 夹钳旋转角度 | (°) | 90 |
| 2 | 2 号智能机械手 | | | 5 | 5 号智能机械手 | | |
| 2.1 | 控制方式：自动/手动 | | 全液压伺服控制 | 5.1 | 控制方式：自动/手动 | | 全液压伺服控制 |
| 2.2 | 夹持重量 | t | 1.5 | 5.2 | 夹持重量 | t | 1.5 |
| 2.3 | 最大夹持直径（$\phi$） | mm | 1500 | 5.3 | 最大夹持直径（$\phi$） | mm | 1500 |
| 2.4 | 定位精度 | mm | ±1 | 5.4 | 定位精度 | mm | ±1 |
| 2.5 | 钳杆臂旋转角度 | (°) | 180 | 5.5 | 钳杆臂旋转角度 | (°) | 180 |
| 3 | 3 号智能机械手 | | | 5.6 | 夹钳旋转角度 | (°) | 180 |
| 3.1 | 控制方式：自动/手动 | | 全液压伺服控制 | 6 | 6 号智能机械手 | | |
| 3.2 | 夹持重量 | t | 1.5 | 6.1 | 控制方式：自动/手动 | | 全液压伺服控制 |
| 3.3 | 最大夹持宽度 | mm | 400 | 6.2 | 夹持重量 | t | 1.5 |
| 3.4 | 定位精度 | mm | ±1 | 6.3 | 最大夹持直径（$\phi$） | mm | 1500 |
| 3.5 | 钳杆臂旋转角度 | (°) | 90 | 6.4 | 定位精度 | mm | ±1 |
| 3.6 | 夹钳旋转角度 | (°) | 90 | 6.5 | 钳杆臂旋转角度 | (°) | 180 |
| | | | | 6.6 | 夹钳旋转角度 | (°) | 180 |

（8）废料收集设备

锻压和辗环轧制过程中产生的氧化铁皮和冲孔下来的芯块、连皮，通过各主机设备的溜槽排入基座下的收料箱内，运输小车从地下通道内将收集箱运出，再由起重机吊升集中堆放，定期由回收公司收购。

辗环轧制过程中会有一些不合格的废轮产生，废轮采用专门的旁通辊道和输送小车，从生产线自动剔除滚至废轮架收集。锻轧工序的废品回收量见表 3-24。

（9）锻压和辗环轧制线的起重运输设备选择

1）检修起重机的考虑。车轮锻压和辗轧热加工生产线是全自动流水线生产，操作过程中没有其他的平面运输和垂吊运输。锻压机和辗环轧机更换模具及轧辊时，均采用专门的轨道输送设备运至机旁，生产线上的设备检修工具和需要更换的模具、轴承等，在停机状态下采用厂房桥式起重机安装吊运。

当前机械加工工厂设计中已经不再考虑在车间内设置专门的用于设备检修的重型起重机了，一方面是因为大吨位的起重机会增加厂房吊车梁柱的承重荷载，提高厂房的造价；另一方面大吨位的起重机平时生产并不使用，长期闲置浪费投资，因此，现行的基本作法都是在车间的平面布置上留有足够的重载塔吊或汽车吊的通行通道和回转空间，提高过车的厂房大门横梁标高，一旦需要，从社会上短期租赁吊车进场使用即可。100MN 成型模锻液压机的底座和横梁安装时的单重都超过 80t，如果设备安装或大修期间需要起吊操作时，可租赁当地的 120～150t 重载汽车吊，通过车间内的安全通道进入并安置在预先设计好的定点位置上，即可进行无障碍操作，这是目前通用的设计方法。

但有一种情况需要特殊考虑，如果当地欠缺重载汽车吊的租赁条件，短期内也无法解决，那就必须要考虑选择设置检修用的大吨位厂房起重机设备，并在土建专业进行厂房设计时计算起重机的静载荷和动载荷。

2）车间起重机载重量选择。锻轧工序生产时需要起重机操作的有以下几种情况：

① 锻压和辗轧设备在正常生产时，需要更换不同规格的模具或者轧辊总成，为生产线吊运氧化铁皮和废轮收集箱，单件重量均不超过 40t；

② 定期安排的小型检修以及工具和备品备件的重量不超过 20t；

③ 捡拾在线不合格废轮、废料、间断性起吊物件等，单件重量不超过 5t；

④ 为重型桥式起重机维修时起吊该设备驱动电机，要在厂房的屋面梁处设置检修用电葫芦，单件重量按电机实际重量计算。

3）起重机的额定工作载荷和数量计算。参照 3.3.5.1 节中车间起重运输机的选配论述内容，计算和选择锻轧工序的车间起重机。

① 起重机的类型选择。辗钢整体铁路车轮生产是全自动流水线，起重机平时常用的工作内容仅是吊运小型工件、固定周期时间进行模具的更换运输，因此，选用普通双梁桥式起重机即可。

注：当设计大型工件锻造车间时，特别是自由锻造机操作时，必须选择锻造专用起重机。锻造专用起重机的生产制造厂家要具有国家级许可证。

② 起重机的轨面标高选定。确定起重机的轨面标高之前，先掌握车间内工艺设备和辅助设备的最高点、起重机空载时吊钩距轨面的极限高度、驾驶室的底面距轨面的高度、吊运时最大工件距地面的高度和通道范围。所有的吊运空间都遵照国家规范设计。如果没有对应的标准，设计时需考虑起重机的吊物底面与设备或物体之间的高度差保留 2.2m+600mm 的人员操作安全空间。

③ 选择起重机整机的工作级别。起重机选择过程：按照表 3-5 首先确定起重机的使用等级 U，再按表 3-6 确定起重机荷重状态 Q，按照上述两个参数在表 3-7 中选择相应的整机工作级别 A。更换锻压机的模具和辗环轧机的轧辊频繁时，一般需要 16/3.2t 的起重机作业，对应可以选用工作级别 A6。

④ 起重机的跨度选择。辗钢整体铁路车轮生产车间厂房的跨度是根据设备的宽度，加上辅助设施需要的面积设定的，基本设计为36m较为合适。起重机两侧的双轮缘车轮中心线之间距称作起重机跨度$S$，如图3-10所示。当车间起重机的工作级别≤A5时，走行车轮中心线距厂房轴线单侧距离$S_5=750\text{mm}$；若起重机的工作级别>A5时，走行车轮中心线距厂房轴线单侧距离$S_5=1000\text{mm}$，厂房跨度减去两侧的$S_5$距离即为起重机跨度，即车间的跨度定为36m，起重机的工作级别>A5，则起重机的跨度为$S=36000-2\times1000=34000\text{mm}$。

⑤ 车间起重机的数量计算。起重机数量计算的条件：车间内周期性地起吊更换模具，估算重量约20t；有规律地起吊废料收集箱、备品备件等，估算工作荷重为5～15t；液压站内起吊检修工具和阀件，估算重量约3～10t；所有的起吊作业都属于较清闲使用程度。不同的起重机每班起吊1～6件，锻造火次1次，起吊次数1～8次，走行距离30～80m，装货时间3～10min，卸货时间2～10min；查阅起重机样本，双梁桥式起重机的大车行走速度约85m/min，单梁桥式起重机的走行速度约40m/min；公称时间损失系数按0.75，起重机开动系数0.97；采用以上条件选择合适的起重机。

代入式（3-6），计算起重机安全载荷：

$$G_n=(G_1+G_2+\cdots)\times k_A=(10+1)\times1.2=13.2(\text{t})$$

在订货时注明安全系数的起重机，选用10t额定载荷一般起吊10t以下的载重量，因为有安全承载范畴，短时间可以承载13.2t以下的部件，日常小型工件起吊用此起重机即可。

$$G_n=(15+1)\times1.2=19.2(\text{t})$$

选择16/3.2t额定载荷的双梁起重机，较为适宜吊运15t以下的载重量，注明安全系数的可以短时间承载19.2t以下的起吊部件。

$$G_n=(20+6)\times1.2=31.2(\text{t})$$

选择32/5t额定载荷双梁起重机，适用20t以下的载重量，注明安全系数的可以短时间承载37.5t以下的起吊部件。

另外，32/5t桥式起重机的驱动电机较重，检修更换时人工或手拉葫芦均不容易将其拆卸吊下，为维修方便，可在32/5t起重机停靠处的屋架樑下设置3t检修用电动葫芦。

代入式（3-7）：

$$N=[(n\times a\times T_i)/(K_s\times S_t\times K_p)]\times(L/V+T_n+T_p)$$

按照上述设定的操作运行时间、物件运输的数量、走行距离等参数，分别计算锻轧工序起重机设备的数量和生产负荷率，计算结果汇总在表3-32中。

选择锻轧工序起重机的标准标识为：

$G_n=32/5\text{t}$、$S=34\text{m}$、$A=5$、$H=15\text{m}$双梁桥式起重机1台，主钩起重量32t、副钩起重量5t，轨面标高15m。

$G_n=16/3.2\text{t}$、$S=34\text{m}$、$A=6$、$H=15\text{m}$双梁桥式起重机1台，主钩起重量16t、副钩起重量3.2t。

$G_n=10\text{t}$、$S=16\text{m}$、$A=4$单梁桥式起重机1台。

根据表3-32计算结果，锻轧工序计算共需要3台起重机，设计选用3台，设备生产负荷率分别为78%、82%、49%。

另选用$G_n=3\text{t}$、$A=3$电动葫芦1台，生产负荷率6%。

**表 3-32　起重机设备数量和负荷率计算**

| 项　目 | 公式符号 | 计　算　方　法 | 车间（A）-（B）跨 | | | |
|---|---|---|---|---|---|---|
| | | | 32/5t | 16/3. 2t | 10t | 3t |
| 每班生产工件数量 | $n$ | 年吊运数量/工作天数/工作班制 | 6 | 6 | 6 | 1 |
| 起吊次数 | $a$ | 实践计算 | 8 | 8 | 6 | 1 |
| 往返次数 | $T_i$ | 实践计算 | 1 | 1 | 1 | 1 |
| 平均走行距离 | $L$ | 起重机运料路程 | 60 | 80 | 30 | 30 |
| 速度 | $V$ | 查询起重机设备样本 | 85 | 85 | 40 | 40 |
| 装货时间 | $T_n$ | 实践统计 | 3 | 3 | 2 | 10 |
| 卸货时间 | $T_p$ | 实践统计 | 2 | 2 | 2 | 10 |
| 每班实际工作时间 | $S_t$ | 每班的工作分钟计 | 480 | 480 | 480 | 480 |
| 起重机开动系数 | $K_p$ | 规范 | 0. 97 | 0. 97 | 0. 97 | 0. 97 |
| 时间利用率 | $K_s$ | 起重机年时基数公称损失系数 | 0. 75 | 0. 75 | 0. 75 | 0. 75 |
| 计算台数 | $N_c$ | $[(n \times a \times T_i)/(K_s \times S_t \times K_p)] \times (L/V + T_n + T_p)$ | 0. 78 | 0. 82 | 0. 49 | 0. 06 |
| 选用台数 | 台 | 设计选择 | 1 | 1 | 1 | 1 |
| 吊车的工作计算负荷 | % | 计算台数/设计选择 | 78 | 82 | 49 | 6 |
| 工作制度 | $A$ | 查询起重机整机工作级别表 | A5 | A6 | A4 | A3 |

⑥ 多台起重机的合抬应用。现代机械加工制造厂的工程设计，基本上不再考虑为工艺设备设置专门用于安装或者检修用的重型起重机：一是加工车间的重型大设备安装后不再拆卸，基本不会再用到重型起重机；二是大件检修的机会很少，只有大修才可能用到，而大修一般 5~8 年才轮到一次，仅为了检修就在厂房里配置重型起重机，搁置多年长期不用设计很不合理；三是车间厂房由于配置了重型起重机，厂房设计时柱子和横梁都要增加荷载，造价大幅上升造成很大的浪费。工程建设的场地或生产企业现场往往很复杂，详细地观察和了解不同的生产车间、不同的工件吊运情况，就能将实际记录的数值归纳上升到理论规律，设计中将这些数据予以应用，可以达到事半功倍的效果，体现理论来源于实际，同时又指导实际的科学实践原则。

车间工艺设备检修如果经常用到大吨位起重机而又不想增加厂房施工造价时，还有一种解决大型工件起吊的方法，即考虑利用 2 台载荷较小的起重机合抬的方式解决，这在机械加工制造厂或是其他类型的生产厂中经常采用。铁路车轮生产线中，锻压和辗轧工序最大的设备是 100MN 模锻液压机，基座和活动横梁的安装部件单重达到 80t 以上，平时设备检修时需要拆卸的单体大件以及液压站泵罐的吊装重量 40t，按此，厂房设计原本需要选配 1 台 120t 以上的重型起重机。实际执行中，当需要大修时，起吊超过 80t 的部件就临时租用汽车吊；当吊运 40t 的部件+吊具约 6t，载重量共约 46t 部件时，用 1 台 32t 和 1 台 16t 的起重机，两台起重机的安全系数 1. 2，可以达到短时间共同承担 56. 0t 的荷载，起吊 46t 的部件足以完成。

在工艺设计中，选用共同合抬方式的起重机时，在起重机的订货技术附件中，需要明确提出是哪个起重机将会出现此种工作状况，给出参数一致的起重机走行大车的移动速度以及起吊小车吊钩一致的起升速度，为了合抬平稳，抬梁吊具需要专门进行订制。

实际生产中，多台起重机共同抬吊大型工件的例子很多，这种合抬吊装都是一次成功，选择应用是合理的。

（10）锻压和辗轧生产线的主要工艺设备汇总

锻压和辗轧生产线的设备包括50MN液压镦粗预成型模锻压机、100MN液压成型模锻压机、D1250立式辗环轧机、50MN液压压弯穿孔模锻压机、1~6号智能型机械手、模具更换装置、冲孔废料及氧化铁皮收集箱和输送线、废轮输送小车、液压站、起重机等。主要工艺设备名称和数量见表3-33。

**表3-33 锻压和辗轧生产线主要工艺设备**

| 序号 | 项目 | 单位 | 数量 | 重量/t | | 序号 | 项目 | 单位 | 数量 | 重量/t | |
|---|---|---|---|---|---|---|---|---|---|---|---|
| | | | | 单重 | 总重 | | | | | 单重 | 总重 |
| 1 | 50MN液压镦粗冲孔预成型模锻压机 | 台 | 1 | 600 | 600 | 8 | 锻压机换模装置 | 套 | 3 | 10 | 30 |
| 2 | 100MN液压成型模锻压机 | 台 | 1 | 1100 | 1100 | 9 | 废轮旁通输送机构 | 台 | 2 | 3 | 6 |
| 3 | D1250立式车轮整体辗环轧机 | 台 | 1 | 600 | 600 | 10 | 氧化铁皮运输小车 | 套 | 4 | 5 | 20 |
| 4 | 50MN压弯穿孔模锻压机 | 台 | 1 | 600 | 600 | 11 | 双梁桥式起重机 $G_n=32/5t$，A5 | 台 | 1 | 38 | 38 |
| 5 | 1号~6号智能机械手 | 台 | 6 | 25 | 150 | 12 | 双梁桥式起重机 $G_n=16/3.2t$，A6 | 台 | 1 | 26 | 26 |
| 6 | 激光检测机 | 台 | 1 | 15 | 15 | 13 | 单梁桥式起重机 $G_n=10t$，A4 | 台 | 1 | 15 | 15 |
| 7 | 热态标识打印机 | 台 | 1 | 10 | 10 | 14 | 检修电葫芦 $G_n=3t$，A3 | 台 | 1 | 2 | 2 |

（11）锻压和辗轧工序的车间工艺布置

1）锻压和辗轧工序的车间面积。锻压和辗轧工序中主要的布置区域有模锻液压机区域、立式车轮辗环轧机区域、智能型机械手回转区域、激光检测机区域、换模装置通道、废料及氧化铁皮收集和运输小车通道等；辅助设施布置区域主要有液压站、操作室和电气控制室、电缆隧道、液压管沟、浊循环水积水池、压缩空气稳压罐区域、氮气储气罐区域、除尘器收集罩空间等。

厂房内需要配置起重机时，厂房标高的设计根据各模锻液压机的高度进行考虑，按最高设备的安装或检修柱塞杆以及其他抽出柱体所需空间的高度计算，在柱塞杆抽出高度的基础上，另外再加上起重机需要的起吊高度，最终确定起重机的轨面标高。所有的断面尺寸予以精确地进行参数衡量，厂房建设完成，设备安装时不会受厂房起重机横梁底部或驾驶室底面的高度影响，也不会阻碍通行吊运。吊车横梁因吊物碰撞会发生微小的弯曲，这些情况会产生风险，这是工程工艺设计中绝对不能发生的错误。安装100MN车轮模锻压机的车间，起重机轨面标高应达到15m以上。

以往，有一些工程设计因为赶工期，在机械设备还没有确定最终高度时，就开展厂房设计，为此，要提前在厂房屋顶处预留安装孔，以便在设备安装时临时掀开屋面进行吊装，或者在厂房柱子的土建设计上采取措施，加高厂房钢结构或混凝土立柱，达到工艺剖面布置的需要。

车轮锻压和辗轧工序车间面积：主车间约3000m$^2$、液压站约1500m$^2$、低压配电室和操作控制室约300m$^2$，主厂房轴线跨度36m。

模具更换和修理：车轮产品方案中由于轮型较多，实际生产时需要经常更换模具，模具一般采用小车运进运出，为此，应设置约 720m$^2$ 的车间面积作为模具存放区。

2）锻压和辗轧工序车间工艺布置。锻压和辗轧工序的工艺设备从高压水除鳞→1 号智能型机械手至 6 号智能型机械手，依次串联布置，形成从加热坯料到车轮成型的连续生产作业线。

液压管道应尽量采用地下管沟敷设，事前在平面上布置好，不建议管道穿过设备基础的安排方式，那样会造成设备基础设计时载荷计算困难。管道如果必须穿过设备基础时，加设套管以备检修时能够较容易地抽取管道予以重新更换。如果地下布置不开，在空中布线时，应事先规划好设立管廊支架，管道摆放整齐划一、间隔规矩。

生产用浊循环水积水池设计在地下，压缩空气和氮气储气罐布置在符合国家相关标准间距之外。

辗钢整体铁路车轮制造车间内的上下料区域地面运输，采用汽车和电瓶叉车，车间工艺布置时，应考虑足够的地面物流运输通道和人员安全走道。

锻轧工序 3+1 模式的车间工艺布置平面图如图 3-46 所示。

锻轧工序 2+1 模式的车间工艺布置平面图如图 3-47 所示。

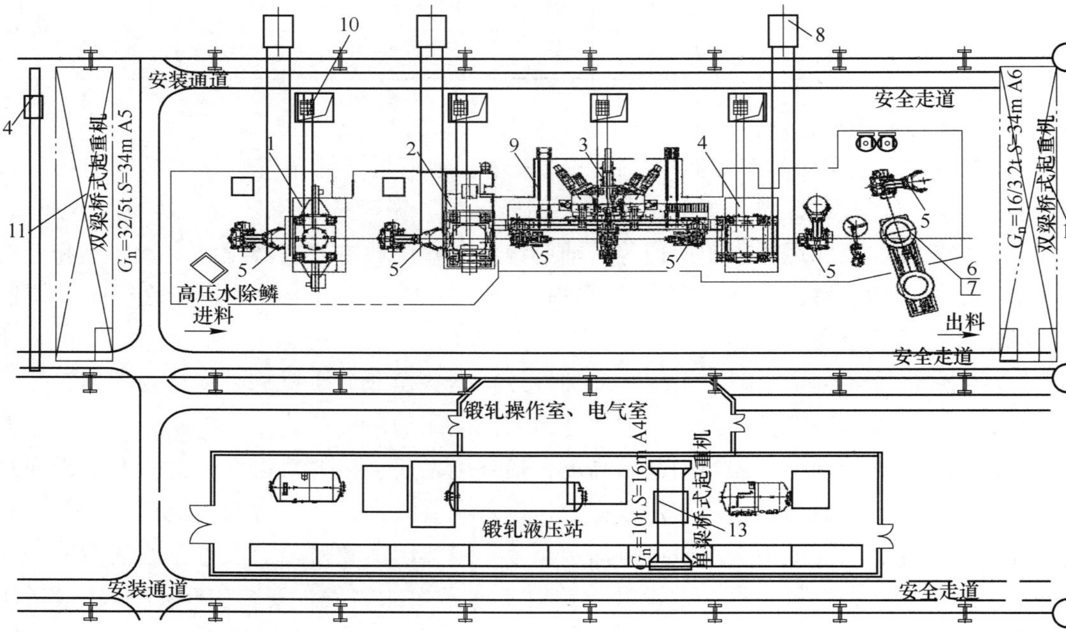


图 3-46　3+1 模式锻压和辗轧工序工艺布置平面图

1—50MN 液压镦粗冲孔预成型模锻压机；2—100MN 液压成型模锻压机；3—D1250 立式车轮辗环轧机；4—50MN 压弯穿孔模锻压机；5—1～6 号智能型机械手；6—激光检测机；7—热态标识打印机；8—锻压机换模装置；9—废轮旁通输送机构；10—废料和氧化铁皮运输小车；11—$G_n$ = 32/5t 双梁桥式起重机；12—$G_n$ = 16/3.2t 双梁桥式起重机；13—$G_n$ = 10t 单梁桥式起重机；14—$G_n$ = 3t 检修电葫芦

现代智能化的 3+1 模式液压模锻、辗轧连续生产流水线剖面示意图如图 3-48 所示。锻压车间操作剖面示意图如图 3-49 所示。

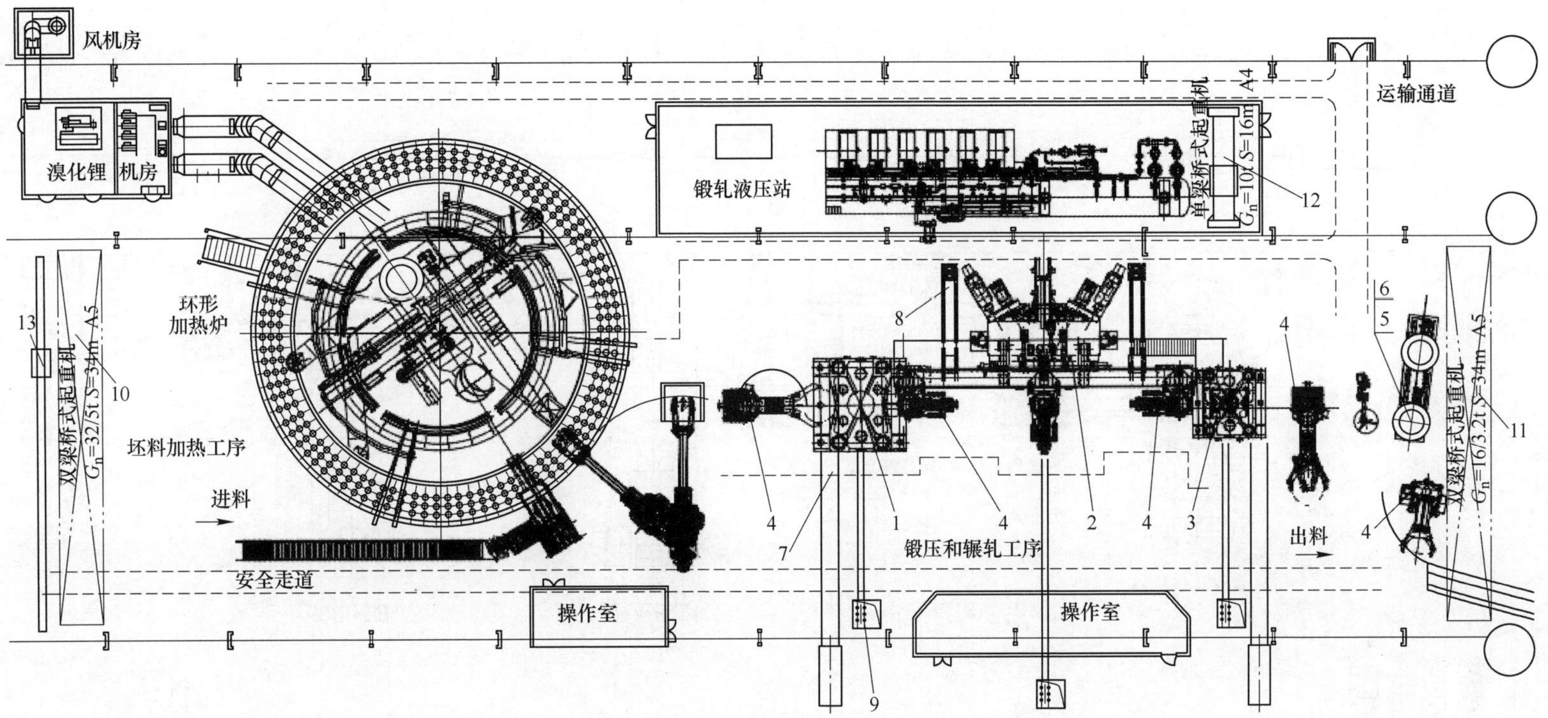


图 3-47　2+1 模式锻压和辗轧工序车间工艺布置平面图

1—100MN 液压成型模锻压机；2—D1250 立式车轮辗环轧机；3—50MN 压弯穿孔模锻压机；4—1~5 号智能型机械手；5—激光检测机；6—热态标识打印机；7—锻压机换模装置；8—废轮旁通输送机构；9—废料和氧化铁皮运输小车；10—$G_n$ = 32/5t 双梁桥式起重机；11—$G_n$ = 16/3.2t 双梁桥式起重机；12—$G_n$ = 10t 单梁桥式起重机；13—$G_n$ = 3t 检修电葫芦

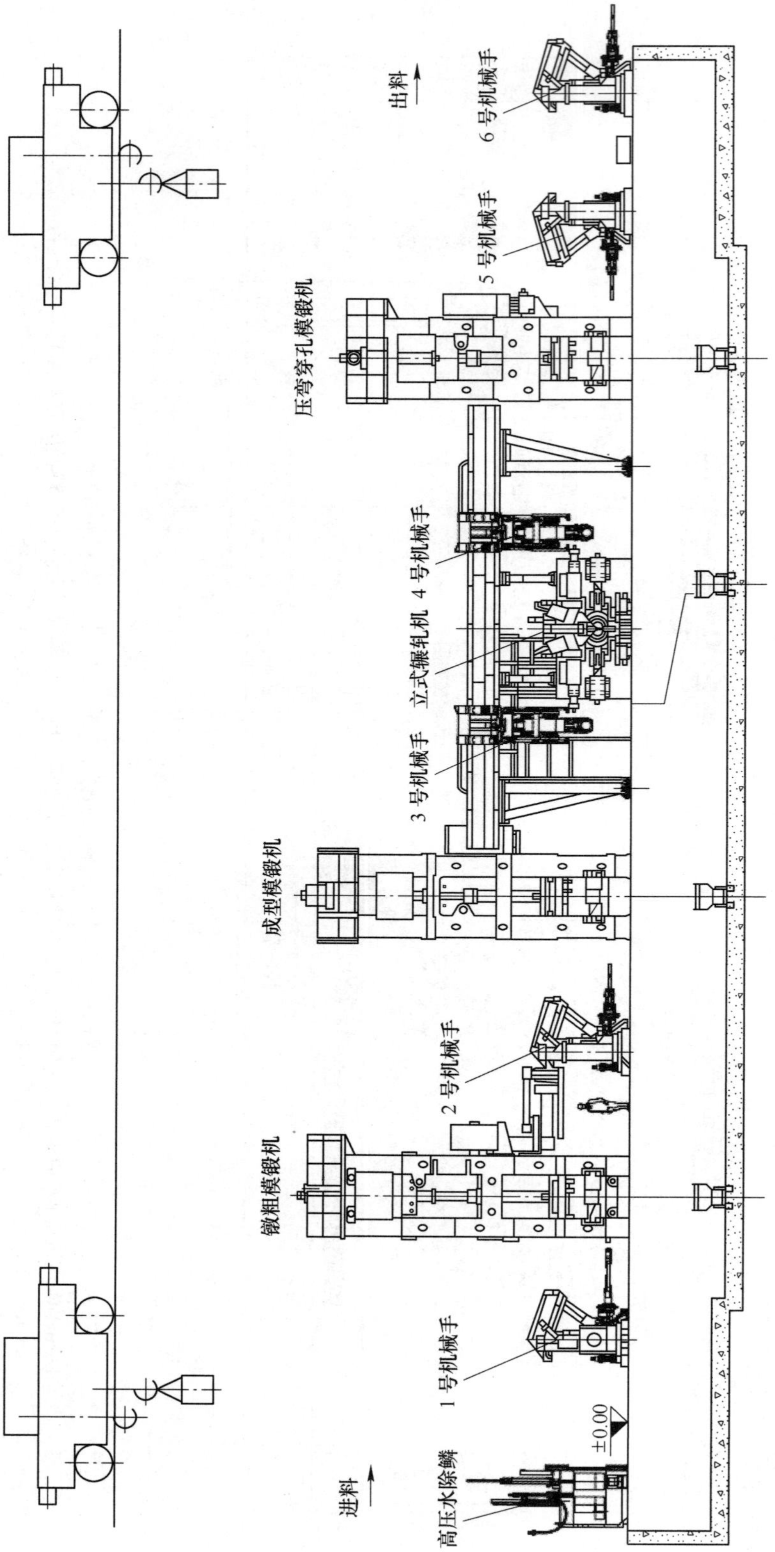


图 3-48　3+1 模式锻压和辗轧连续生产流水线剖面示意图

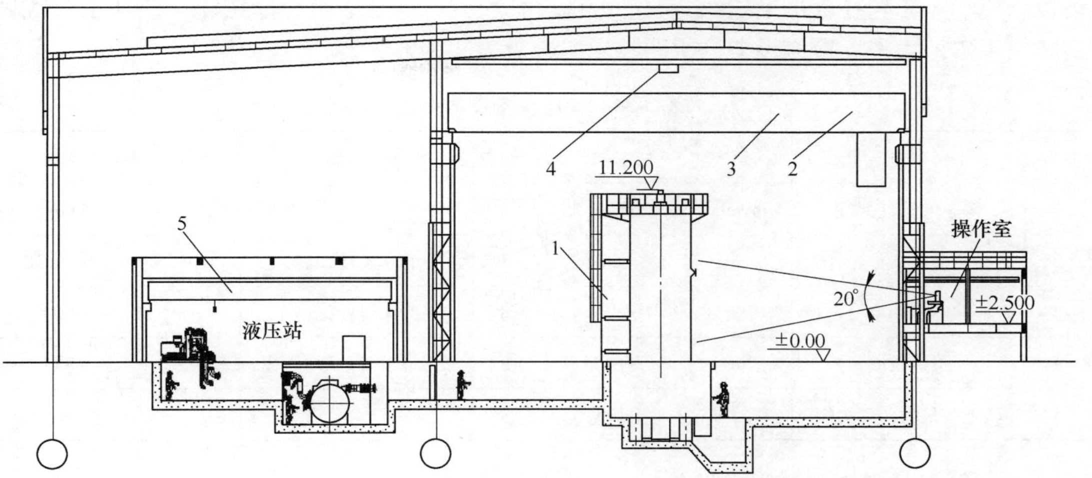


图 3-49 锻压设备操作剖面图

1—液压锻压机；2—起重机 32/5t；3—起重机 16/3. 2t；4—电动葫芦 3t；5—起重机 10t

3）电控操作室剖面布置。锻压和辗轧生产线的设备都较高大，操作人员在兼顾观察上部和下部的工作状况时，需要较宽的视角范围，特别是车轮锻压和辗轧过程中的热态实时状态，都要仔细地监视，因此，操作室与设备之间要有一定的观察距离，以便达到全景监测。面向工艺设备的操作室窗户设计三面透明、落地式大断面隔热玻璃窗，利于人工掌握整个的动态场面。操作室的窗面底梁高度尽量不超过 400mm，高度保持约 20°的适当视角、能够直视整个作业面的全部场景。

锻轧工序的液压站面积设计，需要集中安装模锻液压机和辗环轧机的液压泵、储油罐、阀架，容纳主泵供油管道和回程管道等。为便于日常巡检，在液压站内配置 $G_n = 10t$ 的检修用单梁桥式起重机。

4）车间内小型建构筑物立面设计。机械制造车间内的小型建筑物布置在山墙端部，立面设计大气、宽敞和美观，建筑物面向车间的内窗，配合安装落地式大断面玻璃，从车间的端部一眼望出去贯穿整个车间，能够实际感受到一目了然的效果。

厂房内的柱间可设置参观走台和看台，为外来的客户或者来宾提供安全参观通道，参观平台的栏杆高度符合国家标准。

#### 3.3.5.6 锻后控制冷却、等温处理工序的工艺设计和设备选择

车轮锻后的控制冷却和等温处理、淬火热处理、中间冷却等工序，作为热处理工序统一进行设计考虑，在工艺设备的选择上，前后一并集成成为一条连续性的生产线。

（1）锻后控制冷却生产流程和设备

锻后热状态的车轮，由锻压和辗轧生产线的 6 号智能型机械手放置到板链输送罩式控制冷却线上，车轮一边运行一边逐步冷却，温度从 900℃以上降至 630℃左右。当温度达到 630℃左右时，冷却线端部的桁架式智能型机械手将其夹持堆垛放到等温炉的待料台车上，等待进入等温炉中开始处理。

板链式输送线设备是带有散热罩的冷床，由电机、减速机和齿轮对带动链轮，链轮拖

动板链传动。车轮在板链上以约 2m/min 的速度一步一步输送至冷床尾端，热加工全线做到车轮不落地生产。冷床设备的主要技术参数见表 3-34。

**表 3-34 冷床设备技术参数**

| 序号 | 项目 | 单位 | 参数 | 序号 | 项目 | 单位 | 参数 |
|---|---|---|---|---|---|---|---|
| 1 | 链条的移动速度 | m/min | 1.65~1.85 | 6 | 联轴节极限传动力矩 | kN · m | 116 |
| 2 | 二链轮中心距 | m | 60 | 7 | 热轧车轮冷却温度 | ℃ | 950~630 |
| 3 | 电机功率 | kW | 22 | 8 | 冷床辊面标高 | mm | 1000 |
| 4 | 板链长度 | m | 约 108 | 9 | 设备总重 | kg | 95000 |
| 5 | 联轴节最大传动力矩 | kN · m | 105 | | | | |

（2）等温处理生产流程和设备

等温处理的目的是释放锻后因压力作用产生温度不均匀引起的热应力，同时，钢中的气体进行扩散，防止白点产生形成内部缺陷。

1）等温处理技术措施。钢中的氢以原子或离子的形式与铁形成固溶体。从低倍试验和金相分析来看，钢中氢含量在 $2\times10^{-6}$ 以上的情况时，经过锻压或轧制，机体组织极易发生脆性偏析进而生成白点，尤其当白点形成细长发裂形态并发生在车轮轮缘或踏面处时，车轮行走当中这种缺陷就会造成轮缘或踏面的崩析，是列车出轨事故的重要原因之一。热处理工艺学的研究成果表明，钢中的氢在 300~650℃的温度时，扩散度很大，车轮钢是优质碳素钢材质，在此温度中进行等温扩散处理，氢从钢中析出，达到良好的脱氢效果，亦即达到消除由于氢的聚集可能产生白点的风险。

多年来，设计人员对消除白点做了多项系列性的现场检测试验，实际的实验结果有以下几种情况：

① 钢中氢含量超过 $4\times10^{-6}$ 数值时，锻后车轮堆垛通过控冷设备处理达 3h 以上，之后淬火、回火，检测工件样品结果发现，均无法消除白点的出现；

② 钢中氢含量 $2\times10^{-6}$ ~ $<4\times10^{-6}$ 时，锻后车轮堆垛通过控冷设备处理达 3h 以上，之后淬火、回火，工件样品检测结果表明无白点出现。

通过实践观察，钢中的氢含量在高温下不是经过处理后就一成不变的，而是波动的，仅依靠采用控冷处理不能完全消除白点。为确保消除风险源，车轮生产工艺中不可缺少的工序就是等温处理工艺。

等温处理工序的生产工艺：等温处理的保温炉或保温设备必须预热，预热至 300~350℃，锻后的车轮工件在冷床上控制空冷至 600℃左右，堆垛进入带有加热装置的保温炉或保温坑内，根据含碳量的不同，采用 630~650℃进行等温处理。等温处理后的车轮试样进行拉力试验和金相分析，从金相检测分析中观察不到白点，静载疲劳断裂的下临界应力值持续稳定，这就证明了等温处理的工艺路线是很好的，能够达到预期的效果。

自 20 世纪 90 年代开始，中国冶金行业的炼钢生产逐步采用了转炉和电炉+炉后 LF 精炼的炼钢工艺，有的工厂在此之后还用真空除气精炼钢水，铸锭浇注采用氮气保护直接连续铸坯，这种现代化的生产方式，将钢中的氢含量（质量分数）在冶炼阶段就直接降到了

$2\times10^{-6}$以下。采用这种方式炼钢的钢铁厂中心实验室经过多年的研究和观测分析，发现氢含量在$2\times10^{-6}$以下时，低倍试验和金相检测均未见氢的点状或片状偏析生成。中国和国际车轮生产标准对钢坯氢含量控制做了严格的规定，见表3-35。

**表3-35 氢含量（质量分数）控制及消除白点规定**

| 标准 | 条款 | 规定内容 |
|---|---|---|
| 中国标准 TB/T 2708—1996 | 4.2.1 炼钢 | 车轮钢应采用电炉、平炉或转炉冶炼的优质镇静钢制造，并经炉外精炼处理，钢水中氢含量$\leqslant 2\times10^{-6}$，钢锭必须从底部浇铸。钢锭脱锭后必须在缓冷坑内进行充分缓冷。经真空脱气处理时可直接堆垛冷却 |
| | 4.2.2 车轮热成形 | 车轮热成形完成后必须采取消除白点的措施，如等温、缓冷等 |
| 中国标准 TB/T 2817—2018 | 4.1.1 车轮钢坯要求 | 车轮钢应采用炉外精炼和真空脱气处理。钢坯采用连铸或模铸方法制造。模铸钢锭应从底部浇铸。钢水氢含量不应大于$2\times10^{-6}$ |
| 欧标 13263—2004 | 附件A | 在熔融状态下整体车轮用钢的氢含量控制 |

但是随着机械加工过程中工件锻造加热升温的影响，钢中的氢含量有时会波动甚至升高，因此，尽管现在生产车轮的钢坯原料来源多采用特钢工厂的连铸圆坯，进厂的原料检验也达到标准要求，可车轮钢坯锻前高温加热后仍有可能使氢含量增加，因此，等温脱氢处理是生产过程中不可缺少的重要工艺步骤。

2）等温处理时间。氢在铁素体中的溶解度比在奥氏体中小，而扩散系数远大于奥氏体，因此氢在钢中的扩散一般在铁素体组织状态下进行。从金属材料等温转变的C曲线图图3-50可以看出，中高碳钢的车轮钢坯预防白点的等温处理时间约3.5~5h，保持一段时间温度后，应以40℃/h的冷却速度降至100~150℃出炉空冷。

近年来的热处理理论研究基本保持了上述的理论基础，工程设计中的工艺设计也继续遵从这个理论。然而，国内和国际上的热处理生产装备与几十年前相比，有了突飞猛进的变革，特别是工业炉的加热系统、燃烧系统、保温材质、连续生产输送系统、装备自动控制系统等，都运用了现代化的创新技术，使等温处理的工艺效果达到前所未有的良好高度。

本节将按照年产300000片/a成品车轮的生产规模和热处理的工艺路线，进行工艺设备的选配和计算。

3）等温处理设备的选配。我国近几年建设的辗钢整体铁路车轮生产线中，等温去氢控冷处理有两种方式：一种是在第2章中介绍的继续沿用揭盖井式炉的方式；另一种是采用台车连续输送的隧道炉的方式。揭盖井式炉的设备组成、设备数量和生产率计算已经介绍过，在此不再繁述。

① 隧道式台车连续输送等温处理炉运行流程。隧道式台车连续输送等温炉采用天然气作为燃料，压力20kPa，发热值（标态）$8500\times4.18\mathrm{kJ/m^3}$。

隧道式等温炉是由多个台车在轨道上载着车轮通过的保温炉。台车上有垛料台。炉前的桁架式智能型机械手将车轮夹起，摆放到这些垛料台上，台车堆垛完成后，一列一列地

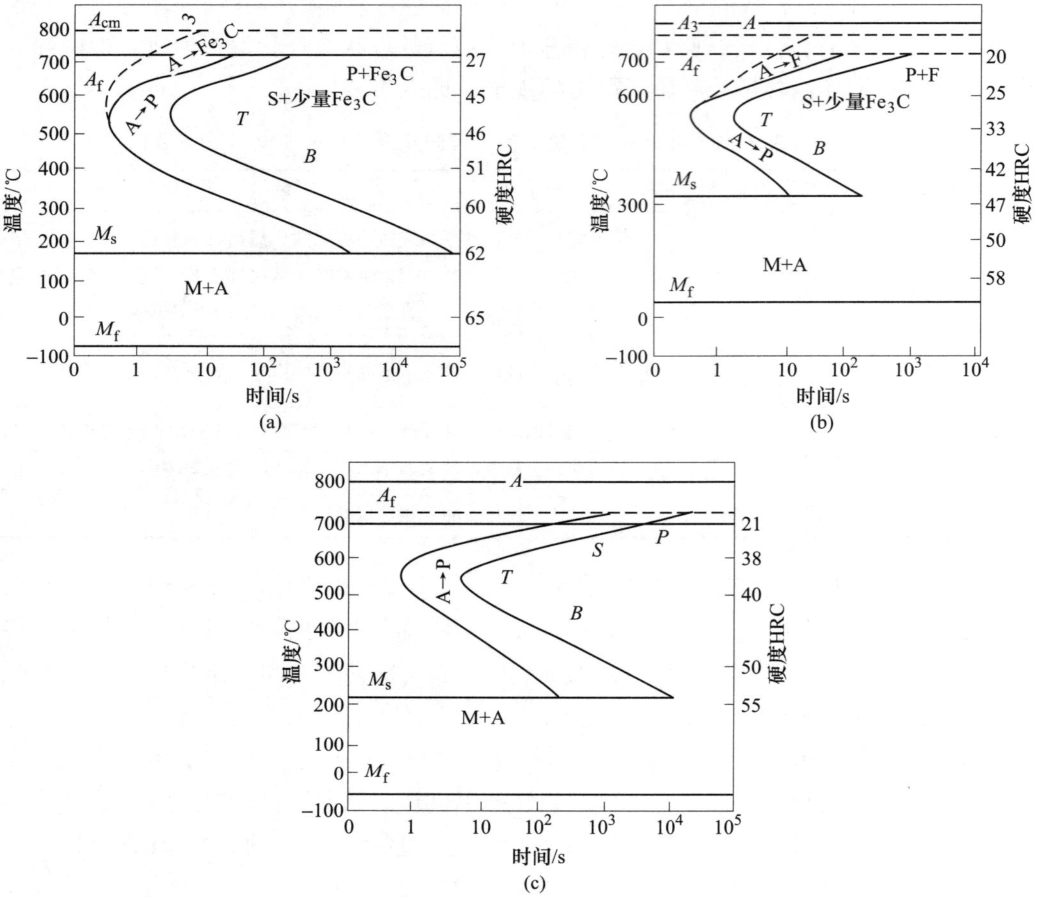


图 3-50　碳钢等温转变 C 曲线

（a）过共析钢；（b）亚共析钢；（c）共析钢

由驱动装置按程序自动逐步进入隧道式等温炉中。初期依靠自身的温度保持炉温不升不降，后期燃烧系统适当补充加热，使炉温维持不变。不同规格的车轮采取不同的控温时间。

等温处理后的车轮由台车驶出在冷却线上降温，然后直接装载着通过轨道式运输线转运到隧道式台车连续输送淬火加热炉前。有些不需要进行热处理的非标车轮通过旁通轨道下线，用电瓶叉车运送到中间缓冷堆放场地。

② 隧道式等温炉的台车尺寸。通过隧道式炉的台车，车轮摆放的垛料台尺寸 1.4m×1.4m，每辆台车纵向 3 列横向 4 排共 12 个垛料台，二层堆放，每台车堆放 24 片车轮。

等温炉台车设计的长度尺寸：

$$l = 1.4 \times 3 = 4.2(\mathrm{m})$$

等温炉台车设计的宽度尺寸：

$$w = 1.4 \times 4 = 5.6(\mathrm{m})$$

③ 隧道式等温炉炉底面积、炉子长度和台车数量。依照表 3-38 中计算的年需热处理

的锻后合格车轮数量307650片/a、折合138715t/a，以$\phi$920mm车轮为典型代表产品，按照锻轧工序的小时生产率72片/h，等温处理过程及辅助时间周期3.5~5h，年工作250d，时间损失系数0.85，计算炉底面积和长度。

首先计算等温炉内可容纳的台车数量：

$$N = \frac{Q_n \times V_h}{R_h} \tag{3-23}$$

式中 $R_h$——台车装载车轮数量，片。

计算：

$$N = \frac{72 \times 5}{24} = \frac{360}{24} = 15(\text{列})$$

计算载车炉底面积：

$$m = l \times w \times 15 = 353(\text{m}^2)$$

计算最大容量载车的炉膛长度：

$$L = 353/5.6 = 63(\text{m})$$

计算结果：等温炉内可容纳的车轮数量为360片，每列台车装载24片车轮，至少串列15列台车。等温炉容纳15列台车需要炉底面积约353m$^2$，炉膛有效长度至少约63m。

④ 隧道式等温炉生产能力和负荷率。

代入式（2-3），计算等温处理炉的生产能力：

$$Q_a = \frac{G_a}{D \times 24 \times k} = \frac{138715}{250 \times 24 \times 0.85} \approx 27.2(\text{t/h})$$

计算结果：等温处理炉的小时生产能力为27.2t/h。

⑤ 计算等温处理设备作业时间比：

$$\frac{h_r}{h} = \frac{G_n \times V_h / R_h}{D \times 24 \times k} \tag{3-24}$$

式中 $h_r$——车轮需用处理时间，h/a。

计算：

$$\frac{307650 \times 5/360}{250 \times 24 \times 0.85} = \frac{4273}{5100} \approx 0.84$$

分析结果，选用15列台车共载360片车轮，串列通过隧道式等温炉，年加热处理车轮需要的时间为4273h，与年时基数相比，实际的作业时间比亦即设备的负荷率为84%。计算需要0.84座，设计选用1座。

采用台车装载工件的等温炉生产过程中，考虑装卸的衔接，在工艺布置上设计一条轨道折返线，折返线保持另外15列空载台车，实现闭环运行。折返线也作为等温处理后的冷却线。

⑥ 等温处理炉生产线的组成和主要技术参数。隧道式台车连续输送等温处理炉的台车采用电机驱动，为节约车间面积，车轮出炉卸载后的台车，沿等温炉边缘的折返线返回装料起点。折返线上的台车也是电机传动，适应轨道上的运输。

燃烧系统采用脉冲式控制。沿炉长配设 136 套调温高性能 SiC-RSG 烧嘴，特点是大流量二次风亚高速烧嘴，天然气以约 60m/s 喷出后，在环绕其周的二次风旋流的作用下，保证低温供热并使炉内温度混合均匀。此类烧嘴调节灵活、低 $NO_x$，配置自动点火及火焰检测功能。

空燃系统配有快速切断阀、减压阀和流量测量装置以及 $N_2$ 气吹扫系统。空气管道系统的高压助燃离心风机安装在风机房内，进出口装有消音、隔震器，厂界噪声控制在 70dB 以下。

现代化的工业炉实现了全行程的数据跟踪。仪控和电控部分的基本标配采用 SIEMENS Sx 系列 PLC 作为中央控制装备，同时采用工控软件、工控机和 LCD 大屏幕、摄像头，组成人机界面 HMI 系统，在线监视操作。采用 PROFIBUS-DP 网络将自动跟踪 HNI、PLC 与现场设备结合，配有生产线前后设备全程自动控制的通信接口。

控制冷却、等温处理生产线的工业炉的排气烟管、炉用空气、燃气管道布置在炉顶，出厂房前排气烟管折入地下，设置引风机系统，施行动力引排穿过车间排至厂房外的烟囱，烟囱设计高度约 30m，出口直径约 $\phi$1. 2m，主要性能和技术参数见表 3-36。

**表 3-36　隧道式台车连续输送等温炉主要技术参数**

| 序号 | 项目 | 单位 | 技术参数 | 序号 | 项目 | 单位 | 技术参数 |
|---|---|---|---|---|---|---|---|
| 1 | 炉型 | | 台车式车轮等温隧道炉 | 11 | 单位热耗 | kJ/kg | 840 |
| 2 | 处理车轮规格（$\phi$） | mm | 610～1250 | 12 | 燃料接点流量（标态） | $m^3/h$ | 650 |
| 3 | 炉温范围 | ℃ | 500～750 | 13 | 助燃空气耗量 | $m^3/h$ | 5600 |
| 4 | 炉温温差 | ℃ | ±10 | 14 | 总装机电容量 | kW | 240 |
| 5 | 生产能力 | t/h | 约 27. 2 | 15 | 电压 | V | 380 |
| 6 | 小时生产率 | 片/h | 72～80 | 16 | 台车数量 | 台 | 15+15 |
| 7 | 台车电机功率 | kW | 5. 5 | 17 | 每台车装载车轮数量 | 片/台 | 24 |
| 8 | 台车折返形式 | | 电机传动 | 18 | 炉底面积 | $m^2$ | 353 |
| 9 | 燃料种类/发热值 | $kJ/m^3$ | 天然气/8500×4. 18 | 19 | 炉底长度 | m | 63 |
| 10 | 燃料压力 | kPa | 20 | 20 | 每列台车尺寸（长×宽） | m | 4. 2×5. 6 |

（3）控制冷却和等温处理工序的车间面积和工艺布置

控制冷却和等温处理工序中，由于需要炉外周转的台车在车间中占用的面积较多，为了节约面积，炉子的布置不宜过长，采取折返布置，车间面积约 4000$m^2$。控制缓冷、等温处理工序的车间工艺布置平面图如图 3-51 所示。

（4）控制冷却、等温处理生产线的主要工艺设备汇总

控制冷却、等温处理生产线的设备包括罩式控制冷却板链输送辊道、隧道式台车连续输送等温炉、台车、折返线、桁架式智能型上下料机械手、起重机等。主要工艺设备名称和数量见表 3-37。

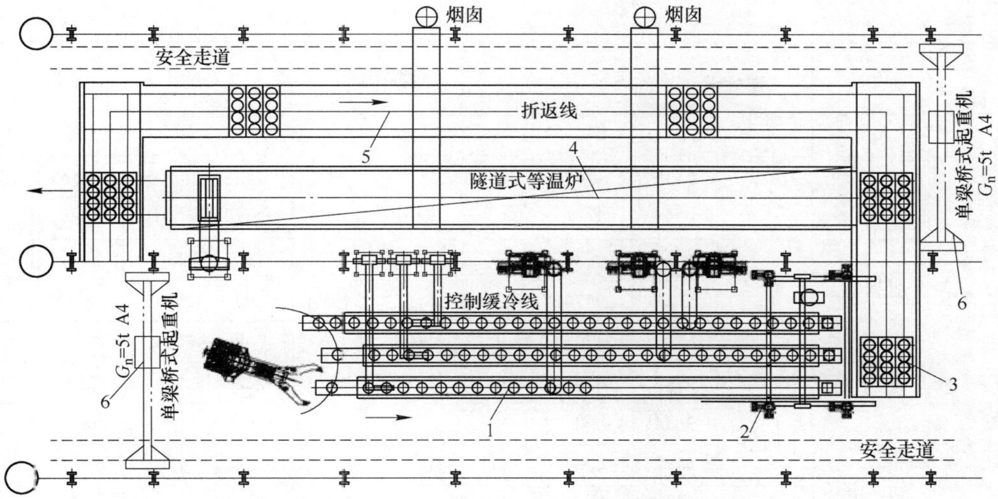


图 3-51 控制冷却和等温处理工序工艺布置平面图

1—罩式控制冷却输送辊道；2—桁架式智能上料机械手；3—运输台车；4—隧道式台车连续输送等温炉；5—台车折返线；6—单梁桥式起重机

**表 3-37 控制冷却、等温处理生产线主要工艺设备**

| 序号 | 设备名称 | 单位 | 数量 | 重量/t | | 序号 | 设备名称 | 单位 | 数量 | 重量/t | |
|---|---|---|---|---|---|---|---|---|---|---|---|
| | | | | 单重 | 总重 | | | | | 单重 | 总重 |
| 1 | 罩式控制冷却板链输送辊道 | 套 | 1 | 60 | 60 | 4 | 隧道式台车连续输送等温炉 | 座 | 1 | 1000 | 1000 |
| 2 | 桁架式智能机械手 | 台 | 1 | 30 | 30 | 5 | 台车折返线 | 套 | 1 | 200 | 200 |
| 3 | 运输台车 | 列 | 30 | 4 | 120 | 6 | 单梁桥式起重机 | 台 | 2 | 20 | 40 |

### 3.3.5.7 热处理工序的工艺设计和设备选择

(1) 热处理工序的金属消耗

1) 金属消耗计算。车轮热处理生产线的设计，同样首先计算金属消耗量，计算的热处理工序的各型车轮金属消耗，见表 3-38，热处理工序的工艺设备计算基础均依据此表。

**表 3-38 热处理工序金属消耗量**

| 序号 | 种类 | 代表钢号 | 主要规格 | 热处理量 | | 工件单重 | 烧损 | 废品 | | 重复处理系数 | 热处理总量 | |
|---|---|---|---|---|---|---|---|---|---|---|---|---|
| | | | | t/a | 片/a | t/a | t/a | t/a | 片/a | | t/a | 片/a |
| 1 | 机车车辆车轮 | CL60 | $\phi$840 | 9927 | 26663 | 372 | 258 | 99 | 267 | 1.05 | 10424 | 27996 |
| | | | | 14891 | 39994 | 372 | 387 | 149 | 400 | 1.05 | 15635 | 41994 |
| | | CL70 | $\phi$915 | 5581 | 12306 | 454 | 145 | 56 | 123 | 1.05 | 5860 | 12921 |
| | | | | 8372 | 18459 | 454 | 218 | 84 | 185 | 1.05 | 8791 | 19382 |
| | | CL60 | $\phi$1050 | 612 | 1025 | 597 | 16 | 6 | 10 | 1.05 | 643 | 1077 |
| | | | | 919 | 1538 | 597 | 24 | 9 | 15 | 1.05 | 965 | 1615 |
| | | CL60 | $\phi$1250 | 943 | 1025 | 920 | 25 | 9 | 10 | 1.05 | 991 | 1077 |
| | | | | 1418 | 1538 | 922 | 37 | 14 | 15 | 1.05 | 1488 | 1615 |

续表 3-38

| 序号 | 种类 | 代表 | 主要规格 | 热处理量 | | 工件单重 | 烧损 | 废品 | | 重复处理系数 | 热处理总量 | |
|---|---|---|---|---|---|---|---|---|---|---|---|---|
| | | 钢号 | | t/a | 片/a | t/a | t/a | t/a | 片/a | | t/a | 片/a |
| 2 | 动车高铁车轮 | R7 | $\phi$890 | 6149 | 14767 | 416 | 160 | 61 | 148 | 1.05 | 6456 | 15505 |
| | | | | 9223 | 22151 | 416 | 240 | 92 | 222 | 1.05 | 9684 | 23258 |
| | | R8 | $\phi$915 | 8084 | 19689 | 411 | 210 | 81 | 197 | 1.05 | 8488 | 20674 |
| | | | | 12126 | 29534 | 411 | 315 | 121 | 295 | 1.05 | 12733 | 31011 |
| | | R9 | $\phi$920 | 6500 | 14767 | 440 | 169 | 65 | 148 | 1.05 | 6825 | 15505 |
| | | | | 9749 | 22151 | 440 | 253 | 97 | 222 | 1.05 | 10237 | 23258 |
| 3 | 出口车轮 | R7，R8，R9AAR-B 和 C | $\phi$920 | 3644 | 9845 | 370 | 95 | 36 | 98 | 1.05 | 3826 | 10337 |
| | | | | 5477 | 14767 | 371 | 142 | 55 | 148 | 1.05 | 5751 | 15505 |
| | | | $\phi$710 | 1423 | 4922 | 289 | 37 | 14 | 49 | 1.05 | 1494 | 5168 |
| | | | | 2128 | 7384 | 288 | 55 | 21 | 74 | 1.05 | 2235 | 7753 |
| | | | $\phi$920 | 5349 | 9845 | 543 | 139 | 53 | 98 | 1.05 | 5616 | 10337 |
| | | | | 8023 | 14767 | 543 | 209 | 80 | 148 | 1.05 | 8424 | 15505 |
| 4 | 工矿和其他车轮 | 60 | $\phi$1000 | 4817 | 4102 | 1174 | 125 | 48 | 41 | 1.05 | 5058 | 4307 |
| | | | | 7226 | 6153 | 1174 | 188 | 72 | 62 | 1.05 | 7587 | 6461 |
| | | 18CrNiMo7-6 | $\phi$978 | 2453 | 4102 | 598 | 64 | 25 | 41 | 1.05 | 2576 | 4307 |
| | | | | 3680 | 6153 | 598 | 96 | 37 | 62 | 1.05 | 3864 | 6461 |
| 合计 | | | | 138715 | 307650 | | | | | | 145650 | 323030 |

年产 300000 片成品车轮，需要热处理的锻后合格车轮为 307650 片/a、折合 138715t/a。热处理工序的产量规模需要考虑重复热处理的工作量，当工件第一次热处理后，硬度不达标时可以返回进行二次热处理，重复热处理系数预设为 1.05，设备的配置能力按 323030 片/a、折合 145650t/a 计算。

2）热处理工序的金属烧损和废品。从表 3-38 中可以看出，热处理工序每班产生烧损氧化铁皮约 5t，不合格的车轮废品金属约 1.85t。废料和氧化铁皮通过加热炉底部的扒渣装置进入废渣输送的收集小车中，废品待检验不合格后，定期运出设备，集中统一销售给回收公司。

（2）热处理温度设置

金属学的淬火理论：将钢加热到 $A_{c3}$（*GS* 线）+（30~50）℃（亚共析钢）或 $A_{c1}$ 和 $A_{cm}$（*ES* 线）之间（过共析钢），如图 3-18 铁碳相图所示，保温到获得奥氏体相变，然后以大于临界冷却速度急冷，获得马氏体组织。如果淬火加热温度超过 $A_{c3}$，奥氏体晶粒长大，淬火得到的马氏体也会粗大；若淬火加热温度在 $A_{c1}$ ~ $A_{c3}$之间，奥氏体未完全化，部分粗大的铁素体在淬火后会保留下来，从而可能使工件得不到均匀的马氏体组织。

正火：将钢加热到 $A_{c3}$（*GS* 线）+（30~50）℃（亚共析钢）或 $A_{cm}$（*ES* 线）+（30~50）℃（共析钢和过共析钢），保温后空冷获得珠光体组织。

回火：将已经淬火的钢加热到 $A_{c1}$ 温度以下，保温后冷却，这个过程中马氏体呈回火状，残留的奥氏体有少量的继续转变，碳化物析出 $\alpha$ 相碳含量趋于平衡浓度，钢件组织的淬火硬度有所下降但塑性和冲击韧性提高。回火处理同时达到消除淬火产生的残余应力的作用。

（3）热处理的加热和淬火要求

金属学的热处理工艺理论规范了不同碳含量钢材的热处理方式以及热处理后获得的各种不同的表面硬度。《热处理手册》中列出了常用的不同含碳量的优质碳素钢工件锻后热处理规范，见表 3-39。

**表 3-39　优质碳素钢工件的热处理规范**

| 序号 | 钢号 | 临界点 | 温度/℃ | 工序 | 工艺规范 | 硬度 |
|---|---|---|---|---|---|---|
| 1 | 45 | $A_{c3}$ | 780 | 淬火 | 820～840℃，水冷 | 55～60HRC |
| | | $A_{c1}$ | 724 | 回火 | 520～560℃，空冷 | 228～286HBW |
| 2 | 50 | $A_{c3}$ | 760 | 淬火 | 820～830℃，水冷 | 58～63HRC |
| | | $A_{c1}$ | 725 | 回火 | 500～560℃，空冷 | 30～35HRC |
| 3 | 60 | $A_{c3}$ | 766 | 淬火 | 800～840℃，水冷或油冷 | 286～340HBW |
| | | $A_{c1}$ | 727 | 回火 | 520～560℃，空冷 | |

辗钢整体铁路车轮钢的含碳量为 0.55%～0.6%，采用淬火+回火工艺，从钢的淬透性和淬透深度分析，轮缘表面和踏面能够得到足够深度的细小马氏体，轮辋能够得到均匀的细珠光体+少量铁素体组织。

选择既能在钢件组织于奥氏体化时快速冷却从而获得下马氏体，又可以减少应力防止开裂和变形，同时获得体现经济性和易操作性的淬火介质是个很困难的工作，理想的选择是经过反复试验而最终决定的，纵观各种液态介质，主要成分为水的介质是淬火的最佳性价比选择。

对车轮工件热处理淬透性的研究表明，采用淬火加热+喷水的工艺，实践的总结与理论研究的数据是相符合的。热处理淬透性理论中的数据如图 3-52～图 3-54 所示。

| 相同淬火硬度的棒料直径 /mm | 硬度部位 | 淬火 |
|---|---|---|
| 97 | 表面 | 水淬 |
| 28 51 74 97 22 147 170 | 距中心 3R/4 | |
| 18 31 41 51 61 71 81 91 99 | 中心 | |
| 20 46 64 76 86 97 | 表面 | 油淬 |
| 13 25 41 51 61 71 81 91 102 | 距中心 3R/4 | |
| 5 15 25 36 43 51 61 71 79 | 中心 | |

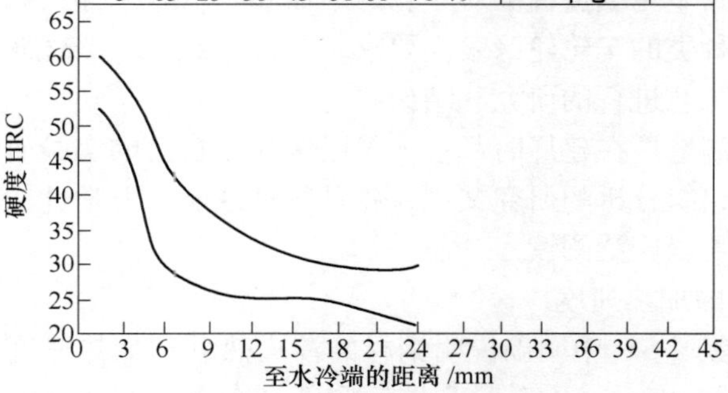


图 3-52　55 号钢淬透性

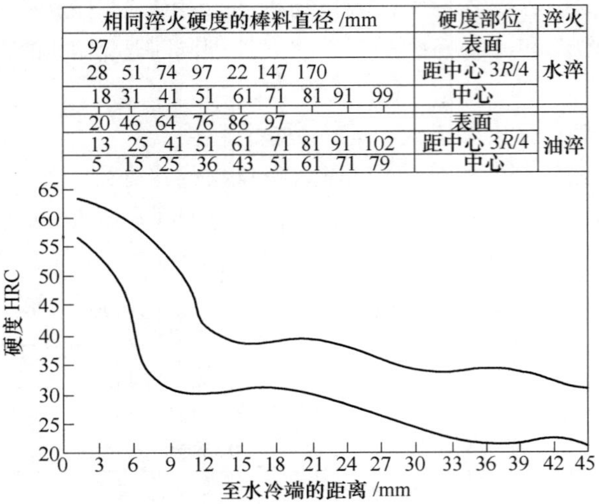


图 3-53　60 号钢淬透性

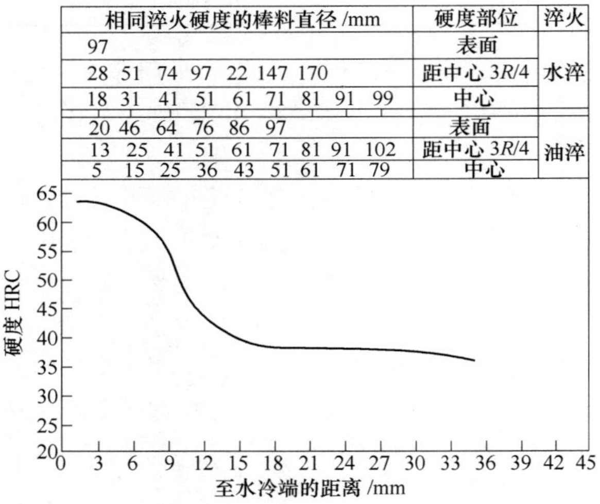


图 3-54　65 号钢淬透性

国际和国内的铁路车轮制造标准对车轮的踏面和轮缘组织淬火有具体的要求，有的国家还特别规定，特殊种类的车轮轮缘表面要求是马氏体组织，《铁路机车车辆轮对》一书中载明了日本对此项工艺进行的研究和结论。

中国的铁路车轮制造厂在建厂时都投入了巨资建立自己的实验研究中心，每年有很多铁路车轮热处理后的组织分析的研究文献，各种物理性能、力学性能的试验报告不时见于媒体，有兴趣的读者可以广泛阅读。

（4）车轮热处理的加热速度

设计资料参考文献［6］中明确说明钢材的淬火热处理加热速度、热扩散系数即指钢表面的升温速度值（℃/min），尤其是高碳钢和低合金钢在 500～600℃ 时，材料内部产生的温度应力较为剧烈，是否允许超过破裂强度，即加热速度的上限，是计算钢材单位厚度所需加热时间的重要依据和限制。加热过程中热扩散系数见表3-40。

**表3-40 常用碳钢钢材的热扩散系数**

| 序号 | 钢种类别 | 温度/℃ | | | | | | | |
|---|---|---|---|---|---|---|---|---|---|
| | | 300 | 400 | 450 | 500 | 600 | 700 | 800 | 900 |
| 1 | 中碳钢 | 3.8 | 3.3 | 3.05 | 2.8 | 2.3 | 1.8 | 1.8 | 2 |
| 2 | 高碳钢 | 3.4 | 2.9 | 2.7 | 2.5 | 2.2 | 1.3 | 2 | 2 |

以中高碳钢 $\phi$840mm 车轮作为代表产品，在450℃的状态时验证允许的加热速度：

$$C=\frac{Z\times\alpha\times\sigma\times k}{\beta\times E\times R^2}\tag{3-25}$$

式中 $C$——允许加热速度,℃/min；

$Z$——加热系数，5.6×4.18kJ/(m·h·℃)；

$\alpha$——热扩散系数，取值2.7m²/h、3.05m²/h；

$\sigma$——许应应力，取值55kN/mm²；

$\beta$——线膨胀系数，取值14(1/℃)；

$E$——弹性模量，取值110kN/mm²；

$R$——工件半径，折算0.42m；

$k$——材料系数，中碳钢、低合金钢 $k=1.0\sim1.5$，取值1。

运用上述公式，参考表3-40中的热扩散系数，分别计算中碳钢、高碳钢的加热速度：

$$C_1=\frac{5.6\times4.18\times3.05\times55\times1}{14\times110\times0.42^2}=0.24℃/s\approx14.5(℃/min)$$

$$C_2=\frac{5.6\times4.18\times2.7\times55\times1}{14\times110\times0.42^2}=0.21℃/s\approx12.8(℃/min)$$

计算结果表明：车轮工件材质为中碳钢时，淬火的加热速度不得超过14.5℃/min，即467℃/h；车轮材质为0.6%～0.7%中高碳钢时，加热速度以不超过12.8℃/min为宜。$\phi$840mm 车轮淬火加热速度计算汇总见表3-41。

**表3-41 中高碳钢淬火加热速度计算汇总**

| 序号 | 钢材含碳量 | 加热系数 | 热扩散系数 | 许应应力 | 材料安全系数 | 线膨胀系数 | 弹性模量 | 工件半径 | 加热速度 | 工件最高温度 | 加热需要时间 | 折合加热分钟 |
|---|---|---|---|---|---|---|---|---|---|---|---|---|
| | | | $\alpha$ | $\sigma$ | $k$ | $\beta$ | $E$ | $R$ | $V$ | | | |
| | | kJ/(m·h·℃) | m²/h | N/mm² | | 1/℃ | kN/mm² | m | ℃/min | ℃ | h | min |
| 1 | 0.55 | 5.6×4.18 | 3.05 | 55 | 1 | 14 | 110 | 0.42 | 14.5 | 860 | 0.99 | 59 |
| 2 | 0.7 | 5.6×4.18 | 2.7 | 55 | 1 | 14 | 110 | 0.42 | 12.8 | 860 | 1.12 | 67 |

将加热和快速冷却的理论具体用于实践，各铁路车轮制造厂有自己独创的不同技术手段，表3-41是加热值上限，仅供参考。

（5）车轮热处理的回火要求

回火加热温度（包括升温和保温）、加热时间，首先要考虑的是钢质工件加热时的耐热速度。车轮材质是优质中高碳素钢，淬火后的车轮冷却到室温 20~150℃才完成整个工艺过程。低温时的工件需要及时回火，回火的加热速度不能过快，否则表面会形成网状裂纹。车轮加热到 $A_{c1}$ 温度以下时，一般采用小于 200℃/h 的加热速度，透热性按小于 3.5℃/min 的计算参数较为适宜。

在符合规范的回火工艺条件下，轮缘的表面为马氏体，过渡层为淬火屈氏体或索氏体，基体组织为珠光体和铁素体，这种组织能够有效地防止车轮轮缘产生剥离的状况发生。

为设计表述规范，本节采用参考文献［11］中钢的回火曲线和方程规范，引用作为回火工艺的理论依据，如图 3-55~图 3-57 所示。

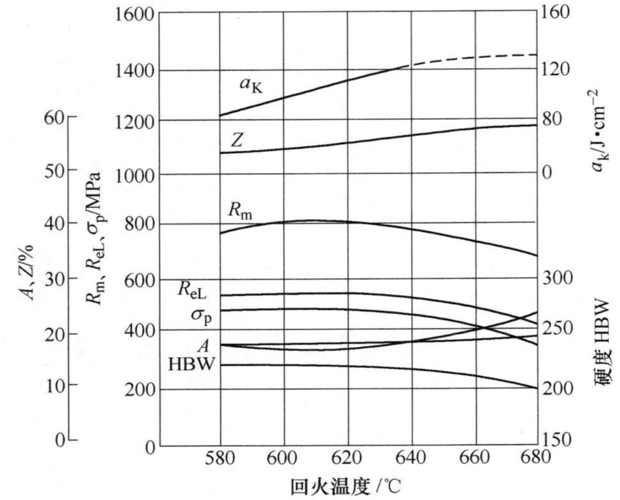


图 3-55　55 号钢回火曲线（820℃水淬）

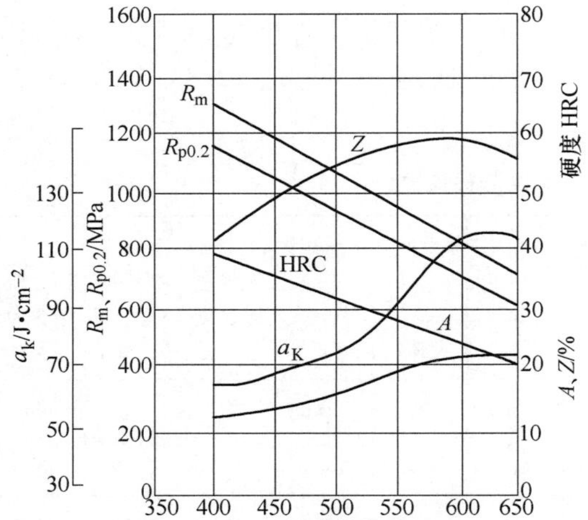


图 3-56　60 号回火曲线［化学成分（质量分数/%）C 0.63，Si 0.30，Mn 0.67］

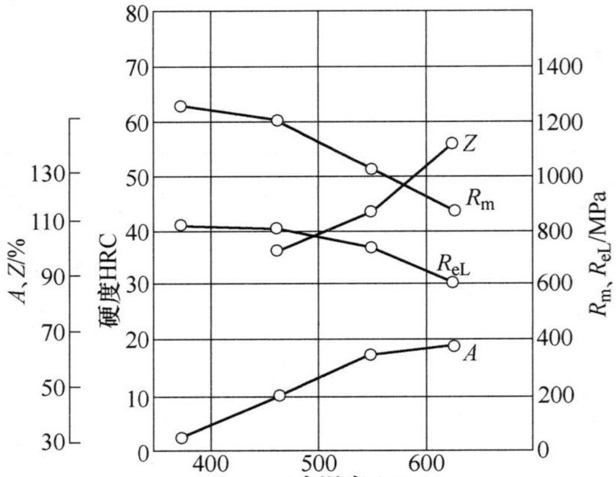


图 3-57　65 号钢回火曲线［化学成分（质量分数/%）C 0.71，Si 0.15，Mn 0.67］

(6) 热处理工艺的选择确定

上述的理论和计算清楚地说明了辗钢整体铁路车轮工件采取的热处理工艺依据。铁路车轮的淬火和回火热处理理论之应用目的，就是要实现工件表面具有一定的硬度和强度、基体组织具有一定的韧性。中国标准中对铁路车轮热处理方式以及钢材的基体组织有具体的规定，规定的条款见表 3-42。

**表 3-42 中国标准铁路车轮热处理规定条款**

| 标准 | 条款 | 规 定 内 容 |
|---|---|---|
| 中国标准 TB/T 2708—1996 | 4.2.4 车轮热处理 | 车轮轮辋应进行淬火和回火，淬火时应防止辐板进水 |
| | 4.3 金相组织和力学性能 | |
| | 4.3.1 | 车轮轮辋进行淬火和回火处理后，其组织应为细珠光体和少量铁素体，实际晶粒度应优于 6 级 |
| | 4.3.2 | 经热处理后车轮的力学性能应符合规定。见表 2-2 |
| 中国标准 TB/T 2817—2018 | 4.2 车轮制造 | |
| | 4.2.1.2 | 车轮轮辋应进行淬火和回火，淬火时应防止辐板进水 |
| | 4.5 显微组织、晶粒度及非金属夹杂物 | |
| | 4.5.1.1 | 车轮轮辋进行淬火和回火处理后，其显微组织应为细珠光体+铁素体…… |
| 中国标准 GB 8601—1998 | 5.3 交货状态 | 车轮径淬火、回火热处理……交货 |
| | 5.4 力学性能 | |
| | 5.4.1 | 车轮的力学性能应符合规定。见表 2-2 |

热处理理论的生产转化是在工厂设计时完整地体现和应用于工程工艺设计，即在设计中选择合理的加热温度、升温速度、加热时间、淬火介质、淬火速度以及先进的、最佳组合的生产设备，努力实现理论应用于实践的理想效果。

我国的辗钢整体铁路车轮热处理工艺一般确定为：车轮在 630℃左右等温处理后，送入淬火加热炉中加热，使之达到 $A_{c3}$ 以上的温度，根据不同的车轮规格和钢种，选择炉温加热到 900~920℃、工件加热到 820~860℃，加热时间 1.0~1.85h，之后取出随即喷水淬火，车轮轮缘和踏面在激冷条件下表面形成硬度层。在 $A_{c1}$ 温度以下，即温度 490~525℃，进行约 3.5~5h 的回火，达到消除金属机体组织淬火残余应力以及整体工件固态相稳定的目的。实施这些过程采用的设备由燃气加热炉、转运机械手、输送辊道、喷水水槽等组成先进的生产装备流水线。车轮热处理淬火加热和回火曲线参考图 2-30 和图 2-31。

新建的铁路车轮制造厂基本采用上述的工艺，即整体加热、踏面和轮缘介质淬火、整体回火的生产工艺，这种热处理工艺使得成品车轮能够完全适应在铁路轨道上高速行驶、重载负荷的条件，能够保持良好的质量状态，安全、稳妥地承担运输任务。

（7）热处理设备的形式

辗钢整体铁路车轮生产线，热处理淬火炉多为环形辊底传动形式的加热炉，也有隧道式台车输送形式的加热炉。回火炉有环形炉、隧道式悬挂输送式炉、隧道式台车输送炉等。

国外著名的铁路车轮制造商，日本住友公司大阪车轮轮轴厂有一种淬火加热炉，采用双圆环绕加热形式。炉子内径 $\phi$10m、炉膛宽度 1.6m，炉内有 22 个放料垛台，每个垛台放置 2 层车轮，炉底采用电机驱动齿轮与齿条传动。技术上非常叫绝的是，炉体内垛台上的一对对车轮，除了沿圆周进行公转运行外，每个垛台还带有电机减速机单独传动的自转机构。当炉门开启进行装出料时，公转暂时停止，垛台自身以 3r/min 的速度自转。这种炉型使车轮在炉内公转停靠时继续自转而不产生过热，车轮工件的上下温度保持一致，圆周的温度均匀无温差，同时，这种传动方式使车轮在炉内的加热时间由原来不自转时的近 2h 缩短到 60min 之内，大大节约了燃料消耗，提高了产品生产率。该公司的环形炉排烟口前装有含氧量分析仪器，当指针指示炉气含氧量 0.37%时，属于微过剩氧燃烧，坯料的氧化烧损较少。这种炉型的炉体体型设计得较小，而设备的价格稍高，虽然看似一次性投资高了，但设备的生产率很高，综合分析应该投资持平而更具优势，产品的质量不会忽高忽低，可以稳定在同一水平上。

我国近年建设的两条新的辗钢整体铁路车轮生产线，热处理加热炉的形式各不相同：一种是环形炉形式，采用高焦混合煤气燃料，煤气压力 4～6kPa，发热值（标态）$2200\times4.18kJ/m^3$；另一种是隧道式台车连续输送加热炉，采用天然气燃料，压力 20kPa，发热值（标态）$8500\times4.18kJ/m^3$。以下分别对这两种热处理工艺形式的设备进行分析和计算。

（8）环形炉形式热处理设备的选择和计算

1）淬火环形加热炉的设备计算。表 3-38 显示了年需要热处理的锻后车轮数量，以中高碳材质 $\phi$840mm 车轮作为典型代表产品，淬火工件平均单重 $g=372$kg，重复处理系数 $i=1.05$，锻轧工序的小时生产率亦即热处理的生产率 $Q_n=72$ 片/h，车轮沿炉子圆周单层 2 排布料，炉容量 $Q_p=144$ 片，为适应多规格的车轮进炉排位，每片车轮工件周边最大占地面积 $A=1.4m^2$，中间距为 $L=1400$mm，加热时间平均约 67min（折合约 1.12h），年工作 250d，每天 3 班工作，时间损失系数 0.85，计算淬火环形加热炉的生产能力、环形炉中径、设备数量和设备生产负荷率。

① 淬火环形加热炉的生产能力。

代入式（2-3），计算加热炉的生产能力：

$$Q_a = \frac{G_a \times i}{D \times 24 \times k} = \frac{138715 \times 1.05}{250 \times 24 \times 0.85} \approx 28.6(\text{t/h})$$

代入式（2-5），计算炉子单位面积小时生产率：

$$Q_m = \frac{(G_n \times g) \times i}{D \times 24 \times k \times Q_p \times A} = \frac{307650 \times 1.05 \times 372}{250 \times 24 \times 0.85 \times 144 \times 1.4} \approx 117(\text{kg/(m}^2 \cdot \text{h}))$$

计算结果：车轮淬火环形加热炉的生产能力约 28.6t/h，小时生产率与锻轧工序一致时，环形炉的单位面积小时生产率为 117kg/(m$^2$·h)。

② 淬火环形加热炉的数量。代入式（2-7），计算需要环形炉的数量：

$$N = \frac{(G_n \times V_h) \times i}{D \times 24 \times k \times Q_p} = \frac{307650 \times 1.05 \times 1.12}{250 \times 24 \times 0.85 \times 144} \approx 0.5(\text{座})$$

计算结果：加热温度为 850~900℃，淬火环形加热炉需要 0.5 座，选用 1 座，设备生产负荷率 50%。为了配合锻压和辗轧生产线的节奏，炉子的机械传动和燃烧系统都按照此参数设计。

③ 淬火环形加热炉的炉底面积和中径。

代入式（3-18），计算中径：

$$\phi = 360 \times Q_a \times \tau \times L/[f \times g \times \pi \times (360 - \beta)]$$

$$= \frac{360 \times 1.05 \times 28.6 \times 1.12 \times 1400}{2 \times 372 \times \pi \times (360 - 36)} \approx 22.4(\text{m})$$

代入式（2-6），计算炉底面积：

$$m = \frac{Q_a}{Q_m} = \frac{28600}{117} \approx 244(\text{m}^2)$$

计算结果：环形炉中径为 $\phi$22.4m。考虑到砌砖尺寸、炉壁外缘的结构要求和布料方式，中径定为 $\phi$24.0m，外缘直径定为 $\phi$28m，内径定为 $\phi$20m。

④ 淬火环形加热炉的布料形式。设计炉子圆周每排布料 48 片、54 片、72 片车轮，布料转动角度计算：

$$(360 - 36)/72 = 4.5°$$

计算结果：环形炉每次转动角度 4.5°，装出料炉门中心的夹角最大定为 36°。由于淬火车轮的规格不同、装炉数量不等，环形炉的转角设计 4.5°、6.25°、6.75°几个不同的角度，对于 $\phi$(840~1250)mm 规格的车轮都能有效地排布。

⑤ 淬火环形加热炉的设备组成和主要技术参数。车轮工件的出炉温度根据淬火要求在 820~860℃之间。环形淬火加热炉主要性能和技术参数汇总见表 3-43。

**表 3-43　淬火环形热处理加热炉主要技术参数**

| 序号 | 项目 | 单位 | 参数 | 序号 | 项目 | 单位 | 参数 |
|---|---|---|---|---|---|---|---|
| 1 | 炉型及用途 | | 车轮淬火加热用环形炉 | 12 | 助燃空气耗量 | $m^3/h$ | 约 14500 |
| 2 | 淬火车轮规格 | mm | 直径 $\phi$710～1250 | 13 | 炉用设备装机电容量 | kW | 约 305 |
| | | | 高度 150～250 | | 电压 | V | 380 |
| 3 | 车轮单重 | kg/片 | 380～1500 | 14 | 烧嘴数量(亚高速/平焰) | 个 | 86 |
| 4 | 加热钢种 | | 中高碳素钢、低合金钢 | 15 | 净环水/浊环水消耗量 | $m^3/h$ | 60/40 |
| 5 | 车轮装料温度 | ℃ | 500～630 | | 压力 | MPa | 0.3 |
| 6 | 炉子加热温度 | ℃ | 920±5 | 16 | 环形炉外径 | m | $\phi$28 |
| 7 | 炉子生产能车（最大） | t/h | 28.6 | 17 | 单位炉底面积小时生产率 | kg/($m^2$·h) | 117 |
| | 小时生产率（设计平均/最大） | 片/h | 72～80 | | | | |
| 8 | 设计装炉量（平均单层布料） | 片 | 2 排，共计 144 片 | 18 | 布料夹角 | (°) | 4.5、6.25、6.75 |
| 9 | 燃料种类（发热值）（标态） | $kJ/m^3$ | 混合煤气 2200×4.18 | | | | |
| 10 | 燃气压力 | kPa | 4 | 19 | 装出料门最大夹角 | (°) | 30～36 |
| 11 | 燃气接点流量（标态） | $m^3/h$ | 6500 | 20 | 炉底宽 | mm | 3400 |

将装出料门与炉底传动连锁，车轮由移动式智能型机械手从装料门装入炉内后，经预热段、加热段加热至 860℃，转到均热段炉门处，移动式智能型机械手从出料门取出。

炉子基本尺寸：外径 $\phi$28m，炉膛宽 3400mm，炉膛顶面距炉膛底面高度低于 1400mm，炉底面标高设计+0.8m。

炉子烧嘴选择：燃烧系统烧嘴采用 86 个亚高速/平焰烧嘴。

环形炉分段：预热段、加热一段、加热二段、均热段，燃料和空气系统也分四段供给，炉膛温度及空燃比由程序控制、自动调节。炉内预热段车轮温度约 500℃，加热一段约 800℃，加热二段约 850℃，均热段约 900℃。

预热段、加热一段、加热二段、均热段煤气耗量分布的百分比为 22%、30%、30% 及 18%。

炉底机械：与第 2 章描述的以往的结构不同，炉底的转动由液压系统带动，根据坯料尺寸大小和锻轧机组的生产节奏调节液压缸行程以改变转动角度。

淬火环形加热炉采用引风机强排技术，烟囱可以降至 30m 以下，烟囱出口直径约 $\phi$(1.2～1.5)m。

2）环形回火炉的设备计算。环形回火炉采用热风炉形式，燃料为高焦混合煤气，煤气压力 4～6kPa，发热值（标态）2200×4.18kJ/$m^3$。

① 环形回火炉的生产能力和小时平均生产率与淬火环形加热炉、锻轧工序保持一致，为此，每座炉子的车轮排布按沿圆周 2 排布置，每排 72 个垛位，每个垛台布置双层车轮，装炉量共计 $Q_p$ = 288 片，回火平均时间 210min（折合 3.5h），重复处理系数

1.05，由于车轮的回火时间长于淬火加热的时间，公称时间损失系数 $k=1$，年工作250d，每天 3 班。

代入式（2-7），计算回火需要的环形炉座数：

$$N=\frac{(G_n\times V_h)\times i}{D\times 24\times k\times Q_p}=\frac{307650\times 3.5\times 1.05}{250\times 24\times 1\times 288}\approx 0.65(座)$$

计算结果，环形回火炉需要 0.65 座，选用 1 座，设备生产负荷率 65%。回火炉的设备负荷率与淬火加热炉的计算结果有些不同，为达到生产节奏相匹配，在生产调度时予以调整。

② 环形回火炉的小时生产能力和单位面积小时生产率。环形回火炉的直径和炉底面积是由炉子的生产率决定的，环形炉为实炉底，属于单面加热，炉内的垛台为 144 个，由于每个垛台放置了 2 片车轮，垛台的承重值按 $g=2\times 372\text{kg}$ 计算，车轮的中间距为 $L=1400\text{mm}$。

代入式（2-3），计算回火炉的生产能力：

$$Q_a=\frac{G_a\times i}{D\times 24\times k}=\frac{138715\times 1.05}{250\times 24\times 1}\approx 24.3(\text{t/h})$$

代入式（2-5），计算炉子单位面积小时生产率

$$Q_m=\frac{(G_n\times g)\times i}{D\times 24\times k\times Q_p\times A}=\frac{307650\times 1.05\times 372\times 2}{250\times 24\times 1\times 144\times 1.4}\approx 199(\text{kg/(m}^2\cdot\text{h}))$$

③ 回火炉的炉底面积和直径。

代入式（2-6），计算炉底面积：

$$m=\frac{Q_a\times 2}{Q_m}=\frac{24300\times 2}{199}\approx 244(\text{m}^2)$$

计算炉底中径：

$$\phi=\frac{Q_m}{w\times\pi}=\frac{244}{3.4\times\pi}\approx 22.8(\text{m})$$

考虑到砌砖尺寸、炉壁外缘的结构要求和布料方式，同时考虑到与环形淬火加热炉的炉型一致，便于设备的设计和今后的维修，环形炉中径定为 $\phi$24.0m，外缘直径定为 $\phi$28m，内径定为 $\phi$20m。

④ 环形回火炉的平面布料形式。与环形淬火加热炉相同，炉子设计圆周每排布料 48 片、54 片、72 片车轮，布料转动角度计算：

$$(360-36)/72=4.5°$$

计算结果：环形回火炉装料适用于 $\phi$(840~1250)mm 规格的车轮，转角设计同样为 4.5°、5.25°、6.75°等几个不同的角度。

⑤ 环形回火炉的设备组成和技术参数：

炉子基本尺寸。外径 $\phi$28m，炉膛宽 3400mm，炉膛顶面距炉膛底面高度以及炉底面标高与淬火环形加热炉相同。环形回火炉主要性能和技术参数汇总见表 3-44。

**表 3-44　回火环形炉主要技术参数**

| 序号 | 项目 | 单位 | 参数 |
|---|---|---|---|
| 1 | 炉型及用途 | | 车轮回火用环形炉 |
| 2 | 回火车轮规格 | mm | 直径 $\phi$710~1250 |
| | | | 高度 150~250 |
| 3 | 车轮单重 | kg/片 | 380~1500 |
| 4 | 车轮装料温度 | ℃ | 150~450 |
| 5 | 炉子加热温度 | ℃ | 650±5 |
| 6 | 炉子生产能力（最大） | t/h | 24.3 |
| | 小时生产率（设计平均/最大） | 片/h | 72~80 |
| 7 | 设计装炉量（双层布料） | 片 | 2 排，共计 288 片 |
| 8 | 燃料种类（发热值） | kJ/m$^3$ | 混合煤气，2200×4.18 |
| 9 | 燃气压力 | kPa | 4~6 |
| 10 | 燃气接点流量（标态） | m$^3$/h | 1300 |
| 11 | 助燃空气耗量 | m$^3$/h | 约 3100 |

| 序号 | 项目 | 单位 | 参数 |
|---|---|---|---|
| 12 | 热风温度 | ℃ | 650 |
| 13 | 热风量 | m$^3$/h | 15000 |
| 14 | 炉用设备电容量 | kW | 约 210 |
| | 电压 | V | 380 |
| 15 | 烧嘴形式及数量（低压涡流） | 个 | 6 |
| 16 | 净环水/浊环水消耗量 | m$^3$/h | 40/20 |
| | 压力 | MPa | 0.3 |
| 17 | 环形炉外径 | m | $\phi$28 |
| 18 | 单位炉底面积小时生产率 | kg/(m$^2$·h) | 199 |
| 19 | 布料夹角 | (°) | 4.5、6.25、6.75 |
| 20 | 炉底宽 | mm | 3400 |
| 21 | 装出料门最大夹角 | (°) | 30~36 |

炉子烧嘴选择。由于回火炉采用热风循环系统，燃烧系统烧嘴采用 6 个低压涡流烧嘴。

环形炉分段。加热段、保温一段、保温二段、保温三段，采用热风喷射式燃烧系统，热风系统也分四段供给，炉膛温度及高温气体流量程序控制、自动调节。炉膛加热段温度约 600℃，保温一段约 650℃，保温二段约 650℃，保温三段约 650℃。

加热段、保温一段、保温二段、保温三段热风分布的百分比为 25%、30%、30% 及 15%。

炉底机械。与淬火环形加热炉结构相同，炉底的转动由液压系统驱动，根据坯料尺寸大小和锻轧机组的生产节奏调节液压缸的行程来转动角度。

装出料门与炉底的传动连锁，车轮由移动式智能型机械手从装料门装入炉内后，炉温经加热段、保温段升至 650℃，转到保温三段后的炉门处，采用移动式智能型机械手操作将车轮从出料门取出。

车轮工件温度根据回火规范保持在 495~525℃之间，出炉后空冷逐步降至室温。

环形回火炉采用高温自然排烟，烟囱高度需要 45m；采用引风机强排技术烟囱可降至 30m 以下。

3）环形炉形式的热处理车间主要设备汇总。环形炉形式的车轮热处理车间主要工艺设备包括淬火环形加热炉、环形回火炉、移动式智能型机械手、淬火台装置、桥式起重机。工业炉辅助设施有净循环水系统、液压站、操作室和电气室、风机房、液压管沟、浊循环水积水池、氮气吹扫装置、烟气余热利用装置、烟囱等。主要工艺设备汇总见表 3-45。

**表 3-45 环形炉形式的热处理车间主要工艺设备汇总**

| 序号 | 设备名称 | 单位 | 数量 | 重量/t | | 序号 | 设备名称 | 单位 | 数量 | 重量/t | |
|---|---|---|---|---|---|---|---|---|---|---|---|
| | | | | 单重 | 总重 | | | | | 单重 | 总重 |
| 1 | 板链上料输送辊道 | 套 | 1 | 30 | 30 | 5 | 淬火水槽 | 套 | 6 | 15 | 90 |
| 2 | 移动式上料智能机械手 | 台 | 2 | 10 | 20 | 6 | 回火环形炉（外径 $\phi$28m） | 座 | 1 | 1000 | 1000 |
| 3 | 淬火加热环形炉（外径 $\phi$28m） | 座 | 1 | 1000 | 1000 | 7 | 板链出料输送辊道 | 套 | 1 | 30 | 30 |
| 4 | 移动式下料智能机械手 | 台 | 2 | 10 | 20 | 8 | 单梁桥式起重机 | 台 | 2 | 20 | 40 |

4）环形炉形式的热处理车间工艺布置和面积。选择环形炉形式的车轮热处理车间，占地面积较少，工艺设备的布置按照流程呈串联形式排开。

车轮由移动式智能型机械手上料，送入淬火环形炉中加热，旋转运行至出料口后，经移动式智能型机械手取出送至淬火台装置进行喷水淬火，然后再由移动式智能型机械手上料送入环形回火炉进行回火。回火处理完成后，由移动式智能型机械手出炉，放至板链式冷床上降温至 150℃以下下线。

环形炉形式的车轮热处理车间面积：主车间（包括工艺设备和辅助设施）约 3000m$^2$，厂房跨度 24m 宽较为合适。车间工艺布置平面图如图 3-58 所示。

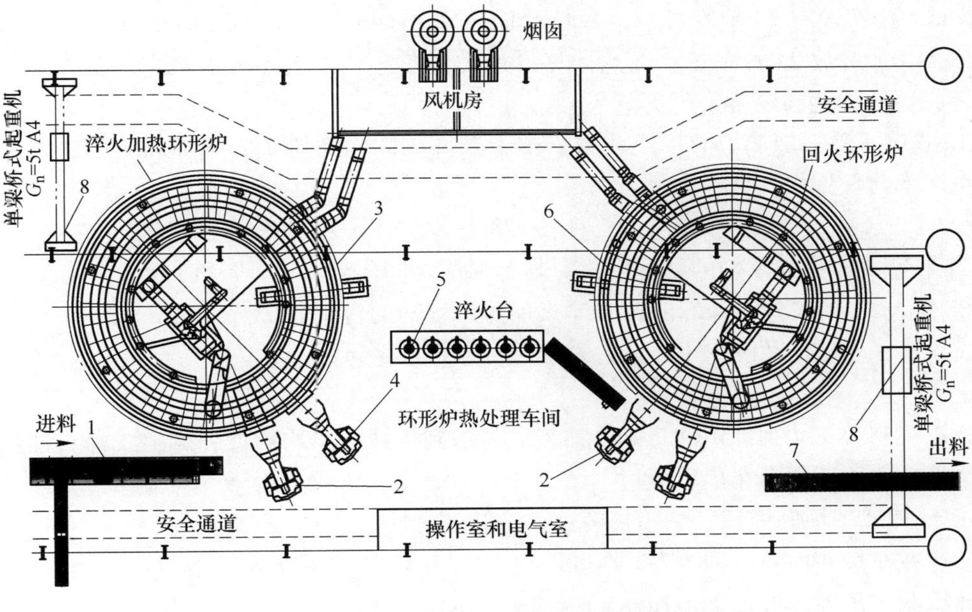


图 3-58 环形炉热处理车间工艺布置平面图

1—上料输送辊道；2—上料智能型机械手；3—淬火加热环形炉；4—下料智能型机械手；5—淬火水槽；6—回火环形炉；7—出料输送辊道；8—单梁桥式起重机

设计车间面积和起重机轨面标高时需考虑厂房内工业炉的高度，特别是采用上排烟形式时烟道和空气管道所需的空间高度，加上检修起重机需要的起吊高度，统筹兼顾，最终确定起重机的轨面标高。

热处理车间是连续生产线，仅配置检修起重机用于维修设备时吊运耐火材料、工具及更换备品备件之用。选用起重量 5t，工作级别 A4，轨面标高 14.5m 以上，跨度 22.5m，起重机标识：单梁桥式起重机 $G_n=5t$、$S=22.5m$、$H=14.5m$、A4。

车间内的地面运输采用电瓶叉车，将出炉后正在冷却的车轮送到中间缓存库，放置 48h 完全温降至室温，送至机加工线进行加工。

（9）隧道炉形式热处理设备的选择和计算

我国新建的辗钢整体铁路车轮生产线中另一种车轮淬火加热和回火的工艺形式为隧道式台车连续输送淬火加热和回火形式。

隧道式台车连续输送热处理炉，炉型有其特有的优势，工件温度能够达到 800℃以上，炉内上下温度均匀，热当量控制精确，是降低能源消耗的良好设备。

1）隧道式台车连续输送淬火加热炉的计算。装载了车轮的台车从等温炉出炉后冷却，然后台车直接进入隧道式淬火加热炉，台车一列一列由驱动装置在轨道上传动，自动通过加热炉，炉温控制在（920±5）℃，工件温度控制在 820~860℃。

以同样的条件，即 $\phi$840mm 车轮作为代表产品，淬火工件平均单重 $g=372$kg，重复处理系数 $i=1.05$，与锻轧工序的小时生产率一致 $Q_n=72$ 片/h，年工作 250d，每天 3 班，时间损失系数 0.85，加热时间平均约 67min（折合约 1.12h），通过隧道式炉的台车每辆纵向 3 排横向 4 排，设有 12 个垛料台，垛料台面积 $A=1.4m^2$，车轮摆放间距 $L=1400$mm，二层堆放，共计堆放 24 片车轮，以此计算隧道式台车连续输送淬火加热炉的生产能力、设备数量、炉子长度和设备生产负荷率。

① 隧道式淬火加热炉的生产能力。由于条件相同，隧道式淬火加热炉的生产能力和小时生产率与环形炉一致，即

$$Q_a \approx 28.6(t/h)$$

② 隧道式淬火加热炉的结构形式。与等温炉相同，台车设计尺寸一致。

③ 代入式（3-23），计算隧道式淬火加热炉容纳的台车数量：

$$N=\frac{(Q_n \times V_h)\times i}{R_h}=\frac{(72\times 1.05)\times 1.12}{24}=\frac{84}{24}\approx 4(\text{列})$$

计算得到台车 4 列即可满足理论产量，考虑到生产的不均衡性，隧道式淬火加热炉的容纳量设计选用 8 列台车串联通过。

④ 计算载车炉底面积、炉膛长度：

计算载车炉底面积　$m=l\times w\times 8=4.2\times 5.6\times 8=188(m^2)$

计算载车炉膛长度　$L=188/5.6=33.6(m)$

计算结果：隧道式淬火加热炉内满载时可容纳车轮数量为 192 片，每列台车装载 24 片车轮，共串列 8 列台车。炉底面积约 188m²，炉子长度至少 33.6m。

⑤ 代入式（2-5）计算炉子单位面积小时生产率：

$$Q_m=\frac{24\times 372\times 1.05}{1.4\times 3\times 1.4\times 4\times 1.12}\approx 356[kg/(m^2\cdot h)]$$

计算结果，每列台车的单位面积小时生产率 356kg/(m²·h)。

⑥ 代入式（3-24），计算设备作业时间比：

$$\frac{h_r}{h} = \frac{G_n \times V_h / R_h}{D \times 24 \times k} = \frac{307650 \times 1.05 \times 1.12/84}{250 \times 24 \times 0.85} = \frac{4307}{5100} \approx 0.84$$

分析计算结果，采用8台串列台车通过隧道式淬火加热炉，年加热处理307650片/a车轮，需要时间为4301h，与年时基数相比，实际的作业时间比，即设备生产负荷率为84%。

设计选用1座隧道式台车连续输送加热炉，考虑装卸的衔接过程，工艺布置上同样需要设计一条轨道折返线，折返线保持另外8列车，实现闭环运行。隧道式淬火加热炉的计算数据汇总见表3-46。

**表3-46 隧道式台车连续输送淬火加热炉载车炉底面积和长度计算**

| 炉型 | 小时生产率 | 重复处理系数 | 加热时间 | 在炉车轮量 | 摆放层数 | 台车垛台数 | 每台车车轮数量 | 设计炉底面积 | 计算容纳台车数量 | 选择入炉台车数量 | 周转台车数量 | 炉膛设计长度 |
|---|---|---|---|---|---|---|---|---|---|---|---|---|
| | 片/h | | h | 片/炉 | 层 | 个 | 片/台 | $m^2$ | 台 | 台 | 台 | m |
| 隧道式淬火加热炉 | 72 | 1.05 | 1.12 | 192 | 2 | 12 | 24 | 188 | 4 | 8 | 8 | 33.6 |

⑦ 隧道式台车连续输送淬火加热炉的设备组成和主要技术参数。淬火加热炉的设备组成包括隧道炉体、钢结构、台车和驱动机构、折返线和传动机构、燃烧系统、空气系统、供电系统、程序控制和监视系统、余热利用系统、烟道和烟囱。

装载车轮的台车进入隧道炉，由此开始物料的跟踪。台车上的车轮通过炉底机械传动在轨道上运行，自装料位置开始顺序经过隧道炉的预热段、一加热段、二加热段、均热段到达出料区。

隧道炉接到出轮信号，打开炉门台车驶出，桁架式淬火智能型机械手位于出料口的位置，将车轮夹持、转放到淬火区的喷水料台上，进行喷水淬火处理。

加热炉炉体采用轻质黏土质隔热耐火砖、纤维板、纤维浇注料复合结构，烟道同样为轻质浇注料和纤维毡的复合结构。

烧嘴采用亚高速烧嘴和平焰烧嘴。亚高速烧嘴为高性能SiC-RSG合成材料燃气烧嘴，烧嘴具有火焰稳定、燃烧完全、调节灵活以及低$NO_x$生成等特点。沿炉长配设70套调温高性能SiC-RSG烧嘴，燃烧系统采用脉冲式控制。高速烧嘴的喷出速度为100~120m/s，在环绕其周的二次风旋流的作用下，产生强对流炉气循环，并配置自动点火及火焰监测功能，确保工艺要求的可靠温度。

天然气的燃气总管配有手动蝶阀、眼镜阀、快速切断阀、减压阀以及流量测量装置和必要的$N_2$气吹扫系统。由于选用脉冲控制的燃烧系统，主要的控制功能在烧嘴前实现。烧嘴前的空气管路配置空气电磁阀、高温切断蝶阀及点火装置、配置燃气快切阀和硬密封蝶阀。

空气管道系统中配备助燃高压离心风机，风机进出口设置相应的消音、调节、隔震措施。风机安装在风机房内，风机房采用密闭隔音设计，将厂界噪声降到70dB以下。

在各段空气支管的末端设置有防爆孔。开炉、停炉以及燃气低压切断时有$N_2$氮气吹扫燃气管道。操作工位处设置氧气含量探测仪，检测室内的环境气体，以确保 $N_2$ 气吹扫时遇低氧值报警，保证安全生产。

为保护炉子高温部位的所有设备正常，设有净循环水冷却系统，主要用于炉内水冷隔墙、水冷炉门框、装料机钳杆、电视摄像头及液压站等设备的冷却。

炉子设有水封和地坑内排污泵，浊水自流排至车间外的浊环水泵站。净循环水为有压供水和回水系统，进入车间总管网。

当出现事故停水时，全厂性的净循环水泵站应急切换系统立即启动供给应急水，防止部件损坏，事故通水时间设计 1h。

隧道式台车连续输送淬火加热炉的设备设计采用全行程的数据跟踪。仪控和电控部分的基本标配与隧道式等温处理炉一致。生产线设备全程自动控制，预留信息化管理通信接口。

烟气流经助燃空气预热器，空气预热温度约 350℃。隧道炉的排气烟管、炉用空气、燃气管道以及变频排烟机布置在炉顶。排气烟管出车间前折入地下，采用引风机强排技术，穿过车间排至厂房外的烟囱，烟囱设计高度约 30m，出口直径约 $\phi(1.2\sim1.5)$m。

烟道设旁通烟道，装置换热器进行余热利用，余热加热软水作为车间洗澡水源或小房间采暖热源。主要技术参数见表 3-47。

**表 3-47　隧道式台车输送淬火加热炉主要技术参数**

| 序号 | 项目 | 单位 | 技术参数 | 序号 | 项目 | 单位 | 技术参数 |
|---|---|---|---|---|---|---|---|
| 1 | 炉型及用途 | | 车轮淬火加热隧道炉 | 13 | 每列台车尺寸 | m | 4.2×5.6 |
| 2 | 处理车轮规格（$\phi$） | mm | 610~1250 | 14 | 台车电机功率 | kW | 5.5 |
| | 产品高度 | mm | 约 200 | 15 | 台车折返形式 | | 电机传动 |
| 3 | 车轮单重 | kg/片 | 372~1500 | 16 | 燃料种类\发热值 | kJ/$m^3$ | 天然气\8500×4.18 |
| 4 | 加热钢种 | | 中高碳素钢、低合金钢 | 17 | 天然气压力 | kPa | 20 |
| 5 | 装料温度 | ℃ | 150~630 | 18 | 单位热耗 | kJ/kg | 1170 |
| 6 | 炉温温度 | ℃ | 920±5 | 19 | 燃气接点流量（标态） | $m^3$/h | 1500 |
| 7 | 炉子生产能力（平均/最大） | t/h | 28.6 | 20 | 助燃空气耗量 | $m^3$/h | 约 6400 |
| | 小时生产率 | 片/h | 72~80 | 21 | 炉用设备装机电容量 | kW | 约 240 |
| 8 | 设计最大装炉量（双层布料） | 片 | 每台车 24 片 | | 电压 | V | 380 |
| 9 | 炉底面积 | $m^2$ | 188 | 22 | 烧嘴形式及数量 | 个 | 高速烧嘴 70 |
| 10 | 炉膛长度 | m | 33.6 | | | | 平焰烧嘴 2 |
| 11 | 炉底宽度 | m | 5.6 | 23 | 净环水/浊环水消耗量 | $m^3$/h | 40/20 |
| 12 | 炉内台车数量 | 列 | 8+8 | | 压力 | MPa | 0.3 |

2）隧道式台车连续输送回火炉的计算。回火采用同样的隧道式台车连续输送炉，天然气燃料压力 20kPa，发热值（标态）8500×4.18kJ/$m^3$。

装载了车轮的台车从淬火加热炉出炉，喷水淬火后，桁架式智能型机械手将车轮夹持放到回火炉台车的垛料台上，进入回火炉中进行回火处理，台车由驱动装置在轨道上传动，按程序自动通过。

隧道式台车连续输送回火炉的处理条件与淬火加热炉相同，金属消耗按表 3-38 计算，重复处理系数 $i=1.05$，回火时间 3.5h，时间损失系数 0.85，其他条件一致，以此计算隧道式台车连续输送回火炉的生产能力、设备数量、炉子长度和设备生产负荷率。

① 隧道式台车连续输送回火炉的生产能力：

由于条件相同，回火炉的生产能力一致，即：

$$Q_a \approx 28.6(t/h)$$

② 隧道式回火炉的台车形式。与隧道式淬火炉设计一致。

③ 代入式（3-23），计算隧道式回火炉容纳通过的台车数量：

$$N = \frac{(Q_n \times V_h) \times i}{R_h} = \frac{72 \times 1.05 \times 3.5}{24} = \frac{264}{24} \approx 11(\text{列})$$

计算得到台车数量 11 列可满足理论生产量，考虑到生产的不均衡性，隧道式回火炉的容纳量设计选用 12 列串联通过。

计算炉底面积　$m = l \times w \times 12 \approx 282(m^2)$

计算炉子长度　$L = 282/5.6 \approx 50.4(m)$

计算结果：隧道式回火炉内的满载容纳量为 264~288 片，每台车装载 24 片轮，共串联 12 列台车。炉底面积约 $282m^2$，炉子长度至少 50.4m。

④ 计算炉子单位面积小时生产率：

$$Q_m = \frac{24 \times 372 \times 1.05}{1.4 \times 3 \times 1.4 \times 4 \times 3.5} \approx 114[kg/(m^2 \cdot h)]$$

计算结果，台车的单位面积小时生产率 $114kg/(m^2 \cdot h)$。

⑤ 计算作业时间比：

$$\frac{307650 \times 1.05 \times 3.5/264}{250 \times 24 \times 0.85} = \frac{4283}{5100} \approx 0.84$$

分析计算结果，采用 12 列台车串联通过隧道式回火炉，年加热处理 307650 片/a 车轮，需要时间为 4283h，与年时基数相比，实际的作业率为 84%。

设计选用 1 座隧道式台车连续输送回火炉，考虑装卸的衔接过程，工艺布置上同样设计一条轨道折返线，折返线保持另外 12 列台车，实现闭环运行。

车轮出炉卸载后，台车沿折返线返回运行到装料起点，设计折返线台车为电机传动。如果厂房长度不够，为了节约占地面积，可以将回火炉分为 2 座，平行布置，2 座炉子可以共用 1 条折返线，周转台车亦可以相应减少。隧道式回火炉的计算数据汇总见表 3-48。

**表 3-48　隧道式台车连续输送回火炉载车炉底面积和长度计算**

| 炉型 | 小时生产率 | 重复处理系数 | 加热时间 | 在炉车轮量 | 摆放层数 | 台车垛台数 | 每台车车轮数量 | 设计炉底面积 | 计算容纳台车数量 | 选择入炉台车数量 | 周转台车数量 | 炉膛设计长度 |
|---|---|---|---|---|---|---|---|---|---|---|---|---|
| | 片/h | | h | 片/炉 | 层 | 个 | 片/列 | $m^2$ | 列 | 列 | 列 | m |
| 隧道式回火加热炉 | 72 | 1.05 | 3.50 | 288 | 2 | 12 | 24 | 282 | 11 | 12 | 12 | 50.4 |

⑥ 隧道式台车连续输送回火炉的设备组成和主要技术参数。隧道式台车连续输送

回火炉的组成与淬火加热炉相同，包括隧道炉体、钢结构、台车和驱动机构、桁架式智能型机械手、折返线、燃烧系统、空气系统、供电系统、程序控制和监视系统、烟道和烟囱。

对装载了车轮的台车保持进行物料的跟踪。回火炉分段：加热段、保温一段、保温二段、保温三段，炉膛加热段温度约 600℃，保温一段、保温二段、保温三段均约 650℃。

车轮工件温度根据回火规范，保持在 495～525℃之间，出炉后空冷逐步降至室温。

装出料门与炉底的传动连锁，台车出炉后，车轮由桁架式出料智能型机械手从出料后的台车上取出，随即放置到输送辊道上逐步冷却。

烧嘴采用高性能的调温烧嘴。调温烧嘴为 SiC-RSG 燃气烧嘴，烧嘴具有火焰稳定、燃烧完全、调节灵活以及低 $NO_x$ 生成等特点。沿炉长配设高性能 SiC-RSG 烧嘴，燃烧系统采用脉冲式控制。调温烧嘴的天然气喷出速度约 60m/s，在环绕其周的二次风旋流的作用下，保证低温对流炉气循环，并配置自动点火及火焰监测功能，确保炉温可靠均匀。

回火隧道炉的天然气燃气总管系统设计与隧道式淬火加热炉一致。

空气管道系统设计也与隧道式淬火加热炉一致。

回火炉的设备仪控和电控部分的基本标配采用与淬火炉一致的系列设备，生产线前后设备全程自动控制，预留信息化管理通信接口。

回火炉的排气烟管、炉用空气、燃气管道以及变频排烟机也布置在炉顶。排气烟管折入地下，采用引风机强排技术，穿过车间排至厂房外的烟囱，烟囱设计高度约 25m，出口直径约 $\phi$1. 2m。回火炉的主要性能和技术参数见表 3-49。

**表 3-49　隧道式台车连续输送回火炉主要技术参数**

| 序号 | 项目 | 单位 | 技术参数 | 序号 | 项目 | 单位 | 技术参数 |
|---|---|---|---|---|---|---|---|
| 1 | 炉型及用途 | | 车轮回火用隧道炉 | 11 | 台车数量 | 列 | 12+12 |
| 2 | 处理车轮规格（$\phi$） | mm | 610～1250 | 12 | 每列台车尺寸 | m | 4. 2×5. 6 |
| | 高度 | mm | 约 200 | 13 | 台车电机功率 | kW | 5. 5 |
| 3 | 车轮单重 | kg/片 | 372～1500 | 14 | 台车折返形式 | | 电机传动 |
| 4 | 装料温度 | ℃ | 150～450 | 15 | 燃料种类 \ 发热值 | kJ/m$^3$ | 天然气 \ 8500×4. 18 |
| 5 | 炉温温度 | ℃ | 650±5 | 16 | 天然气压力 | kPa | 20 |
| 6 | 炉子生产能力（平均/最大） | t/h | 28. 6 | 17 | 单位热耗 | kJ/kg | 840 |
| | 小时生产率 | 片/h | 72～80 | 18 | 燃气接点流量（标态） | m$^3$/h | 1300 |
| 7 | 设计最大装炉量（双层布料） | 片 | 每台车 24 片 | 19 | 烧嘴形式 | | 燃烧室热气体循环 |
| 8 | 炉底面积 | m$^2$ | 282 | 20 | 助燃空气耗量 | m$^3$/h | 约 11600 |
| 9 | 炉底长度 | m | 50. 4 | 21 | 炉用设备装机电容量 | kW | 约 270 |
| 10 | 炉底宽度 | m | 5. 6 | | 电压 | V | 380 |

3） 隧道炉形式的热处理车间主要设备汇总。隧道炉形式的热处理车间工艺设备包括桁架式智能型机械手、隧道式台车输送淬火加热炉、隧道式台车输送回火炉、折返线、淬火水槽、起重机、车轮冷却辊道、硬度机、打标贴标机。辅助设备包括循环水系统、电气室和操作室、通风系统、烟道和烟囱等。隧道炉形式的热处理车间主要工艺设备见表3-50。

**表 3-50 隧道炉形式的热处理车间主要工艺设备**

| 序号 | 设备名称 | 单位 | 数量 | 重量/t | | 序号 | 设备名称 | 单位 | 数量 | 重量/t | |
|---|---|---|---|---|---|---|---|---|---|---|---|
| | | | | 单重 | 总重 | | | | | 单重 | 总重 |
| 1 | 桁架式上料智能机械手 | 台 | 1 | 10 | 10 | 9 | 回火用台车 | 台 | 12+12 | 3 | 72 |
| 2 | 隧道式台车输送淬火加热炉 | 座 | 1 | 1000 | 1000 | 10 | 桁架式下料智能机械手 | 台 | 1 | 10 | 10 |
| 3 | 淬火加热炉台车折返线 | 条 | 1 | 100 | 100 | 11 | 板链冷却辊道 | 套 | 1 | 30 | 30 |
| 4 | 淬火用台车 | 台 | 8+8 | 3 | 48 | 12 | 单梁桥式起重机 | 台 | 1 | 15 | 15 |
| 5 | 桁架式淬火上料智能机械手 | 台 | 2 | 10 | 20 | 13 | 双梁桥式起重机 | 台 | 1 | 28 | 28 |
| 6 | 淬火水槽 | 套 | 6 | 15 | 90 | 14 | 在线硬度检测机 | 台 | 1 | 5 | 5 |
| 7 | 隧道式台车输送回火炉 | 座 | 2 | 800 | 1600 | 15 | 打标贴标机 | 台 | 1 | 2 | 2 |
| 8 | 回火炉台车折返线 | 条 | 1 | 100 | 100 | 16 | 立轮机 | 台 | 2 | 5 | 10 |

工程工艺设计专业同样要根据上述的计算结果和参数向工业炉设计专业提出设备设计的委托任务。

4） 车轮的喷水淬火工艺和设备。无论是环形炉形式的车轮热处理车间，还是隧道式炉形式的车轮热处理车间，喷水淬火的工艺和设备形式都是一样的，仅仅是上下料的智能型机械手形式不一样的。以下就淬火工艺、淬火介质、淬火时间、淬火设备等予以论述。

① 水介质的特性。水是无毒、稳定、较小腐蚀、最经济的淬火介质，国内外生产厂无一例外对车轮工件的淬火都选择主要成分为水的有效淬火介质。

铁路车轮的淬火操作中，如果将大量的常温水直接喷向高温状态的车轮工件表面，激烈的温度变化极容易造成表面开裂，因此，除地处高热地带的工厂外，都采用将水介质加热到一定的温度，对车轮表面进行喷射，由于水蒸气的覆膜原理，淬火时极大地降低了工件表面开裂的现象。不同温度的自来水、静止及搅拌时的冷却特性在《热处理手册》中有详细说明，见表3-51。

**表 3-51 自来水静止及搅拌时的冷却特性**

| 序号 | 淬火介质 | 液温 | 状态 | 冷却特性 | | |
|---|---|---|---|---|---|---|
| | | | | 最大冷速所在温度 | 最大冷却速度 | 300℃冷却速度 |
| | | ℃ | | ℃ | ℃/s | ℃/s |
| 1 | 自来水 | 10 | 静止 | 669 | 253 | 83.0 |
| 2 | | 30 | 静止 | 614 | 218 | 83.0 |
| 3 | | 30 | 搅拌 | 660 | 236 | 91.2 |
| 4 | | 50 | 静止 | 584 | 172 | 83.0 |
| 5 | | 70 | 静止 | 450 | 122 | 76.8 |

从表中可以看出工件入水时，30~50℃左右的水介质温度是最佳冷却速度选择。

② 喷水时间和要求。车轮工件的出炉温度保持在820~860℃，淬火的具体时间由不同轮型及工艺规范确定。为获得良好的车轮淬火质量，设计人员曾经尝试过多次的试验，得到不同含碳量车轮工件的淬火时间数据值，见表3-52。

**表3-52　0.55%~0.7%含碳量车轮工件的淬火时间**

| 序号 | 组别 | 含碳量 | 淬火时间 | | | |
|---|---|---|---|---|---|---|
| | | % | φ840mm | | φ915mm | |
| 1 | 含碳量0.65%~0.75%的钢淬火 | | s/片 | 折合 min/片 | s/片 | 折合 min/片 |
| | Ⅰ | 0.65~0.7 | 170 | 2.83 | 180 | 3.0 |
| | Ⅱ | 0.71~0.74 | 160 | 2.67 | 170 | 2.8 |
| 2 | 含碳量0.55%~0.65%的钢淬火 | | | | | |
| | Ⅲ | 0.56~0.60 | 120 | 2.00 | 130 | 2.2 |
| | Ⅳ | 0.61~0.65 | 110 | 1.83 | 120 | 2.0 |
| | Ⅴ | 0.66以上 | 100 | 1.67 | 110 | 1.8 |

③ 喷水水量的计算。前文论述过水介质的冷却特性，工件入水时，温度要30~50℃、水压0.1~0.3MPa。为达到上述条件，在配置淬火设备时，就要设计适合的水介质升温和降温设备。夏季中原地区进水温度一般在32~35℃之间，工件淬水后水温立即升高，为保持温升不超过5℃的良好条件，要采取循环冷却散热的方法以及补充5%新水的方式予以降温和稀释，以达到良好的效果。

辗钢整体铁路车轮产品表面的淬火硬度层要达到国家标准要求的深度和硬度值，除了选择适当的淬水介质、加热温度、喷水方式外，还有很重要的措施就是掌握喷水的水量。多年来，通过技术人员的实践和逐步摸索，总结出的生产经验数据与理论计算的数据基本吻合。按照输水流量与交换散热面积的计算公式，当水压0.3MPa、淬火设备的喷水流量约60$m^3$/h时，就可通过管路循环和补充新水使水介质散热降温，即：淬火水温持续保持在40℃以下；并满足表3-52设定的淬水时间，这样能够获得足够的淬火硬度和淬透层。

生产实践中，具体的生产操作要进行不断地总结，才能获得更理想的效果。以下就车轮生产线的喷水淬火形式和设备数量进行分析和计算。

④ 车轮喷水淬火的形式。我国辗钢整体铁路车轮淬火处理工艺是采用喷水介质的生产方式，还有一种铸钢铁路车轮生产，热处理也采用喷水介质的淬火方式。铸钢铁路车轮淬火设备不是用桁架式机械手或者移动式机械手将车轮夹持到淬火台上，而是采用液压连续移动装置，将车轮放置在辊道上自动进入工位，用罩式旋转喷水器装置对车轮的踏面和轮辋部位进行喷水淬火，这种方式的生产线，操作非常简便，无需机械手转运，从而省去了各种繁杂的步骤和较高的设备投资，车轮工件在自动运行中就完成了淬火作业，质量与水槽式淬火后的质量和效果一样。

辗钢整体铁路车轮淬火喷水设备是采用水槽式套管喷水形式，水槽中的喷水管道环绕轮辋一圈，喷水时用防护罩将车轮辐板罩住，防止辐板进水。淬火后，落下的水通过水槽的溢流口排入沉淀池中，经过环流和过滤将渣滓沉淀，处理过的水介质通过循环系统连续使用。夏季工件淬水后水温升高，用水泵将溢流的水送上散热水塔降温冷却，定时补充新水，保持温升幅度不超过5℃。

⑤ 喷水设备的数量和负荷率计算。热处理车间的工艺布置图显示了不同形式的热处理工艺布置方式。尽管工艺布置不一样，但不论哪种热处理炉型和上下料的形式，喷水淬火工艺的原理是一致的。

按照表3-38计算的年需处理铁路车轮数量，重复处理系数 $i=1.05$，以最长淬火时间3min计，上下料的辅助时间约为1min，整个周期约4min，公称时间损失系数0.85，计算喷水设备的小时生产率、设备的数量。

代入式（2-21），计算小时生产率：

$$V_{\mathrm{h}} = \frac{\text{单位时间} \times k}{V} = \frac{60 \times 0.85}{4} \approx 12(\text{片}/\mathrm{h})$$

计算淬火设备数量：

$$N = \frac{307650 \times 1.05}{12 \times 250 \times 24 \times 0.85} \approx 5.3(\text{台})$$

$$\frac{5.3}{6} \approx 0.88$$

计算结果：淬火台需要5.3台，考虑到生产过程中淬火设备必须要做到及时地维修、停机清理氧化铁皮以及今后扩产的需要，设计选用6个淬火台较为适宜，设备生产负荷率88%。

⑥ 喷水设备的组成和主要技术参数。使用环形炉形式的热处理车间，车轮淬火的夹持工具是采用地面移动式智能型机械手；使用隧道炉形式的热处理车间，车轮淬火的夹持工具采用桁架式智能型机械手。两种方式都是采用机械手将车轮一片一片地依次运至淬火台的水槽上方，将车轮放置到水平式旋转喷水台上。旋转喷水设备的环绕喷管升起，喷管周圈有多个固定方向的喷嘴，电机带动车轮旋转，喷嘴沿车轮切线方向向踏面和轮辋处喷水，有专用的保护装置将车轮辐板遮挡，使其免于进水，淬火完成后，环绕喷管下降，机械手再依次将车轮夹起运走。

淬火喷水设备组成包括夹持车轮的机械手、淬火台、水槽、喷水器、浊循环水系统、散热塔、沉淀池等。沉淀和过滤后的循环水，经过取样检测分析，氧化铁皮含量仅 $6\mathrm{mg/m^3}$，6台淬火装置排出的水，在生产时间每小时沉淀渣滓约1.4kg/h，定期用泥浆泵抽出沉淀池中的氧化铁皮，清理浊循环水系统，用离心装置对氧化铁皮进行分离，干燥和打包后，集中堆存，销售给回收公司。淬火装置示意图如图3-59所示。

图3-59　淬火装置示意图

5）隧道式炉形式的热处理炉车间工艺布置和面积。选择隧道式炉的热处理车间，工艺流程顺畅，设备的布置呈并联排列。由于占地面积较多，设计要特别考虑车间内的通风散热，以使车间在夏季最炎热的天气生产时其环境温度保持在32℃以下。

设计中将淬火加热炉、回火炉、台车折返线、桁架式智能型机械手、淬火台水槽和循环水系统的装置等设备依照工艺流程安排好走向，避免流水线过长。

热处理车间面积：主车间（包括工艺设备和辅助设施）约5500m$^2$，厂房跨度27～36m较为合适。辅助设施考虑净循环水管网、浊循环水积水池、散热系统、工业炉设备液压站、操作室和电气室、风机房、电缆隧道、液压管沟、烟气余热利用装置、烟囱等。

隧道式炉形式的热处理车间是连续性生产线，车轮热处理完成后，由桁架式智能型机械手将车轮从台车上夹取放至冷床上，经过在线硬度检测后下线。合格的车轮由电瓶叉车送到中间缓存库，放置48h冷却到室温，送至机加工线进行加工；一次处理不合格的车轮由电瓶叉车载回热处理旁通线，再次上线进入热处理工序进行新一轮的处理。隧道式炉形式的热处理车间工艺布置平面图如图3-60所示。

隧道式炉形式的热处理车间同样仅考虑检修起重机，起重机标识为：电动单梁桥式起重机 $G_n=5t$、$S=25.5m$、$H=14.5m$、A4。

### 3.3.5.8 车轮冷却中间库设计

（1）冷却、贴标

加热、淬火、回火后的车轮，放置在双辊结构的输送辊道上缓冷，缓冷到较低温度后，按工艺要求，进行车轮在线硬度抽检。翻轮机将车轮外侧面朝上，龙门式数字硬度机在轮辋表面压痕测试硬度，对合格的车轮，数据管理系统录入该车轮的信息，逐件打印条形码粘贴在车轮上；对返回旁通辊道再次进入热处理工序的车轮，重新进行加热、淬火和回火处理，数据管理系统同样录入该车轮的信息。

冷却辊道尾端的落轮机是一个立轮装置，将每一个车轮由水平状态竖立呈垂直状态，端部的移动底座前移，车轮逐件移送进入垛架，每4～6个车轮为一组，收集成为一个垛架组，电瓶叉车将垛架运送至中间冷却库中。

（2）中间冷却库

中间冷却库是存放经过热加工之后下线的车轮，是热、冷加工线之间的中途存储场地，车轮完全冷却至室温之后，电瓶叉车将垛架送到冷加工区，为机加工工序上料。由于中间冷却的时间至少存放48h，需要占用较大的地面面积，以 $\phi$920mm 车轮为代表产品，计算车间场地需要的面积，见表3-53。

**表3-53 中间冷却库占地面积计算**

| 代表产品 | 车轮直径 | 车轮厚度 | 小时产量 | 冷却时间 | 单片斜立占地面积 | 单位小时占用面积 | 年时基数 | 堆栈散热系数 | 计算面积 | 通道系数 | 总占地面积 |
|---|---|---|---|---|---|---|---|---|---|---|---|
| | mm | mm | 片/h | h | m$^2$ | m$^2$/h | h | | m$^2$ | | m$^2$ |
| $\phi$920车轮 | 960 | 200 | 72 | 48 | 27.65 | 0.58 | 5100 | 1.3 | 3819 | 2 | 7640 |

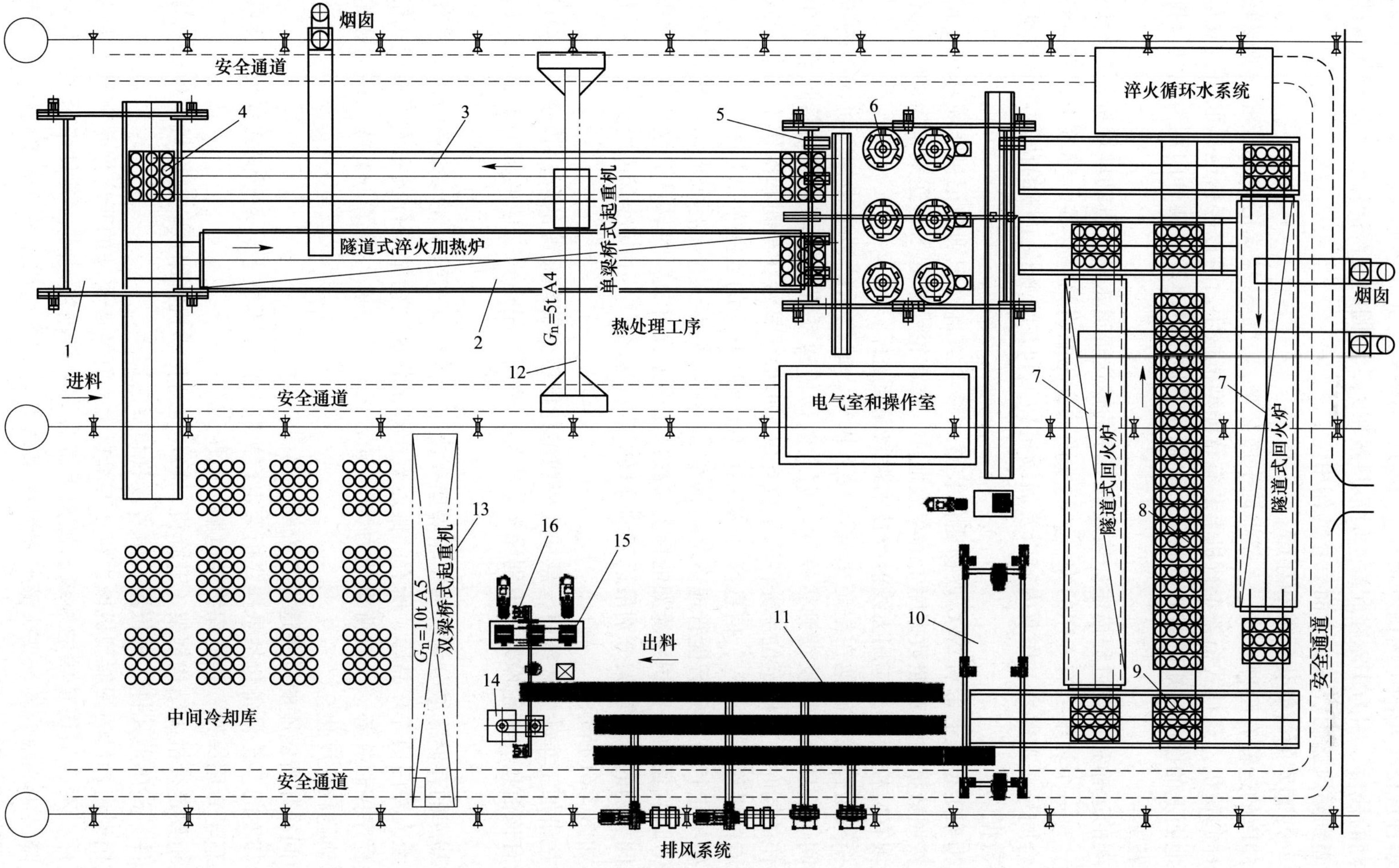


图 3-60 隧道式炉形式的热处理车间工艺布置平面图

1—桁架式加热上料智能机械手；2—隧道式台车输送淬火加热炉；3—淬火加热炉台车折返线；4—台车；5—桁架式淬火上料智能型机械手；6—淬火水槽；7—隧道式台车输送回火炉；8—回火炉台车折返线；9—回火用台车；10—桁架式下料智能型机械手；11—冷却辊道；12—单梁桥式起重机；13—双梁桥式起重机；14—在线硬度检测机；15—打标贴标机；16—立轮机

为满足多种规格车轮的中间冷却需要，车间占用面积至少 7640m$^2$。中间冷却区域最好设计为带棚的栈桥，因为车轮在此冷却时散热量较大，带棚的栈桥能够尽快地将热量散去，还能够起到防风遮雨、减少表面氧化的作用。

（3）中间冷却库的智能化运输和存储

中间冷却库的运输有两种方式：一是地面电瓶叉车；二是悬挂式桁架走行机，类似轻型结构的悬挂起重机。悬挂式桁架走行机上装有智能型机械手，可以轻松地抓取和摆放车轮。车轮在地面上的摆放按矩阵方式，将已经存储到场地中的车轮垛架分门别类地进行排列、组架和转运。

车轮垛架的运输和存放过程描述：热处理工序的输送辊道末端，自动堆垛机将车轮码成垛架形式，每一个垛架上有专用的编号，垛架内的车轮贴有信息标签，标签中含有信息管理系统的合同号、工件号、作业内容以及后续机加工和在线质检工序的执行产品标准、操作模式等数据。

悬挂式桁架走行机上带有 NFC 近物通信装置，移动前自动识别和记录车轮垛架上的标签信息，按照数据内容对照数据库中的存放地址，将车轮垛架起吊运送到指定的堆存区域。堆存区域有监控探头，应用无线射频技术跟踪垛架坐标。

悬挂式桁架走行机准确地在指定信号区放下垛架，定位系统锁定坐标，将垛架的位置、存放时间、信息等数据反馈到数据库，通过数据传送系统将记录传送给信息管理中心，完成操作的同时，坐标定位系统将垛架位置以图形形式显示在车间和操作室的电子式看板上。所有的操作无人录入，信息都自动存储到中间冷却库的数据库并上传。

悬挂式桁架走行机接到智能管理系统的倒库指令时，根据位置坐标找到需要转移的车轮垛架，NFC 近物通信装置识别垛架的标签，按照指令起吊并夹持其转移到规定区域的指定位置，不同类别的车轮垛架分别吊运至划分好的堆存区域中。中间冷却库智能堆放系统俯视效果图如图 3-61 所示。

需要前往机加工车轮生产线时，悬挂式桁架走行机接到管理系统的程序指令，从堆存区域中找到有该信息的车轮垛架，识别垛架的标签，然后起吊运至对应的机加工生产线的上料工位。

中间冷却库的存储区域分为普通车轮垛架存放区、高铁动车组车轮垛架存放区。车轮存储区均为无人专门值守产品库，所有的搬运工作都由悬挂式桁架走行机完成。悬挂式桁架走行机是程序控制装备，承载荷重能力为 2～4t，可自动寻址、起吊、夹持、移动和定位，完全自动化和程序化。

（4）中间冷却智能库的设备选择和说明

中间冷却库的工艺设备包括悬挂式桁架走行机和智能型机械手、条形码扫描仪、无线通信装置、车轮专用垛架、智能库终端电脑、电瓶叉车。

悬挂式桁架走行机由结构框架、升降机、*XYZ* 走行传动机构组成。转向轴组件包括导向件、传动件、传感器元件、限位器、信号接收和发射器等。

悬挂式桁架走行机的智能型机械手装在升降机上，有液压驱动的开合抱轮夹具，夹头是滚轮式组件，不会损伤车轮的外缘。机械手带有 5 个自由度动作：夹具张紧、夹具伸缩、夹具升降、中心轴旋转、夹头滚轮翻转，实现车轮和车轮垛架在区域内自由往返走行、起升、识别和存放。

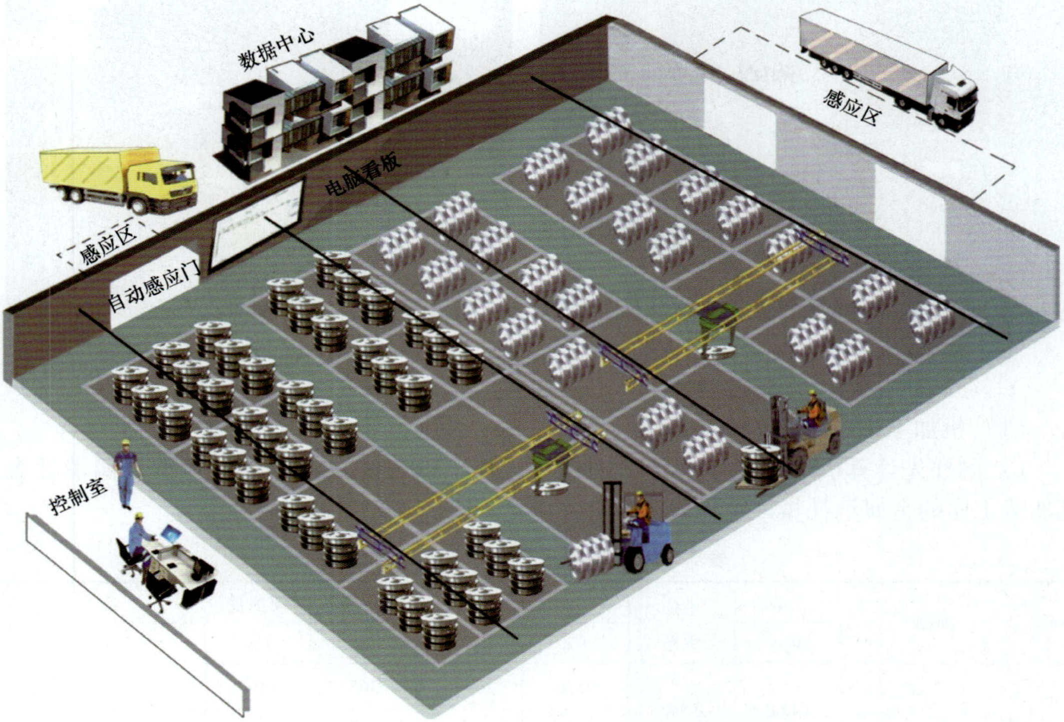


图 3-61 中间冷却智能库俯视效果图

中间冷却库的智能化运输和存储的关键技术是堆存区域内车轮垛架的跟踪和坐标定位。库内的终端和数据传送系统与公司级的计算机信息管理系统实时数据交换，系统的编码和软件控制是前沿科技，在工程设计中应该被列入重点。

中间冷却库也可以设计成传统的常规型中间冷却库，按照车轮下线的顺序排列，记录所有数据和制作车轮垛架排列图。需要冷加工时，根据合同的供货时间要求，按车轮垛架排列图用电瓶叉车从堆存区域将所需垛架检出，运放到对应的机加工生产线前端。

3.3.5.9 机加工工序的工艺设计和设备选择

前文论述的是辗钢整体铁路车轮制造的热加工部分，车轮工件经过坯料切割、坯料加热、锻压、辗环轧制、热处理后，下线落垛并堆存，冷却至室温后就进入了冷加工工序。

我国新建设的铁路车轮机加工线是全自动生产线，电瓶叉车将车轮垛架从中间冷却库运到机加工上料辊道前端，拆装机自行拆垛并经过翻轮机摆平，每个车轮自动置于水平状态，之后的操作就完全无人操作，由全自动机加工线自主运行了。

车轮加工工序采用先进的 RQQ 数控立式车轮加工中心组成生产线，加工生产线的上料台装有条形码扫描仪，将车轮上带有的信息扫码录入数据库，比对产品的加工模式进入辊道流水线。流水线的上料采用桁架式智能型机械手，从双辊辊道上依次抓取车轮，按照生产程序逐一将其运送到对应的加工中心，加工中心的防护挡门打开，机械手将车轮递入放到工作台上。加工中心设备的外形图如图 3-62 所示，数控立式车轮加工中心的盘式刀具车削现况如图 3-63 所示。

图 3-62　数控车轮加工中心和桁架机械手

图 3-63　车轮加工中心车削图

（1）机加工生产工序的金属消耗

1）同样先计算机加工工序的金属消耗，机加工设备的数量计算均依据金属消耗表。机加工工序的金属消耗量计算见表 3-54。

**表 3-54　机加工生产工序金属消耗量**

| 序号 | 种类 | 代表钢号 | 主要规格 | 加工量 t/a | 加工量 片/a | 工件单重 kg | 切削量 t/a | 废品 t/a | 废品 片/a |
|---|---|---|---|---|---|---|---|---|---|
| 1 | 机车车辆车轮 | CL60 | $\phi$840 | 9570 | 26396 | 363 | 1196 | 48 | 132 |
| | | | | 14355 | 39594 | 363 | 1794 | 72 | 198 |
| | | CL70 | $\phi$915 | 5380 | 12183 | 442 | 673 | 27 | 61 |
| | | | | 8071 | 18274 | 442 | 1009 | 40 | 91 |
| | | CL60 | $\phi$1050 | 590 | 1015 | 582 | 74 | 3 | 5 |
| | | | | 886 | 1523 | 582 | 111 | 4 | 8 |
| | | CL60 | $\phi$1250 | 909 | 1015 | 896 | 114 | 5 | 5 |
| | | | | 1366 | 1523 | 897 | 171 | 7 | 8 |
| 2 | 动车高铁车轮 | R7 | $\phi$890 | 5927 | 14619 | 405 | 741 | 30 | 73 |
| | | | | 8891 | 21929 | 405 | 1111 | 44 | 110 |
| | | R8 | $\phi$915 | 7793 | 19493 | 400 | 974 | 39 | 97 |
| | | | | 11690 | 29239 | 400 | 1461 | 58 | 146 |
| | | R9 | $\phi$920 | 6266 | 14619 | 429 | 783 | 31 | 73 |
| | | | | 9398 | 21929 | 429 | 1175 | 47 | 110 |
| 3 | 出口车轮 | R7，R8，R9AAR-B 和 C | $\phi$920 | 3512 | 9746 | 360 | 439 | 18 | 49 |
| | | | | 5280 | 14619 | 361 | 660 | 26 | 73 |
| | | | $\phi$710 | 1371 | 4873 | 281 | 171 | 7 | 24 |
| | | | | 2052 | 7310 | 281 | 256 | 10 | 37 |
| | | | $\phi$920 | 5156 | 9746 | 529 | 645 | 26 | 49 |
| | | | | 7734 | 14619 | 529 | 967 | 39 | 73 |

续表 3-54

| 序号 | 种类 | 代表钢号 | 主要规格 | 加工量 t/a | 加工量 片/a | 工件单重 kg | 切削量 t/a | 废品 t/a | 废品 片/a |
|---|---|---|---|---|---|---|---|---|---|
| 4 | 工矿和其他车轮 | 60 | $\phi$1000 | 4644 | 4061 | 1144 | 580 | 23 | 20 |
| | | | | 6966 | 6091 | 1144 | 871 | 35 | 30 |
| | | 18CrNiMo7-6 | $\phi$978 | 2365 | 4061 | 582 | 296 | 12 | 20 |
| | | | | 3547 | 6091 | 582 | 443 | 18 | 30 |
| 合计 | | | | 133720 | 304570 | | 16715 | 669 | |
| 其中 | | 普通车轮 | | | 121830 | | | | |
| | | 动车组和出口车轮 | | | 182740 | | | | |

2）机加工工序的金属烧损和废品。按年工作 250d 考虑，从表 3-54 可以计算出机加工工序每班产生的切削金属约 22.3t、加工不合格废车轮的金属约 0.9t。切削下来的金属屑通过机床基础下的地下液压式输送线收集打包，加工不合格的车轮产品通过旁通辊道离线，车间起重机吊运下线。废车轮暂时在生产线旁的中间堆存区存放，废金属随时处理，短期集中堆存后统一销售给回收公司。

（2）高铁动车组车轮加工生产过程简述

普通铁路车轮与高铁动车组车轮的加工工艺有所不同。高铁动车组车轮加工车削工艺过程描述：车轮呈水平状态逐件进入上料辊道（外侧面向上）→扫描仪逐件扫描车轮条形码→运行到车床上料点→定位停止→数控立式车削加工中心挡门打开→桁架式智能型机械手的抱轮吊具夹持轮缘将车轮起升→水平放入机床内→卡紧座夹持轮缘固定→激光定位→数控立式车削加工中心挡门关闭→加工车轮外轮辋面、外轮辋径、外辐板、踏面加工至轮缘接刀处→换刀加工外轮毂径、外轮毂面、粗镗轮毂孔→加工完毕后→加工中心挡门打开→桁架式智能型机械手进入→抱轮吊具夹持车轮轮缘取出并翻转 180°→倒出切屑→重新进入数控立式车削加工中心放入机床内→卡紧座夹持轮辋内径固定→加工中心挡门关闭→加工车轮内轮辋面、内轮辋径、内辐板、轮缘，加工至踏面接刀处→换刀加工内轮毂径、内轮毂面、精镗轮毂孔→加工完毕后→加工中心挡门打开→桁架式智能型机械手进入→抱轮吊具夹持车轮轮缘取出并翻转 180°→倒出切屑→放到双辊输送辊道上→运行到钻床上料点→定位停止→桁架式智能型机械手开至定位点，抱轮吊具夹持车轮轮缘→翻转 180°外侧面向上水平放入数控立式铣钻加工中心→加工注油孔（普通车轮有的需要镗辐板孔）→加工完毕后→桁架式智能型机械手进入立式铣钻加工中心→将车轮夹持出并翻转 180°→倒出切屑→翻转 180°内侧面向上放到成品出料双辊辊道上→逐件打印条码并自动粘贴→进入在线质检线。RQQ 数控立式车轮加工中心车削进刀流程示意图如图 3-64 所示。

（3）机加工设备的计算

1）车削加工设备。从表 3-54 可以看出，生产规模为 300000 片/a 的铁路车轮制造厂，普通铁路车轮年需要机加工的数量约 121830 片/a、高铁动车组车轮和出口车轮约 182740 片/a。以精加工 $\phi$915mm 作为普通车轮的典型代表产品，每片的加工周期约 16min/片（包括机械手上下料时间）、每台车床的小时生产率 $V_h = 3 \sim 4$ 片/h；以精加工 $\phi$920mm CRH3 系列高铁动车组车轮作为典型代表产品，每片的加工周期约 20min/片（包括机械手

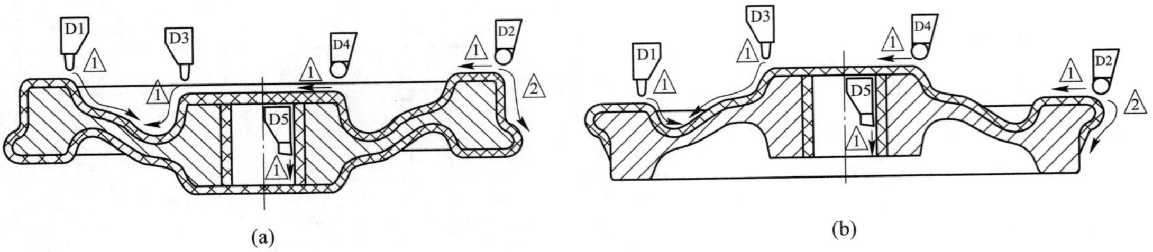


图 3-64　RQQ 数控立式车轮加工中心车削进刀流程
（a）加工外侧面；（b）加工内侧面
（图中△1△2表示进刀次数，→表示进刀方向，D1～D4 表示转换刀具）

上下料时间），每台车床的小时生产率 $V_h = 3$ 片/h；高铁动车组的车轮有注油孔，每片车轮的注油孔加工周期约 8min/片；以上述条件作为计算基础，设定年工作 250d、每天 3 班、公称时间损失系数 0.9，分析和计算加工设备的数量和设备生产负荷率。

① 代入式（2-1），计算加工普通列车车轮的加工中心数量：

$$N=\frac{G_n\times V}{D\times 24\times k\times 60}=\frac{121830\times 16}{250\times 24\times 0.9\times 60}\approx 6.0\ (台)$$

$$\frac{6}{7}\approx 0.86$$

计算得到加工中心数量 6 台，选择 7 台，设备生产负荷率 86%。

② 同样代入式（2-1），计算加工高铁动车组列车车轮的加工中心数量：

$$N=\frac{G_n\times V}{D\times 24\times k\times 60}=\frac{182740\times 20}{250\times 24\times 0.9\times 60}\approx 11.3\ (台)$$

$$\frac{11.3}{13}\approx 0.87$$

计算得到加工中心数量 11.3 台，选择 13 台，设备生产负荷率 87%。

合计加工中心的数量为 17.3 台，选择 20 台，设备综合负荷率 86.5%。

③ 加工中心机组设备组成。RQQ 数控立式车轮加工中心生产线组成：桁架式进出料机械手、机床中心主机、刀库、PLC 控制柜、电气柜；辅助设施组成：地下液压排屑机、乳化液泵组、液压系统、上下料辊道、废屑打包机等，主要技术参数见表 3-55。

2）铣钻床数量的计算。高铁动车组的车轮带有加油孔，设计配置有镗孔和钻孔功能的数控立式铣钻床，用于精镗车轮轮毂孔并攻钻注油孔。

代入式（2-1），计算铣钻床的数量：

$$N=\frac{G_n\times V}{D\times 24\times k\times 60}=\frac{182740\times 8}{250\times 24\times 0.9\times 60}\approx 4.5\ (台)$$

$$\frac{4.5}{5}=0.90$$

计算得到数控立式铣钻床数量 4.5 台，选择 5 台，设备生产负荷率 90%。

表 3-55 RQQ 数控立式车轮加工中心主要技术参数

| 序号 | 设备项目 | 单位 | 技术参数 | 序号 | 设备项目 | 单位 | 技术参数 |
|---|---|---|---|---|---|---|---|
| 1 | 工件回转最大直径 | mm | 1800 | 10 | 刀架无级进给速度 | mm/min | 0.01~80 |
| 2 | 工作台直径 | mm | 1400 | 11 | 各刀架无级给进速度（垂直/水平） | mm/min | 0.01~80 |
| 3 | 夹持范围 | mm | 1260 | 12 | 刀架的快速给进（垂直/水平） | mm/min | 800 |
| 4 | 工作台转速范围 | r/min | 无级调速 | 13 | 主电机功率 | kW | 150 |
| 5 | 工作台最大扭矩 | kN·m | 50 | 14 | 电压 | V | 415 |
| 6 | 左刀架最大切削力 | kN | 65 | 15 | 液压站冷却水 | $m^3/h$ | 10 |
| 7 | 右刀架最大切削力 | kN | 90 | 16 | 压缩空气（标态） | $m^3/min$ | 3 |
| 8 | 每个六角头夹紧力 | kN | 300 | 17 | 主机重量 | t | 34 |
| 9 | 卡盘张紧力 | kN | 400 | | | | |

多数情况下，工厂将车轮加工分为粗加工和精加工两个阶段，粗加工作业有的企业采用外协的方式解决，精加工返回工厂自己加工，这样可以减少整个机加工的任务量以及加工中心机床的数量，配置 16 台即可，数控铣钻床减少配置至 4 台，工程投资随之降低。

从上述的计算得知，车轮机加工线的生产任务非常饱满且繁重，需要众多机床才能完成任务，由于目前 RQQ 数控立式车轮加工中心和数控立式铣钻床都是引进设备，价格较高，为节约投资，可视产量需要适当购买，逐步增加添置。任务量多时，可以通过调整机加工生产线的作业时间，将年工作天数增加到 300d，人员采取 4 班 3 运转的方式，完成车轮加工生产量的任务。目前国内先进的立式车轮数控加工机床已经投产，性能良好，可以替代进口的 RQQ 车轮加工中心，价格低很多，今后将逐步成为主力配置。

3）辅助设备。

① 输送辊道。车轮机加工生产线的设备联系和输送全部采用双辊辊道形式，每工作日在线车轮约 1220 片，分 4 条输送辊道将普通车轮和高铁动车组车轮分别传给机加工机床上料。运送车轮的辊道走行周期按 16min 计，辊道节长 1400mm，每个车轮的走行速度约 170m/h，小时走行距离 42m，初步设计：

辊道运行速度：1.9~2.8m/min。

上料辊道台面设计高度：0.8m，下料辊道台面设计高度 1.2m。

② 排屑装置。机加工工序满额生产时，每班产生的切削金属和不合格废轮需要及时清理。切屑落入地下液压排屑机上，由输出装置的液压推杆将铁屑推至废屑箱内，自动离心、挤压、打包，然后用悬挂式起重机吊出。

③ 乳化液回收设备。RQQ 数控立式车轮加工中心的冷却介质为乳化液，含有加工废屑的乳化液采用过滤回收装置，自动离心分离切屑。乳化液滤净后循环使用。废乳化液定期由社会企业收集回收综合利用。

④ 起重机。车轮机加工是全自动的生产线，不需要对工件进行起吊，仅考虑设备的检修以及废料箱定时的吊运。

车间内以设备检修最大部件重量 10t 考虑，选择 1 台 10t 单梁桥式起重机，平时的物件吊运选用 1 台 5t 单梁桥式起重机；机加工废屑分离打包后的吊运，采用专用 5t 单梁悬挂起重机。

4）机加工生产线的主要工艺设备汇总。车轮机加工生产线的设备包括条形码自动扫描仪、数控立式车轮加工中心、数控立式铣钻床、桁架式上下料智能机械手、立轮摆平机、输送辊道，全部在线设备采用 PLC 程序控制。辅助设备包括地下排屑装置、乳化液回收设备、起重机等。主要工艺设备名称和数量见表 3-56。

**表 3-56　机加工生产线主要工艺设备**

| 序号 | 设备名称 | 单位 | 数量 | 重量/t | | 序号 | 设备名称 | 单位 | 数量 | 重量/t | |
|---|---|---|---|---|---|---|---|---|---|---|---|
| | | | | 单重 | 总重 | | | | | 单重 | 总重 |
| 1 | 车轮落垛摆平上料装置 | 台 | 4 | 5 | 20 | 7 | 废屑打包机 | 套 | 2 | 10 | 20 |
| 2 | 数控立式车削加工中心 | 套 | 16 | 34 | 544 | 8 | 乳化液分离回收装置 | 套 | 2 | 20 | 40 |
| 3 | 数控铣钻床 | 台 | 4 | 24 | 96 | 9 | 车轮上料和下料输送辊道 | 条 | 4 | 82 | 328 |
| 4 | 桁架式智能机械手 | 台 | 5 | 20 | 100 | 10 | 双梁桥式起重机 $G_n = 10t$ | 台 | 1 | 25 | 25 |
| 5 | 条码扫描仪 | 台 | 4 | 1 | 4 | 11 | 单梁桥式起重机 $G_n = 5t$ | 台 | 1 | 20 | 20 |
| 6 | 地下液压废屑输送装置 | 条 | 2 | 30 | 60 | 12 | 悬挂单梁起重机 $G_n = 5t$ | 台 | 1 | 15 | 15 |

（4）机加工车间面积和工艺布置

1）车间面积。机加工工序的车间面积包括生产机床占用面积、电气柜占用面积、操作空间和过道、辊道占用面积和车轮产品中间存放面积，同时还要考虑检修面积和空间、地下排屑空间、地下通道以及上下管道等辅助设施占用的面积。

冷却液的存储设计需要一个固定的沉淀池，沉淀池池壁需进行特殊处理，不能有液体渗入地下，乳化液要回收继续使用，不能有其他杂质残留在液体介质中。

考虑到机床的安装高度，起重机的轨面标高不宜低于 10m。初步估算，全自动机加工生产线的车间厂房面积约 4600m²。车间面积估算见表 3-57。

**表 3-57　机加工工序车间面积估算**

| 序号 | 设备名称 | 数量 | 单台占用面积 m² | | 计算总面积 | 序号 | 设备名称 | 数量 | 单台占用面积 m² | | 计算总面积 |
|---|---|---|---|---|---|---|---|---|---|---|---|
| | | | 长 | 宽 | m² | | | | 长 | 宽 | m² |
| 1 | 数控立式车削加工中心 | 16 | 7.2 | 5.6 | 645 | 5 | 辊道间通道 | 2 | 90 | 1.5 | 270 |
| | 车床电气柜 | 16 | 6 | 1 | 96 | 6 | 检修过道 | 12 | 20 | 2 | 480 |
| 2 | 数控立式铣钻床 | 4 | 5 | 4.5 | 90 | 7 | 动力管道占用空间的投影面积 | 2 | 216 | 2.5 | 1080 |
| | 铣钻床电气柜 | 4 | 6 | 1 | 24 | 8 | 电气室和程序控制室 | 1 | 36 | 8 | 300 |
| 3 | 输送辊道 | 4 | 20 | 1.5 | 120 | 9 | 安全走道 | 1 | | | 500 |
| | 上料辊道 | 4 | 45 | 1.5 | 270 | 10 | 废屑打包和乳化液分离装置 | | | | 300 |
| | 下料辊道 | 1 | 90 | 1.5 | 135 | 11 | 中间占用面积 | | | | 300 |
| 4 | 旁通辊道 | 1 | 8 | 1.5 | 12 | 合　计 | | | | | 4622 |

2）车间工艺布置。机加工生产线按车轮的加工流程和顺序，将设备分类排列。机加工的成品输出辊道与在线质量检验自动生产线的进料辊道相接连通，车轮加工完成后直接进入质量检测线。辊道输送如图3-65所示，机加工车间工艺布置剖面图如图3-66所示，车间工艺布置平面图如图3-67所示。

图3-65 车轮输送辊道

3.3.5.10 在线质量检测工序的工艺设计和设备选配

铁路车轮在线质量检测是在生产车间进行的，设计为工件不落地、现场无人操作的全自动生产线。检测的项目全部根据表1-1中的中国国家标准和EN13262国际标准的规定进行。工程设计中在线自动检测的项目包括静平衡试验、硬度试验、超声波检测、磁粉探伤、辐板表面强化抛丸、表面涂油等，对高铁动车组车轮和出口车轮还需增加三坐标测量、离线超声波特殊效应探伤和轮缘内残余应力检测等更多项目的检测。非在线的物理及机械性能检验全部在公司级的理化检验和研究中心进行。

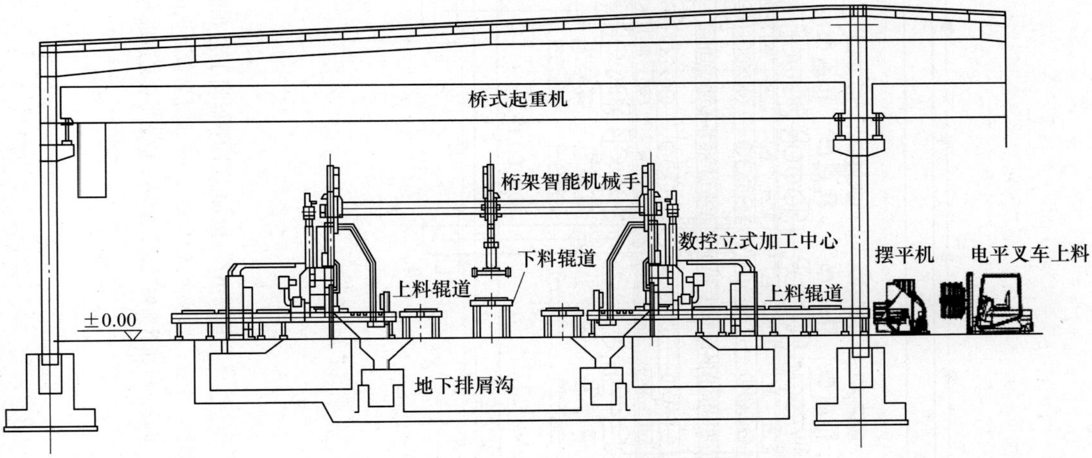


图3-66 机加工工序车间工艺布置剖面

在线自动质量检测线设有中央控制系统，数据录入和传送都与整个工程的信息管理系统联网，检测标准和结果存储于数据库中。检测主工艺流程如下：

静平衡检测→硬度检测→激光尺寸检测→表面清洗→目视检测→超声波检测→磁粉检测→抛丸强化→涂漆烘干→冷打印标识→带尺漏印→终检贴标→成品包装→入库

上述工艺流程是在线质量检测的基本设计方案，实际的子项设置可视具体项目予以增项。工艺流程中无论进行何种的排列形式，所有的检测项目都必须满足表1-1中的中国国家标准和国际标准的规定。

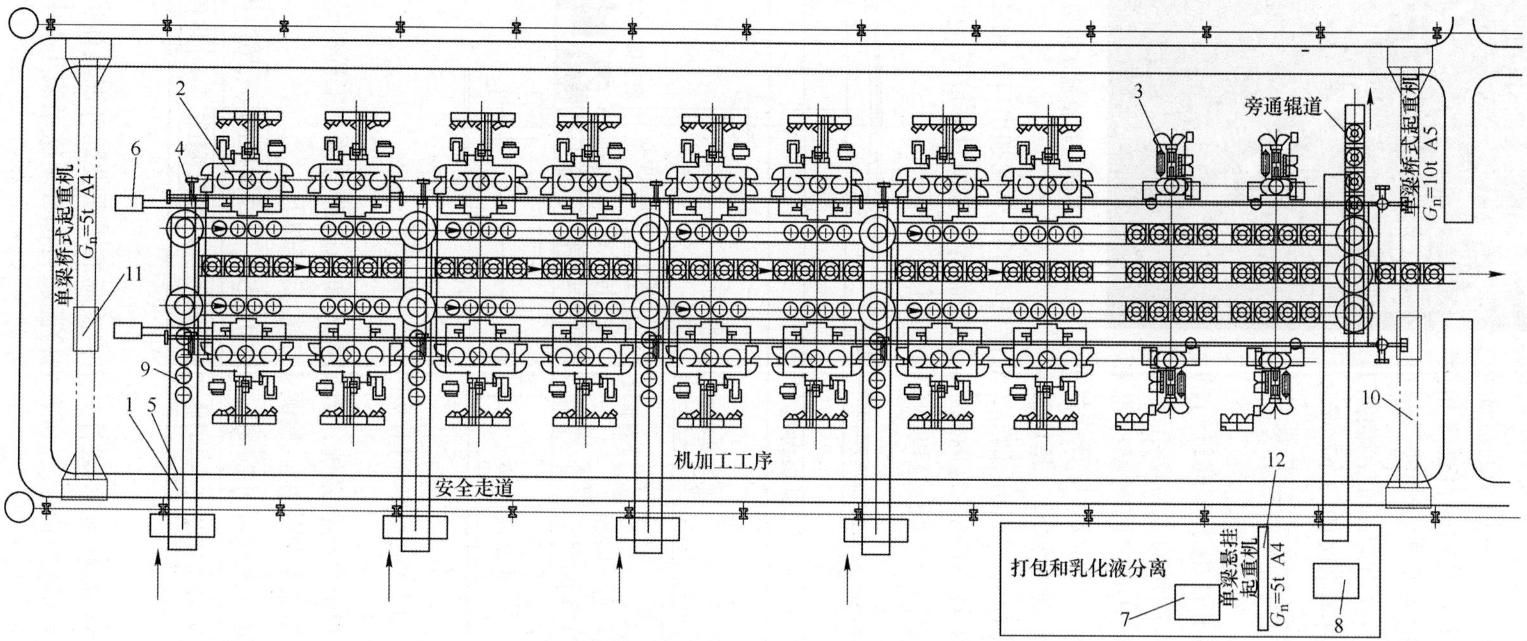


图 3-67　机加工工序车间工艺布置平面图

1—车轮落垛摆平上料装置；2—数控立式车削加工中心；3—数控铣钻床；4—桁架式智能型机械手；5—条码扫描仪；6—地下液压废屑输送装置；7—废屑打包机；8—乳化液分离回收装置；9—车轮上料和下料输送辊道；10—单梁桥式起重机 10t；11—单梁桥式起重机 5t；12—单梁悬挂起重机 5t

在线自动质量检测线配置的设备都是国际上的尖端仪器和装备，我国新建设的辗钢整体铁路车轮制造厂集世界一流的检测仪器为一体，所有的操作均为程序智能控制，输入输出数据、检测结果全部录入计算机管理系统存档，重要数据与中国铁道科学研究院联网共享，有据可查。

（1）在线自动质量检测工序的金属消耗

1）在线自动检测生产线依据表3-4，计算了各型车轮质量检测工序的金属消耗，见表3-58，所有的设备配置和数量计算均依据此表的基础数据，在线自动质量检测的车轮约303050片/a、折合116335t/a。

**表3-58　自动质量检测工序的金属消耗量**

| 序号 | 种类 | 代表钢号 | 主要规格 | 质检量 | | 工件单重 | 废品量 | | 包装成品 | |
|---|---|---|---|---|---|---|---|---|---|---|
| | | | | t/a | 片/a | kg | t/a | 片/a | t/a | 片/a |
| 1 | 机车车辆车轮 | CL60 | $\phi$840 | 20815 | 65660 | 317 | 104 | 328 | 20604 | 65000 |
| | | CL70 | $\phi$915 | 11702 | 30305 | 386 | 59 | 152 | 11580 | 30000 |
| | | CL60 | $\phi$1050 | 1284 | 2525 | 509 | 6 | 13 | 1277 | 2500 |
| | | CL60 | $\phi$1250 | 1980 | 2525 | 784 | 10 | 13 | 1963 | 2500 |
| 2 | 动车高铁车轮 | R7 | $\phi$890 | 12892 | 36366 | 355 | 64 | 182 | 12780 | 36000 |
| | | R8 | $\phi$915 | 16950 | 48488 | 350 | 85 | 242 | 16801 | 48000 |
| | | R9 | $\phi$920 | 13628 | 36366 | 375 | 68 | 182 | 13499 | 36000 |
| 3 | 出口车轮 | R7，R8，R9 AAR-B和C | $\phi$920 | 7649 | 24244 | 316 | 38 | 121 | 7561 | 23999 |
| | | | $\phi$710 | 2978 | 12122 | 246 | 15 | 61 | 2940 | 12000 |
| | | | $\phi$920 | 11215 | 24244 | 463 | 56 | 121 | 11112 | 24000 |
| 4 | 工矿和其他车轮 | 60 | $\phi$1000 | 10100 | 10102 | 1000 | 51 | 51 | 10000 | 10000 |
| | | 18CrNiMo7-6 | $\phi$978 | 5144 | 10102 | 509 | 26 | 51 | 5100 | 10000 |
| 合　计 | | | | 116335 | 303050 | | 582 | 1515 | 115220 | 300000 |

2）自动检测工序的废品金属消耗。在线自动质量检测工序不产生切屑，只有判定不合格的车轮。每班抽检不合格车轮废品的金属量约2.8t，集中堆存，与其他废金属材料一起销售给回收公司。

（2）质量检测项目的内容和设备选择

经过数控加工中心车削的车轮，精度非常准确，表面粗糙度$Ra=0.8\sim12.5$，由机床一次加工完成。加工后的车轮从下料辊道直接进入与之相连的在线质量检测生产线的上料辊道。以下介绍高铁动车组车轮自动质量检测工序中涉及的工艺过程和适用的工艺装备。

1）静平衡检测。为满足高铁动车组客运列车车轮的质量要求，每一个车轮必须进行静平衡试验，合格做残余静不平衡标记，不合格做不合格标记。

EN13262国际标准规定：大于250km/h的高速铁路车轮静平衡检测的静态失衡量≤25g·m。

操作过程：全自动质量检测线的上料辊道与机加工工序的下料辊道相连，车轮进入检测线的上料工位时，必须再次进行条形码扫描通过。自动检测线上车轮的起吊和移动采用单轨桁架式智能型机械手，智能型机械手的抱轮夹具从辊道上夹持车轮轮缘，内侧面向上呈水平状，移动将其送入静平衡试验机的旋转料台。静平衡试验机测量工作台的液压升降机举起，卡盘夹紧车轮后旋转进行平衡试验。

试验完成测量工作台装置下降，桁架式智能型机械手回位将车轮夹持取出，移动送至下一个工位。从车轮放置到升降台开始，直至车轮被移送另一工位卸料结束，整个测量循环时间约为60s，其中净测量时间约10s。桁架智能型机械手示意图如图3-68所示。

图3-68 桁架式智能型机械手示意图

设备组成和主要功能：设备由静平衡试验机、定位装置、升降和旋转装置、标识和去重机构组成。试验机根据车轮的不平衡量、角度指标，在规定的位置自动去重。静平衡试验机的测试不平衡误差不大于1g·m，角度误差不大于1°，且具有自动上下料、自动测量。静平衡检测过程示意图如图3-69所示。

仪器的特性功能包括：关键指标实时监测及报警，自动标识、打印报告，故障自诊并与数据库系统实时数据交换等。

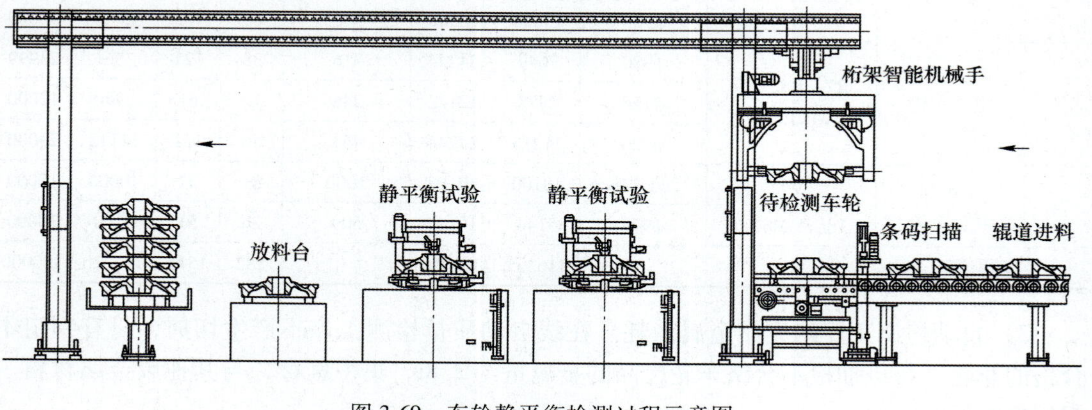


图3-69 车轮静平衡检测过程示意图

2）硬度检测。静平衡试验后，对产品标准要求硬度范围245HBW~350HBW的车轮轮辋进行表面检测，对不合格车轮做不合格标记。EN13262国际标准规定，大于200km/h的高速动车组车轮硬度检测的特性参数值为245HB。相同批号车轮轮缘的极限硬度值范围不超过30HB。

操作过程：桁架式智能型机械手的抱轮夹具带有滚轮翻转功能，夹持车轮在移送途中自动翻转180°，外侧面向上运送至硬度检测试验机工作台上放下，工作台的抱轮装置进行对中，硬度试验机压头旋转到位于轮辋上端的规定位置，加载压痕。试验力加载29~7.3kN，误差±1%；加载时间2~8s，保持10~15s。轮缘压头球的直径$\phi$5mm，其他部位压头球的直径$\phi$10mm。测试硬度操作完成后，桁架式智能型机械手抱轮夹具夹持车轮，将其送至下一工位。车轮硬度检测的周期，包括上下料的时间约90s。硬度检测过程示意图如图3-70所示。

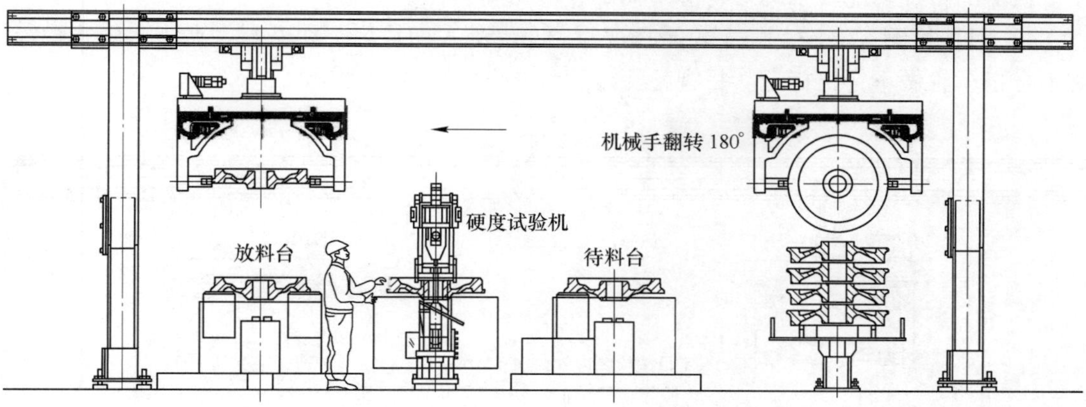


图 3-70 硬度检测过程示意图

设备组成和主要功能：设备由布氏硬度计、压痕读取系统、定位装置、检测和报警、固定工作台组成。硬度试验机具有自动读取、自动对中、自动压痕、自动测量。

仪器的特性功能要求具备与静平衡试验机相同的各种功能。

3）表面清洗。车轮经过机加工机床车削后，表面留有加工时的乳化液、油渍等，用40℃热水+清洁剂将车轮洗涤、烘干并清除残留物质。表面清洗过程示意图如图 3-71 所示。

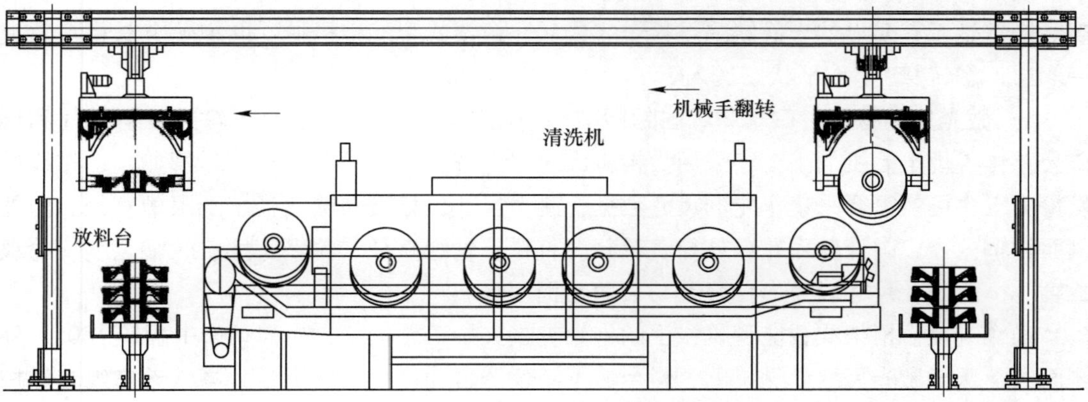


图 3-71 表面清洗、烘干过程示意图

操作过程：桁架式智能型机械手的抱轮夹具将车轮从硬度测试工位取出，移动至清洗机入口处放置，拨轮机将其拨至清洗工位，喷水器喷热清洁剂清洗表面，之后拨轮机将清洗后的车轮拨至烘干工位，鼓风机热送风至干燥室进行烘干。烘干后拨轮机将车轮拨出，车轮清洗和烘干时间包括上下料约 90s。

设备组成和主要功能：车轮表面清洗机由拨轮机构、喷水装置、集水槽、工作台、吹风装置、滚轮输送架、电气控制系统组成。清洗水汇集后由管道排至全厂的浊循环水系统统一处理。

仪器的特性功能要求具备与静平衡试验机相同的各种功能。

4）目视检测。清洗后的车轮需目视检测车轮的表面缺陷，如毛刺、夹渣、压入物等，对不合格车轮做不合格标记。目视检测过程示意图如图 3-72 所示。

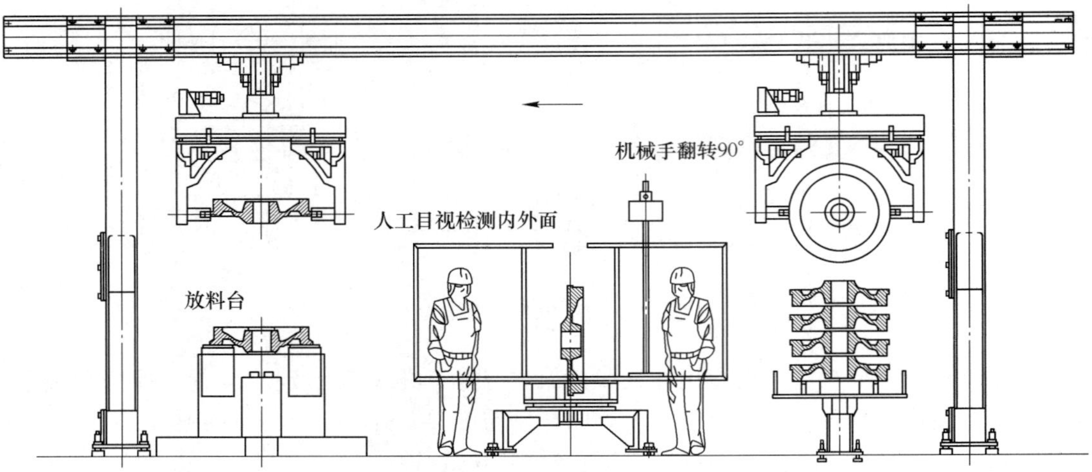


图 3-72　目视检测过程示意图

操作过程：桁架式智能型机械手的抱轮夹具夹持车轮轮缘，从清洗工位取出，移动途中自动翻转 90°将车轮垂直放入目视检测机工作台上，人工立于车轮旁侧，观察车轮的外观，检查是否有明显的表面缺陷。检查完成后，桁架式智能型机械手的抱轮夹具将车轮夹持取出，翻转 90°呈水平状态送入下一个工序，时间周期同样约 90s。

5）激光尺寸检测。EN13262 国际标准和中国国家标准都对铁路车轮的几何尺寸和形位公差作了规定。机加工工序采用数控机床对车轮进行精准的精加工，尽管如此，在线质量检测工序仍然需要采集车轮的尺寸数据，测量尺寸包括滚动圆直径、到限槽直径、内外侧面轮辋内径、内外侧面轮毂外径、轮毂孔直径、轮缘直径、轮辋跨度、轮辋宽度、轮毂长度……注油孔尺寸以及形位公差、表面粗糙度等。

操作过程：桁架式智能型机械手的抱轮夹具夹持车轮轮缘，在移动途中翻转 180°，外侧面向上送至激光尺寸检测机的上料台放下，仪器自动进行尺寸测量，高铁动车组车轮按照标准中的类别 1 取值。测量后，桁架式智能型机械手的抱轮夹具夹持车轮进入下一个工序。测定的数值记录进入信息数据库，作为存档和质量检测报告的基本数据。激光尺寸检测每片车轮测量循环周期时间小于 90s。激光尺寸检测过程示意图如图 3-73 所示。

设备组成和主要功能：设备由激光检测机、定位装置、工作台、数据传输系统组成。设备的测量尺寸精度、形位公差≤0.01mm，粗糙度精度≤0.1μm。

激光尺寸检测机的特性功能要求具备与静平衡试验机相同的各种功能。

6）超声波探伤。采用超声波探伤机对车轮轮辋、轮缘、轮毂、辐板区域进行内部缺陷性检测，对轮辋进行轴向透声性检测，对车轮内部的完整性进行检查。对不合格车轮做不合格标记。

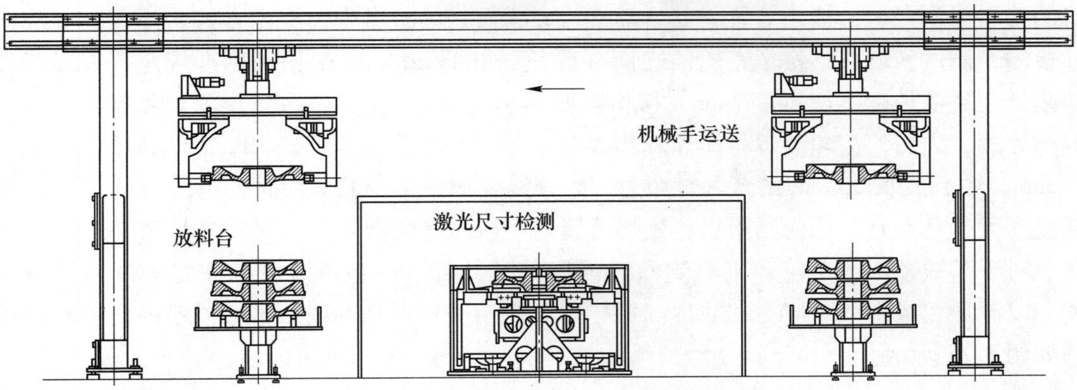


图 3-73 激光尺寸检测过程示意图

操作过程：桁架式智能型机械手的抱轮夹具夹持车轮，在移动途中自动翻转 90°，呈垂直状态放至超声波探伤机的操作台上，扫描声波完全覆盖轮辋断面、轮缘断面、轮毂断面和辐板断面。EN 13262 国际标准对 200km/h 以上高速铁路车轮规定：轮缘区域检测中的缺陷，直径不得有 1mm 当量的缺陷，径向透声性回波衰减不大于 4dB；轮毂和辐板区域检测不得有 3mm 当量的缺陷，轴向透声性回波衰减不大于 6dB。大于上述值即自动报警。扫描结束后，桁架式智能型机械手的抱轮夹具将车轮取出，送至下一个工序，每片车轮探伤循环周期时间小于 90s。

设备组成和主要功能：超声波探伤机组由超声发射装置、接收装置、输送辊道、定位装置、喷水装置、制动及拨轮装置组成。配备 2～5MHz 探头，100%的声波覆盖，盲区约 2mm。探伤机组设备电脑带有三维立体显示功能，并将波形存储。超声波探伤机组具有自动上下料、自动扫描和判别、缺陷报警。超声波检测过程示意图如图 3-74 所示。

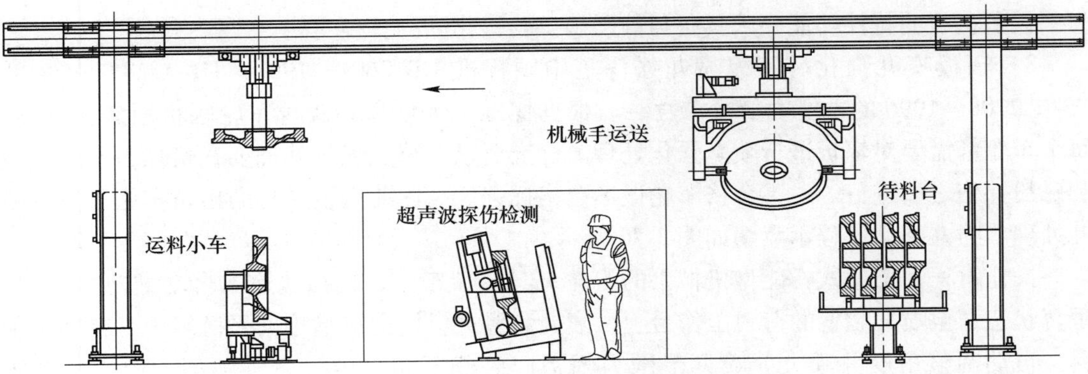


图 3-74 超声波探伤检测过程示意图

设备机组的特性功能要求具备与静平衡试验机相同的各种功能。

7）磁粉探伤。车轮在精加工完成后及防腐处理前，通过磁粉探伤试验测试表面的完整性。采用磁粉探伤机对车轮的整体表面缺陷进行检测。对不合格车轮做不合格标记。

操作过程：桁架式智能型机械手的抱轮夹具夹持车轮呈垂直状态，移动送至磁粉探伤机的待料工作台上，拨轮装置将其自动推入磁粉探伤的暗房中。探伤方式采用荧光湿法连续检测，测试区域包括整个车轮的表面（除轮毂孔）。EN13262 国际标准规定：表面断裂缺陷最大裂痕长度不得超过 2mm，探伤误差不超过 0.01mm。磁粉喷扫荧光照射后，进行退磁处理，之后，拨轮装置将车轮移出暗房。检测的磁通量大于 4mT，用光源波长 330~390nm、中心波长 365nm 的紫外灯照射，紫外线辐照强度≥$15W/cm^2$。退磁后的车轮磁场强度不大于 0.5mT。探伤结束后，桁架式智能型机械手的抱轮夹具夹持车轮移至下一个工序。对于高铁动车组车轮和出口到欧盟的车轮，另行进行超声波分散速度的反弹效应检测，以测量轮缘内残余应力的数值。每片车轮探伤循环时间 90~120s。磁粉探伤检测示意图如图 3-75 所示。

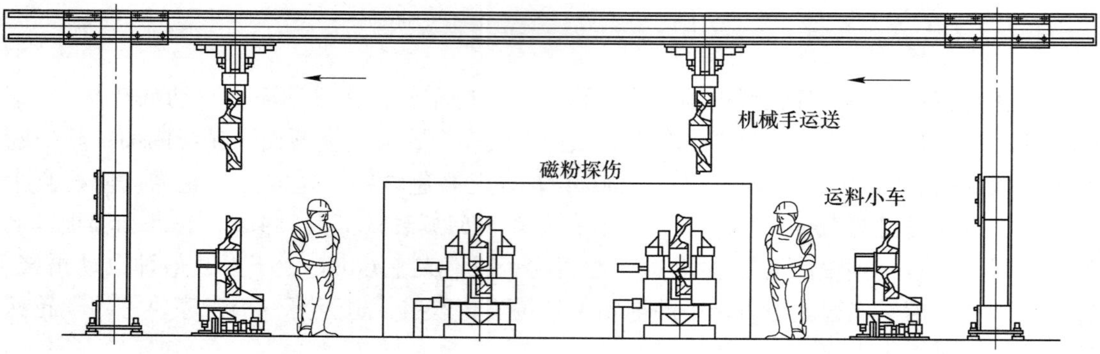


图 3-75　磁粉探伤检测过程示意图

设备组成和主要功能：机组由磁粉探伤机、定位装置、探伤暗室机房、磁力液存储箱、搅拌装置、喷淋装置、回收过滤装置组成。设备机组具有车轮自动进出上下料、磁化、暗室观察、关键指标实时监测及报警、照明、退磁、标识。

设备机组的特性功能要求具备与静平衡试验机相同的各种功能。

8）辐板喷丸强化。辐板喷丸强化是中国标准 GB 8601—1988、TB/T 2817—2018、TB/T 2708—1996 的重要质量要求之一。根据标准，为提高和改善车轮辐板耐疲劳性能，每个车轮都需要对辐板进行喷丸强化处理。标准要求，喷丸强化处理要在机加工、超声波和磁粉探伤之后进行。对不合格车轮做不合格标记。高铁动车组列车的出口车轮可不做喷丸处理。喷丸强化过程示意图如图 3-76 所示。

操作过程：桁架式智能型机械手的抱轮夹具夹持车轮，在移送途中自动翻转 90°，呈垂直状态送至喷丸装置的待料工作台上。喷丸装置进料机构将车轮推入机组中，自动上下料、自动调整角度并喷丸。喷丸范围为辐板内外侧至轮辋内外侧圆弧面，产生不低于 0.20mm 的平均弧高。喷丸结束后，车轮自动移出喷丸室，桁架式智能型机械手的抱轮夹具夹持车轮送至下一个工序。每片车轮喷丸循环周期时间 90~120s。

设备组成和主要功能：机组设备包括小型高速喷丸机、钢丸过滤回收装置、除尘装置、制动及拨轮装置、喷丸室、集尘器和排气筒组成。设备带有喷射流量、喷射区域调节功能，对车轮的不喷射区域带有保护装置，钢丸自动筛选、回收重复使用，喷丸产生的粉尘浓度约 $10g/m^3$，烟尘通过集尘器捕捉后，废气经过钢烟囱穿过车间屋面排出厂房外，

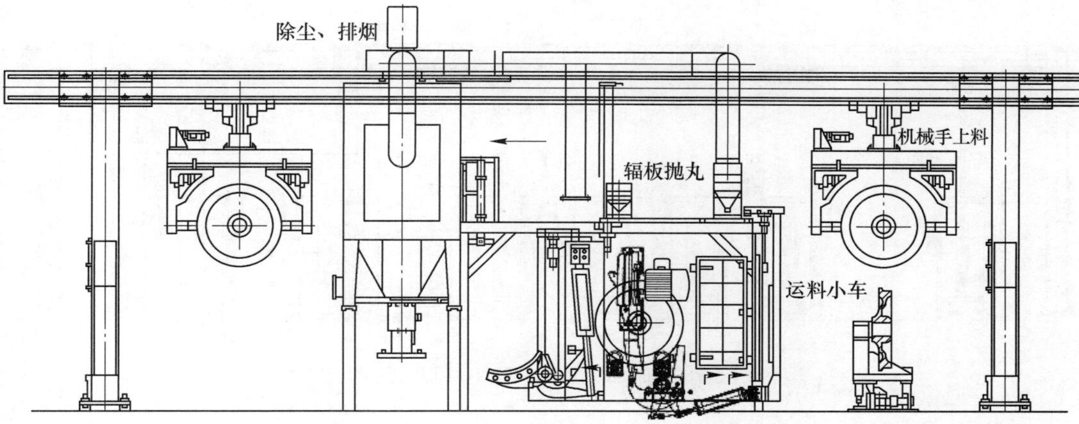


图 3-76 辐板喷丸强化处理过程示意图

排出的气体粉尘浓度不大于 $10mg/m^3$，屋面区域定期回扫落下的粉尘予以收集。

辐板喷丸强化的整体装置为 PLC 控制，生产能力与在线质量检测线的生产率匹配。

设备机组的特性功能要求具备与静平衡试验机相同的各种功能。

9）标识打印。根据中国标准 TB/T 2817—2018 规定：每个车轮在轮辋外侧面或轮毂内端面打印制造标记，包括制造年份、月份、工厂标记、车轮钢代号、车轮型号、钢坯熔炼炉罐号、车轮作业顺序号、生产模式、检验人员登记等。

操作过程：桁架式智能型机械手的抱轮夹具夹持车轮，移动运至打刻工作台上放下。气动刻字机的机头移动到规定作业面上，开始打印刻字。打印完成后机头退回，桁架式智能型机械手的抱轮夹具夹持车轮离开刻字工位，移送至下一工位。打印设备能够打印所有字母和所需图形，可调节字体高度和间距。每片车轮打印刻字的时间周期约 60s。打印刻字过程示意图如图 3-77 所示。

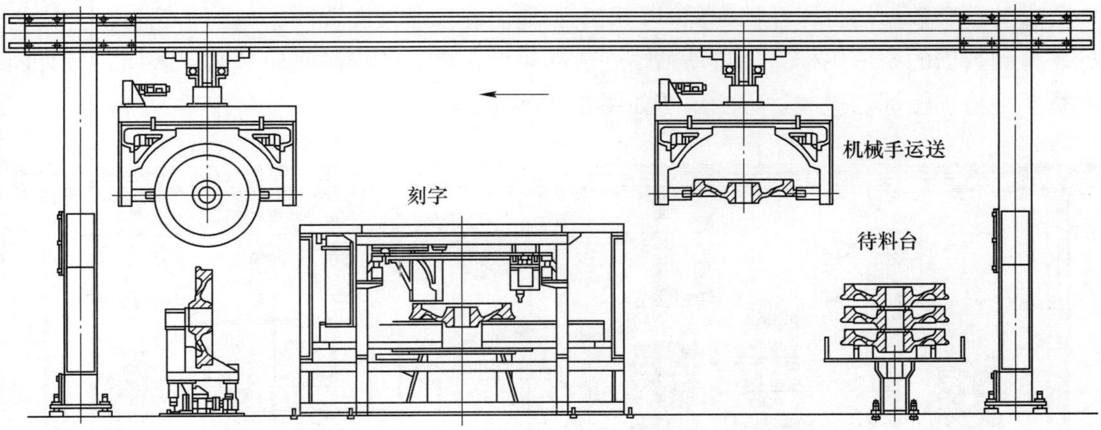


图 3-77 打印刻字过程示意图

10）表面喷油、烘干、漏印。根据中国标准 TB/T 2817—2018 规定：车轮运输过程中需要采取保护措施，车轮表面涂刷指定的硬膜防锈油涂料，在滚动圆表面和内侧的辐板上喷唛头。喷油、烘干过程示意图如图 3-78 所示。

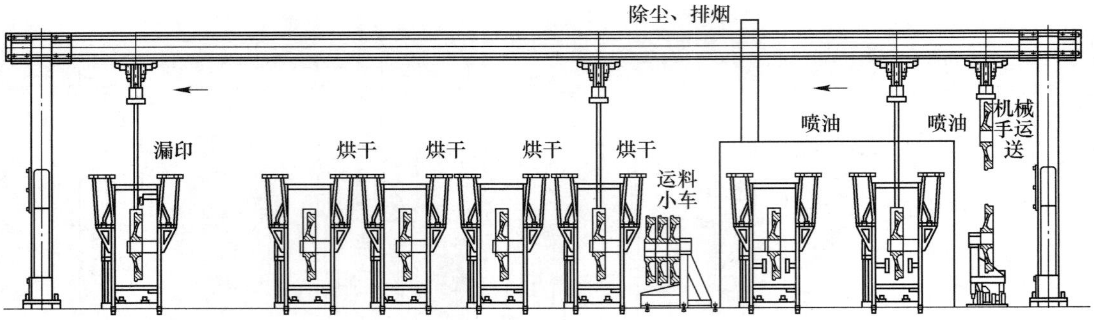


图 3-78　喷油、烘干、漏印过程示意图

操作过程：桁架式智能型机械手的卡式吊具从车轮中心孔穿过，车轮呈垂直状态吊运送至喷油工位，进入密闭式喷油室自动喷油，整套动作完整无流挂。之后，桁架式智能型机械手的卡式吊具再将车轮运至烘干工位，采用 60～80℃热风进行烘干。烘干后，桁架式智能型机械手的卡式吊具将车轮运至漏印工位。油墨喷枪伸出，在滚动圆及辐板表面喷涂带颜色的油墨标志。完成操作后，机械手将车轮吊运送至下一个工位。每片车轮的操作时间周期约 60s。

设备组成和主要功能：机组设备由密闭式喷油室、排气装置、烘干装置、热风装置、带尺漏印喷墨装置、调漆机、运料小车组成。喷油和烘干装置带具有喷漆种类可调、自动测量厚度、自动调温及控制功能。漆膜厚度用测量仪测试，深度 0～5mm，误差 0. 01mm。特性功能要求具备与静平衡试验机相同的各种功能。

11）终检、贴标、包装。车轮成品出厂前需附质量证明书，车轮的表面要粘贴标识。车轮在自动质量检测线上进行了上述各项严格检查后，结果都记录在数据库中，国家标准中要求的重要数据均打印存档；同时，用电脑输出并打印带有合同编号和车轮各项合格指标、检测数据的条形码标签，自动粘贴到成品轮上；之后，成品车轮包装、入库、按合同发货。终检、贴标、包装过程示意图如图 3-79 所示。

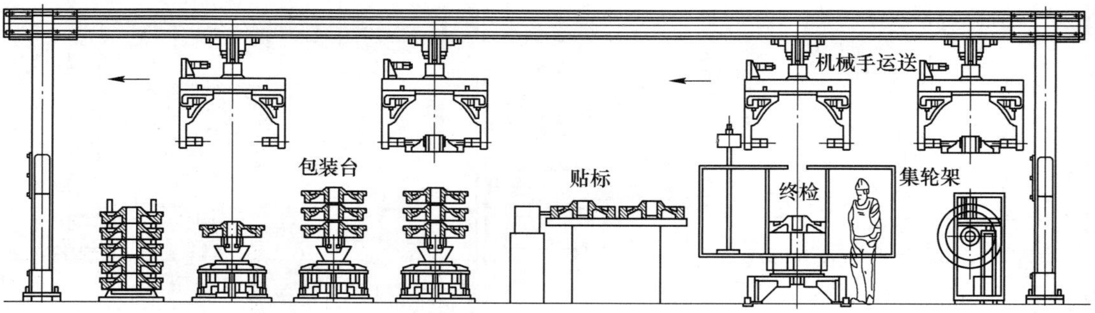


图 3-79　终检、贴标、包装过程示意图

操作过程：桁架式智能型机械手的抱轮夹具夹持车轮，呈垂直状态进行终检。之后，翻转呈水平状态运至贴标机处，移动装置将车轮定位在工作台上，贴标机的推杆伸出，将

带有数据的条形码粘贴在车轮的规定面上。每片车轮自动打印、粘贴条形码，操作周期约60s。特性功能要求具备与静平衡试验机相同的各种功能。

设备组成和功能：设备主要包括检查台、打印机、条形码自动贴标机、堆垛架、打包机，全自动完成终检、贴标、包装作业。

12）高速车轮增检项。为满足高铁动车组车轮的标准以及特殊出口车轮合同的要求，在线质量检测线完成全部检验合格后，还要对高速车轮进行离线三坐标仪的严格测量。

三坐标测量仪是非常精密的仪器，需要建立专门的三坐标检测室。顶级的测量设备安装在具有防震、洁净、恒温的操作间里。被检车轮用悬挂起重机吊运到三坐标测量仪上，固定后进行测量，这个操作过程时间较长，约2h/片。之后，对车轮表面进行喷油、涂漆、包装、成品发送。

13）落锤试验。落锤试验的目的是检验车轮的冲击韧性，经落锤试验后的车轮，不应有裂纹或断裂现象。试验采取抽检样品方式，方法是：将试验机的10kN锤头提升至国家标准规定的高度松开，锤头以自由落体的形式砸到车轮上，然后按照标准条款规定的部位取样，进行机械性能试验和金相分析检验。

落锤试验的要求最早来自于苏联的标准，中国国家标准GB 8601—1988中对此试验也有规定，即A级车轮辐板挠度应不小于20mm，B级车轮冲击功累计达到$Q \geqslant 12.94BS2$（J）（$B$—1/2轮辋内侧公称内径，mm；$S2$—$R50$处辐板厚度实际测量尺寸，mm）。

EN 13262—2004版本之后的国际标准没有了对落锤试验规定的内容，TB/T 2708—1996、TB/T 2817—2018也没有了对落锤试验的专项要求，因此，根据这一变化，工厂设计中可不考虑设置落锤专项试验室子项。实际供货中如有合同条款需要，可采取委托他厂进行抽查试样的方法解决。

（3）全自动在线质量检测线工艺设备的配置和计算

从上述工艺过程描述中，列出了在线质量检测线的主要检测项目和操作时间，多数设备对每个车轮的检测周期为60～120s，为此，全自动生产线按120s/片的生产节奏考虑。从表3-58中可以看出，年需在线质量检测的普通车轮、高铁动车组车轮和出口车轮约303050片/a，以年工作250d、每天3班生产，时间损失系数$k=0.9$，计算整条线的生产能力和设备生产负荷率。

代入式（2-1），计算质量检测线的需要数量：

$$N=\frac{Gn\times V}{D\times 24\times k\times 3600}=\frac{303050\times 120}{250\times 24\times 0.9\times 3600}\approx 1.87(\text{条})$$

$$\frac{1.87}{2}\approx 0.935$$

计算结果：在线质量检测线数量需要1.87条，选择2条，生产负荷率93.5%。

（4）在线质量检测生产线主要工艺设备汇总

在线质量检测线的工艺设备包括上料辊道、条码扫描机、静平衡试验机、硬度试验机、激光尺寸检查仪、超声波探伤机组、磁粉探伤机组、辐板喷丸机组、喷油烘干机组、标识打印机、标签粘贴装置、车轮运输小车、集轮架、车轮打包机、单轨桁架式智能型机械手、电气和控制系统等。全线 PLC 控制、感应定位、监控可视化、电脑屏幕图形和表格等人机界面，是完全的自动化、智能化连续生产。所有生产计划和执行操作的模式指令来自 MES 系统，统一采集上传质量检测值。每个步骤的装备留有数据传输接口与公司级的信息管理系统，即：与生产管理系统（PMS）、质量数据管理系统（QMS）和设备状态信息采集系统（MSA）进行数据交换。

在线质量检测线根据工位的运输情况配置 13 个桁架式智能型机械手。机械手的移动滑行架在单轨上往复运行，转向轴上下驱动完成升降动作，抱轮夹持机构带有 2 个自由度动作：夹钳张紧、夹钳回转，夹具能够旋转 90°和 180°，实现车轮按上下料设定的水平或垂直状态翻转并定距移动。

为适应不同规格产品的需要，根据计算应选用 2 条生产线，由于在线质量检测生产线的设备多为引进设备，投资较大，初期可以先上一条线，视生产情况和设备负荷饱满程度适时添置另一条生产线。主要工艺设备汇总见表 3-59。

**表 3-59　在线质量检测生产线主要工艺设备汇总表**

| 序号 | 设备名称 | 单位 | 数量 | 重量/t | | 序号 | 设备名称 | 单位 | 数量 | 重量/t | |
|---|---|---|---|---|---|---|---|---|---|---|---|
| | | | | 单重 | 总重 | | | | | 单重 | 总重 |
| 1 | 检测线上料输送辊道 | 台 | 1 | 14 | 14 | 11 | 喷丸装置 | 套 | 1 | 75 | 75 |
| 2 | 桁架式智能机械手 | 台 | 13 | 8 | 104 | 12 | 气动打刻机 | 台 | 1 | 5 | 5 |
| 3 | 条码扫描仪 | 台 | 1 | 1 | 1 | 13 | 喷油机 | 台 | 1 | 15 | 15 |
| 4 | 静平衡试验机 | 台 | 2 | 10 | 20 | 14 | 烘干机 | 台 | 1 | 15 | 15 |
| 5 | 硬度试验机 | 台 | 1 | 5 | 5 | 15 | 漏印机 | 台 | 1 | 5 | 5 |
| 6 | 车轮清洗机 | 套 | 1 | 10 | 10 | 16 | 终检台 | 台 | 1 | 5 | 5 |
| 7 | 目视检测台 | 台 | 1 | 5 | 5 | 17 | 贴标机 | 台 | 1 | 3 | 3 |
| 8 | 激光几何尺寸测量机 | 台 | 1 | 1 | 1 | 18 | 成品车轮打包机 | 台 | 6 | 3 | 18 |
| 9 | 超声波探伤机 | 台 | 1 | 10 | 10 | 19 | 三坐标测量仪 | 台 | 2 | 2 | 4 |
| 10 | 磁粉探伤机 | 台 | 2 | 5 | 10 | | | | | | |

在线质量检测生产是连续自动的流水线，不考虑厂房起重机。成品库为便于堆垛车轮打包和运输，以装车重量计算，选择 $G_n = 10t$ 的单梁桥式起重机为宜。

（5）在线质量检测工序的车间工艺布置和面积

质量检测生产线的车间面积包括检测设备占用面积、电气柜占用面积、操作过道、输送辊道占用面积、桁架式智能型机械手吊运通道、车轮产品临时下线存放面积、设备检修面积、喷丸排烟除尘器、离线三坐标检验室、离线超声波检验室、电气和操作室等辅助设施，车间厂房面积约 $4500m^2$。

由于桁架式智能型机械手的运行高度影响，车间检修起重机轨面标高不低于 10m 为宜。车间工艺布置平面图如图 3-80 所示。

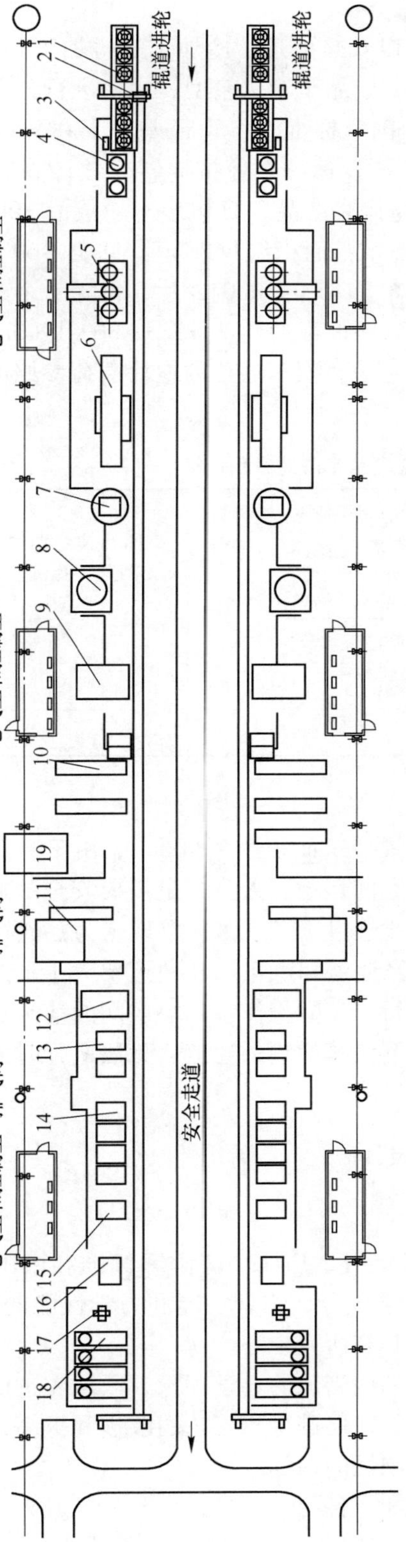


图 3-80 质量检测工序车间工艺布置平面图

1—检测线上料输送辊道；2—桁架式智能型机械手；3—条码扫描仪；4—静平衡试验机；5—硬度试验机；6—车轮清洗机；7—目视检测台；8—激光几何尺寸测量机；9—超声波探伤机；10—磁粉探伤机；11—喷丸装置；12—气动打刻机；13—喷油机；14—烘干机；15—漏印机；16—终检台；17—贴标机；18—成品车轮打包机；19—三坐标测量仪（离线）

3.3.5.11　成品包装入库说明

经过坯料切割、热加工的锻压和辗轧以及热处理、冷加工的机加工和在线质量检测，车轮成品终于下线。根据用户的订货要求，成品车轮按轮型、规格进行公差配对，用桁架式智能型机械手分类配组堆垛。根据中国国家标准，将轮径差小于 0.5mm 的车轮 4 个 1 组，用专用打包机成串包装，运入成品库待发运。企业按周转天数计算成品占用厂房面积，以 $\phi$920mm 和 $\phi$1000mm 直径的车轮为代表产品，日包装车轮成品 300 垛/d，年工作 250d，占库周期时间 15d，计算成品库所需堆占面积约 6670$m^2$。见表 3-60。

成品库的地坪荷载：典型车轮成品的单重 375~1000kg/片，每垛 4 个车轮，每垛的水平投影占地面积 0.85~1.3$m^2$，折算车间地坪承载力约为 15.3~30.2kN/$m^2$，按照存放车轮的区域地坪载荷 40~50kN/$m^2$ 进行设计考虑，汽车通道的地坪载荷参照前文按 80kN/$m^2$ 计算。汇总见表 3-60。

**表 3-60　车轮成品库占地面积计算**

| 车轮规格 | 年包装数量 | 平均单重 | 水平投影占地面积 | 每垛车轮数量 | 每垛车轮重量 | 日均包装量 | 周转天数 | 堆栈系数 | 通道面积比例 | 总占地面积 | 地坪荷载 |
|---|---|---|---|---|---|---|---|---|---|---|---|
| | 片/a | kg/片 | $m^2$ | 片/垛 | kg/垛 | 垛/d | d | | | $m^2$ | kN/$m^2$ |
| $\phi$920 以下 | 275000 | 375 | 0.96 | 4 | 1500 | 275 | 15 | 1.5 | 1 | 5940 | 15.3 |
| $\phi$1000 左右 | 25000 | 1000 | 1.3 | 4 | 4000 | 25 | 15 | 1.5 | 1 | 730 | 30.2 |
| 合计 | 300000 | | | | | | | | | 6670 | |

3.3.5.12　车间安全通道设计

辗钢整体铁路车轮生产车间厂房的轴线建筑面积达 72000$m^2$，由于产品的生产是连续作业线，各工序之间衔接很紧密，地面和空间运输、人员行走需要安全的通道。车间内的安全通道设计都是各行业自定的“工业安全卫生规范”，多数规定为：通行汽车通道宽度 2.5~3.0m，人行通道宽度大于 1.4m，交叉通道和汽车回转通道要大于上述指标，设计时参照冶金行业或机械行业最严格的规定执行。车间操作室和小房间的前端都由安全通道连通，地下管廊和地沟通道的出入口设计避开汽车运输的通道，无法避开时人行通道设栏杆加护和人孔盖板。

## 3.3.6　理化检验中心和研究中心的工艺设计

3.3.6.1　检验和研究项目的选择

铁路车轮制造中，除了在线的质量检测外，EN13262 国际标准和中国国家标准还规定，车轮产品必须提供由实验室进行的化学成分、物理性能和力学性能的质量检验报告，为此，工程设计中设立必备的理化检验中心和研究中心。

理化检验和研究中心设立的目的就是利用当前的科学理论，采取先进的、现代化的高科技手段和仪器，严格地进行车轮产品检验，促进生产工艺的改进和提高，使产品达到并完全符合中国国家标准和国际标准中的各项性能指标。

理化检验和研究中心的设计子项包括如下各项：

1）化学成分分析。首先是进厂坯料的化学成分检验，主要的化学元素包括 C、Si、

Mn、P、S、Cr、Cu、Mo、Ni……特别是氢含量的成分检测。

2）机械特性检测。机械性能特性的检验包括抗拉强度试验、实验室硬度试验、冲击试验、疲劳试验、破坏性残余应力试验。

3）金相分析检测。金相分析检测包括金相显微镜检验和分析、低倍与酸蚀试验和分析。

4）产品的提升和新产品的研究。我国高铁事业发展迅速，普通客车列车的行驶速度为160km/h，每列车拉16~20辆（节）；普通货运列车行驶速度为120km/h、每列车拉60~200辆（节）甚至以上；高铁动车组列车的行驶速度超过200~350km/h，每列车拉8~17辆（节）。特别是“一带一路”倡议，对铁路建设提出了更高的目标和要求。面对这种情势，铁路车轮生产厂的现有产品需要采取更多的措施，提供质量检测的严格判定界限。对高寒、高温、低噪声的高速新车轮产品的研究更是到了刻不容缓的阶段。工程设计中应设立物理、机械、化学等科学研究的设计子项，建设研究中心，攻克世界性的难题。这些项目的投资很大，可在有条件企业的工厂设计和建设中，逐步建设高端试验室、热模拟试验室、降噪试验室，下大力气深入开展高速动态转向架疲劳试验、漆膜试验、低噪声轮型试验等方面的研究，以适应市场的迫切需求和引领世界科技创新发展。

#### 3.3.6.2 理化检验和研究中心的机构设置

理化检验中心的设计，各单项试验室的设置是必不可少的，基本机构配置包括化学分析室、力学性能试验室、物理性能试验室、热处理试验室、金相检验分析室、试样加工间以及试样留存档案库等。

新产品研究中心应包括产品设计室、产品认证室、培训和交流中心、技术资料档案室、信息化室和多媒体展示厅等。

理化检验和研究中心的辅助设施包括配电室、气体动力室、数据传送室、水处理设施、集中空调等。

理化检验和研究中心出具的各项原料和成品检验文件需由中心和公司级质量控制部提交质量合格鉴定证书以及研究报告。

全自动试样加工间及智能检测流水线作业是钢铁厂的工厂设计中标配的通用子项，其他制造业的工程设计中，有条件、有能力的高端企业亦应逐步设计和建设现代化的全自动智能型理化检验中心，本节提供部分典型的设计流程和例图，以供读者了解国内这方面的发展情况。

#### 3.3.6.3 理化检验中心试样的取样和输送方式

(1) 试样的取样方式

理化检验中心各项试验和分析所需的试样来自原料库取样、生产工序中的取样、成品库取样。

化学分析所需的试样由原料准备车间直接送样到理化检验中心的接收站，再由接收站进一步分配完成加工。

机械性能试验所需要的试样，对照国家标准在生产车间先行进行锯切、粗加工，完成矩形样块后，送到理化检验中心的试样加工间，进一步车铣和磨削制成国标规定的尺寸试样。

（2）试样的输送方式

钢样输送方式有两种：一是当生产现场距离理化检验中心不远时，采取人工跑送的方式；二是采用风动送样的方式。风动送样系统示意图如图 3-81 所示。

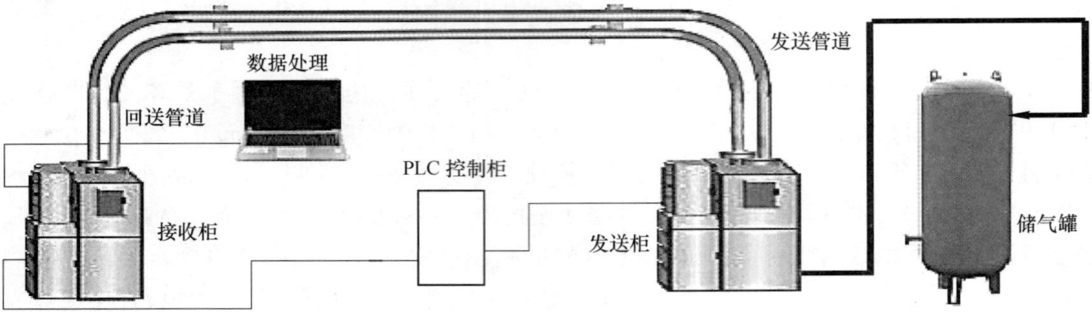


图 3-81　风动送样系统示意图

采用风动送样的方式快捷、节省人力、数据反馈及时。风力输送距离可以是几百米，也可以达到数千米。风动送样的管径设计和风压、流量计算见《金属加工与钢铁企业机修和检验设施特种专业工程工艺设计》。

负压风动送样系统：几百米的短距离风动送样，采用小功率风机作为负压动力泵，使管路形成真空，装有试样的盒子在管道中自然顺路输送至终点。

正压风动送样系统：数千米的长距离风动送样是通过管道，采用压缩空气正压推力作为输送动力，手动或者自动将试样放入发送柜的弹盒中，关闭气控装置，启动系统。打开压缩空气主回路，装有试样的弹盒在气体的推动下以 20~30m/s 的速度像炮弹一样在管道中飞行，冲到远处的快速化学分析试验室仪器的接收端，缓冲气阀自动打开，弹盒落入接收柜中。压缩空气来自厂区的空压站。

风动送样装置有单管式和双管式，单管式的试样输送和空盒回送只能在单向管道中往复运行；而双管式弹盒可以互不干扰，输送试样和回送弹盒同时进行。

风动送样系统的组成包括发送柜、接收柜、压缩空气管道、储气罐、传感装置、电气控制柜、PLC 控制柜、数据处理系统等。常规风动送样装置的主要技术参数见表 3-61。

**表 3-61　常规正压风动送样系统主要技术参数**

| 序号 | 项目 | 单位 | 技术参数 | 序号 | 项目 | 单位 | 技术参数 |
|---|---|---|---|---|---|---|---|
| 1 | 输送形式 | | 正压 | 6 | 试样温度 | ℃ | 20~800 |
| 2 | 压缩空气压力 | MPa | 0.6 | 7 | 电压 | V | 380/220 |
| 3 | 压缩空气流量 | $m^3/min$ | 5~40 | 8 | 功率 | kW | 3 |
| 4 | 样盒运行速度 | m/s | 20~30 | 9 | 输送管道转弯半径（$R$） | mm | 2500 |
| 5 | 试样重量 | kg | ≤1.5 | 10 | 管道直径 | mm | $\phi$80 |

风动送样现阶段应用受到压缩空气流量和压力的影响，管道直径不宜过大，目前常用的输送试样重量小于 1.5kg，直径不大于 $\phi$73mm，长度小于 210mm。

#### 3.3.6.4 理化检验和研究中心的仪器配置

(1) 化学成分分析室的工艺设计和设备选择

金属材料的化学成分分析有两种方式：一种是湿法化学分析，另一种是仪器分析。湿法化学分析采用的是分析天平、玻璃器皿及助溶剂等，试样在溶液环境中产生化学反应，得出结论；仪器分析方法是将试样钻成屑状，采用碳硫分析仪或通过光谱分析仪激发钢样表面，直接读出谱系数据进行分析。铁路车轮生产中的化学成分分析基本采用后者，仅以湿法分析作为辅助支持性手段。

1）分析实验工艺流程。

① 光谱分析：

现场取样 → 自动或人工送样 → 切样 → 磨样 → 光谱仪分析 → 报出分析数据 → 数据传输

② 碳硫分析：

现场取样 → 自动或人工送样 → 钻样 → 称样 → 碳硫仪分析 → 报出分析数据 → 数据传输

③ 氧氮氢分析：

现场取样 → 自动或人工送样 → 切断 → 磨样 → 氧氮氢仪分析 → 报出分析数据 → 数据传输

2）化学成分实验获得的参数值。EN13262 国际标准和中国国家标准对车轮钢的代号、钢号和化学成分作了明确的规定，见表 2-4 和表 2-5。

3）采用仪器分析的化学实验室设计。仪器分析的化学实验室设计主配为直读分析实验仪。直读分析仪器能够快速、直接地分析车轮钢坯原料的样品，有直读光谱仪、ICP 发射光谱仪、碳硫分析仪、氧氮氢分析仪等先进的仪器。化学分析结果对进厂原料做到有的放矢、严格掌控；同时，对研究新型车轮钢中微量化学元素对钢质的影响提供必要的基础科研数据。分析仪器的应用和说明如下：

① 直读光谱仪。物质世界中每一种金属物质都有其固定的光谱线，直读光谱仪的分析方法和原理就是利用了物质的这一特性，获得光谱特征并分析该光谱，从而准确地得到金属元素的名称和含量参数。

直读光谱仪的试验过程：钻取钢坯渣屑或切割加工并磨好钢坯试样，放到仪器罩内的激发台上，通入氩气，在氩气氛围中，光源通过电极对试样放电，试样在电能量的作用下激发产生原子，发射出不同的光谱，仪器通过采光、分光、检测得到每个元素的原子特性光谱线，通过计算机对数据进行定性和定量分析，直接读出钢坯试样中包含的各种金属元素以及每个元素在其中的准确含量。

② ICP 发射光谱仪。ICP 发射光谱仪的试验过程：利用等离子体激发光源，使试样蒸发汽化、解析分解为原子状态，原子进一步电离，在光源中激发发光，仪器将激发的光线分解成按波长排列的光谱，以光谱波长对试样进行定性分析，按激发光线的强度进行定量

分析。实验过程中通入氩气保护气氛。

③ 碳硫分析仪。碳硫分析仪的原理和试验过程：将钢坯试样在1200~1400℃的高频熔烧器中通氧燃烧，试样中的碳、硫元素转化为气体逸出生成 $CO_2$、$SO_2$，利用与其他金属化合物的分离测定其含量。常用的测定方法是红外光度法，即将仪器中生成的气体处理后，对照特定的红外线波长进行吸收，再转发成为不同的信号，经过计算机处理输出碳、硫含量结果。此种仪器的分析结果精度很高，是直读光谱仪测试金属微量碳、硫含量的补充手段。

④ 氧氮氢分析仪。氧氮氢分析仪的特点主要在于对钢中氧、氮、氢元素的测定。O/N 分析原理和试验过程：样品在氦（或氩）气流的石墨坩埚中，用脉冲加热方式熔融，使样品中的氧转化成二氧化碳，导入红外吸收池进行测定；氮以分子形式测定；H 分析采用热导法，将氢转换成蒸汽，气体 $H_2$ 吸收红外线中特定的波长，经滤片通过，转换成电信号，得到最终的测试结果。

4）分析仪器的配置数量。采用仪器分析的化学实验室，分别配置如下数量的仪器：

① 直读光谱分析室，配置 1 台直读光谱仪；

② ICP 光谱分析室，配置 1 台发射光谱仪；

③ 碳硫和氧氮氢分析室，配置 1 台红外碳硫分析仪、1 台红外氧氮氢分析仪。

（2）力学性能试验室的工艺设计和仪器配置

1）力学性能试验的工艺流程。

① 抗拉强度试验：

现场锯切 → 车床加工 → 铣床加工 → 拉伸试验机 → 报出分析结果 → 数据传输

② 断面硬度试验：

现场锯切 → 试样磨光 → 硬度计检测 → 试验数据计算 → 报出结果 → 数据传输

③ 冲击试验：

现场锯切 → 刨床加工 → 铣床加工 → 磨床加工 → 冲击试验机 → 报出结果 → 数据传输

④ 疲劳试验：

现场锯切 → 车床加工 → 铣床加工 → 疲劳极限试验 → 报出分析结果 → 数据传输

⑤ 破坏性残余应力试验：

现场锯切 → 刨床加工 → 铣床加工 → 磨床加工 → 残余应力试验 → 报出结果 → 数据传输

2）试样加工量和加工方式。

① 试样加工量。理化检验和研究中心的机械性能试验室所需的试样加工量各行业没有统一的规定，根据 EN13262 标准和中国标准 TB/T 2817—2018 中第 5 条款要求的每批车轮取样部位和取样数量的规定，参考冶金行业对钢材出厂质量和性能报告的检验事项，以

每年总坯料量315000个估算试样加工量，结果见表3-62。

**表3-62 力学性能试验试样加工量**

| 序号 | 检验项目 | 取样系数 | 试样加工量 | 序号 | 检验项目 | 取样系数 | 试样加工量 |
|---|---|---|---|---|---|---|---|
| | | % | 个/a | | | % | 个/a |
| 1 | 拉伸试样 | 1+0.1 | 3465 | 6 | 低倍组织试样 | 1+0.1 | 3465 |
| 2 | 断面硬度试样 | 3×（1+0.1） | 10395 | 7 | 金相分析试样 | 1+0.1 | 3465 |
| 3 | 冲击试样 | 3×（1+0.1） | 10395 | 8 | 非金属夹杂试样 | 3×（1+0.1） | 10395 |
| 4 | 疲劳试验 | 1+0.1 | 3465 | 年总坯料量以315000个/a计 | | | |
| 5 | 残余应力试验 | 1+0.1 | 3465 | 小　计 | | | 48510 |

从试样加工量表可以看出，试验室的任务能力尚有余力，因此，除了服务于车轮制造厂本身的生产任务外，尚有能力承担新产品的研发工作量以及视市场需求承接社会委托的工作量。机械性能试验设备的数量和负荷率计算结果均见表3-63。

② 试样加工方式。试样由生产车间锯切成适当尺寸的试验用毛坯样块，送至理化检验和研究中心的试样加工间进行二次加工，完成试样制备。

拉伸、疲劳试样的制备采用数控车床加工，样坯装卡固定后自动开始车削，一直到制备完成，整个过程无人操作。

冲击试样的制备在毛坯样块装夹固定后，按标准要求的尺寸由数控铣床自动完成试样的铣平和缺口制备。

试样的制备加工完成后，现场人员将试棒推送至各试验室进行试验作业，各种试验结果经过归集完成报表，自动报送数据信息管理系统。完成检测后的试样连同留存的备样分类送至档案库存放备查。

3）力学性能试验获得的参数值。EN13262国际标准和中国标准GB 8601—1988、TB/T 2817—2018、TB/T 2708—1996中，对车轮产品的力学性能试验方法和得到的特性参数做了明确的规定，可参考表2-2和表2-3。

4）力学性能试验室的仪器选用和配置。力学性能试验室的仪器和设备的配置包括拉伸试验机、硬度试验机、冲击试验机、弯扭疲劳试验机、断裂韧性拉伸试验机、残余应力试验机等。

① 抗拉强度试验过程和设备配置。金属的拉伸试验是材料力学性能测试中最重要的测试项目。将钢坯样块按照国家标准加工成规定的棒类形状试样，轴向加载静拉力，直至试样拉伸断裂。对试样拉伸过程中的伸长曲线、断后长度、断口尺寸进行精准测量，获得抗拉强度 $R_m$、上屈服强度 $R_{eH}$、下屈服强度 $R_{eL}$、伸长率 $A$、断面收缩率 $Z$ 等参数。

测定车轮成品常温和高温下的力学性能，除了选用常规拉伸试验机外，还需选用300kN电子万能式高温拉力试验机，机构包括：静载拉力主机、1100℃高温系统、测量系统、控制系统、传感器及其他辅助部件等。仪器为64位全数字化控制，自动图像仪以曲线或成像方式显示，以40kHz数据采集、500Hz速度4通道同时智能化传输数据，测试结果满足GB/T、ASTM、JIS、ISO、DIN、EN等各国的对应标准。

材料断裂特性试验是在弹塑性断裂力学基础上发展起来的评定材料韧性的试验方法。用热处理后的车轮，制作成带疲劳裂纹的三点弯曲试样，测定高强度金属材料平面应变断裂韧性，高铁动车组车轮和欧标车轮均需此试验，为此，选用电子万能式拉伸试验机以测定试样最大弯曲力（kN），整个试验的时间过程略长。

常规拉伸试验过程的时间约 5min/片，从表 3-62 可以看出年需拉伸的试样量约 3465 件/a，年工作 250d，每天 1 班，每班 8h，时间损失系数 0. 75，计算设备数量和负荷率。

代入式（2-1），计算结果同样见表 3-63。

$$N=\frac{G_n \times V}{D \times 24 \times k \times 60}$$

式中　$G_n$——年需要测试的试样量。

② 硬度试验过程和设备配置。布氏硬度试验的工作过程：将符合标准规定直径的钢球，以规定的速度在试样的表面加载试验力，保持规定时间后卸载，测试压球过程中压痕球形表面积上的平均压入能力，以此表示金属的硬度特性参数 HB 值（钢压头单位 HBS、合金压头单位 HBW）。EN13262 国际标准和中国国家标准规定，车轮不同部位的试样压头钢球的直径分别为 $\phi$5mm、$\phi$10mm。

除了布氏硬度试验，试验室还配置洛氏硬度试验仪。洛氏硬度试验的工作原理基本与布氏硬度试验相同，不同的是采用 120°金刚石或钢质圆锥头作为压头，先后两次加载试验力将压头压入试样表面，即 $F_0$ 初试验力+$F_1$ 总试验力，保持规定时间后卸载 $F_1$，在保持 $F_0$ 的情况下测量压入深度，以 $F_1$ 的压入深度与 $F_0$ 的压入深度之差表示硬度特性参数 HR 值，压入深度之差越小，硬度值越大。硬度试验过程的时间约 3min/片。

③ 冲击试验室的设备配置。摆锤式冲击试验的原理就是能量守恒定律的应用。常温下将摆锤提举一定高度，形成所具有的势能，以 5~5. 5m/s 的速度下降，记录作用到带有 U 形缺口试样上释放的动能，即吸收的动能，实验结果的特性参数是冲击功，吸收冲击功的能量单位 J。用仪器数字化仪显示摆锤打击试样时的曲线，做断面率、膨胀率、断裂韧度、裂纹长度等项目的数值测定。

选择标称能量 450~750J、冲击速度 5~5. 5m/s 的摆锤式冲击试验机。设备具有自动举摆、冲击、落摆、显示冲击吸收功的功能，试验中对冲击试样进行动态加载，记录动态断裂的全过程。设备由试验主机、控制系统、仪器数字化动态曲线记录系统、计算机、打印机、软件、冲击断口图像分析仪组成。测试结果应满足 GB/T、ISO、ASTM、JIS 的车轮产品标准中金属材料摆锤式夏比冲击试验相关规定，以及摆锤式夏比 V 形缺口冲击试验的方法和要求。设备还具有互联网接口，可与用户数据网络系统实现互联互通。冲击试验过程的时间约 5min/片。

④ 疲劳试验过程和设备配置。金属疲劳是指材料在循环应力作用下，由于损伤的累计，逐渐发生裂纹或突然断裂的现象。疲劳极限即指材料抵抗无限次应力循环而不断裂的强度指标。疲劳试验值是为评定不同材料在施加应力及振幅的作用下，其产生裂纹或断裂的循环周次之间的关系。

试验过程：试样尺寸测量、试样装夹、试样对中，调整仪器的试验温度和环境，检查仪器参数设定、波形选择、试验速率，根据试验材料的特性确定失效标准，之后开机开始循环试验。仪器的计算机系统自动采集记录数据，到达设定值后系统自动处理相关数据并报出测试值。

铁路机车和车辆的车轮组装轮对后一般的行驶里程都达到 1200000～2000000km，即超过常规的循环基数 $N \leqslant 10^7$ 的范围，因此，操作过程采用符合 EN13262 国际标准中弯扭疲劳特性的试验方法测试，参数值 $\Delta\sigma$ 规定高于 315～450N/mm$^2$；中国 TB/T 2817 标准中的辐板径向应力±240N/mm$^2$。疲劳试验过程的时间约 1～30h/个试样。

企业有条件的，最好在多台设备的配置中增加 1 台用于轮对测试的疲劳试验机。轮对疲劳试验机可以完全直观地显示出车轮试验时的动态运行实况情景，但设备的投资较大，应视工程具体情况而定。

⑤ 破坏性残余应力试验过程和设备配置。破坏性残余应力试验是物理性能分析的一种。EN13262 国际标准中对车轮踏面深处的圆周残余应力试验规定：在踏面表面附近测得的周向压应力等级应在 80～150N/mm$^2$ 内，位于深度 35～50mm 之间的应力值应等于零。

试验方法有两种：一种是破坏性试验方法；另一种是超声波探测的非破坏性检测方法。超声波探测的无损检测于在线质量检测线上进行，破坏性有损试验在理化检验和研究中心试验室进行。

我国的铁路科研部门通常采用应变片法测试车轮的残余应力。应变片法的原理是采取应变电测试技术，通过破坏性切割被测车轮的轮缘横截面、辐板圆角的部位，将残余应力全部释放，从而反推残余应力状态的变化，获取车轮踏面在圆周方向和轴向的残余应力值。

试验过程：首先将试样进行干燥，采用线切割工具机（或带锯）有效地切割包含应变片的试样单元，然后测量。除此之外，另配置 1 台盲孔法残余应力测试仪。残余应力试验的时间过程约 20min/片。

（3）金相分析试验室的工艺设计和仪器配置

EN13262 国际标准和中国国家标准都将金相组织分析作为质量检验的重点，所需设备的数量和负荷率计算结果同样见表 3-63。

1）金相组织分析的工艺流程和设备配置。金相组织分析流程：

现场锯切 → 车削加工 → 粗磨 → 细磨 → 抛光 → 显微镜检测 → 照相 → 等级评判 → 报出结果 → 数据传输

金相组织分析是金属检测和研究的重要手段，试验过程：试样表面磨制、抛光、腐蚀，用二维显微镜放大观察，分析其内部的组织分布、内部缺陷、晶粒大小、非金属夹杂、材料的纯净度、脱碳层等。

金相分析室的显微镜仪器放大倍数 50～1000 倍。金相观察过程的时间约 20min/片。

2）低倍组织及缺陷酸蚀试验过程和设备配置。低倍组织及缺陷酸蚀检测流程：

现场锯切 → 铣削 → 磨光 → 酸蚀、硫印 → 显微镜检测 → 照相 → 评级 → 报出结果 → 数据传输

低倍组织及缺陷酸蚀试验是冶金工厂锻压产品的必备试验项目。低倍组织及缺陷酸蚀通常采用硫酸腐蚀的方法，在试样上留下鲜明的印痕，用显微镜观察钢坯组织缺陷。试样

加工：硫印试样先铣后磨，低倍试样只铣不磨。

试样铣磨过程的时间约 60min/片、酸浸时间约 10min/片、金相观察时间 20min/片。

3）热酸浸试验过程和设备配置。为了更好地显示试样的基体变化状况，热处理中间产品还需要进行热酸浸试样检验，以研究锻造工艺和热处理工艺对车轮钢质材料基体组织的影响。

热酸浸检测流程：

现场锯切 → 车削加工 → 磨光 → 热酸酸蚀 → 显微镜检测 → 照相 → 评级 → 报出结果 → 数据传输

热酸浸试验采用加热硫酸进行腐蚀的方法在试样上留下鲜明的印痕，用金相显微镜观察钢坯的组织缺陷。

热酸浸试验室设备与低倍组织及缺陷酸蚀的部分设备共用，可增加适量的酸浸槽、加热装置和通风系统。

4）非金属夹杂物分析试验过程和设备配置。非金属夹杂物分析与金相组织分析、低倍组织及缺陷分析一样，都是采用试样腐蚀后金相分析的方式。用金相显微镜观察或拍照、截图、打印进行观察，用图例进行对比分析，发现不合格项时进行复验，复验不合格则该批产品均不合格。非金属夹杂物的金相观察过程的时间约 20min/片。

5）建立车轮研究重点实验室。

① 研发用扫描电镜配置。开发新产品任务的理化检验和研究中心，除配置通用性能的金相显微镜之外，另需配备 1 套扫描电镜、自动图像分析仪，以加强对新型高铁动车组车轮的金相组织、高倍纯净度以及车轮踏面损伤机理方面的研究。

扫描电镜具有景深大的优势，是光学显微镜的几百倍，而且分辨率很高，高真空下的分辨率（二次电子）30kV 下 3.0nm，3kV 下 8.0nm，低真空下的分辨率（背散射探头）30kV 下 3.5nm，放大倍数比接近 1000000 倍级，屏幕显示有强烈的立体感。

② 建立声学实验室。车轮动态模拟降噪试验机和噪声测定仪是不可或缺的实验设备和仪器。高铁动车组的运行速度很快，车轮踏面与钢轨摩擦、辐板旋转与空气摩擦而产生极大的噪声。车轮的辐板形态对噪声的缓解有很重要的作用，配置动态模拟试验机，考察和测定不同轮型的噪音升降值，对研发新的车轮产品是必要的科研手段。

③ 高强度结构钢的热处理试验。冶金工厂的热处理试验室，一般都装备真空高压淬火炉、真空渗碳炉、小型淬火炉、箱式热处理炉、粉末冶金处理炉、深冷处理炉等，用于研究和验证特殊钢的热处理机理及探索新产品的开发。

辗钢整体铁路车轮工程的理化检验和研究中心，应设立热处理实验室，用于研究高强度结构钢作为铁路车轮产品材质的实用价值和科学依据，因此，可配置 2 台炉膛容积 $0.2m^3$、900～1200℃的小型箱式热处理炉和相适应的淬火实验装置。

④ 建立模拟运行实验室。高铁动车组转向架的轮对运行状态需要真实的试验数据，仅做单个车轮的检验检测数据难以涵盖全部的路演真实数据。应依托辗钢铁路车轮制造工程，延伸建设轮对、车轴制造项目，建立全尺寸轮轴磨耗疲劳实验室，配置车轮热模拟试验台、转向架动态疲劳试验机是切实可行的，这些实验仪器和装备不仅能够提供质量检测

的数据，还可以为生产线上的锻轧、热处理、加工工艺提供真实可靠的研发修正值。

6）试验室设备数量和负荷率。按照前面说明的各类试验操作时间，机械性能试验室和金相分析室的设备计算数量及操作负荷率结果汇总见表3-63。

**表3-63　实验室设备数量和负荷率计算表**

| 序号 | 检验项目 | 年试样批量 | 试验时间 min/件 | | | | | | | | 年时基数 | 时间损失系数 | 设备计算数量 | 设备选择数量 | 设备负荷率 |
|---|---|---|---|---|---|---|---|---|---|---|---|---|---|---|---|
| | | 个/a | 拉伸 | 硬度 | 冲击 | 疲劳 | 残余应力 | 低倍 | 金相分析 | 非金属夹杂 | h/a | | 台 | 台 | % |
| 1 | 物理和机械性能试验设备 | | | | | | | | | | | | | | |
| 1.1 | 拉伸试验 | 3465 | 5 | | | | | | | | 2000 | 0.75 | 0.2 | 1 | 0.19 |
| 1.2 | 断裂韧性 | 3465 | 10 | | | | | | | | 2000 | 0.75 | 0.4 | 1 | 0.39 |
| 1.3 | 表面硬度试验 | 10395 | | 3 | | | | | | | 2000 | 0.75 | 0.3 | 1 | 0.35 |
| 1.4 | 冲击试验 | 10395 | | | 5 | | | | | | 2000 | 0.75 | 0.6 | 1 | 0.58 |
| 1.5 | 弯扭疲劳试验 | 3465 | | | | 60 | | | | | 6000 | 0.75 | 2.3 | 3 | 0.77 |
| 1.6 | 残余应力试验 | 3465 | | | | | 20 | | | | 2000 | 0.75 | 0.77 | 1 | 0.77 |
| 1.7 | 低倍、硫印试验 | 3465 | | | | | | 10 | | | 2000 | 0.75 | 0.39 | 1 | 0.39 |
| 2 | 金相显微镜设备 | | | | | | | | | | | | | | |
| 2.1 | 铣磨 | 3465 | | | | | | 60 | | | 2000 | 0.75 | 0.77 | | |
| 2.2 | 一般金相 | 3465 | | | | | | | 20 | | 2000 | 0.75 | 0.77 | | |
| 2.3 | 非金属夹杂 | 10395 | | | | | | | 20 | | 2000 | 0.75 | 2.31 | | |
| 2.4 | 低倍、硫印 | 3465 | | | | | | | 20 | | 2000 | 0.75 | 0.77 | | |
| 2.5 | 热侵蚀 | 3465 | | | | | | | 20 | | 2000 | 0.75 | 0.77 | | |
| 金相显微镜总量 | | | | | | | | | | | | | 4.62 | 5 | 0.924 |

依据表3-63的计算结果，试验和检测仪器的选择数量如下：

① 拉伸试验机计算数量0.19台，选择2台，其中1台专门用作断裂韧性试验。

② 硬度试验机的计算数量0.35台，选择布氏硬度计和洛氏硬度计各1台。

③ 冲击试验机的计算数量0.58台，设计选择1台。

④ 疲劳试验机计算数量0.77台，设计选择1台。

⑤ 残余应力试验机计算数量0.77台，选择2台，1台为线切割工具机，另配1台盲孔法残余应力测试仪。

⑥ 用于低倍、硫印的铣磨床设备需要数量0.77台，设计选择1台；用于低倍、硫印的酸浸设备需要数量0.39台，设计选择1台。

⑦ 金相显微镜的作业面较多，包括低倍组织及缺陷分析、热酸浸检测分析、非金属夹杂物分析和其他的金相分析，共计需要0.77+2.31+0.77+0.77≈4.62台，选择5台金相显微镜仪器，配套专业照相机和彩色打印机，设备的生产负荷率约92.4%。

（4）理化检验和研究中心的工艺设备及仪器汇总

理化检验和研究中心的仪器和设备都是尖端装备，供电电压的波动范围设计不超过

±5%，所有用电设备在设计时安全接地，接地电阻不大于4Ω。精密分析仪器设计抗干扰单独工作接地，接地电阻1Ω，接地施工采取特殊处理方式。

理化检验和研究中心试样加工间需配置0.2～0.5t悬挂起重机。主要的工艺通用仪器和设备汇总见表3-64。

**表3-64　理化检验和研究中心主要通用工艺设备和仪器**

| 序号 | 设备名称 | 单位 | 数量 | 序号 | 设备名称 | 单位 | 数量 |
|---|---|---|---|---|---|---|---|
| 1 | ICP发射光谱仪 | 台 | 1 | 15 | 盲孔法残余应力测试仪 | 台 | 1 |
| 2 | 碳硫分析仪 | 台 | 1 | 16 | 自动图像分析仪（夹杂物分析） | 台 | 1 |
| 3 | 氮氧分析仪 | 台 | 1 | 17 | 热酸浸设备 | 套 | 1 |
| 4 | 直读光谱仪 | 台 | 1 | 18 | 低倍和酸蚀设备 | 套 | 1 |
| 5 | 全自动拉力试验机 | 台 | 1 | 19 | 降噪试验机和噪音测定仪 | 套 | 1 |
| 6 | 万能材料试验机（断裂韧性、动态） | 台 | 1 | 20 | 热模拟试验机 | 台 | 1 |
| 7 | 布氏硬度计 | 台 | 1 | 21 | 箱式热处理炉（1200℃） | 台 | 2 |
| 8 | 洛氏硬度计 | 台 | 1 | 22 | 金相试样切割磨平抛光烘干 | 套 | 3 |
| 9 | 摆锤冲击试验机 | 台 | 1 | 23 | 金相试样镶嵌机 | 套 | 2 |
| 10 | 金相显微镜 | 台 | 5 | 24 | 冲击试样加工设备 | 套 | 1 |
| 11 | 扫描电镜 | 台 | 1 | 25 | 全自动数控机床 | 套 | 1 |
| 12 | 弯扭疲劳机 | 台 | 2 | 26 | 低倍试样双面铣磨床 | 台 | 1 |
| 13 | 全尺寸疲劳试验台 | 台 | 1 | 27 | 悬挂起重机（0.2～0.5t） | 台 | 1 |
| 14 | 残余应力试验机 | 台 | 1 | 28 | 电瓶叉车1t | 台 | 1 |

酸侵蚀试验室工作时有少量排出的水呈微量酸性，含量小于5%，在采取中和措施处理达标后排放。

#### 3.3.6.5　全自动智能型理化检验中心的工艺设计

国内现代化工业的高速发展，为全自动智能型理化检验中心提供了工艺设计的基础和机遇；同时，也加快了理化实验室试样传送与检测装备的自动化、程序化的发展进程。近10年来，全自动智能型理化检验室的建设在冶金行业已经成为常规的工厂设计子项。理化检验试样的加工机械化和自动化作业线以及机械手的应用非常普及，特别是炼钢生产系统的快速化学成分分析、轧钢生产系统的厚板试验室，其试样加工和输送全面实现了无人操作的全自动智能型作业，设计和建设方面创造了多个世界先进。

（1）全自动仪器分析化学实验室

全自动仪器分析化学实验室试样加工和分析工艺流程：车间切割或原料库钻取试样，自动送入发送柜，风动送样传输到理化检验中心，接收柜自动接收，实验室的轻型智能型机械手抓取固定规格的坯料，送到自动备料间切制、研磨成标准试样，试样转送至输送带，机械手按照指令从输送带抓取试样送入全自动光谱分析仪，仪器激发试样测试分析后，屏幕显示分析结果，机械手打开仪器取出试样，贴标机自动粘贴标签，电脑将分析结果传送至理化中心数据库，相关数据反馈到车间发送点的终端并上传至公司级信息管理系统。作业流程框图如图3-82所示。

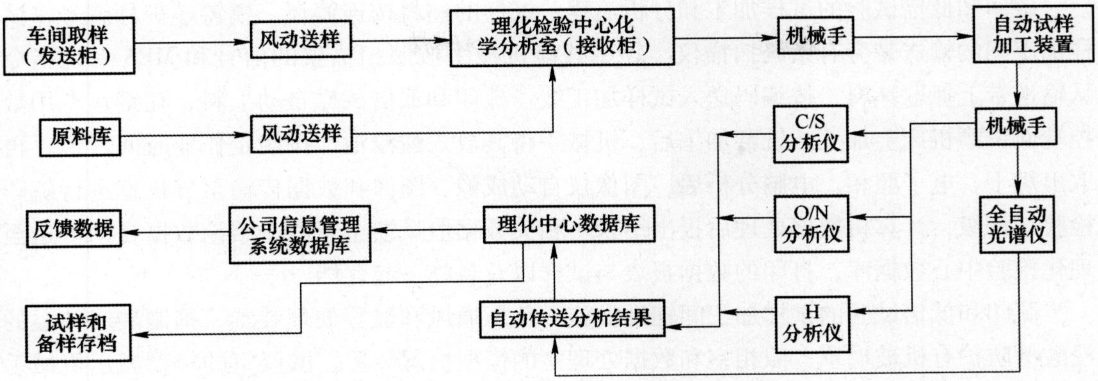


图 3-82　全自动仪器化学分析工艺流程

（2）金相分析试样全自动加工和分析流程

金相显微镜、高温电镜的仪器分析试样，采用全自动制样作业线，工艺流程：实验室轻型智能型机械手根据编码从输送带上抓取试样坯料，送入金相试样加工线，自动切割成样片，机械手再抓取样片送入磨样机自动磨制，之后再抓取送入抛光机自动抛光并进行镶嵌，自动打印粘贴标签。试样加工好后，机械手取出转送至分析室的待料盘供金相显微镜分析，根据显示自动成像仪生成影像，鉴定级别后数据自动记录并传输至理化检验中心数据库。流程框图如图 3-83 所示。

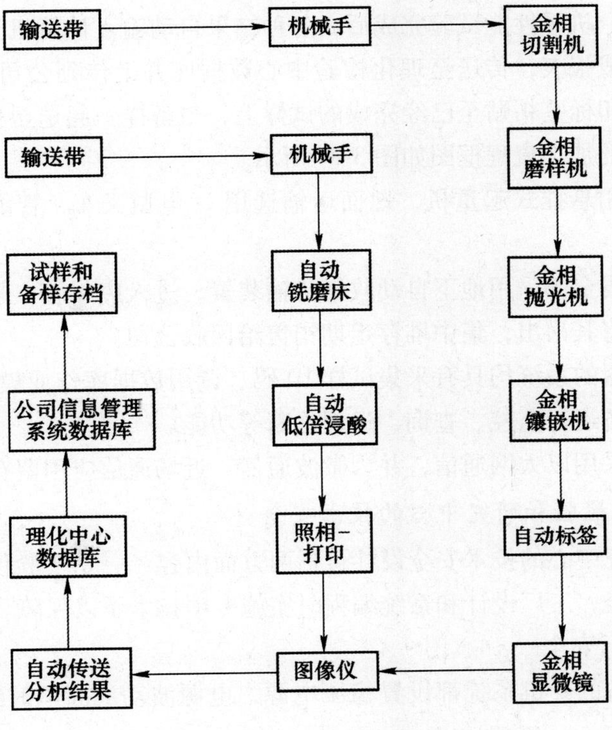


图 3-83　金相分析试样全自动加工流程

硫印和低倍试验的试样加工和分析流程：试样的坯料按连铸坯、模铸坯炉号编号，试样加工间的输送带旁有条码扫描仪。轻型智能机械手按照扫描仪的信号和 MES 系统指令从输送带上抓取坯料，按编码送入试样加工线。硫印和低倍试样自动上料，在钢坯专用数控端面铣磨机床上加工。铣磨加工后，机械手将其放入酸浸池，按规定作业时间浸泡，再取出烘干、电子照相。电脑分析后，图像仪自动成像，图像和数据传输至分析室进行硫印检验、评级，计算机数据处理后报出结果。相关数据值反馈至车间，结论数据自动传送至理化检验中心数据库，打印的数据报表与试样以及备样一起存档。

硫印和低倍试验的试样加工间辅助设施：负压通风和酸雾处理装置，抑制酸气外溢的浸酸槽防护有机玻璃罩，照相室和数据处理室的恒温恒湿装置。酸浸室的轻型搬运机械手采用不锈钢夹钳。

（3）全自动机械性能试验室试样加工间

机械性能试验室全自动试样加工作业线流程：车间将钢坯切割成矩形试样毛坯，粘贴编码标签，由电瓶叉车送到理化中心的试样接收站。接收站扫描条形码，用悬臂式起重机卸下试样坯料，转运到板链式传送运输带上进入试样加工间。智能型机械手接收条形码扫描仪发送的信息，按分类编码抓取试样坯料，送入不同模式的切割机、车床、锯床、铣床、刨床等加工线，对照 MES 操作执行系统调出的作业模式将试样加工成拉伸试样、冲击试样、弯曲试样、硬度试样等。加工好的试样由输送带传输，通过条形码识别器触发机械手抓取所需的试样并将试样放到各自的试验室前端待料盘，自动装卡或操作人员辅助装卡后开始测试操作。机械性能试验完成后，各种结果自动输入计算机工作站，经过电脑处理，分析结果归集成报表，传送至理化检验中心数据库并上传到公司级的信息管理系统。自动粘贴装置将打印标签粘贴至已经完成的试样上，与备样一起送至档案库存档备查。全自动机械性能试样的加工流程框图如图 3-84 所示。

试样加工间选用悬挂式起重机，地面运输选用 1t 电瓶叉车，智能型机械手的承载荷重 0.1~0.5t。

所有的加工废屑全部采用地下自动收集传输装置，进入废料箱，超过一定重量时发出信号，车间起重机将其吊出，集中堆存定期销售给回收公司。

全自动测试仪器的系统均具有采集试样 ID 码、调用数据库作业模式、比对设定参数、试样运行监控、设备运行监控、查询、远程诊断等功能。

数据传送系统采用以太网通信，并为微波通信、近场通信应用留有接口。

#### 3.3.6.6　理化检验和研究中心的技术安全

理化检验和研究中心的技术安全设计包括两方面内容：一是实验仪器的运行安全；另一个是数据信息安全，工厂设计和系统编程时实施专项技术予以保障。

（1）仪器的运行安全

所有仪器和设备的开机系统都设置稳压电源，电源波动或断电时继续延时稳压供电，保障仪器安全使用。

试验室内设置空调和恒温恒湿系统，为仪器和设备提供良好的室内运行环境。

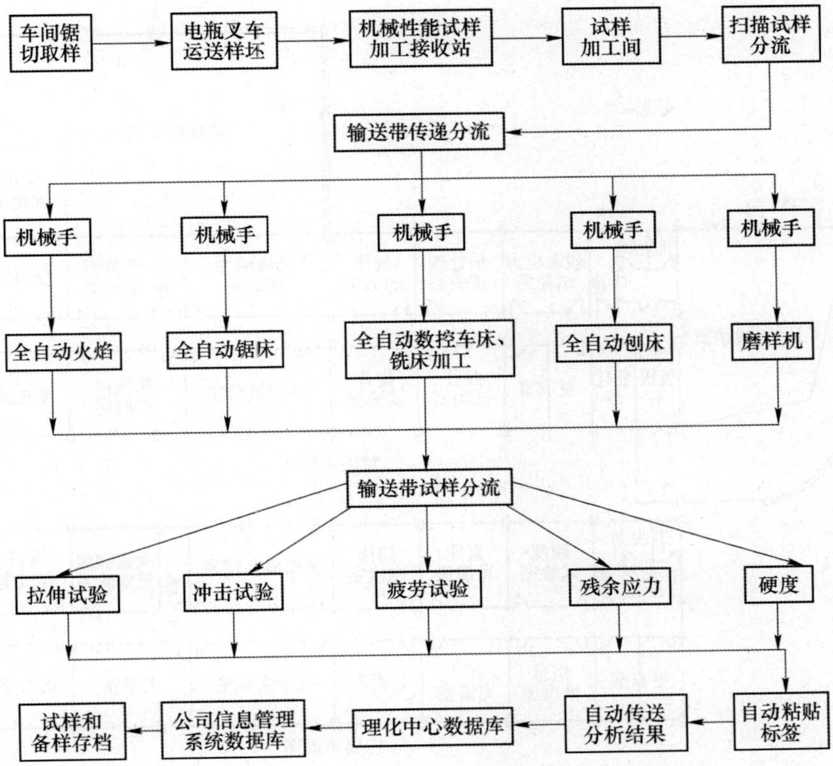


图 3-84　全自动机械性能试验试样加工和工艺流程框图

（2）实验数据和科研成果安全

理化检验和研究中心是公司级重点保护单位，数据信息安全和知识产权保护是工程设计中的重要一环，在工厂设计中必须明确提供：

1）设置进门安检监控系统，采用人脸识别技术；

2）所有岗位电脑不设置输出端口，仅设有公司内网联络；

3）安装扫描软件，搜索和记录联网电脑的应用和流量，监测异常现象，通过加密文件传输防止内部泄密或外部非法窃取，保护核心技术资产；

4）建立独立数据库，定期备份数据和文件，不能擅自复制和删除；

5）选用正版软件打印文件时，设置用户级别秘钥，采取流程认证启动打印机。

3.3.6.7　理化检验和研究中心建筑物的平面布置设计

理化检验和研究中心的设计为三层建筑物，其中：拉伸试验室、冲击试验室、疲劳试验室、残余应力试验室、试样加工中心、气体动力室、低倍和酸蚀试验室、热模拟试验室、噪声试验室等布置在建筑物的一层，金相分析室、化学成分分析室、光谱分析室、数据室布置在二层，科研、培训、档案室布置在三层。理化检验和研究中心的建筑面积至少 4200m$^2$，试样加工间面积约 4000m$^2$。一层、二层建筑平面布置示意图如图 3-85 所示。全自动试样加工间和快速化学分析室设计示意图如图 3-86 所示。

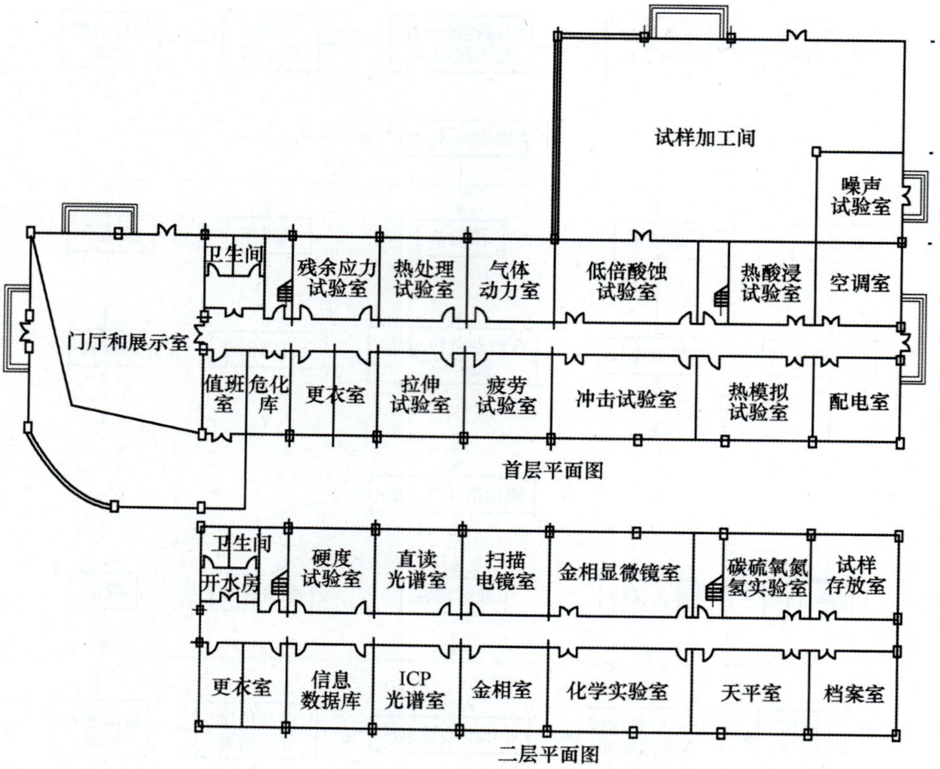


图 3-85　理化检验中心一层、二层建筑平面布置示意图

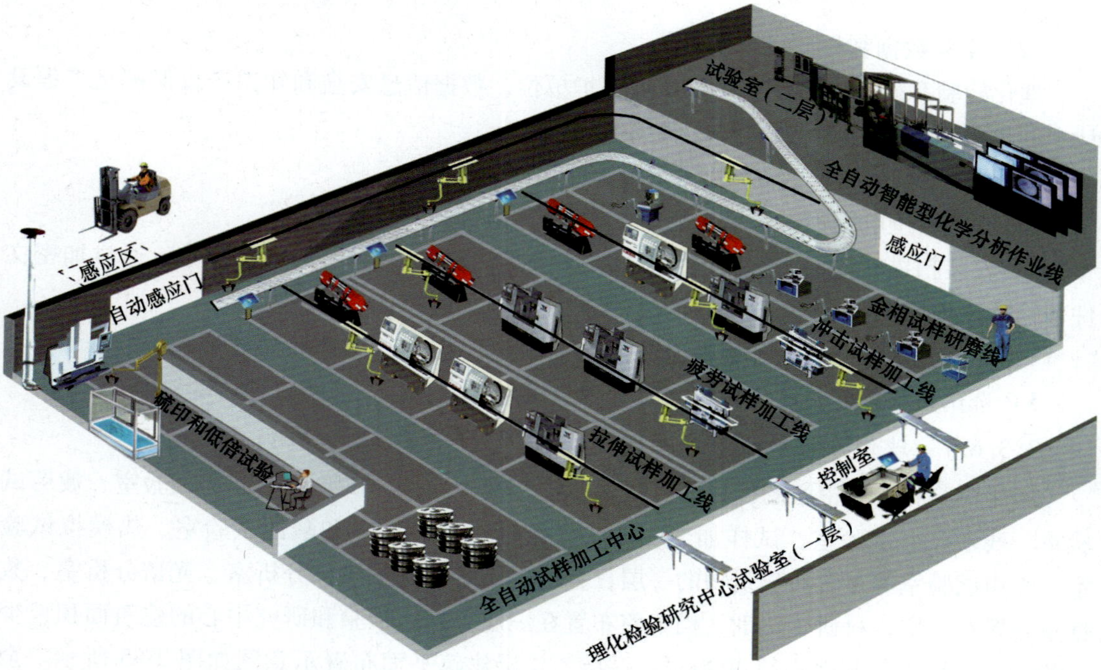


图 3-86　全自动试样加工间和快速化学分析室设计示意图

# 4 铁路车轮工程公辅设施中的工艺设计

## 4.1 公辅设施中工艺专业的任务和设计内容

第3章介绍了辗钢整体铁路车轮制造厂的设计中，工程工艺专业的设计理论、设计方法以及生产设备的配置和计算，并给出了参考案例，第4章将论述工程工艺专业在建设项目的辅助设施设计中，如何执行相关设计原则和工作内容。

工业项目的工厂设计中，对工程工艺设计人员的素质要求很高，其任务也很繁重。首先要熟练地掌握本专业学科的基础，除此之外，还需要了解其他各公辅专业的技术知识，只有了解了其他设计专业的技术，才能清楚各公辅专业的高端专项范围，知道在工程项目中应该如何采纳、如何在项目设计中运用自如，提出各设计专业所需要的基础资料，恰如其分地选择工程项目中合适的应用技术，在工厂设计中有的放矢。

开展工厂设计之初，工程工艺专业人员要明确本工程的设计需要哪些公辅专业参与，必须采用哪些公辅专业的高端技术，以促使工程项目设计工作有序地开展和运行。设计工作中除了供电、供水之外，需要同时配套其他能源和动力子项，对所有的子项都要充分地评估、统筹和规划。

工程工艺专业人员在平时的工作中，更要注意收集公辅专业的功能和水平，只有工艺专业和公辅专业处于同一设计水平上，整个工程才是完整的、高端的、顺利有机链接的。

工程工艺设计专业首要的工作，是向公辅专业提出开展设计必需的设计任务，涉及工程项目的产品方案、生产规模、生产方式、投资范围等基础性资料；其次，事先划定公辅设施子项的技术等级，让各专业设计人员明白当前工程中的意图以及项目的最终目标；最后，转达建设方的预期设想，提供外围动力和能源的真实条件以及地方政府的特殊法律法规，使公辅专业人员清晰地了解项目需要跟进的具体状况。

目标和条件明确之后，公辅设计专业就可以按照委托任务，发挥各自的专业特长和技术创新的机能了。依据国家标准、行业规范、各领域内的应用技术成果，公辅专业将设计意图转化成为灵动的、实质性的施工设计图。以下就辗钢整体铁路车轮工程的工厂设计中工业供电、给排水、暖通、热力、燃气、仪控、电信、总图、土建、计算机应用等方面的设计内容进行简略地论述。

## 4.2 车间内综合管线的管理设计

工艺专业有一个重要的工作就是车间内的综合管线管理。工厂设计中，车间内的动力和能源介质管线众多，包括供给和排出管线。这些管线有的架设在厂房的柱子上，有的在地下管沟中通过。为了使这些管道按照规范的要求排列，不在空间交叉碰撞，工程工艺专业在施工设计图之初，必须与各专业进行会商沟通，将每一条管道的平面坐标、场地标高、布置间距、膨胀环位置以及单独支架或共架等细节逐一固化，并且绘制形成书面确认。车间管线以地下管廊形式通过时，管廊要留有人员检修的安全空间和通道，安装通风换气装置，设置防火封堵和氧气测量报警仪，保证今后工程的安全生产。

特别要注意的是，柱上架空设置的车间管道不能横穿上下起重机的梯子而影响驾驶人员通行，这一点往往在施工图设计时被忽略，施工完成后才发现，造成后期修改的困难。如今，计算机三维设计软件有很多，应用这些软件提前绘制车间柱架管线和地下管廊架设管线的三维立体图，可以在设计之初就发现综合管线的管理问题并得到及时有效的控制。车间厂房柱上和地下综合管线布置示意图如图 4-1 所示。

图 4-1　车间厂房柱上和地下综合管线布置示意图

## 4.3　公辅专业的子项设计

工程项目中，除了工程工艺设计要体现现代化设计的技术制高点之外，公辅专业同样要与之相辅相成，这是设计创新应用领域的先决条件。

公辅设施设计是非常专业性的工作，本节仅汇总与工艺设计相关的部分，不包括其专属的专业设计内容，各专业相关的技术参数、系数取值请参阅工业项目《电力工程设计手册》《给排水工程设计手册》《采暖通风与空调设计规范》等。

### 4.3.1　供电专业的子项设计内容和设备选择

工程设计首先要考虑的是电力电源供应，前文已经论述，辗钢整体铁路车轮工程的工业用电设备安装总电容量达到 30000kW 以上，变压器进线电压等级 10kV。设计工作开展之初，就要调研和落实地方供电公司是否有能力提供可靠、稳定的供电电源。

电力设计包括高压 10kV、低压 380V 的工艺设备和辅助设备供电以及照明系统的电源设计，供电设备选配应按照更新的国家和行业规范进行配置，选择高等级、易安装、便于检修、节能的新型变压器和其他电力设备。

#### 4.3.1.1 工艺专业提供电力专业的设计委托

工程工艺专业为电力专业开展设计提供以下工作委托，其中主要包括：

1）工程项目的建设内容、建设水平，拟建项目的生产工艺和装备制造方面国内和国际的现状；

2）需要供电的工艺设备的名称、数量、功能和规格、装机功率、电源相数、电压等级、同时使用和计算系数等；

3）工艺设备电气用点的位置、坐标图，接地要求等；

4）提供国外引进设备的用电情况、装机功率、电压等级、马达软硬启动要求等资料；

5）协助收集并提供当地电源的供给情况，包括城市供电总降压变电站的情况、项目的进线电压、进线回路、保安电源、短路电流容量等；

6）供配电建设的子项要求、厂区布置图、车间工艺布置图、电缆隧道或管沟的走向、区域内总降变电站的设置要求、车间变配电所的位置；

7）车间起重机的布置图、起重机的资料图、滑触线的方位；

8）电控操作室的位置和标高、内部盘柜布置的特殊要求；

9）检修用电点、电焊机开关点和备用电源点坐标，低压用电设备的要求，应急照明的要求；

10）车间厂房、办公室、操作室、厂区道路、生活设施的照明点和照度要求，电源插座要求；

11）生产设施和生活设施的安全用电防护方面的特殊要求；

12）工艺专业的非标准设备的电气基础控制和程序控制要求——提供电控动作和功能说明书；

13）仪表控制和计量设备的要求，工艺用仪器装备用电点的坐标；

14）生产操作计算机系统的设置——提出系统的类别和等级，总包工程时提供详细的说明书；

15）区域内的景观电气设计要求和照明条件。

#### 4.3.1.2 电力专业的子项设计内容

1）辗钢整体铁路车轮工程的工厂设计，电力专业主要包括以下子项内容：

① 区域内的总变电站设计；

② 车间变配电所设计；

③ 用电设备的供电设计；

④ 照明设施的供电设计；

⑤ 非标准设备的电气控制设计和 PLC 编程；

⑥ 厂房和设备接地设计；

⑦ 动力与能源介质的远程 I/O 站监视和遥控。

2）电力设计新技术的应用。电力设计专业近年来的发展，摒弃了在工厂设计中只求稳健、墨守成规的作法，推陈出新，展现不同领域的新技术，如：

① 高压系统微机监控保护；

② 大规模工业运用干式变压器；

③ 沟道化电缆放射式供电；

④ 工艺设备全自动模块化 PLC 程序控制；

⑤ 水处理系统全线 PLC 程序控制；

⑥ AI 学科在工程控制上的应用；

⑦ 车间级变配电室无人值守、安监可视化、灭火系统报警、自动喷淋连锁。

3）负荷计算。根据工艺专业提供的设备装机容量并汇总公辅专业的设备装机容量，电力专业进行电力负荷的计算，以确定项目区域内的变配电等级、车间变配电所的数量和供电形式、电缆路由以及供电设备的选择。负荷计算见表 4-1。

**表 4-1　电力负荷计算**

| 序号 | 名称 | 设备装机电容量 | 计算负荷 | | | cosϕ |
|---|---|---|---|---|---|---|
| | | | 有功功率 | 无功功率 | 视在功率 | |
| | | kW | kW | kvar | kV/A | |
| 1 | Ⅰ～Ⅱ段负荷 | | | | | |
| 1.1 | 1 号变电所+锻轧 | 12245 | 10425 | 3430 | 11015 | 0.95 |
| 2 | Ⅲ～Ⅳ段负荷 | | | | | |
| 2.1 | 2 号变电所 | 5520 | 3360 | 2480 | 4170 | |
| 2.2 | 3 号变电所 | 3500 | 1610 | 1710 | 2350 | |
| 2.3 | 4 号变电所 | 3470 | 1325 | 1500 | 2000 | |
| | 10kV 空压机 | 1200 | 960 | 720 | | |
| 2.4 | 5 号变电所 | 4100 | 2860 | 2210 | 3620 | |
| 2.5 | 6 号变电所 | 2140 | 1225 | 1160 | 1690 | |
| | 合计 | 19930 | 11340 | 9780 | 13830 | 0.82 |
| | 乘不同时系数 0.92，0.95 | | 10430 | 9290 | 12725 | 0.82 |
| | 补偿电容器 | | | −6200 | | |
| | 补偿后 10kV 侧负荷 | 19930 | 10430 | 3090 | 12725 | 0.82 |
| | 1+2 总负荷 | 32175 | 20855 | 6520 | 21840 | 0.955 |

辗钢整体铁路车轮工程的建设区域内汇总的电容量约 32175kW，适宜就近设计多个车间变配电所，以减少线路上的电能损失，系统最大有功计算负荷 20855kW，视在功率 21840kV · A，补偿后的功率因数不小于 0.95。

设计人员在以往的铁路车轮工程中曾经对相关企业进行过实测，测出装机功率的同时使用率（即工作计算系数）为 0.35。按照机械加工行业用电基数，以年时基数 5100h、计算系数为 0.35 计算，整个工程的年电能消耗约 $0.34×10^8$kW · h/a。

4）变电站和配电室的构成。我国的铁路车轮项目都建设在城市的开发区或者企业现有的厂区内，开发区或厂区内原本都建设有 220kV 或 110kV 的总降压变电站，以 10kV 的供电电缆向新项目的各车间供电。

当外部进线电源是 10kV 时，新建设的厂区内可以仅考虑设置一座 10kV 开闭所即高压开关站。高压开关站的 10kV 供电单线示意图如图 4-2 所示。

高压开关站内最好是 4 路 10kV 电源，引自城市开发区或现有厂区的 220kV 总降压变电站内的 10kV 不同母线段。

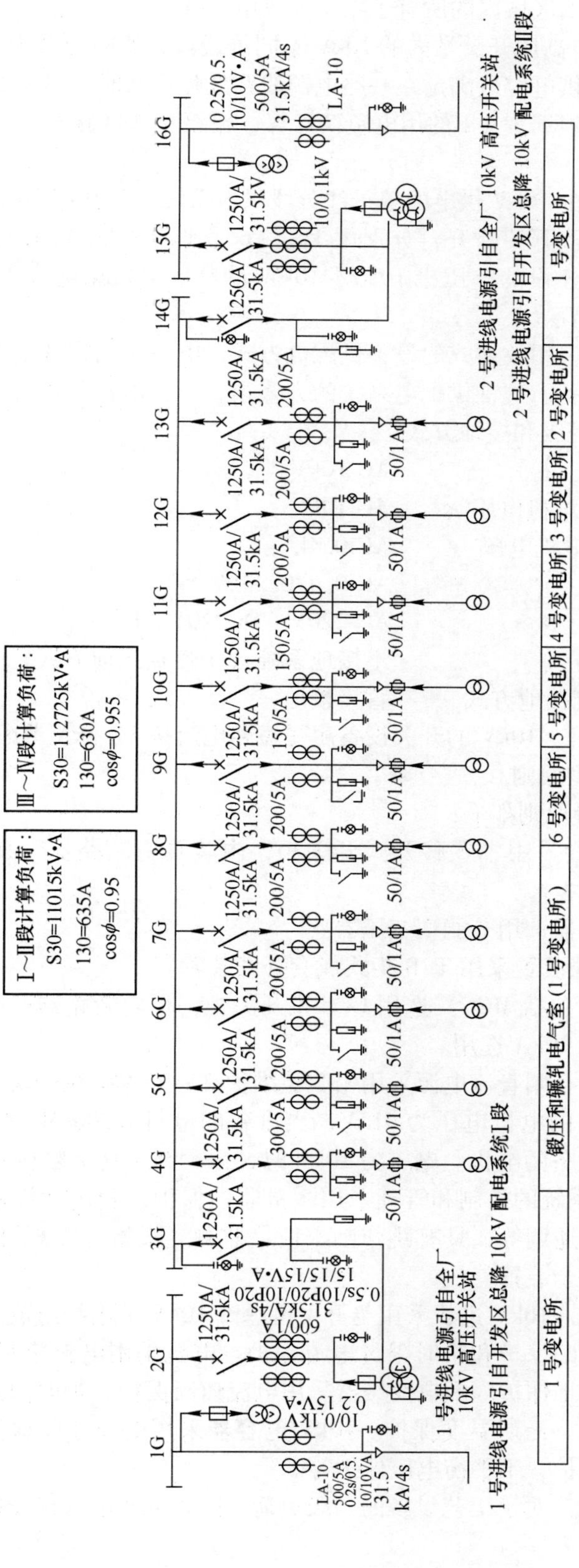


图 4-2 10kV 供电单线示意图

高压开关站向建设区域内的所有子项车间供电。各车间内应新设置 10kV 变配电所，2 路 10kV 电源分别引自高压开关站内的 10kV 不同母线段，所内的系统采用单母线分段的供电系统。电源线路的供电容量满足在一路电源线路故障检修时，另一路线路仍能保证车间内的全部用电负荷。根据表 4-1 的用电负荷计算，辗钢整体铁路车轮工程至少应设置 6 个子项车间变配电所。

高压开关站设置的 10kV 供电的单母线分段供电系统，正常用电时 2 路 10kV 电源进线均带电工作、母线分段开关断开，分别供 1 号~6 号变电所的各 10/0.4kV 动力变压器用电，同时供区域内新建设的空压机 10kV/410kW 的高压电机用电。10kV 两段母线分别各安装两组电容补偿装置。

车间变配电所应采用放射式的设备供配电方式，电缆直配到各个用电设备的动力变压器及高压电机用电设备。这种供配电系统的方式很直接，适宜无人值守的车间变配电所。

5）供配电电压等级和接地方式：

| | |
|---|---|
| 厂区配电电压 | AC 10kV |
| 功率≥200kW 的电机电压 | AC 10kV |
| 功率<200kW 的电机电压 | AC 0.4kV |
| 低压动力及照明 | AC 0.4/0.23kV |
| 设备控制电压 | AC 220V、DC220V、DC24V |
| 10kV 系统接地方式 | 不接地系统（中性点接地方式） |
| 0.4/0.23kV 系统接地方式 | 直接接地 |

6）短路电流工程。10kV 的开关设备耐受短路电流按 31.5kA 考虑。

7）主要设备选型原则。

① 电力设备选择原则如下：

- 10kV 配电装置采用中置移开式开关柜，内装真空断路器，其设备的开断电流选用 31.5kA。
- 配电动力变压器选用节能型变压器。
- 10kV 电容补偿装置采用 TBB 柜式成套补偿装置。
- 低压配电屏（包括 MCC）选用 GCS 型开关柜，柜内断路器开断电流拟选用 50kA、2500kV · A 变压器按 70kA 选用。
- 变电所控制和合闸直流电源采用铅酸免维护高频开关整流模块智能直流电池屏。
- 国外引进设备的电机电压为 415V，当设备的电机≥200kW 时，采用软启动模式；国产设备≥200kW 设备的电机、电压为 10kV 时，采用高压直接启动。
- 10kV 供配电系统的控制和管理采用微机监控保护，利用计算机在电脑屏幕上实现遥测、遥信、遥控、遥调等，具有跳合闸、信号监测、报警等直观可视功能，配有打印、事故追忆、记录等安全装置。
- 保护措施配置。10kV 进线采用与开发区总降 10kV 馈出线组成线路纵差保护。10kV 馈出线带时限电流速断保护和带时限过电流保护。电机采用电流速断保护、过负荷保护、低电压保护、单相接地保护。配电变压器采用电流速断保护、带时限过电流保护、变压器二次侧单相接地保护、瓦斯温度保护。10kV 电容器采用电流速断保护、过电流保护、过电压保护、低电压保护、不平衡电压保护等。
- 事故保安电源。对于工艺设备的一级负荷，除采取非电气保安措施外，还应设置不间断（UPS）应急电源装置。

● 根据用电设备的计算负荷，分别在1号~6号变电所选择配置2500kV·A、2000kV·A、1600kV·A、1250kV·A、1000kV·A、10/0.4kV动力变压器以及PCC低压配电屏等。

建筑物外敷设的10kV高压动力电缆采用直埋的方式，进入建筑物和车间内的电缆采用地下隧道敷设。380~415V的低压电缆采用地下沟道分层敷设。

② 无功补偿。国外引进的工艺设备，在动力变压器二次侧设置380~415V的低压动补；其他国产生产线的动力用电设备。无功补偿集中在10kV侧补偿。采用4组无功补偿装置，分别装在主车间变电所的10kV两段母线上，系统的功率因数能够达到0.95以上。

8）变配电所的设置和建筑物面积。10kV高压开关站占地面积约800m²，建筑物中按规范设计电缆夹层，电缆从高压开关站夹层中间敷设通过，为整个工程的生产主车间、水处理设施、空压站、理化检验和研究中心、办公楼和生活设施的变配电所提供动力电源。

1号变电所设置2套10kV供电系统，为单母线分段的供电系统，正常用电时每套的2路10kV电源进线均带电工作、母线分段开关为断开。第一套供电系统为锻压和辗轧生产工序的10/0.4kV动力变压器和照明用电供电；第二套供电系统为2号~6号变电所的10/0.4kV动力变压器用电供电，同时为空压机10kV/410kW电机用电供电。1号变电所包括低压配电室、动力变压器室，建筑面积约400m²，选择设置2500kV·A、10/0.4kV动力变压器、PCC低压配电屏。

2号变电所包括低压配电室、动力变压器室，建筑面积200m²，设置2500kV·A、1250kV·A、10/0.4kV动力变压器、PCC低压配电屏，为坯料准备工序、坯料加热工序、溴化锂机房、车间浊循环水机组设备提供动力和照明用电。

3号变电所与2号变电所构成相同，建筑面积460m²，设置2000kV·A、1600kV·A、10/0.4kV动力变压器、PCC低压配电屏，为热处理工序设备、机加工工序设备、在线质量检测工序设备、车间起重机等提供动力和照明用电。

4号变电所包括低压配电室、动力变压器室在内，建筑面积200m²，设置2000kV·A、1250kV·A、10/0.4kV动力变压器、PCC低压配电屏，为净循环水泵房、其他工艺设备提供动力和照明用电。

5号变电所为箱式变电所，设计在厂前区办公楼内的房间里，设置1000kV·A、10/0.4kV动力变压器、动力配电设备、PCC低压配电屏，为办公楼、食堂、浴室、生活设施、厂区道路、体育场和厂前区景观等提供动力和照明用电。

6号变电所为箱式变电所，设计在理化检验和研究中心建筑物内，设置1000kV·A、10/0.4kV动力变压器、动力配电设备、PCC低压配电屏，为该中心设备和仪器提供动力和照明用电。

由于区域内的变配电所较多，因此设计时考虑备有一处电气维修间，选配必要的检修工具和试验仪器等，进行一些零星小修。电气设备的大、中修可不在工程项目设计的考虑范围内，采取外协方式解决。

9）车间和建筑物的照明设计和灯具选择。工艺专业向电力专业提出的对厂房、操作室、小房子的照明要求，一般情况下：锻压车间的照度为150lx；机加工车间的照度为200lx，另配机床台前照明灯；理化检验和研究中心的试验室为250~400lx；建筑物内小房间的照明采用荧光灯或吸顶灯，照度为200lx。

对于高大厂房的照明，设计尽量利用自然光照明。车间厂房的侧墙和屋面设计采光带，实现不论阴天和晴天，白天都能充分利用自然光而不开灯，晚上的车间照明采用高效气体放电灯。

车间厂房的照明灯架设在屋架下弦，机加工机床的厂房照明灯架设在立柱上的合适标高位置，以利于灯光更好地照射在机加工设备的操作工位处。

工艺设备的操作点有石墨粉尘、周边环境有防爆要求的，配置与介质条件、防爆等级相适应的照明灯具。

照明灯具的额定电压 220V，对于特殊场所、地下构筑物及检修用的照明灯具，额定电压采用 36V。

重要的配电室、控制室、液压站等处应设置一定数量的应急照明灯，在车间通道、楼梯的出入口处应设置人员疏散用的指示标记和应急照明灯具。地下室和管沟内设防潮低压安全照明。

区域内的道路一侧和围墙一侧采用板式太阳能路灯。

办公楼、体育场、建筑物的外轮廓设置装饰灯，花园、道路安装射灯光源，厂前区环岛和水榭处设置节日景观灯，逢节日夜间，华灯齐放。

10）电气传动控制设计。现今的工厂设计中，多数独立的工艺非标准设备在订货时都要求供货厂商按设计图纸配套供应过程控制系统；引进设备和国产标准设备的控制系统则成套供货。铁路车轮生产线上需要非标准设计的工艺设备，应根据预设的动作和控制水平，另行进行设备的自动化控制和程序控制设计。

水处理设施的电气 PLC 控制系统，应根据工程设计的具体情况，单独进行该系统的程序控制设计，具备联锁、事故报警等功能。

11）数据采集和传输。工程的数据采集及质量、能源管理系统，需要从基础自动化系统、操作程序中采集数据，最终实现分析数据并生成报表以及打印报表，因此，各工序的工艺设备都在各自的过程控制系统、入口和出口留有数据传输功能接口。

12）安全用电。对于特殊设备的接地电阻值要求，工艺专业应提出具体做法。

锻压和辗轧生产中采用石墨粉剂润滑的，采取粉尘浓度测量，除尘器电气供电要求采取防爆措施。

所有的变压器室、10kV 配电室、低压配电室、电容器室或 MCC 及 PLC 室、控制室等都应设置火灾报警装置，并设计专用的消防监控中心，按照地方管理部门的要求建立联动报警系统。

13）动力及能源介质计量和仪表控制。涉及计量和自动化仪表信号控制的设施有水处理设施、空压站、溴化锂机房空调系统、能源介质管路接点。

① 水处理设施的信号控制方式。设置专项仪控监测站。净循环水泵站、浊循环水泵站、车间内给水管线系统、厂区消防给水系统等设置压力、流量、温度和液位检测，信号传送至监控站 PLC 控制系统 HMI 上进行集中控制和监视，同时，生产系统的给排水检测信号送至 1 号变电所的 PLC 系统远程 I/O 站。报警信号与生产系统主控室监控进行联锁。

② 空压站的信号控制方式。空压站内设置压缩空气流量、压力检测信号、冷却水流量信号，信号接入监控站的 PLC 控制系统进行集中显示、报警及流量累积。

③ 溴化锂机房空调系统的信号控制方式。溴化锂机房内的计量设计有固定式可燃气体检测报警装置。此系统是独立的检测报警系统，由检测探头、声光报警器和报警控制器

组成。溴化锂机房的可燃气体报警控制器可配置在锻轧工序主操作室内，能够及时地显示和预警。报警控制器显示各检测通道的可燃气体浓度，用声光报警和联锁触点信号输出，车间和房间内的排风扇分别与天然气快切阀联锁。

④ 能源介质计量和显示。能源介质计量包括市政供暖热水、市政中水、市政自来水、天然气进线接点的自动计量，检测信号由各个接点的计量仪表传送至生产系统主监控站系统进行显示和累积。

各工序工艺设备的动力和能源介质计量方式和级别，按照《机械行业节能设计规范(JBJ14)》执行，设备订货的技术附件中应明确其由各装备随机成套附带。

⑤ 计量和仪表控制设备的选择。计量和仪表控制设备包括仪表控制盘箱、液位计和报警器、温度显示仪表、压力仪表、流量检测仪表、可燃气体检测和报警器、不间断电源等。

14）车间变配电系统的主要设备汇总。各变配电所内的电气设备主要为变压器、低压配电屏、仪表柜等，主要电气设备汇总见表 4-2。

**表 4-2　主要电气设备汇总**

| 序号 | 项目 | 单位 | 型号与规格 | 数量 |
|---|---|---|---|---|
| 1 | 车间变电所 | | | |
| 1.1 | 10kV 高压开关柜（1250A）Ⅰ~Ⅱ | 台 | KYN28A-12 | 19 |
| 1.2 | 10kV 高压开关柜（1250A）Ⅲ~Ⅳ | 台 | KYN28A-12 | 30 |
| 1.3 | 配电变压器 | | 干式，10/0.4kV | |
| | | 台 | 容量：2500kV · A | 2 |
| | | 台 | 容量：2000kV · A | 11 |
| | | 台 | 容量：1600kV · A | 3 |
| | | 台 | 容量：1250kV · A | 2 |
| | | 台 | 容量：1000kV · A | 1 |
| | | | 容量：500kV · A | 1 |
| | | 台 | 箱式变容量：1000kV · A | 3 |
| 1.4 | 配电变压器 | | 干式、10/0.4kV | |
| | | 台 | 容量：1250kV · A | 1 |
| 1.5 | 低压屏 | 套 | GCS | 19 |
| 1.6 | 直流屏 | 套 | 100Ah/220V | 1 |
| 1.7 | 10kV 无功补偿装置 | 套 | 1000kvar | 2 |
| | | 套 | 2000kvar | 2 |
| 1.8 | 微机保护及监控系统装置 | 套 | | 1 |
| 1.9 | 低压动补 | 套 | | 10 |
| 2 | 工艺设备电气控制 | | | |
| 2.1 | 全自动流水线 PLC 及电控系统 | 套 | 与设备成套 | 5 |
| 2.2 | 工业炉 MCC 柜和电控设备 | 套 | 与设备成套 | 4 |
| 3 | 非标设计电气控制 | | | |
| 3.1 | 水处理设施 PLC 系统 | 套 | | 1 |
| 3.2 | 锻压和辊轧非标设备控制系统 | 套 | | 5 |
| 4 | 其他 | | | |
| 4.1 | 动力配电箱、柜 | 台 | | 100 |
| 5 | 仪控 | | | |
| 5.1 | 仪控装备 | 套 | | 8 |

### 4.3.2　给排水专业的子项设计内容和设备选择

铁路车轮工程的车间生产用水都是循环水，包括净循环水和浊循环水，除此之外，工程设计还设置有生活用水、消防用水、雨水排水等系统，给排水的设计应整个区域统筹考虑。

4.3.2.1　工艺专业提供给排水专业的设计委托

工程工艺专业为给排水专业开展设计提供以下工作委托，主要包括：

1）说明工艺设备的用水用户点，供水水量、压力、温度、水质、用水制度等，机械加工项目的用水设备同时使用系数一般采用0.65；

2）收集并提供选址当地的水文资料，历史最高洪水位记录文件，市政在建设区域附近的供水管网和排水管网的施工资料；

3）收集转提市政管网与建设区域的进排水接口坐标，管道的管径和压力；

4）提供工艺设备排水点的出水水质、压力、水中物质的含量、排放周期；

5）提供工艺设备布置图，确定净循环水和浊循环水泵房的位置；

6）车间内的所有介质管线的布置，并对车间内管线进行综合管理；

7）明确建筑物采用消防系统的方式，特别是水雾消防系统的意见；

8）提供工艺设备对事故用水的要求，除当地不能保证提供足够水源供应的特殊条件外，设计中不采用高位水塔作为事故水的供应方式；

9）明确厂区内的雨水排水形式、特殊的生活设施供排水要求；

10）提供全厂人员的数量，以供生活供水、生活污水排水设计参考。

4.3.2.2　给排水专业的子项设计内容

给排水的系统设计子项主要包括：

1）净循环水泵房和生产净循环水系统；

2）浊循环水泵房和生产浊循环水系统；

3）事故给水系统；

4）软化水给水系统；

5）消防给水系统；

6）生活给水系统和污水排水系统；

7）生产排水和雨水排水系统，凡低于市政雨水排水管道标高的厂区内排水管口，均做强制性提升排水以防洪雨水倒灌。

（1）用水量汇总计算

给排水专业按照工艺设备和公辅设备的生产用水量表进行汇总统计，开展净循环水泵房和浊循环水泵房以及水系统设计；根据土建专业的要求，开展生活供排水系统设计。

选用不同的泵组，为各个用水设备提供净循环水或浊循环水管道供水。辗钢整体铁路车轮工程的生产用水量、水压、水温、水质要求汇总见表4-3。

依照表4-3，净循环水的计算量约2545$m^3/h$，浊循环水量约200$m^3/h$，总循环水量约2745$m^3/h$。净循环水定期补充新的自来水，为节约新水，净循环排放的水作为浊循环水的补充水。水的重复利用率在96%以上，这个数值符合国家规定的水循环使用率的要求。

表 4-3 生产用水量汇总

| 序号 | 用水设施名称 | 循环水量 $/m^3 \cdot h^{-1}$ | 供水水压 /MPa | 水温/℃ | | 水质 | 用水 |
|---|---|---|---|---|---|---|---|
| | | | | 供水 | 回水 | | 制度 |
| 1 | 净循环水系统 | | | | | | |
| 1.1 | 生产主车间工艺设备 | 890 | 0.4 | 33 | 48 | 净环水 | 连续 |
| 1.2 | 辅助设施 | 85 | 0.4 | 33 | 48 | 净环水 | 连续 |
| | 同时使用系数 0.65 | 635 | | | | | |
| 1.3 | 溴化锂空调系统 | 1910 | | | | 净环水 | 使用季连续 |
| | 净循环水量 | 2545 | | | | | |
| 2 | 浊循环水系统 | | | | | | |
| 2.1 | 生产主车间工艺设备 | 308 | 0.4 | 33 | 48 | 浊环水 | 连续 |
| | 同时使用系数 0.65 | | | | | | |
| | 浊循环设计水量 | 200 | | | | | |

净循环水泵房、浊循环水泵房供排水平衡单线示意图如图 4-3 所示。

（2）净循环水系统和泵组选择

净循环水系统供给用水设备为工艺生产设备、空压机等。净循环水的回水方式：利用管路余压直接回水到泵房冷却塔，落下的水在水池经冷却后，用泵加压再送往设备的用户点进行循环使用。

平时净循环水的生产用量仅约 $635m^3/h$，在采暖或空调季启动溴化锂机组时，净循环水的用量将增至 $2545m^3/h$。

净循环水在冷却塔冷却时，随着蒸发、风吹、强制排污、旁滤反洗等措施，有一定量的损失，为降低生产新水的硬度，设置一套制作勾兑软水的泵站，共计需补充水量约为 $81m^3/h$。

净循环水泵站内设置 4 组水泵，1 套全自动浅层高速砂过滤器。

1）循环水泵组：

第 1 供水泵组的工作水泵 3 台，为坯料锯切设备和液压站、锻轧设备和液压站、机加工与在线质量检测设备和液压站、空压机、工业炉设备和液压站连续供水。其性能参数为 $Q=396-563-732m^3/h$。另配 1 台备用。

第 2 供水泵组的工作水泵 3 台，为溴化锂机房连续供水。其性能参数为 $Q=396-563-732m^3/h$。另配 1 台备用。

第 3 供水泵组的工作水泵 1 台，为净环旁滤泵组连续供水。其性能参数为：$Q=110-160-200m^3/h$。另配 1 台备用。

第 4 供水泵组是事故给水泵组。

2）循环水管路。各供水泵组的总管上设置过滤精度为 0.15mm 管道过滤器，出水总管上设置流量、温度和压力检测仪表，所有数据汇总至水泵房的操作室，由 PLC 程序管理和调控。

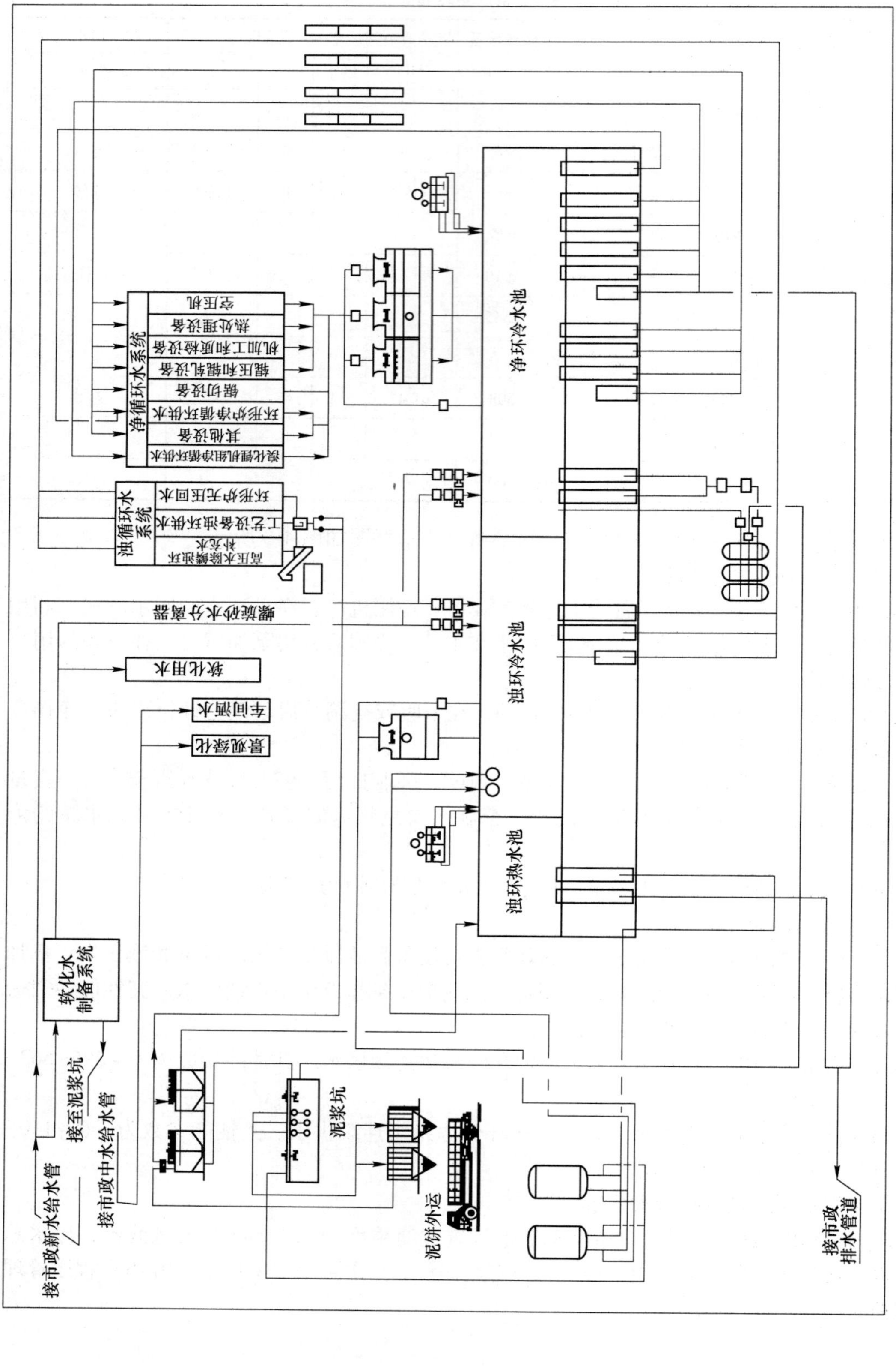


图 4-3　净循环水、浊循环水给排水单线图

3）循环水冷却塔。净循环水泵房的吸水井上设置3台冷却塔，上塔的泵组与各供水泵组相对应，夏季进出的水温分别为48~33℃，循环水冷却塔单台处理能力1000$m^3$/h。

（3）浊循环水系统和泵组选择

浊循环水系统为环形炉水封、高压水除鳞系统、热处理淬火系统等设备补充生产水供水，浊循环水采用分质处理的方法。

浊循环水的回水均采用无压自流至一次集水池，再加压送至浊循环水泵房集水井，通过沉砂、除油后流入热水井，用泵组送到过滤器，出水后利用余压上冷却塔，冷却后的水再加压送回各用水点。

浊循环水泵站内设置了3组水泵，1组泥浆处理系统。

1）循环水泵组：

第1供水泵组的工作水泵1台，为生产设备连续供水，其性能参数为$Q$=140-200-260$m^3$/h。另配1台备用。

第2供水泵组是1台为浊循环水上冷却塔用的提升泵，其性能参数为$Q$=140-200-260$m^3$/h。另配1台备用。

第3供水泵组是1台过滤器反洗水泵，其性能参数为$Q$=150$m^3$/h。另配1台备用。

2）循环水管路。高压水除鳞系统、环形炉以及其他生产供给浊环水的设备，泵组的总管上设置过滤精度为0.2mm的管道过滤器，出水总管上设置流量、温度和压力检测仪表，所有数据汇总至水泵房操作室，由PLC程序管理和调控。

浊循环水冷水池内设2台潜水泵，对过滤器提供反洗水操作。

3）循环水冷却塔。浊循环水泵房的吸水井上设置1台冷却塔，单台处理能力300$m^3$/h。

4）泥浆处理系统。浊循环水泵站内有化学除油系统，除油器处理浊循环水的过程中定时排出泥浆，自流进入泥浆调节池，用渣浆泵加压并用压滤机压成泥饼，定期外运出售。

（4）事故给水系统

事故给水泵组属于净循环系统。工艺设备和工业炉生产时工作的温度较高，当事故停电无法提供设备冷却水时，为防止损坏关键部件，设计向各设备的耐高温部件提供达1h左右的冷却用水，使其逐步降温。净循环水的供水泵组里设置并入事故柴油泵1台，其性能参数为$Q$=50$m^3$/h。当断电发生或供水泵组出口失压事故时，柴油泵自动切换启动投入运行，将自来水加压泵入工艺设备的净循环供水管道中。

（5）软水系统和泵组选择

北方地区的生产新水中，碳酸盐硬度约为350mg/L，无法直接作为净、浊循环水的补充水，必须与软水进行勾兑，因此配置产水能力60$m^3$/h、出水总硬度不大于0.03mmol/L的软水站。

软水站内的设备包括1套离子交换器、过滤器、4台配套水泵、再生设备、储盐平台以及成套电控系统。产出的新水先储存在软水池内，需要时作为系统补充水，用水泵加压送至净循环冷水池或浊循环冷水池内。

（6）消防给水系统

根据国家消防设计规范，新建设的厂区环绕车间和建筑物均要设置消防管网，以此设计管径 *DN*250mm 的环状消防网，每隔约 120m 设 1 个地下式消火栓。

新建区域的办公楼和单身公寓、倒班宿舍设置烟雾报警和水雾自动喷淋消防水系统。建筑物设置消防水加压站。

生产车间内超过 $10m^3$ 的液压站填充罐采用的是非易燃介质，因此设计仅考虑消防栓和自爆灭火弹系统。

（7）生活水系统

1）生活水主要供给生产车间员工饮用水、食堂和浴室用水，用水量平均为 $7m^3/h$、最大 $21m^3/h$，供水压力 0.3MPa。

2）厂区内员工浴室的生活供水设施有热水洗澡系统。热水来源有多种方式可供选择：一种是天然气热水锅炉提供洗澡热水；另一种是利用车间内的工业炉烟气余热，用换热器加热洗澡水；还有一种是采用太阳能热水器。

辗钢整体铁路车轮工程采用太阳能热水器，太阳能板集热器布置在食堂和浴室建筑物的屋面上，无论冬季或夏季，都可以提供 50～99℃ 的热水。太阳能热水器自带电加热系统，在冬季极端的阴天天气，电加热器可自动启动提升储水罐中的供水温度。

市场上有较多的太阳能热水器可供选择，按照每人每次平均洗澡用热水 50～100L 计算，选用热水 60℃、水量 $20m^3$、自动上水的太阳能热水器，小时热耗量 580kW，可达到不间断供 60 人/h 同时洗澡的条件。热水器固定在屋面上，接通自来水和排水管道即可。

（8）中水给水系统

近年来，多数城市都建设了水处理设施，提供二次利用的中水。采用中水作为厂区绿化用水与卫生间冲水，是节约资源和保护环境的重要设计措施。

工厂设计中，办公楼、理化检验中心、车间的卫生间均设计了中水冲洗系统，同时设计了加压系统保证供水水压。

车间地坪洒水、道路两侧绿化、厂前区景观喷水都按中水供水进行设计。

（9）排水系统

1）生产排水系统。生产排水、泵站排水、软水站排水，其水质没有污染，排水直接汇集到区域接口，通过管网排入城市水处理站。

2）雨水排水系统。雨水与生产排水采用分流制，经区域内道路边的下水管道汇集后通过接口直接排入城市雨水管网。

3）生活污水排水系统。厂区的车间和建筑物内生活污水排水量平均 $6m^3/h$、最大 $18m^3/h$。生活污水先进入建筑物的化粪池处理，再通过厂区接口处排入城市生活污水排水管网。

（10）循环水泵房组成和建筑面积

1）净循环水泵房。净循环水泵房的建筑面积约 $1200m^2$（含地下构筑物），水泵房内设置有泵组、冷水池、过滤器、冷却塔、检修用悬挂式单梁起重机。净循环水配置手动控制及 PLC 程序控制系统。控制系统通过 CRT 画面实现对设备的运行操作、监测，并配置打印和管理报表设施。净循环水泵房剖面示意图如图 4-4 所示。

2）浊循环水泵房。浊循环水泵房的建筑面积约 $500m^2$（含地下构筑物），水泵房内设置有泵组、冷水池、热水池、过滤器、冷却塔、清淤悬挂单梁起重机、电气柜和手动控制及 PLC 程序控制系统。控制系统同净循环水泵房。

（11）循环水系统的主要设备配置

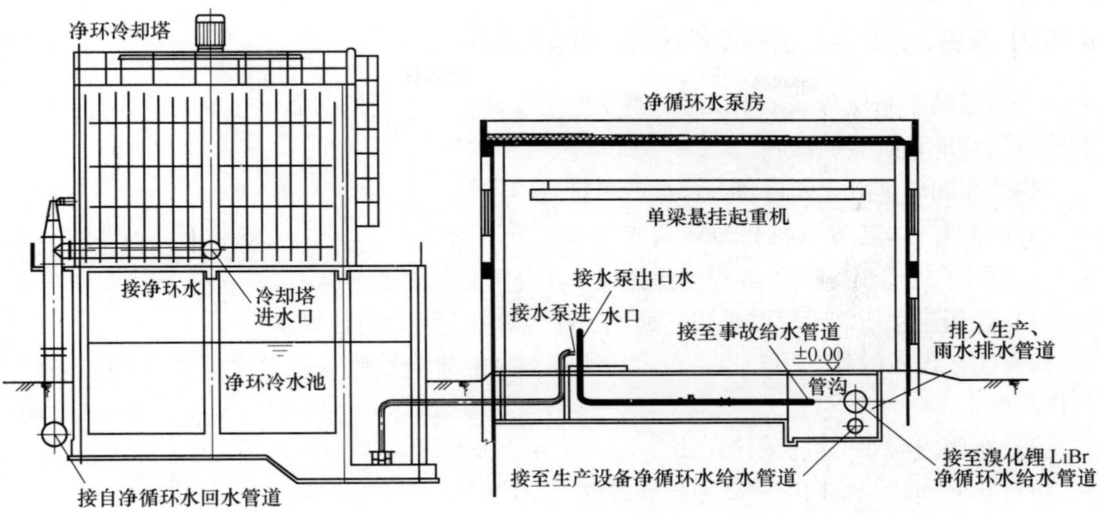


图 4-4　净循环水泵房剖面示意图

循环水系统的设备主要为给水泵组、冷却塔、过滤器、砂滤器、软化水装置、加药装置、氧化铁皮压渣装置、管道、计量装置、电控和仪控装置、计算机程序控制系统、起重机等组成。主要设备见表 4-4。

**表 4-4　循环水系统主要设备**

| 序号 | 设备名称 | 规格及性能参数 | 单位 | 数量 | 序号 | 设备名称 | 规格及性能参数 | 单位 | 数量 |
|---|---|---|---|---|---|---|---|---|---|
| 1. 净循环水泵站 | | | | | 1.11 | 浅层砂滤器 | 旁滤水量 $Q=150m^3/h$ | 台 | 1 |
| 1.1 | 净循环给水泵 | | 台 | 7 | 1.12 | 软化水制备成套设备 | 产水能力 $60m^3/h$ | 台 | 1 |
| 1.2 | 环形炉事故柴油泵 | $Q=50m^3/h$，$H=60m$ | 台 | 1 | 1.13 | 电动单梁悬挂起重机 | $G_n=3t$ | 台 | 2 |
| 1.3 | 净循环旁滤泵 | | 台 | 2 | 1.14 | 过滤器反洗潜水泵 | | 台 | 2 |
| 1.4 | 浊环供水泵 | | 台 | 2 | 2. 浊循环水泵站 | | | | |
| 1.5 | 浊环上冷却塔提升泵 | | 台 | 2 | 2.1 | 化学除油器 | $200m^3/h$ | 台 | 2 |
| 1.6 | 净循环冷却塔 | 单塔冷却水量 $Q=1000m^3/h$ | 台 | 3 | 2.2 | 过滤器 | $200m^3/h$ | 台 | 2 |
| 1.7 | 浊循环冷却塔 | 单塔冷却水量 $Q=300m^3/h$ | 台 | 1 | 2.3 | 渣浆泵 | $Q=20m^3/h$，扬程 $H=50m$ | 台 | 3 |
| 1.8 | 自清洗管道过滤器 | 过滤精度≤150μm | 台 | 2 | 2.4 | 压滤机 | 压滤面积 $30m^2$ | 台 | 2 |
| 1.9 | 自清洗管道过滤器 | 过滤精度≤200μm | 台 | 1 | 2.5 | 电动单梁悬挂起重机 | $G_n=2t$ | 台 | 2 |
| 1.10 | 加药装置 | 搅拌桶 $V=1.0m^3$，流量 $Q=120L/h$ | 台 | 4 | 2.6 | 电动葫芦 | $G_n=2t$ | 台 | 1 |

### 4.3.3　采暖、通风专业的子项设计内容和设备选择

新建设的车间应考虑冬季采暖、夏季空调以及通风换气的功能，在车间设计时，厂房和建筑物均应设置暖通设施。

生产车间的部分工艺设备应设计通风排尘的设施。

4.3.3.1　工艺专业提供给暖通专业的设计委托

工程工艺专业为通风专业设计提供以下工作委托，主要包括：

1）说明工程所需设置的采暖、通风、除尘等各个子项设计要求；

2）工艺设备的除尘用户点、位置、工作制度、排尘性质、排尘量、含尘浓度、含尘气体温度；

3）车间内需要通风换气的场所、空间大小、发热量；

4）车间和建筑物内的采暖面积和温度、空调温度和湿度要求；

5）采暖热源的来源，管道进入区域接点的管径、温度、压力和坐标；

6）提供工艺布置图，确定除尘风机房、除尘器的位置；

7）提供车间内产生浓尘聚集的工艺设备位置，粉尘内容及粉尘防爆要求；

8）车间和建筑物内高洁净度房间的面积、洁净度级别的要求。

4.3.3.2　采暖、通风专业的子项设计内容

1）采暖、通风专业的主要设计子项：

① 车间厂房的通风系统；

② 生产工序的除尘系统；

③ 建筑物的采暖系统；

④ 车间内和建筑物内的空调系统；

⑤ 烟气余热利用的溴化锂空调机组。

2）暖通新技术的应用。铁路车轮工程中，通风专业采取了近年来我国蓬勃兴起的应用新技术，如：

① 天然气直燃辐射采暖技术和装备；

② 烟气余热利用的溴化锂技术和装备；

③ 采用替代暖气管的暖风机组。

3）通风系统设计。

① 车间厂房的通风。车间热加工工序的厂房跨度在30~36m，当生产任务繁忙时，坯料加热炉的散热、锻压和辗轧设备的散热、热处理设备的散热以及高温坯料的辐射热，同时都聚集在厂房内，夏季室内向室外空间的扩散热量较慢，厂房内的温度有时上升到35℃以上。

工程设计时，第一，应尽量减少连跨厂房的数量，使热车间的两侧墙面与大气贯通，墙面的外窗能够有足够的散热条件，夏季时开窗通风，达到及时散热的效果；第二，厂房屋面设计为可开启的横向屋顶天窗，热气上升时能够自然排风；第三，在厂房屋面设置屋顶电动风机，采取强制排风措施，使室内温度尽快降低；第四，机加工车间夏季送冷风，

保持数控机床的环境要求。厂房在采取四种排风降温方法和措施的同时，通过机械补风防止室内产生负压，起到既通风换气又平衡气压、迅速降温的效果。

② 建筑物通风。车间操作室、小房间、电气室等建筑物的通风方式，采用新风净化器和轴流风机进行通风换气。

办公楼、理化检验和研究中心等较大的建筑物，设计采用溴化锂冷热媒介质采暖和空调系统，管路附带新风系统。

4）工艺设备的除尘系统。

① 石墨粉尘收集。国外引进的设备中，热加工工序的模锻压机和立式辗环轧机通常采用石墨粉作润滑剂，这种方式的好处是操作简单、润滑效果明显，劣处是石墨粉质量很轻，不易控制，喷吹时容易漂浮到车间的各处。一方面，一旦石墨粉尘附着在其他设备的表面，很难清除和收集；另一方面，操作人员长期吸入对肺部会造成损害；再有，石墨粉是极佳的导电物质，当电缆或其他电器的绝缘体有损伤时，长期附着在上面的石墨粉可能引起电路短路作用。对使用石墨粉的工位，设计时采取侧部集尘罩，风机抽出石墨粉进入除尘器布袋过滤收集。含尘气体经过处理符合排放标准后，经除尘器的排气筒排入大气，落下的粉尘集中收纳堆存。除尘器选用回转反吹布袋式除尘器，风量120000$m^3/h$，过滤面积2500$m^2$，风压3500Pa，除尘风机应采用防爆型。

② 喷丸除尘。在线质量检验工序的喷丸强化处理，是采用压缩空气喷吹钢丸打击车轮辐板，有一些碎钢丸会与细小的氧化铁皮粉尘一起落下。采用密闭罩隔离喷丸装置，用螺旋离心机分离钢丸与粉尘，并对钢丸进行筛选。合适的钢丸经过捕捉回流继续使用，氧化铁皮粉尘落下收集，含尘气体处理后符合排放标准，经除尘器排气筒穿过厂房排入大气。除尘器选用：脉冲袋式除尘器，风量10000$m^3/h$，过滤面积100$m^2$，风压1500Pa。

5）采暖系统。

① 直燃采暖。燃气辐射供热原理：采用天然气或液化气在特殊的辐射管中燃烧产生高温，辐射出波长为3.5~5.5μm的红外线，其穿透空气而被物体吸收转变为热量。利用这一原理，近年来很多企业将直燃作为提高热源利用、清洁采暖的方式之一。设计中，热加工的厂房内采暖采用这种直燃天然气，天然气在热能发生器内燃烧产生500℃的热气流，通过辐射反射板、导向器直接向车间提供辐射供热，热效率可达到92%以上。在空间高大的厂房内，采用直燃式天然气辐射供暖，燃料的利用率可达100%。

② 热水采暖。城市市政管网提供了采暖热水源，生活用建筑物的采暖按照地方政府的规定，采用城市热水系统。热交换器向建筑物提供85℃/70℃的热水。

③ 烟气余热回收采暖。按照行业规定，不允许超过400℃的工业炉热烟气空排，因此，对热加工工序工业炉的低温废烟气，温度超过250℃以上时在烟道内装置换热器，换热热水引入小房间用以采暖；对超过400℃以上的烟气则采用集中余热利用的方式，作为清洁采暖的热源之一。

6）车间和建筑物空调系统。

① 操作室等小房子空调。操作室、电气室、小房子和对温度有要求的房间，安装风

冷柜式冷热空调机组或分体壁挂式冷热空调器。

② 车间空调。冷加工车间的空调系统，通过溴化锂机组提供冷冻水，暖风机采用风机盘管机组送冷热风。

③ 办公楼和生活建筑物空调。办公楼、生活设施、理化检验和研究中心等建筑物，通过溴化锂机组提供冷冻水和热水，采用风机盘管机组为每个房间单独送冷热风。

7）烟气余热利用溴化锂机组的采暖空调系统说明。

① 应用实例。烟气余热吸收式溴化锂技术在中国逐渐从军用向民用方向发展，开始在小范围的生活设施领域里应用，后来逐步普及。设计人员通过实践和总结，十几年前在信阳同合车轮有限公司的工程设计中，首次在大跨度厂房中运用，之后在太原重工轨道交通设备有限公司的工程设计中，再次对大面积的生产车间予以应用。

坯料加热环形炉以及其他工业炉，排出的烟气温度超过 400℃，仅 1 座坯料加热炉的烟气余热溴化锂机组，供应的空调冷冻水和供应的采暖热水能量，一次性可以覆盖面积达到 20000$m^2$以上。

烟气余热（天然气补燃）型溴化锂机组，集制冷、制热两大功能，机组的冷冻水温度 7℃/12℃，热水温度 60℃/50℃，能够直接用于生产厂房、办公楼、生活设施等建筑物的夏季供冷风、冬季供热风之用。烟气余热溴化锂技术有可观的利用价值，是实现大型工业化车间和建筑物采暖和空调应用的最佳设计方案，也是清洁能源应用的来源。

② 溴化锂技术原理。溴化锂吸收式冷（热）水机组是由蒸汽、热水、高温燃烧气体、余热烟气等热能驱动运行的热泵机组。大型溴化锂泵组没有压缩机，消耗的电能很小，仅有水泵的电机消耗少量电能。溴化锂吸收式制冷系统中，水蒸气易被溴化锂浓溶液吸收，水不断汽化产生制冷效应，在这一系统中，水称为制冷剂，溴化锂浓溶液称为吸收剂。

坯料加热的环形炉设备废气量（标态）约 22000$m^3$/h，废气密度（标态）约 1.215kg/$m^3$，烟气温度 400~450℃，采用废烟气双效型溴化锂吸收式冷水机组将高温废烟气作为驱动能源，提取热源中的热量转换成热水作为空调热源。

溴化锂系统产生的 7~12℃冷冻水，通过管道输送至车间和建筑物的空调末端，达到空调系统中的制冷效果。在溴化锂泵组的系统管路中排出的 60~70℃左右的热水，可以直接用于冬季采暖，或者通过换热器提高管网中的热水温度至 95℃，扩大采暖范围。

近年来，溴化锂技术在烟气余热利用方面发挥了重大的作用，是值得推荐的综合利用和节能减排的优势技术。

③ 溴化锂机房设计。首先，在环形炉排烟管道中设计旁通烟道，旁通烟道中有电动调节闸阀控制烟气流向。当烟气吸收型溴化锂机组需要高温烟气（低温烟气也可以）时，闸阀打开，环形炉排出的超过 400℃的烟气进入，提供机组热源；当溴化锂机组停止运行时，旁通烟道中的电动调节闸阀关闭，环形炉烟气排入主烟道，经风机房引风机排入大气。溴化锂机房中设计增加天然气补燃系统，当生产中不安排环形炉开炉、无高温废烟气通过情况时，增设的天然气补燃系统可以直接燃烧天然气，使溴化锂机组继续运行，满足车间和建筑物对制冷和制热的空调需求。溴化锂机房的布置和管路流程示意图如图 4-5 所示。

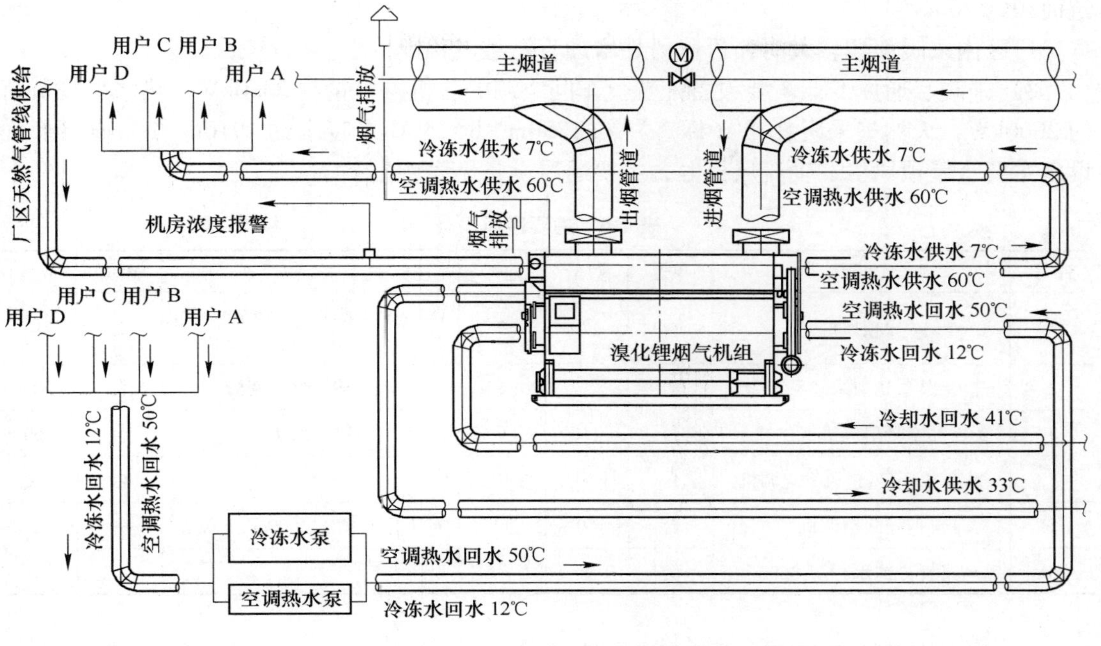


图 4-5 溴化锂机房布置和管路流程示意图

④ 溴化锂泵组主要技术参数。选用主要设备包括天然气补燃型烟气吸收溴化锂机组、冷冻水和热水循环泵、补水泵、软化水装置、防爆风机及燃气浓度报警器。

国产天然气补燃型烟气吸收溴化锂泵组通过近十几年的改进和技术进步已经适应了工业和民建多类型的用途，工业用途的溴化锂泵组技术参数列于表 4-5。不同的应用条件的设备的技术参数各不相同，应视情况选用。

**表 4-5 天然气补燃型烟气吸收溴化锂机组主要技术参数**

| 序号 | 设备名称 | 技术参数 | 序号 | 设备名称 | 技术参数 |
|---|---|---|---|---|---|
| 1 | 天然气补燃型溴化锂机组 | 制冷量：2093kW，制热量：1800kW | 2 | 循环泵 | 冷冻水泵流量 $360m^3/h$，热水泵流量 $630m^3/h$ |
| | | 冷水：进/出口温度 12/7℃，流量 $360m^3/h$ | | | |
| | | 热水：进/出口温度 70/50℃，流量 $630m^3/h$ | 3 | 定压装置（包含补水泵） | 有效容积 $0.8m^3$，调节容积 $0.3m^3$ |
| | | 冷却水：进/出口温度 32/38℃，流量 $386m^3/h$ | | | |
| | | 烟气最大耗量（标态）：$20000m^3/h$ | 4 | 管道式加药装置 | 用途：系统补水软化杀菌灭藻类处理流量：$360m^3/h$ |
| | | 余热烟气出口温度：制冷时 190℃，供热时 160℃ | | | |
| | | 余热烟气流动阻力≤1700Pa | 5 | 冷热水压差旁通阀 | 用途：流量旁通 |
| | | 无余热烟气时的补燃气耗量（标态）：$200m^3/h$ | | | |

⑤ 溴化锂机房建筑面积。溴化锂机房布置安装设备外，还装配循环泵、管道等，建筑面积约 400m$^2$。

厂区内采暖面积较大时，可以另外增加直燃型溴化锂机组。

8）采暖、通风专业主要设备配置。车间空调的装机电容量约 2350kW，热水采暖负荷约 2000kW，天然气采暖耗量（标态）约 1350m$^3$/h，循环采暖水约 1910m$^3$/h。通风换气设备主要有屋顶风机、轴流风机等，主要通风设备见表 4-6。

**表 4-6　主要通风设备**

| 序号 | 名称 | 单位 | 数量 | 序号 | 名称 | 单位 | 数量 |
|---|---|---|---|---|---|---|---|
| 1 | 屋顶风机 | 台 | 120 | 7 | 循环泵（热水）$L=635m^3/h$，$H=58m$ | 套 | 1 |
| 2 | 天然气辐射采暖系统 | 套 | 1 | 8 | 风冷热泵型空调机 | 台 | 600 |
| 3 | 空调射流机组 | 台 | 110 | 9 | 轴流风机 | 台 | 160 |
| 4 | 风冷（冷/热）风型空调机 | 台 | 30 | 10 | 排气扇 | 台 | 100 |
| 5 | 壁挂式空调机 | 台 | 60 | 11 | 布袋除尘器/120000m$^3$/h 风量 | 套 | 1 |
| 6 | 循环泵（冷冻水）$L=360m^3/h$ | 套 | 1 | | | | |

### 4.3.4　热力专业的子项设计内容和设备选择

新建设的铁路车轮生产车间还需要压缩空气等动力，工程建设包括 1 座压缩空气供应站。

#### 4.3.4.1　工艺专业提供给热力专业的设计委托

工程工艺专业为热力专业开展设计提供的设计委托，主要包括：

1）对采暖热源的形式提出意见，如是否建设锅炉房；

2）提出工艺设备的压缩空气用户点、消耗量、接点压力、坐标、气体品质、使用制度，对建设空压站或机旁空压机提出意见；

3）转提区域外的市政采暖热水管网、回水管网情况，管径和接点坐标。

#### 4.3.4.2　热力专业的子项设计内容

1）热力系统的主要设计子项：

① 区域内压缩空气供应管网系统；

② 区域内空压站；

③ 区域内的车间外供热管网系统。

2）热力系统和设备选择。室内采暖管网设计是通风专业的工作内容，浴室的洗澡热水管网是给排水专业的设计内容，车间外的压缩空气和供热管网是热力专业的设计内容。

3）压缩空气消耗量汇总。根据工艺设备的用气要求，压缩空气消耗量汇总见表 4-7。用户点均需要干燥、净化的压缩空气。

4）热力系统的设计。按照汇总的工艺设备和仪表用压缩空气消耗量，建设 1 座空压站，以供应厂区内所有用户点的压缩空气。

表 4-7 压缩空气消耗量表

| 序号 | 用户名称 | 消耗量/$Nm^3 \cdot min^{-1}$ | | 使用压力/MPa | 使用制度 |
|---|---|---|---|---|---|
| | | 平均 | 最大 | | |
| 1 | 工艺设备 | 26.1 | 54.1 | 0.6 | 连续 |
| 2 | 吊车吹扫 | 1 | 6 | 0.6 | 间断 |
| 3 | 除尘反吹系统 | 1.5 | 1.5 | 0.5~0.7 | 间断 |
| 4 | 理化检验中心 | 1.67 | 1.67 | 0.5~0.7 | 间断 |
| 5 | 循环水泵站 | 0.5 | 0.5 | 0.6 | 间断 |
| 6 | 浊环水及泥浆处理站 | 1 | 1 | 0.6 | 间断 |
| 合计 | | 31.77 | 64.77 | 0.5~0.7 | |
| 考虑同时使用系数 0.7 | | | 45.3 | | |
| 未计入用户及管路系统漏损系数 1.1 | | | 6.5 | | |
| 综合最大消耗量 | | | 51.8 | | |

空压站设备的选择要求：空压机进口过滤器除尘精度 1μm、高效率、智能控制和无人值守。

① 空压站的设备选配。空压站选用 1 台 $70m^3$/min、出口压力 0.8MPa、水冷螺杆空压机，另配 1 台备用；同时，配套设置 2 台微热再生干燥装置。每台干燥器配前置过滤器、除油过滤器各 1 台，每台干燥器后配 1 台后置过滤器。

空压站设置 2 台容积为 $15m^3$ 的储气罐。空压机的电机电压 10kV，功率 410kW，电力设计采用高压电直供。为便于设备安装和检修，空压站内配备电动悬挂式单梁起重机，起重量为 $G_n = 5t$、A4 工作级别。空压站设备双路供电，自动切换。空压站主要设备见表 4-8。

表 4-8 空压站主要设备

| 序号 | 设备名称 | 单位 | 数量 | 技术参数 | 序号 | 设备名称 | 单位 | 数量 | 技术参数 |
|---|---|---|---|---|---|---|---|---|---|
| 1 | 螺杆空气压缩机 | 台 | 1 | $Q = 70m^3/min$，$P = 0.8MPa$ | 2 | 微热再生吸附干燥机 | 台 | 1 | $Q = 78m^3/min$，$P = 0.8MPa$ |
| | 压缩空气品质：粒子尺寸 1μm、含尘浓度 $1mg/m^3$、含油度 $1mg/m^3$、压力露点为-40℃、冷却水量 $10m^3/h$ | | | 电机：$N = 410kW$，10kV | | | | | 带前置过滤器、除油过滤器、后置过滤器和露点仪 |
| | | | | | 3 | 储气罐 | 台 | 2 | $V = 15m^3$，$P = 0.8MPa$ |
| | | | | | 4 | 废油收集箱 | 台 | 2 | $V = 0.8m^3$ |
| | | | | | 5 | 电动单梁悬挂起重机 | 台 | 1 | $G_n = 5t$，$L = 8m$，A4 |

② 压缩空气管网。

车间外的压缩空气管网。从空压站输出的压缩空气管道沿地下管沟或管道支架敷设至车间管道接口处，管道压力保持 0.8MPa。

车间内的压缩空气管网。车间内的压缩空气管道布置，不搞满墙挂线的排列方式，采用地沟敷设，至设备用户点处从地下伸出接到设备上。由于地面、厂房柱子和墙上没有乱挂的管道，车间视觉感觉清爽整洁。地下敷设压缩空气管道布置示意图如图 4-6 所示。

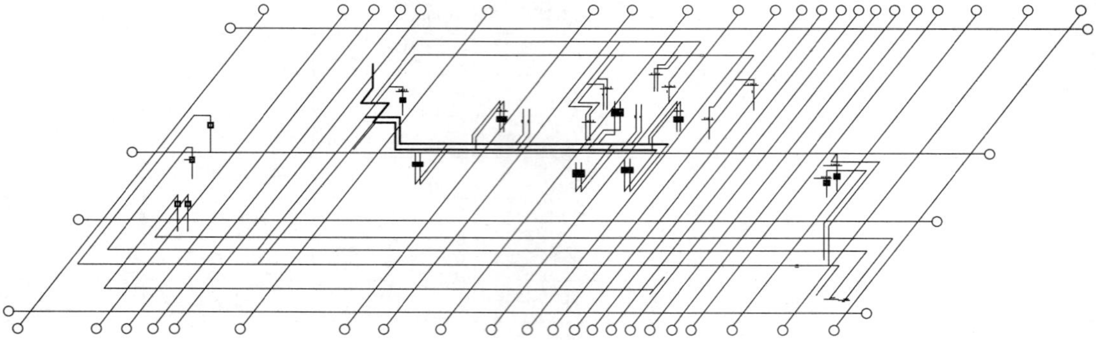

图 4-6　车间内压缩空气管道示意图

车间内的压缩空气管道采用表面阳极氧化铝合金复合管和快装接头。表面阳极氧化铝合金复合管的优势是：表层覆着氧化层，施工时不用涂漆防护，管道是轧制挤压而成无砂眼等泄漏缺陷。

③ 空压站组成和建筑面积。空压站由机器间、仪表和电气室组成，建筑面积约 250m²。储气罐布置在室外。空压站平、剖面布置如图 4-7 所示。

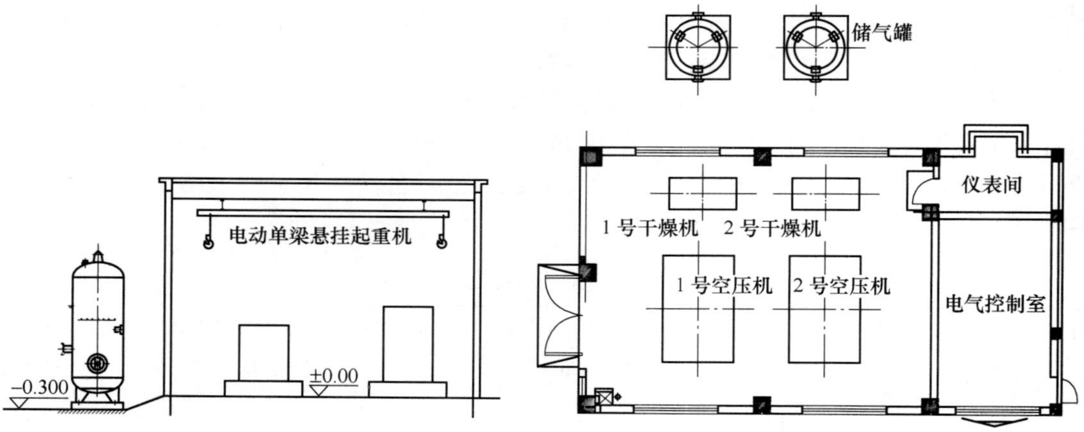


(a)　　(b)

图 4-7　空压站平、剖面示意图

（a）剖面示意图；（b）平面示意图

### 4.3.5　燃气专业的子项设计内容和设备选配

新建设的铁路车轮生产车间除了天然气外，还需要氮气等能源介质，工程需设计设置 1 座天然气调压站以及配置相适应的液氮储罐。

#### 4.3.5.1　工艺专业提供给燃气专业的设计委托

工程工艺专业为燃气专业设计提供的设计委托，主要包括：

1）区域内使用燃气、切割介质的意见（天然气、轻质柴油、市政煤气、高焦混合煤气、氧气、乙炔、氮气、液化气等)。

2) 工艺设备用燃气的用户点、用量、压力、工作制度、供气方式(管道、瓶装),用户点坐标。

3) 市政天然气或其他能源气体管道的情况,接点管网的管径、坐标;区域内调压站的位置(如果采用轻质柴油确定储油罐的位置,确定液氮罐的位置)。

4) 燃气介质的安全监控。

4.3.5.2 燃气专业的子项设计内容

1) 燃气系统的主要设计子项:

① 天然气供应和管网系统;

② 天然气调压站;

③ 氮气供应系统;

④ 化学消防设计。

2) 天然气、氮气需求。根据工程工艺专业提供的技术要求,工业炉加热设备均采用天然气。液压模锻压机设备的液压罐充压、工业炉的燃气管道吹扫、仪表用气、工业电视屏幕吹扫等均采用氮气介质。

3) 天然气供应系统。天然气消耗量汇总见表 4-9,消耗量汇总为:平均(标态)6480m$^3$/h,峰值最大消耗量约 7860m$^3$/h。

**表 4-9 天然气耗量汇总**

| 序号 | 用户名称 | 天然气要求 | | | |
|---|---|---|---|---|---|
| | | 平均(标态) | 峰值(标态) | 压力 | 使用制度 |
| | | m$^3$/h | m$^3$/h | kPa | |
| 1 | 环形加热炉 | 1940 | 2700 | 10 | 连续 |
| 2 | 其他工业炉 | 3450 | 3750 | 100 | 连续 |
| 3 | 直燃辐射采暖 | 400 | 530 | 30 | 连续 |
| 4 | 溴化锂空调补燃 | 660 | 820 | 5.5~30 | 连续 |
| 5 | 食堂浴室 | 30 | 60 | 30 | 连续 |
| 合 计 | | 6480 | 7860 | | |

① 天然气调压站设计。燃气专业首先考虑设计 1 座天然气调压站,调压站设置 3 个调压箱(双路,1 用 1 备)。调压箱具有超压切断阀,自带过滤器、加热器、计量仪、流量和温度及压力显示并遥测。

箱式的天然气调压站,占地空间小,建设成本低,易于检查和维护。调压箱的主要性能参数见表 4-10。

**表 4-10 天然气调压箱主要性能参数**

| 序号 | 名称 | 调压箱主要性能参数 | | | |
|---|---|---|---|---|---|
| | | 平均流量 | 最大流量 | 进口压力(运行) | 出口压力 |
| | | m$^3$/h | m$^3$/h | MPa | MPa |
| 1 | 调压箱 1 | 3450 | 3750 | 0.4 | 0.1 |
| 2 | 调压箱 2 | 1940 | 2700 | 0.4 | 0.012 |
| 3 | 调压箱 3 | 1090 | 1410 | 0.4 | 0.03 |

② 天然气管路。区域与市政天然气管网的接点处设总切断球阀和总流量计量，数据自动上传。区域内的车间外天然气管路采用地下管沟敷设，进车间后至设备用户点，爬升至接点处。在每一处进出口管道上均设压力测量、现场指针式显示，出口管道流量计量。

按照规范要求，车间内的管路上设置安全阀放散管，配置可燃气体泄露报警装置，具有远传报警信号功能。

4）氮气供应系统。辗钢整体铁路车轮工程的氮气用量较少，氮气消耗量汇总见表4-11。

**表 4-11　氮气汇总消耗量**

| 序号 | 用户名称 | 氮气要求 | | | 使用制度 |
|---|---|---|---|---|---|
| | | 单耗（标态） | 总耗（标态） | 压力 | |
| | | $m^3$/次 | $m^3$/次 | MPa | |
| 1 | 管路吹扫 | 110 | 110 | 0.2~0.3 | 间断 |
| 2 | 工艺设备充氮 | 10 | 10 | 0.2~0.3 | 间断 |

根据汇总，车间内的工业炉开炉前，管路吹扫用氮气耗量（标态）为每次 110$m^3$、工艺设备每次充氮（标态）10$m^3$，纯度 99.99%。由于氮气只是间断使用，每次用量不大时，设计采用瓶装氮气汇流排的方式供气。每个氮气瓶加压储存 6$m^3$ 氮气，汇流排 2 组，每组放置 12 个自带减压阀的氮气瓶，共 24 瓶的汇流装置。工作压力 15MPa，流量（标态）120$m^3$/h，出口压力 0.3MPa；氮气用量大时，则需要建设单独的液氮站。

5）其他气体供应系统。理化检验和研究中心以及车间的仪表用极少量的氩气和氦气，采用自带减压阀的气瓶方式供应。

## 4.3.6　电信专业的子项设计内容和设备选择

全厂统一设计通信系统、信号系统、监控系统、自动报警系统。

### 4.3.6.1　工艺专业提供给电信专业的设计委托

工程工艺专业为电信专业提供的设计委托。主要包括：

1）确定电信设计范围的子项类别。有线通信的用户点（行政电话、调度电话、有线广播、扬声器等）、数量、安装位置。

2）确定工业电视（摄像头、监视器）的用户点、数量、安装位置。

3）确定无线通信（扩声对讲、固定台、便携台、车载台以及宽带用户）的用户、数量、配置条件。

4）提供岗位电脑、路由器等网络插口数量、位置。

5）确定工艺设备所处场所的火灾自动报警、火灾探测器位置和联动要求。

6）安防监控、厂界红外探测等的数量和安装位置。

7）综合布线的特殊要求。

8）确定或预留进出厂铁路信号接口要求。

### 4.3.6.2　电信专业的子项设计内容

1）电信系统的主要设计子项：

① 通信、工业电视、安防监控系统；

② 火灾自动报警；

③ 铁路信号系统；

④ 综合布线。

2）电信系统用户数量汇总。根据工艺专业提供的委托任务，电信用户的数量汇总见表 4-12。

**表 4-12 电信用户汇总**

| 序号 | 系统名称 | 单位 | 数量 | 序号 | 系统名称 | 单位 | 数量 |
|---|---|---|---|---|---|---|---|
| 1 | 通信系统 | | | 4 | 火灾报警系统 | | |
| 1.1 | 程控交换机 | 套 | 1 | 4.1 | 火灾报警及联动控制器（24 回路） | 套 | 1 |
| 1.2 | 自动电话机 | 点 | 2000 | 4.2 | 火灾报警及联动控制器（16 回路） | 套 | 1 |
| 2 | 工业电视系统 | | | 4.3 | 探测器及模块 | 点 | 3000 |
| 2.1 | 工业电视屏 | 套 | 24 | 5 | 宽带系统 | | |
| 3 | 安防监控系统 | | | 5.1 | 布线用户点 | 点 | 2000 |
| 3.1 | 安防红外、摄像监控系统 | 套 | 26 | 6 | 有线电视系统 | | |
| | | | | 6.1 | 有线电视用户点 | 点 | 500 |

3）电信系统的设计和设备选配。

① 安防新技术的应用。电信系统中安防新技术的应用十分关键，工程设计中采用了红外探测、高清摄像监视和闪拍、网络 wifi 可视化，实时信号传输和国内数据库云盘记录、手机 SD 卡记录等，这些实际应用，给企业带来更加可靠的安全保障。

② 自动电话。全厂设立自动电话站 1 座，电话站容量 2000 门，后期可根据需要进行扩容。

③ 工业电视。车间生产线上及周边位置上，设置 24 套工业电视系统，通过大屏幕显示现场操作视频。

④ 安防监控。进入厂区大门、车间大门等主要通道，设置监视摄像头、DLP 大屏，院墙设置红外探测安防监控系统，办公楼内设置专有的视频监控室。厂区通过无人巡守进行安全防护管理，为生产区域提供良好的安全环境。

⑤ 火灾自动报警及联动控制。根据火灾自动报警设计规范，设置 2 类火灾自动报警及联动控制系统：一是在各变配电所、办公楼、理化检验和研究中心等建筑物内设置点式感烟火灾报警探测器；二是在电缆隧道、地下室内设置缆式感温探测器。

探测器均有声光报警、消防联动控制模块。办公楼和生活设施内的细水雾灭火系统与防火阀及风机等实现联动控制。火灾报警控制设有专门的监控室。

⑥ 综合布线系统。车间办公室、操作室、办公楼、理化检验和研究中心、生活设施内设置综合布线系统和网络宽带，具有灵活、兼容和开放性，支持电话通信、计算机邮箱数据传输等功能。

办公楼、生活设施内设置有线电视系统的综合布线，有线电视系统由天线、前端、传输干线、支线及用户分配网等组成，可以接收电视广播、调频广播、卫星接收微波传输、自办节目等信号源。

4）传输线路及管线架设。按照各个网络系统的传输特性进行综合布线，室内音频传输线路采用钢管或封闭式金属线槽沿墙、柱、通道安全栏杆明敷方式，室外地段采用暗敷方式。

5）铁路信号设计。采用铁路进行原材料进厂以及成品出厂的运输方式时，铁路信号是必不可少的。暂时无法采用铁路进出厂运输时，设计预留铁路信号接口。

厂区内的铁路信号装置较为简单，设置进厂信号机、出厂信号机、通过信号机。列车车辆通过的轨道口，设置道口信号、预告信号、报警信号等。

列车车辆进出厂区的行车指挥权在铁路调度部门，因此，进出厂区的信号应与铁路部门的信号实行继电联锁。

### 4.3.7　土建专业的子项设计内容

辗钢整体铁路制造厂建设的土建专业的设计内容有原料存储车间、生产车间、辅助生产车间、配套的办公楼和生活设施、地下管廊、厂前区的标识、环岛、停车场等。

#### 4.3.7.1　工艺专业提供给土建专业的设计委托

工程工艺专业为土建专业开展设计提供的委托，主要包括：

1）工艺设备的安装定位、相互间距、操作面积；

2）厂房和建筑物的结构形式意见（如钢结构厂房或混凝土结构厂房），屋面、山墙、立面的形式和风格、厂房剖面标高示意；

3）车间厂房的内隔墙位置，屋面天窗、厂房散热和隔热要求；

4）转达业主对行政办公楼和生活设施的形式、建筑面积、布局的意见；

5）车间起重机的形式和数量、相关资料、走行间距、轨面标高、检修平台的设置，攀登起重机梯子的位置；

6）参观平台、操作平台、过桥的位置和标高；

7）工艺设备的基础平剖面、设备重量、静动载荷、地下构筑物尺寸和深度；

8）隧道、管沟、地坑的走向、剖面和尺寸；

9）工艺设备的操作室、库房、液压站、空调机房位置和要求；

10）车间厂房柱子上的管廊支撑要求；

11）车间地坪、交通通道的位置和载荷要求；

12）车间和建筑物的消防要求；

13）车间和建筑物内卫生间、盥洗室、开水房的位置和要求。

#### 4.3.7.2　土建专业的设计内容

1）土建专业设计工作的主要子项：

① 原料储存仓库；

② 辗钢车轮热加工生产主车间厂房；

③ 辗钢车轮冷加工生产主车间厂房；

④ 生产用构筑物和参观平台；

⑤ 区域内总降压变电所、车间变配电所、生产线操作室、电缆隧道；

⑥ 净循环和浊循环水泵房、集水池、管沟；

⑦ 空压站、溴化锂机房、工业炉风机房、地中衡；

⑧ 工艺设备和辅助设备的二建基础；

⑨ 起重机吊车梁、梯子、山墙和柱间检修平台；

⑩ 办公楼、理化检验和研究中心建筑物；

⑪倒班员工宿舍、单身公寓、食堂和浴室、大门和围墙、传达室、运动操场。

2）建筑面积汇总。辗钢整体铁路车轮工程生产车间的建筑面积达 72000$m^2$，辅助生产车间面积达 8000$m^2$，办公及生活设施建筑面积约 20000$m^2$，共约 100000$m^2$。

3）土建建筑设计特点和目标。工厂设计中，建筑设计的前期规划非常重要，园区的平面、立面视觉关系到整个工程的观赏效果。铁路车轮工程应该成为建设区域周边的地标性建筑物。设计有特色、有代表性的建筑群，厂前区内有花坛、喷泉、环岛，道路与草坪相衬，路边的植被除了便于人员穿行，还要具有怡人的景观。

① 生产和办公区、生活区完全分开，生活区拥有完善的文化和体育设施，员工工作之余有进行休闲、运动等活动的场地。

② 总体布局采用功能交叉、资源共享的格局，建筑物内配有网络、视频等高科技设施，做到人员享受真实与虚拟的交流。

③ 采用景观、水榭、假山、花园等建筑多位一体的整体化设计造型，从外部空间到单体建筑物内部的设计上，布局多层次的园林景色，厂前区的建筑物内留有绿植环境，衬托出既有现代化的生产气息又有山水相依的秀丽风光，营造人与自然的和谐环境。

④ 区域内的车间厂房为钢结构建筑，墙面采用彩色保温压型板材料，厂房窗户为镀膜玻璃，色彩协调；办公及生活楼为混凝土框架结构，幕墙装饰；内外装饰采用新型材料，表达生态环保的有机融合；厂前区的地面用花岗石板铺砌，从空中俯视可以看到鲜明的企业 logo 标志，体现完整、紧密、统一、天地浑然一体的独立风格。

⑤ 土建专业与其他专业相互配合，运用节能减排、清洁生产的设计理念，增大建筑用材技术含量，融入高科技内涵。

⑥ 建筑物按照使用年限至少 50 年设计。抗震设防烈度按规范的上限考虑，华北地区抗震设防烈度为 8 度，设计基本地震加速值为 0.20g，特征周期为 0.35s。

⑦ 地下人防建筑物，设计为和平时期民用，战时作为人防掩蔽所征用，能够承受规定爆炸动荷载，满足防化、防辐射要求，设置清洁、隔绝、滤毒三种通风方式；

⑧ 建筑物的设计按照自然条件，承载数据考虑年平均气温、湿度、风向、雨雪荷载、冻土深度等。

4）建筑、钢结构和混凝土结构设计。

① 厂房设计。目前，通用的生产车间主厂房基本都采用钢结构厂房，铁路车轮工程也不例外，厂房为钢斜腹杆双肢柱、钢吊车梁、钢屋架。

厂房外墙是彩板封闭，主材质用夹芯保温彩板围护，纵墙采用竖向玻璃幕墙采光，下部设可开启的窗扇。厂房屋面为夹芯保温彩板围护，每个柱距间的屋面设置 1 条或多条高透明玻璃钢采光带。钢结构厂房屋面防水是非常重要的环节，屋面坡度设计为有组织排水，穿厂房屋面的排气筒设置防水圈。屋面四边设女儿墙，美观整洁。白天车间厂房室内的阳光充沛，既能充分利用自然光源采光，又无能源消耗，效果非常好。整个厂房设防雷装置。厂房立面效果图如图 4-8。

图 4-8　厂房立面效果图

车间厂房大门采用电动垂直提升门，地面为钢筋混凝土地坪。采用上述的设计要素，整个多连跨的车间明亮、通透、顺畅。

②其他建筑物设计。变电所、电气室和操作室小房子，采用钢筋混凝土框架结构、机砖墙体。地坪面层铺地砖，采取防静电措施，外墙贴幕墙石板。窗户为耐高温大玻璃窗、防火门。

车间厂房的端部设卫生间、工具间、车间办公室等，面向车间内部的通廊隔墙采用整面通透的大玻璃窗，观望车间从头到尾贯穿通透。

办公楼，理化检验和研究中心采用钢筋混凝土框架结构，抗剪力承重墙，一层大厅的内墙及地面敷设大理石贴面，实木门、断桥铝合金窗。

所有建筑物设计均遵照《建筑设计防火规范》(GB 50016)。

5）构筑物基础处理和电缆隧道。铁路车轮生产装备中的锻压机、工业炉等对地基的承载力要求较大，根据地质勘探报告的数据，确定采取打桩的基础处理措施。

电缆隧道埋深约-3.2m，防火封堵，伸缩缝采用橡胶止水带。

6）钢结构平台。从车间端头至车间尽头，设置参观平台，转角处折返至另一车间，不锈钢扶手，尽到最佳的环视效果。

## 4.3.8　总图专业的子项设计内容

### 4.3.8.1　工艺专业提供给总图专业的设计委托

工程工艺专业为总图专业开展设计提供的设计委托主要包括：

1）提供建设场地的区域红线图，厂区内的所有工艺设施的子项平面布置图、建构筑物的设计尺寸图；

2）确定厂区大门的方位，原料和成品的物流走向；

3）提供进出厂区的运输方式，如铁路运输或汽车道路运输；

4）生产原料、燃料、其他辅助材料、固体排放物的分类数量、放置地点；

5）转交提供区域内的厂区道路与市政道路、市政管网的接点坐标。

### 4.3.8.2　总图专业的设计内容

1）总图专业设计的主要子项：

① 区域内的厂区总平面设计、竖向设计、地坪标高；

② 道路设计、绿化设计；

③ 区域内、车间外的综合管线设计；

④ 区域内的无砟铁路轨道设计；

⑤ 建筑物的四至坐标。

2）总平面和竖向设计。

① 占地面积。辗钢整体铁路车轮工程的车间和建筑物的面积超过 $10hm^2$，占地面积超过 $8hm^2$，按照工业建设规范中建筑系数的规定，区域的占地面积理应超过 $24hm^2$，总图专业在此范围内作总平面布置图。

② 总平面布置。根据地形地貌布置生产车间，布置相应的水处理设施、燃气设施、空压站、液氮站、热力设施、变配电室、风机房、溴化锂机房、地中衡等。

按照厂前区的规划，布置办公楼、理化检验和研究中心、食堂和浴室、员工倒班宿舍、单身公寓、门卫等建筑。生活区布置运动场、门卫、厂标、停车场、喷泉、假山、环岛、花园等。厂区的规划俯视效果图如图 4-9 所示。

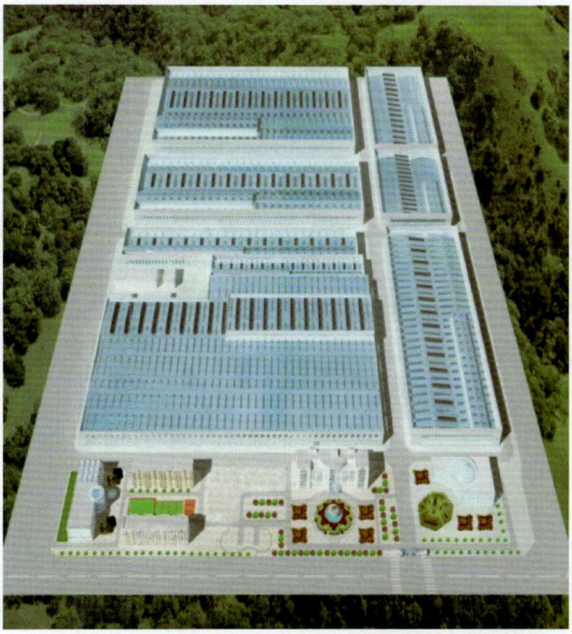

图 4-9 总平面规划俯视效果图

生活设施建筑物效果图如图 4-10 所示。

③ 场地标高。场地的平土标高结合周围市政道路标高，以高于当地 50 年一遇最高洪水位确定：场地标高超过最高洪水位 0.6m，室内标高高于场地标高 0.30m，以此计算挖土方和填土方量。

④ 场地排水。雨水排水杜绝采取大水漫灌的无组织排水，设计采取有组织排水。道路雨水由带雨水篦子的地下管道收集，车间厂房和建筑物排水由散水坡收集至排水暗沟，汇集到厂区主雨水排水管道后排入市政雨水管网中。道路中间不设置管道井，不在道路中间设雨水汇水井。有的工厂设计中曾经出现。雨水井和管道井设计在马路中央，一旦发生

图 4-10　生活设施建筑物效果图

淤堵就反复开挖道路，这是图省事的做法，不能提倡。在优化设计中，详细计算人行道的宽度和地下管道的间距尺寸，将外线管道布置在人行道的地面下，雨水篦子相应地布置在马路道牙的立面上，这样既利于排水又可以在雨水篦子遗失后也不会对行人和车辆造成陷落的重大危害。

3）道路形式。

① 汽车道路。区域内的厂区道路等级划分为主干道、次干道、支路、车间引道、人行道。车辆运输分别设置出入口，汽车地中衡布置在次干道，人流进出厂区另设开口。

道路按城市型沥青混凝土路面设计，主干道的路面宽度 18m，次要道路的路面宽度 12m、9m，车间引道根据车间大门宽度确定。在主干道两侧设 2m 宽的人行道，道路两侧马路牙子高 200mm。广场路面敷设花岗岩石板，地面道牙高 20mm。车间和独立建筑物四周设计宽度不小于 4m 的环行消防通道。

厂前区设计有小客车停车场、大巴停车位。地下人防建筑可在和平时期暂用作停车库。

② 铁路无砟轨道。铁路运输是车轮工程的重要进出厂运输形式，特别是当工程配套了轮对组装生产线后，成品以轮对的形式出厂，铁路运输就显得更加重要和便捷。

现代化工程的厂区内铁路轨道设计，都采用无砟轨道，其优势是无道砟飞溅、施工周期短、行车平稳性好、维修成本低。

厂区内的铁路按标准轨距 1435mm 设计，轨道中心距无出口障碍物的边缘安全距 4.5m。铁路轨道的道岔衔接和信号联系与当地铁路部门协商批准。

4）绿化。为美化厂容，沿区域内的厂区主干道、次干道以及沿厂区的外墙地带，种植阔叶树木，在埋设管线的地面种植草皮和花卉，按照设计规范，厂区的绿化用地率按 15%考虑。

5）消防。室外消防设计水量为 20L/s，室内消火栓用水量为 15L/s。水源接自自来水。采用中水浇灌绿化植物、喷洒道路。绿化浇灌用水和道路洒水量设计采用 1.5L/($m^2$ · 次)。

6）景观设计。以建筑美学对厂前区建筑物、环境和园林进行独特的规划。建立空间综合概念设计，交叉纵横的时空和距离，给人以雄健和清新的感觉。

### 4.3.9 计算机智能化应用

人工智能（Artificial Intelligence）是计算机科学的一个分支，是研究用于模拟、延伸和扩展人的智能的理论、技术及应用的一门新的技术科学。

我国的铁路事业近年来发展非常迅速，从铁路自动售票、自动检票、人脸识别、旅客服务、安全保障、信息集成直到工程建设信息采集和管理，已经建成了全路的现代化计算机智能指挥和调度系统。目前，铸钢铁路车轮制造厂属于铁路行业系统，辗钢整体铁路车轮制造厂分属于冶金行业和重型机械制造行业。新建设的辗钢整体铁路车轮制造厂，在建厂设计阶段就要重点架构网络、电脑装备和软件，以期在大数据应用方面融入全国铁路系统计算机智能化进程。

全国铁路系统计算机智能化是一个开放的平台，可以应用接入、数据查询、流程共享、信息反馈。平台具备措施安全、全程监管功能。

辗钢整体铁路车轮制造厂的车轮产品，最大的用户是中国国家铁路集团有限公司（中国铁路总公司）。车轮生产中的质量信息、成品报告直接接入共享平台，用户可以非常直观地在线了解每片铁路车轮的数据信息；同时，铁路部门的轮对装配情况、走行状态、检修参数及时地反馈给制造厂的管理部门，可使制造厂掌握产品的真实运行情况，对超差、检测数据等进行追踪和近景分析，对于可能出现的问题，可在生产阶段加以改进，防患于未然。

4.3.9.1 云数据应用

建设企业自主的数据库服务体系，同时加入全国铁路数据服务与应用平台系统，借助互联网链路和专网资源，提供铁路车辆制造的相关数据。铁路系统的平台服务包括分析工具和软件、开发与测试、云存储、数据整合、数据发布、系统运行等；在云计算中心网络层面以统一身份认证与授权，获取铁路机车车辆运行资料。平台服务图如图4-11所示。

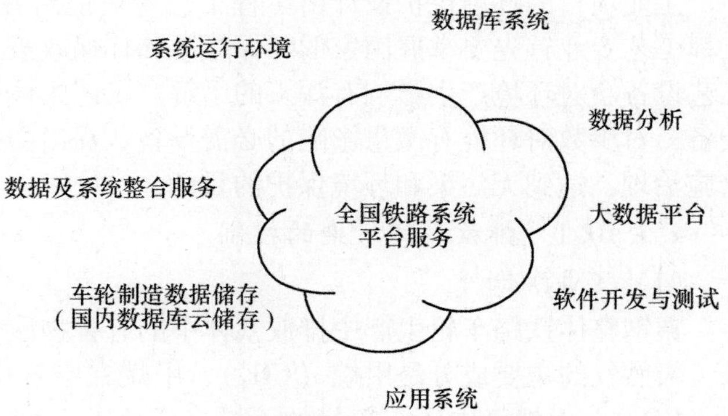


图4-11 铁路系统平台服务

4.3.9.2 生产工艺的改进

有了人工智能和机械智能，当数据达到一定数量或大概率时，就会发生质的变化，即：当很多方面的问题集中于一个缺陷上时，联网的管理系统中，生产流程和调度子系统就会在界面上自主地对铁路车轮制造工艺方面提出警示/变更弹窗提示。

从大数据平台获得实时的轮对装配情况、走行状态、检修参数等数据后，铁路车轮制造厂的产品售后研究人员就能够有的放矢地研判追索问题。

4.3.9.3 工艺生产装备智能化

对于铁路车轮制造企业来说，当前面临越来越激烈的国际竞争环境，要赢得市场、赢得用户就必须优化生产制造过程、保证质量、提高生产效率、降低成本，这是根本的出路。优化锻轧、机加工和在线质量检测生产线的过程中，装备的机械化和自动化是基本的配置，智能化是当前和今后取胜的重要利器。生产设备的配置中采用机械手作为智能操作转运系统，就是模拟人工操作，扩展人工智能技术的应用。机械手抓取坯料时，调整反馈信息，自动根据坐标测距定位，完成各项操作。在此基础上，今后的改进是增加语言识别、图像可视性技术应用，使之成为人类智能反应的工具机器。

4.3.9.4　生产执行级的 MES 系统设计

我国铁路车轮制造厂的信息化管理系统各不相同，有质量跟踪系统、MES 系统等。计算机 MES 系统的设计子项内容包括：

1）MES 系统布线；

2）MES 系统程序编制。

目前新建设的辗钢整体铁路车轮工程，建立了完整的制造执行 MES 管理系统，在智能化工业生产的进程中迈出了第一步。MES 网络系统采用标准的以太网体系，通信协议使用 TCP/IP。在生产区域的每个操作点都布置一个或多个网络接入点，光纤接口上联至公司级主干网的模块中心节点交换机，整个工程的用户终端具有可以访问公司级 ERP/MES 系统资源的功能。

生产工序的所有单项设备的操作都从 MES 子项管理系统中接收通信指令，按工艺优选模式进行生产，并将实际数据更新反馈到管理系统中。MES 系统设计构成示意图如图 4-12 所示。网络信息化和数字化建设将在第 5 章中论述。

### 4.3.10　环境保护设计措施

工业项目的环境保护设计由工程工艺专业提出各项要求，各公辅专业具体设计实施。工程工艺专业首先要掌握国家的环保标准和环保政策，对辗钢整体铁路车轮工程中有哪些工艺设备会对环境产生影响有深入的了解。工艺主体设备的选择杜绝选用对环境有污染的装备；对少数对环境有微量影响的必需设备，提出委托任务，由公辅专业采取有效的设计措施治理，达到无污染和环境保护的目标。

4.3.10.1　排放气体污染的控制

（1）工业炉烟气

辗钢整体铁路车轮生产中排放气体中的有害物质主要是工业炉的天然气燃烧的排放烟气。天然气的主要成分是甲烷（$CH_4$），甲烷在空气中燃烧后，生成水（$H_2O$）和二氧化碳（$CO_2$）。天然气中还有少量的乙烷（$C_2H_6$）、丙烷（$C_3H_8$）和丁烷（$C_4H_{10}$）等物质，在充分燃烧后同样生成水（$H_2O$）和少量的二氧化碳（$CO_2$），没有污染物质产生。有些地区性供给的天然气中有极微量的硫化物，燃烧后产生二氧化硫（$SO_2$），经 30m 高的烟囱排入大气中，二氧化硫（$SO_2$）烟尘的排放浓度远小于国家标准的 $50mg/m^3$、PM2.5 约为 $100\mu g/m^3$ 的数值，因此整个工程是清洁环保的。

（2）涂油气体

成品车轮在最后的生产工序中，表面进行涂油防锈。该工序在密闭罩中操作，无外排有害气体。

（3）含酸气体

理化检验中心的酸蚀试验中有极少量的含酸废气，通过通风柜的排气筒抽出排入大气，同时设计补新风系统，室内环境保持洁净。

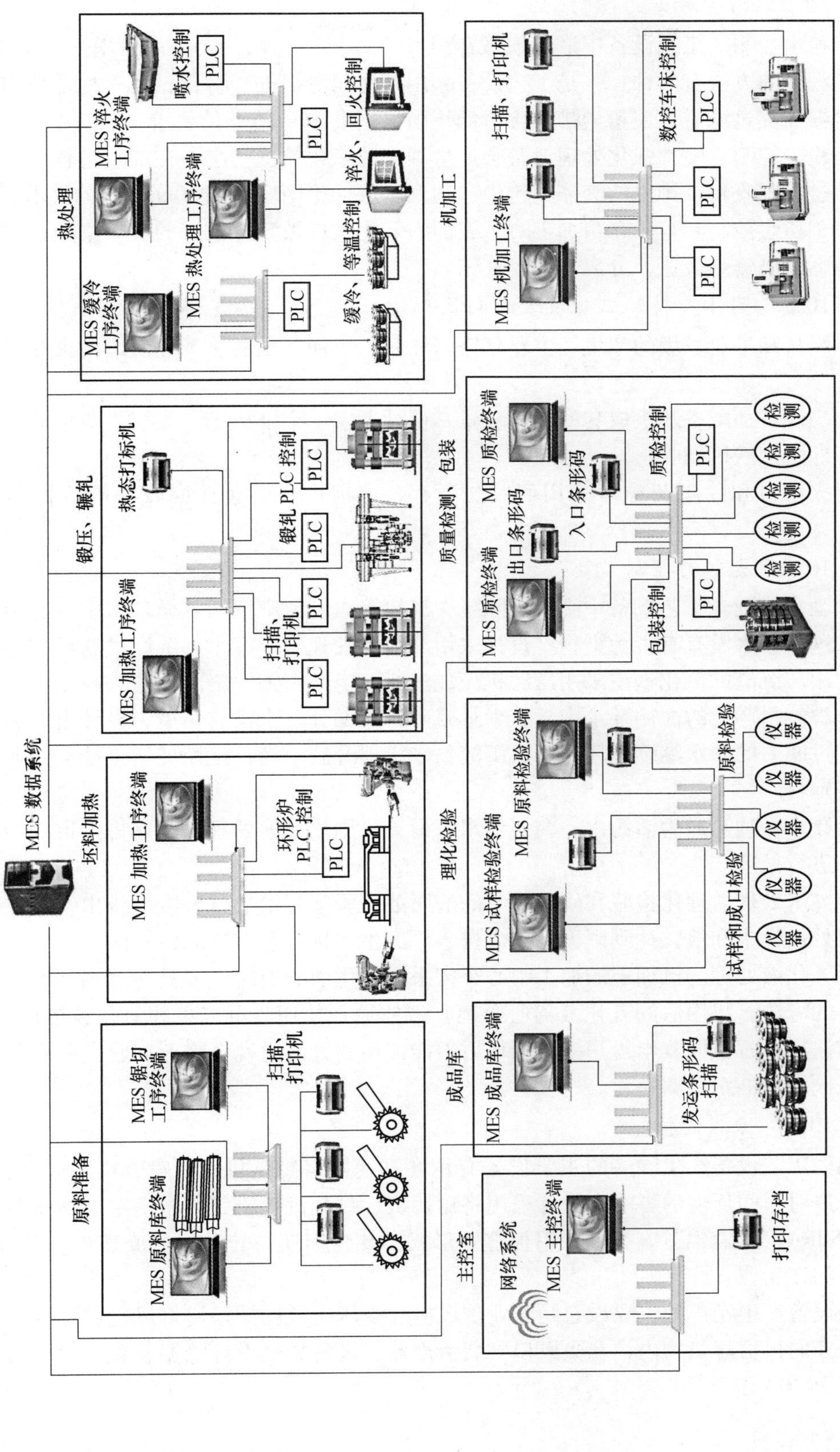


图 4-12　智能化应用的 MES 系统设计构成示意图

4.3.10.2　粉尘污染的控制

石墨粉尘控制。工艺设备中液压模锻压机和立式辗环轧机，均采用石墨粉作润滑剂，解决粉尘污染的方法有两种：一是工艺设备采用其他润滑剂进行替代；另一种是采用集尘罩经除尘器捕捉过滤后，使粉尘排放含量低于国家标准 50mg/m$^3$ 的要求。

喷丸粉尘控制。喷丸强化处理设备会产生细小的氧化铁皮粉尘，在抽气过程中经除尘器捕捉、过滤和收集，排出的气体中粉尘，达到含量低于国家标准 50mg/m$^3$ 的要求。

机加工粉尘控制。车轮在粗加工时，表面的氧化铁皮被数控机床的外罩集控，由乳化液带入地下废屑输送装置，分离打包后外销。

4.3.10.3　固体废料和工业垃圾的回收

固体废料和工业垃圾的产生，主要是锯切坯料、机加工切屑、工业炉废耐火材料、除尘灰粒等。

机加工设备都配备随机成套的集屑装置，设计考虑一个堆放棚，废屑先集中放置，定期拉出厂外由钢铁厂回收。

废耐火材料和除尘灰粒可采用回收袋暂存，定期由社会企业回收粉碎后作为铺路辅材。

4.3.10.4　废水的控制

生产废水控制。工艺设备中高压水除鳞、车轮淬火设备产生的浊循环水中含有微量氧化铁皮，这部分水没有有害污染物。设计采用沉淀池处理生产废水，沉淀过滤后的净水继续循环使用，沉渣的氧化铁皮采用压滤机压成渣饼，定期由钢铁厂回收。

环形炉砂封产生的浊循环水中含有少量残砂，这部分废水没有污染，设计由沉淀池处理，沉淀过滤后的净水继续循环使用，沉淀物采捞提升后干燥，定期外运由社会企业回收作为铺路辅材。

生活废水处理。对生活污水、粪便污水，设计采用化粪池处理，之后排入市政污水管网，统一进行处理。

含酸废水处理。理化检验和研究中心的酸腐蚀试验室有微量含酸废水排出，需在排酸管道出口处设计中和池，达到国家标准后排入厂区生产排水管道，汇集外排。

机床乳化液处理。机加工的加工中心车床采用乳化油的液体做刀具冷却剂，设计采用过滤循环的方法，将用后的乳化液离心分离，液体循环使用，沉渣中的氧化铁皮用离心、压渣的方法进行打包回收出售。多次循环后不能使用的废液由社会企业回收，采用药剂法和超滤法破乳使油水分离净化。

4.3.10.5　噪声的控制

车间内工艺设备产生噪声的主要设备有钢坯高速圆盘冷锯机床、喷丸机、运输辊道，为降低噪声对车间环境的影响，设计采用将锯切机、喷丸机置于钢板密闭罩中，使罩外噪声低于 65dBA。运输辊道应尽量采用板链式形式，减少钢坯与转动辊的摩擦产生的噪声，达到降噪的作用。

辅助设备产生噪声的主要设备是工业炉风机、空压机，设计采用将风机和压缩机安装在无人值守的机房建筑物内，在吸风口安装消声器，设备基础设计隔振装置，使周边放散噪声均在 70dBA 以下。

4.3.10.6 辐射热的安全控制

车轮坯料加热和锻轧工序的操作室，除设置防高温钢化玻璃窗外，设计距离高温工件保持一定的间距，使热辐射强度小于 10.5J/(cm$^2$·min)。

4.3.10.7 环境监测点布局

铁路车轮工程设计建立环境监测站，在高烟囱排放口布置烟气捕捉采样点，在区域内的厂区生产排水接口处布置检查井取样，向市政环保部门提供检验样品，便于监督检查。

### 4.3.11 生产安全与卫生设计措施

严格遵照执行国家的职业健康、安全和卫生标准，同时，按惯例采取措施符合地方的安全与卫生设计规定。

4.3.11.1 防汛安全

防汛安全非常重要的一点就是在确定场地标高时一定要考虑在选址地区将场地标高定在高于历史最高洪水位之上，确保百年大计。

4.3.11.2 防震安全

执行 2010 年以后国家颁布和修改的全国抗震设防规范，依据《建筑抗震设计规范(GB 50011)》，适当提高抗震设防烈度进行设计，这一点特别重要。虽然在施工中增加多一些投资，却能保证人员和设备遇到风险时万无一失。

4.3.11.3 防机械伤害

(1) 安全通道

辗钢整体铁路车轮工程中，生产流程都是全自动生产线，车间内的检修通道安全间距十分重要。检修通道的安全间距：距离移动物边缘大于 1.2m，距离固定物边缘大于 0.8m。人员与设备的安全间距示意图如图 4-13 所示。

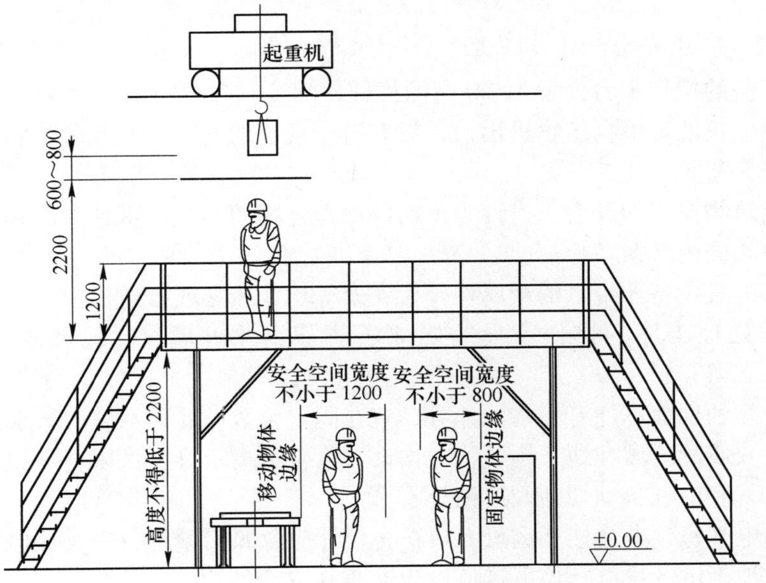


图 4-13 安全间距示意图

每个车间设计有两个以上的安全出口，机动汽车运输道路的边缘与门框、设备之间的距离不小于 1. 2m。

铁路轨道中心线与障碍物边缘的净空距离，国铁线不小于 4. 5m，厂区内铁路线不小于 2. 5m。

连续生产线的地方每间隔 40~70m 的距离应架设安全过桥走道，安全过桥走道的底面净空高度距地面保持大于 2. 2m，走台宽度保持大于 1. 4m。

车间内的空中参观走台不设在热坯料通过的区域，走台宽度保持大于 1. 5m，走台和台阶上方的净空不小于 2. 5m，扶手和栏杆高度不低于 1. 2m。车间内的地面设置人员安全通道。

（2）车间大门通道

凡机动车通行的车间进出大门，都设计将通行车门和人行小门分开设置，不采用大门的门扇上开小门的做法，以保证人员通行的安全。

（3）起重机攀梯设置

车间厂房内保证每一台带司机室的起重机配置一部上下攀梯。两边设有轨道安全走台时，都设置上下梯子。起重机轨道标高应保证设备吊装最高点的安全高度，吊体下缘高度距设备顶部的安全净空保持不小于 0. 6m。起重机操作室下缘距安全走台的高度距离保持不小于 2. 8m，距生产操作平台的高度距离保持不小于 3m。

生产车间的桥式起重机工作制度 A5 以上的，均宜设置轨道旁的安全走台。车间端头的山墙处设置起重机的检修平台，平台宽度不小于 1. 5m，平台边缘距起重机大梁边缘的缝隙不超过 100mm。攀梯与起重机电源滑触线在同一侧时，设计安全防护网及指示灯。

（4）标示和报警设置

消防车辆通行的车道，路边设置明显的消防通道标示。车间内安全通道宽度 2. 5~3. 0m。

车间内外吊运物件的起重机，设置运行声光警铃、过载报警和红色信号灯，加强安全保护措施。

#### 4. 3. 11. 4 职业安全和生活卫生

生产线配备的操作平台设置 1. 2m 高的栏杆，深度超过−0. 6m 的地坑设有台阶并加装围栏。有坑槽盖板的地下构筑物进出口，设有符合规范的通行人孔和爬梯扶手，标明盖板允许承受的最大荷重。

车间和建筑物窗户的开启，设计为不妨碍操作开闭的方式，保证过路通行的畅通，二层以上的窗户均向内开窗。

所有工艺电气设备非带电的金属外壳、支架等均作接零或接地保护。

锻轧和热处理工序的操作室设防爆双层防雾钢化玻璃窗，玻璃的空间层厚不小于 50mm。

热加工工序的地面不能有存水的地方，宜在固定位置设计积水坑、潜水泵。

使用燃气介质的区域和地下构筑物内均设置氧含量指示仪及低限自动报警器和红色信号灯，并与燃气和电气自动切断阀连锁。

操作室和电气室、办公楼和倒班人员宿舍设计应急照明系统，当交流电源消失时，自动切换到蓄电池上继续供电。地下隧道设 36V 低压安全照明。

重要的区域设置电视监控系统。

车间办公和厂前区办公场所宜设计开水热水器的专门供电电源、上下排水。

设计时考虑车间生产人员的更衣间，不在电气操作间内布置更衣室。

建设洗浴中心和职工食堂，洗澡喷头应满足单班最大淋浴数量，就餐保证充分的用餐面积。

执行卫生间设计女厕所恭位与男厕所恭位比例 3∶2 的行业规范，设计女职工专职休息间和洗浴间。

# 5 信息化和数字化管理系统工厂设计

## 5.1 制造企业的信息化工程设计

### 5.1.1 简述

当前世界经济正在发生巨大的变化，美国通过《制造业促进法案》，依靠先进的技术拟将本土制造业能力以2009年为基础提升20%。德国同时也发布了《高技术战略2025》，明确在信息技术方面实现“互联化”，旨在工业领域掀起又一次工业化革命。中国改革开放40年来，工业和服务领域取得了巨大的进步，2015年发布了《中国制造2025》，部分新兴产业已经走在世界发展的前端。

一个工程项目信息化建设水平的高低，工厂设计需要先行一步，高超的设计水平可以使企业在建厂阶段就迈入世界先进行列；而已经建成的传统企业也可通过高水准的创新设计，快速进入世界一流制造商方阵。为此，本章介绍辗钢整体高速铁路车轮项目的信息化和数字化管理系统的工程工艺设计方案，供有志于企业数字化发展的读者参考和借鉴，以互勉提高。

### 5.1.2 信息化方案

本书中的工厂信息化规划设计案例是某集团轨道交通工业园的工程项目，园区内建设有高速铁路车轮制造、轮对组装、铁路车轴制造、机车和车辆传动齿轮制造、理化检验和研究中心、机车和车辆轮轴维护等现代化的生产车间和办公设施。园区拥有职工上千人，其中各类技术人员和管理人员几百人。轨道交通工业园的工程项目已于2012~2016年全部投产。工业园区中新建的高速铁路车轮制造项目，设计年产量为30万件辗钢车轮，品种大约50种，规格$\phi$610~1300mm。产品满足我国GB和TB/T标准、美国AAR和欧洲EN标准。

这么大规模的制造业工程，建厂初期就十分需要建立一套行之有效的生产和管理的信息化系统，因此，工程项目在设计当年就定下了愿景，要实现几个重要目标：生产制造装备智能化、现场操作无人化、原料和成品物联化、日常管理和质量监督网络化、销售和售后互联化。在工程设计之初，技术人员参阅了国内当时已经实施的各种实例，集思广益策划了设计方案，即ERP系统、PMD系统、生产设备管理PMS系统、生产过程执行MES系统、机械设备PLC基础自动化和程序智能化系统，最终形成综合性的现代化信息系统。下文将展示这个方案中的高速铁路车轮生产的信息化建设部分，该方案在工程投产之后的几年里，管理级系统的平台正在逐步建成并继续完善中，目前生产技术应用系统的平台已经投入使用，投入产出的效果十分显著。信息化规划设计层级如图5-1所示。架构方案如图5-2所示。

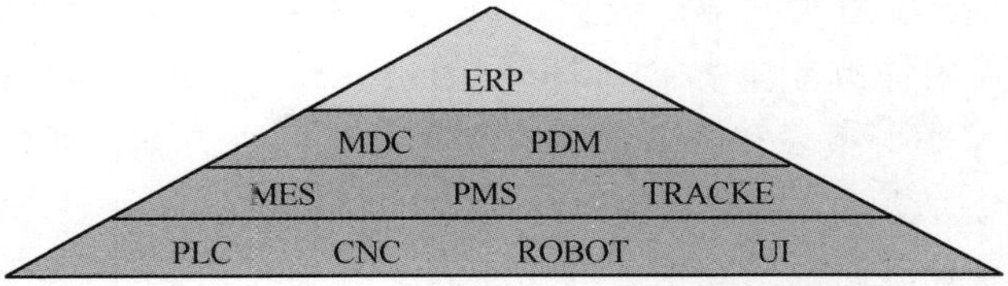


图 5-1 信息化规划设计层级

图 5-2 信息化架构方案框图

高速铁路车轮制造项目的信息化系统规划设计遵循国际上通用的体系，设计建立 4 级架构的计算机网络系统：第 1 级装备基础自动化 PLC 和可视智能操作系统 UI，第 2 级制造过程执行级和数据跟踪系统 MES、PMS 与 Tracker，第 3 级工程技术应用和管理级 PDM 与 MDC，第 4 级公司资源计划管理级 ERP。

信息化层级规划设计说明如下：

第 4 级 ERP 系统。ERP（enterprise resource planning）企业资源计划管理系统，是将跨部门、跨子项信息系统集成为一体的管理核心软件，包括人力资源控制、供应链控制、生产物流控制、资金结算控制、市场销售控制、客户管理、数据分析、接收下一级管理回馈等系统。系统应用界面开发为下拉式菜单检索 BI/商务智能快速查询功能 BO 形式。

第 3 级 PDM 系统。PDM（product data management）是产品数据管理系统，集工艺设计、图纸绘制、技术审查、文档发送、制造软件管理等系统总成，以数字模式组织和跟踪作业文件，使产品数据在初期就维持流程闭合、完整共享，搭建数字化制造的最根本基础。车间辅助系统采用详细制造数据 MDC(manufacturing data collection & status management)，即一套实时采集、报表和图表化的过程控制软硬件方案；通过多种方法获取生产现场的实时数据（包括设备、人员和生产任务等），存储在 Access、SQL 或 Oracle 等软件编制的数据库中，企业高层部门在正确的反馈信息下获取真实的决策数据。

第 2 级 MES 系统、PMS 系统。MES(manufacturing execution system) 制造生产过程执行系统，是面向车间一级的执行层管理计算机系统，亦即 PCS （process control system 过程控制系统)，包括产品制造流程、日程计划、生产和人员调度、操作规程看板、工具放收管理、原料配送、质量核查、库存管理、底层数据收集和归集，数据反馈上一级系统。铁路车轮制造工程的 MES 系统分别覆盖的子项有高速铁路车轮制造工程系统、轮对组装工程系统、齿轮制造工程系统、铁路车轴制造工程系统、辅助生产系统等。

PMS(production management system) 工程生产管理系统。采用生产管理中的 PMS 设备标准化管理系统，可以和质量数据管理系统 QMS、设备状态信息采集系统 MSA 数据交换，与 ERP 系统达到有机结合。PMS 标准化为企业设备的单元化管理提供了规范及指南，涵盖了设备管理组织结构、设备管理策划及设备整个在用期间的管理过程，包括设备需求规划、制造、选型、购置、安装和调试、验收、使用、保养维护、巡检、维修、改造更新、报废及处置等。

第 1 级 PLC&UI 基础自动化和可视化智能操作系统。实现 PLC(programmable logic control) 和 User Interface 可编程逻辑控制系统和显示用户界面，工程项目建设过程中，在采购和制造阶段，对每条生产线的工艺设备和辅助设备均要求具备实现全自动和可视智能化控制的接口和功能条件。

从图 5-2 中可以看到企业产销一体化的系统方案，方案覆盖了已经投产的高速铁路车轮制造项目中的物流及生产全过程：生产管理系统对应生产计划、物流组织、生产调度、运输作业、成本数据；销售管理系统对应销售、采购、发货及应收业务管理；质量管理系统对应质量标准、工艺标准、质量检验、质量判定、计量业务及文档资料；采购管理系统对应供应商管理、采购业务、外协业务及应付管理；仓储管理系统对应部门的收料、倒垛、盘库、退库及装车发货；设备管理系统对应装备专项管理、点检、维修等流程作业。操作执行过程包括从原料到成品发运，整个期间的生产流程及数据管理。

### 5.1.3 ERP 系统目标

#### 5.1.3.1 先期目标

高速铁路车轮制造是大型工业制造项目，信息化目标的实现较为复杂。先期要搭建产品质量规范、工艺规范、文档流程规范、设备及备件管理规范、实时数据库系统，完成销售订单、生产排程、生产作业、产品质量跟踪、设备运行、收货和发运等作业流程的程序编制，形成作业体系，使企业在生产管理的效率、产销一体化的完善、销售和采购成本的细化、装备的智能自动化、物流库存周转等方面，呈现既各自独立又完整统一的体系，为数字化管理的高水平企业奠定一个起点模式。该项目的 ERP 系统目标就是要在管理水平与核心竞争力方面，从信息化入手，短期内上升并逐步成为世界一流制造商。

#### 5.1.3.2 实施目标

企业信息化的实施，重要的是业务流程合理化、精细管理持续化。通过ERP系统的建立，可以强化生产计划的管理以及产销的衔接，在生产产能和订单销售之间嫁接平衡，达到生产节奏紧凑合理，提高生产设备的利用率；在运营方面，所有作业流程化，可以降低计划人员的人为因素和工作量，规范岗位操作；在产出方面，可以降低库存，提升产品质量，提高效益，最大限度地发挥生产潜能，做到精益生产，快速市场响应，保障产品的交货周期，适应未来全数字化管理的要求。

业务流程的精细化是信息化系统在管理效率方面的极致体现。管理信息系统的成功应用必然对企业实施业务分解和规范起到重要的约束作用，因此，产销一体化系统也即意味着企业业务处理更加趋于严谨、防微杜渐，这些都对保证产品质量、巩固客户满意度等方面具有显著的作用。

ERP系统实施后，管理能够持续化，需要不断地进行维护和改善。企业利用系统提供的数据资源，获得动态绩效变化报表，就可以及时了解、衡量并评价各部门的管理水平，即时反馈和纠正管理中存在的问题和人为的干扰，真正实现制造业生产自动化的目标。

#### 5.1.3.3 系统构思

信息化系统构思设计是一个重二、厚三、薄四级的一体化综合系统。最本质的除了ERP系统的功能之外，PDM数据管理系统、MES制造生产过程执行系统、PMS设备标准化管理系统的搭建是设计和实施的重要部分。

高速铁路车轮制造项目在网络布线上，选取百兆/千兆的以太网技术组网，铺设覆盖企业所有部门、所有生产线操作岗位的电缆网络，做到每一个节点、每一个工艺设备都有网络端口。为完成该系统的设计，企业购买了数以千计的微型电脑、服务器、图形工作站、移动终端、存储设备，形成了全覆盖的基础建设。同时，企业还购买了国际著名的应用软件，招标国内有实力的网络公司作为企业信息化建设的伙伴，共同研发，在较短的时间内使整个网络系统建设初见成效。

5G被广泛认为是下一代的信息通信技术，是人工智能、物联网等新一轮科技革命持续发展的基础性技术支柱。相比以往的3G或4G，5G可能改变当前无线通信技术对WiFi、红外遥控、室内宽带等信息数据的传输方式，因此，在网络布线和通信接口方面，设计中预留了发展无线通信的空间。

企业ERP系统平台界面的设计构思如图5-3所示。界面汇集了销售、财务、采购、资产管理、物流链管理、生产管理、质量管理、网络管理等多个应用方向，既有各自独立的软件流程，又汇总成为相互兼容的程序流。系统平台界面支持公司级管理层拥有数据先决，一通到底，贯彻决策的高度科学的管理手段。

系统平台功能的流程构思由两部分组成：其一是管理级流程的功能设计，其二是生产技术应用级流程的功能设计。两部分有交融，也有不同的职责。

（1）管理级系统平台涵盖的功能设计

1）产品设计系统平台，包括计算机电脑制图、生成作业程序文件、输出作业文件、打印制图文件；

2）协同综合办公系统平台，包括文件请示、批准确认、信息回复、财务报销、电化

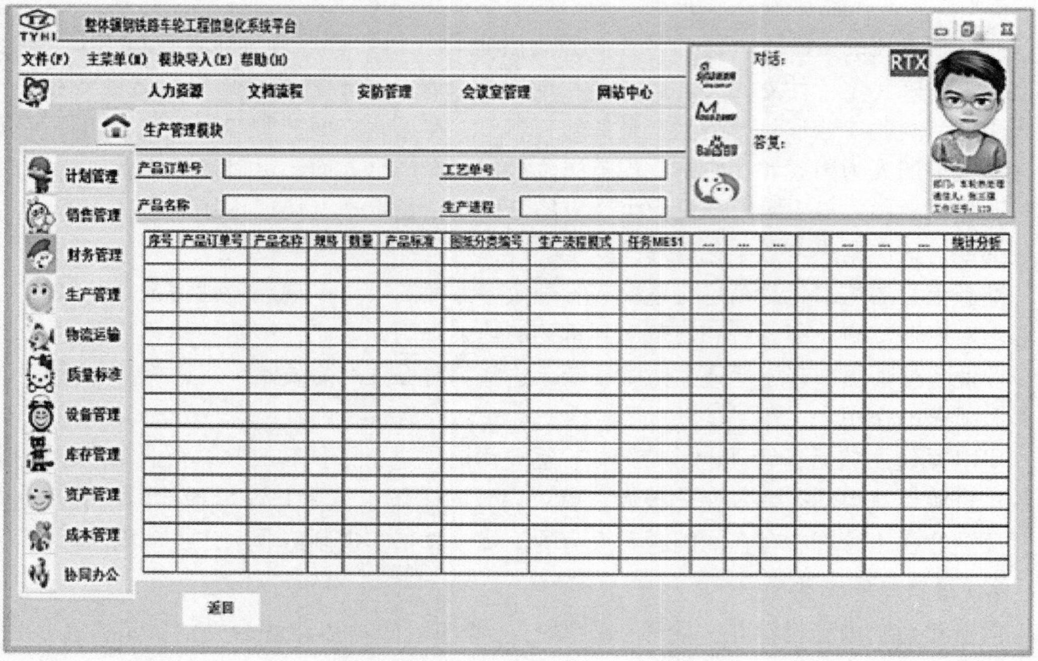


图 5-3　企业 ERP 系统平台界面构思

视频教育；

3）文件和图纸借阅系统平台，包括查阅请示、文档借阅、在线阅读；

4）安防与考勤识别系统平台，包括员工上下班打卡识别、重要卡口安保监视、消防警示；

5）电子招投标管理系统平台，包括网上招标过程管理、网上投标审核、开标公示；

6）广告与宣传管理系统，包括门户网站的更新和跟踪、企业宣传和招聘信息管理；

7）人力资源管理系统，包括员工管理、工资和社保管理、干部档案管理、职工福利、多媒体培训。

（2）生产技术应用系统平台涵盖的功能设计

1）销售管理，包括销售基础信息、订单管理、需求计划、销售统计分析等；

2）基础数据管理，包括产品规范管理、标准规范管理、作业文档资料管理、工厂定义、产品质量管理等；

3）计划管理，包括坯料需求设计、工序计划管理、检修计划管理、材料转用充当等；

4）生产调度，包括生产计划、调度日志；

5）作业管理，包括生产线状态监控、看板管理、工序作业管理；

6）现场质检管理，包括检化验数据、质量判定、异常处置、质保书管理、质量异议等管理；

7）进程管理，包括订单进程、材料进程管理；

8）库存管理，包括库存基础信息、原料库、中间库、成品库、备品备件库、库存查询统计等；

9）物流运输管理，包括可发成品管理、出厂计划管理、发货管理等；

10）能源辅料消耗管理，包括燃料消耗、动力消耗管理、统计分析等；

11）设备管理，包括设备基础信息、机械备品备件、设备履历、模具、轧辊及磨刃器具等；

12）采购管理，包括供应商管理、采购外协订单管理、采购外协到货管理、采购统计分析等；

13）统计分析，包括机组/班组评估、生产统计报表、成本数据、统计分析等；

14）接口管理，包括通信方式（电文通讯）、与 L2 系统通信数据；

15）系统管理，包括系统权限管理、日志管理、数据备份、系统时钟同步管理等。

## 5.2　系统功能设计

### 5.2.1　PDM 管理级流程系统功能设计

PDM 管理级系统的功能组建涵盖很多的内容，系统包括文档管理流程、公文行书管理流程等最基本的功能，对行政管理的整个过程贯穿完整，因此，PDM 在企业中的作用普遍为大众所认同。商用 PDM 软件并不拥有全部可设想的功能，有的功能还需要进一步的开发和完善。

PDM 软件主要用来跟踪和控制与特定产品有关的数据，如产品于开发时所产出的技术文件、图档、数据库记录、表单等。

5.2.1.1　产品设计系统

管理级系统流程需要多个计算机软件，首先，在产品设计方面应突出系统优势。以往产品设计时采用的是人工分步实施的断续工作，而在网络系统平台上可以软件共享、资料共享、存储共享。产品设计从查询、绘图、建模到一键生成作业指导文件，一气呵成。系统设计的流程构思如图 5-4 所示。

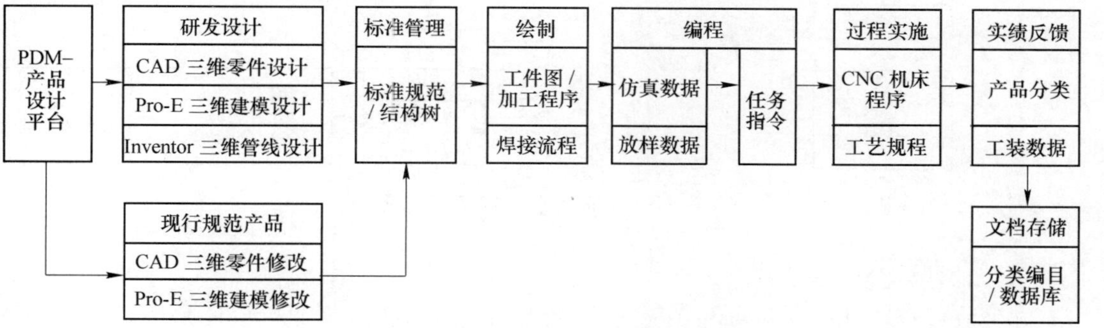


图 5-4　产品设计系统流程的构思

产品设计系统基本的软件配置有 Autocad 绘图、Pro-E 三维建模仿真、Solid Edge、Solid Works、Inventor、Catia、UG、3D max、JPG 和 BMP 格式识别、用友财务、Windows 办公和打印输出等。

产品设计部门从计算机网络终端上接收管理部门的网上发送订单任务，任务流程中附带产品的编码信息，从编码信息中可以立即了解产品的标准、图纸以及最终的工艺制造要求。

系统的基本配置软件，经过合集汇总编制成产品设计系统，将产品加工的前期设计、审批、通知更改、数据记录等工作汇集为流程化、制度化的作业，使大量的人工重复性计算、编写、复用图纸、反复编程等事务性工作由计算机程序和工作流自动完成。

加工符合现行规范种类的铁路车轮产品订单时，可以根据产品标准库或者结构树数据库中的图纸和参数，调用规范的工艺流程和机床操作程序，进行审批核准后，作业流进入加工生产线完成后续的操作流程。

标准化的铁路车轮产品设计系统，节省下来的人工可以转入新产品的研发，投入更多的力量提升高端产品，适应国家“一带一路”倡议的创新思维。

系统中所有流程的节点显示、上传和下载都在网上完成。

5.2.1.2　协同综合办公流程管理系统

企业人员众多时，文件的传递、生产任务的下达、审核批示等需要通过烦琐的手续完成传递和归档等流程，有的企业如果某个领导出差不在家，拖上一个月都是常有的事，因此，办公自动化和文件传输程序化成为文案管理系统必须设置的重要项目。

目前使用的 OA 软件有很多，基于 IBM 的 Lotus Notes 平台的 OA 系统应用比较安全，同时可扩展、易用性、易维护性都比较好，适合项目的应用。协同综合办公管理系统流程的构思如图 5-5 所示。

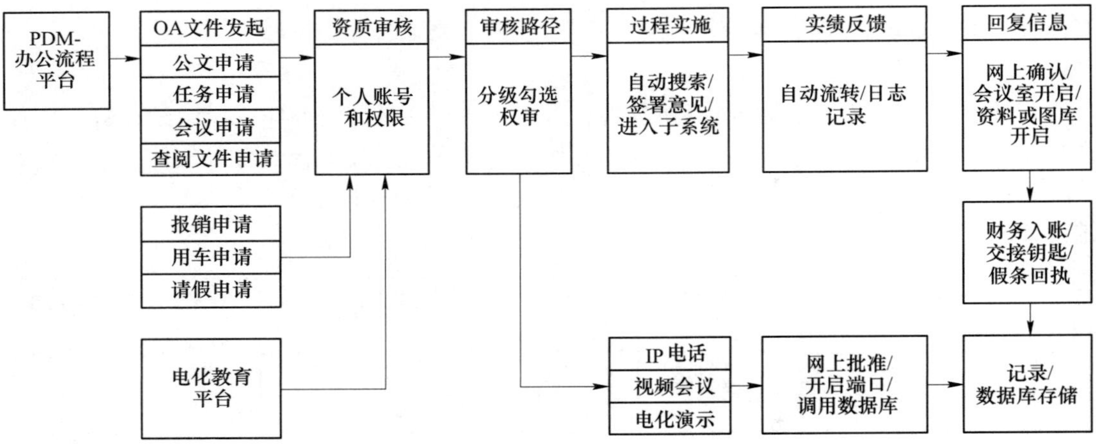


图 5-5　协同办公流程系统构思

（1）协同办公流程平台

办公流程 OA(office outomatic) 是近年来无论国家机关、事业单位还是生产企业都着重建设的协同办公系统平台，登录界面构思如图 5-6 所示。基层人员或部门发起申请，包括公文请示、会议申请、请假、部门之间交互任务、差旅报销等，都登录办公流程平台，验证身份后流程自动开启，程序流量运行。发起端的报表或文件经过点选，上级权审级别在网上经各级审批确认后，执行部门则采取各自通过的步骤来完成任务流程中的具体操作，执行结果返回发起端形成闭合操作，如果未通过审批也返回。整个过程无纸化、无人员流动。

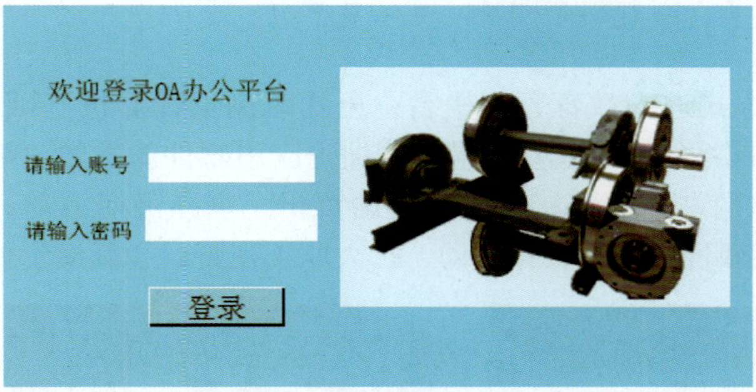


图 5-6 OA 登录界面构思图

OA 综合办公流程平台的建设，支持 Excel 导入条目信息，txt 文件输入，子项系统互不干扰，特别是单位的通告可在各端口即时提示响应。财务报销系统核准后，费用自动打入员工银行账户，有累积和显示。

办公系统通过开通手机 APP 及验证平台，将端到端的系统联系与手机浏览、内部邮件接收应用软件连接起来，以适应未来的移动办公环境。

（2）远程交流和电化教育管理平台

建立远程视频联网会议系统，支持 iOS、Android、Windows、Mac、Huawei 等多个终端连接，在现阶段已经开通的远程视频会议的基础上，逐步推广远程网络技术诊断和网络国际技术交流应用。远程视频联网的起点：达到技术人员无阻桌面双向视频，高管与业主客户随时可视沟通。模拟示意图如图 5-7、图 5-8 所示。

图 5-7 视频会议系统

图 5-8 桌面双向视频

建立企业与中国钢研科技集团有限公司、中国国家铁路集团有限公司下属的金属及化学研究所、铁道科学研究院的合作，共享技术资源、研究成果，通过网络联络渠道，远程获得大流量的信息体验。

制定电化教育管理大纲，配置数据统计、发送通知、权限分配、站内短信、版权保护等教育功能。

将工会活动的一部分任务逐渐扩展到电化教育管理平台上。逐步扩充电化教育数据库，直播职工视频教学、公开技术课堂、互动答疑等，鼓励员工以基层组织为单位举办讲座，激励创新发布。

员工以 ID 授权方式进入教育管理平台，可随时浏览计算机基础教育课件，包括 3D Max、Pro-E、Windows 系统、企业基础操作培训等应用软件的教学。结合工厂需求举办中型会议演示，与门户网站建立链接，制定新闻资讯，举办定期活动、网络课堂、技术考核、学习跟踪、影视预告等文体教育活动，扩大职工视野。会议演示如图 5-9 所示。

图 5-9　会议演示

5.2.1.3　办公文档和图纸借阅系统

办公文档和图纸借阅流程分两类：一是图书借阅，二是资料和图纸借阅。

图书借阅系统建立分类和识别，定义书籍分类目录字段，支持 Excel 导入索引信息，满足不同书籍的录入需求。

建立图纸和资料及档案的借阅流程平台，开发在线阅览。针对用户、部门及岗位划定浏览、阅读、编辑、下载等操作权限，分级管理。选用 OCR（光学识别器）识别 JPG、PNG、PDF 各种图片格式文件，扫描和上传技术文件，后台自动文字识别。ORC 识别软件支持高级全文检索功能，可以通过图片内的文字直接进行检索，输入模糊记忆的文字字段就能从海量的文档中和文件中获取所需的文件索引，减少检索翻查耗费的时间。

系统同时支持电子文档的借阅，所有 Excel、Word、PPT、CAD 文件等无需下载、打印，在权限等级范围内可以直接在线阅览，做到标准化、移动化、数字化。电子借阅到期后，系统会自动关闭文件档案。

系统对所有重要的数据操作都自动进行日志记录以备查询，包括 RTX 聊天对话时间记录，上传、下载文件操作等都做到数据单向流程。不设删除出口，防止上网人员误操作导致数据丢失。

资料和图纸管理部门设置有效的可控电脑硬盘、网络出口、USB 等出口措施，采取加密系统，规避风险，控制 CRM、OA、FIP 等系统的应用安全性，以防技术保密数据外泄。

5.2.1.4　安防与考勤识别系统

为了保障安全，员工佩戴不同分区的一卡通胸卡，进入工业园区时刷卡进入。在特定的办公和研究区域，设置指纹识别器，指纹通过后才能打开区域门禁。逐步推广建立人脸识别系统 FACE ID 图像识别库，员工通行时刷脸录入，后台在线比对识别库中的图像身份信息，快速完成签到、考勤、门禁通过等工作，提升考勤效率，防止作弊。

建立安全监控系统，在车间入口和安全通道设置多个高清摄像头，同时在重点区域设置 IP Camera。采用分布式树杈结构，使平台的服务器拥有多路视频转发、回放功能。安全监控管理室设置电视墙，浏览摄像头的视频记录，网络硬盘大容量存储，与主机控制室设互动警示联系。

工业园区的进出卡口设置闪拍摄像监视，围墙设红外移动侦测。对进出车辆闪拍后台比对和记录，与警卫室设报警响应联动。逐步建立消防预警系统，与当地消防部门网上互动联系。

5.2.1.5 电子招投标管理系统

实施电子招投标系统，做到缩短招标周期以及投标响应速度，显著提高工作效率，减少人为干扰，工作规范化，节约社会资源。

建立一套为生产装备和备品备件采购的招标、评标和服务管理的专项网络流程平台。流程包括委托招标代理、发布网上招标信息、征询投标方的意愿、发布信函，协助招标代理监督和协助接收投标文件，以主评方身份参与技术交流、评标、定标和开标，全过程以电子网络文件形式完成。电子招投标管理系统流程构思如图 5-10 所示。

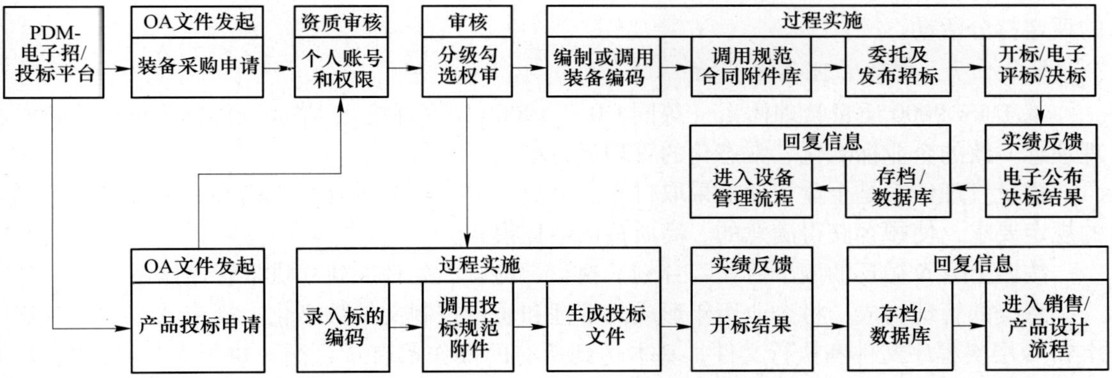


图 5-10 电子招投标管理系统流程

招标采购系统建立跟踪世界先进制造商的信息库，设计编制和存储规范化的生产装备和备品备件的招标技术附件，定期修正技术参数，维护技术文件内容的先进、科学水平。

与优秀供货商信息库互通，存储供货商的资质、支付能力、业绩等必需的资信文件。

建立一套为铁路车轮和轮对产品投标的审核流程。流程包括提出投标申请，截取和摘录投标内容，即标的产品名称、数量、规格、执行标准、价格底线、交货期、交货地点、运输方式等，启动权审流程，逐级电子流程审核，最终牵头部门召集会议决策，调用信息库中的规范化技术附件，汇总投标文件。

产品的规范化投标技术附件分两种：一是为国内采购商制定的投标规格书，二是为国际采购商制定的投标规格书。

采取严格的防范措施归档投标文件，标注保密级别，防止标底泄露。

#### 5.2.1.6　宣传与广告管理系统

建立宣传与广告管理系统，系统的具体事务分管部门划分如图 5-11 所示。主要职能有如下几点：

1）计算机网络中心。制作销售产品 PPT、短视频，维护投放网络的广告内容，跟踪和报表式点击统计，集中归口管理。

2）党政宣传部门。针对企业内部进行思想教育，采用文字、PPT、动画演示、柱形图等介绍企业现状、生产进度等。开通内网的交互功能，提供职工与企业领导或者专职高管的基础对话时段，设专职管理人员负责思想指导工作。

图 5-11　宣传与广告管理系统职能划分

3）市场营销部门。创建广告推广流程，线上申请和审批。采用多种制式的软件，以文字、视窗、弹窗等形式展示投放广告内容，设置在线客服与网上咨询人员互动问答，分析广告效果和成本性价比。

4）工会部门。由工会主导建立企业内部通信录、即时沟通群组，初步推荐采用腾讯交互软件（或其他）。发布公告、短信、邮件，开展内部网上交流。

5）人力资源部门。对外发布招聘信息，对内公告培训计划，定期开通对企业管理者的评定打分活动。

#### 5.2.1.7　质量管理体系平台

基于 ISO9000 质量管理体系（等同 GB/T 19000 国家标准），搭建与国际先进的质量管理理念一致的企业标准化、常态化的管理运行系统。

质量管理体系是企业主动地采取自查、审核、预防和改善等行为措施，通过满足产品的规定要求，使顾客获得满意的、高质量的运作模式。

按照 PDCA 循环的四个阶段：计划、执行、检查、处理，建立质量管理体系流程。

系统的管理构成：将企业历年形成的管理和质量控制文件数字化，规定 A 层次、B 层次和 C 层次程序文件和执行文件，基本达到所有的操作都有章可循，执行人员通过授权，能够从内网上浏览所属层级的规章制度和作业指导文件。质量管理体系系统构思如图 5-12 所示。

系统的数据库构成包括：

1）输入输出依据文件；

2）过程控制的文件、生产报表、质量报表；

3）生产线设备的使用要求、允许范围、使用年限；

4）在线生产的可视监控的回放；

5）客户服务调查记录；

6）可追溯质量文件的查询；

7）发生问题的处理意见，改进措施；

8）评审、归档、闭合记录。

#### 5.2.1.8　人力资源管理系统

在 OA 平台上搭建统一的人力资源管理系统，这方面的软件比较多，功能基本相同，

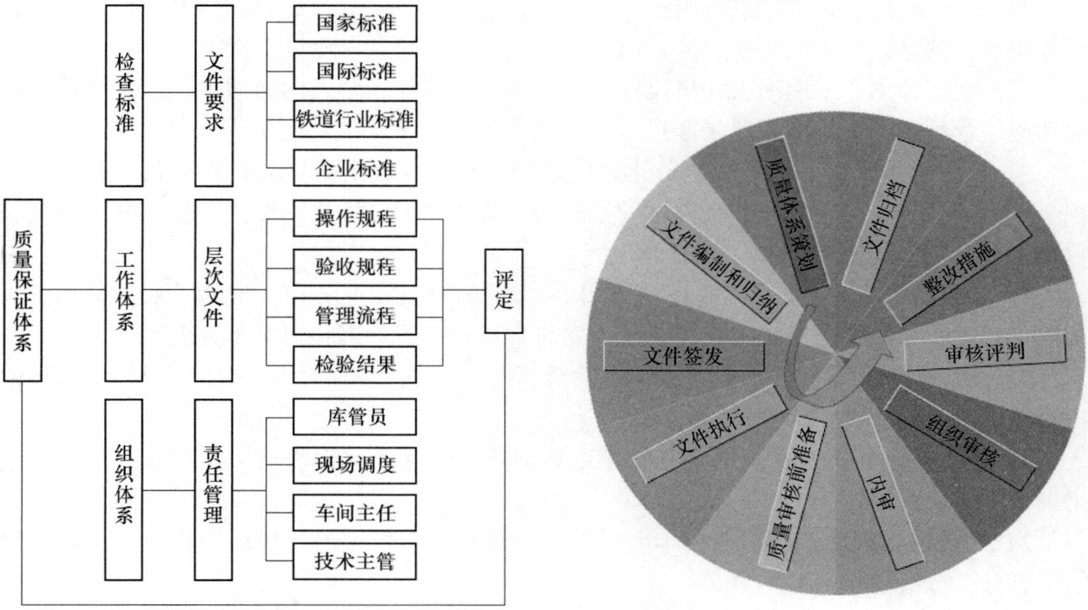


图 5-12 质量管理体系架构与审核系统

系统平台构思如图 5-13 所示。采用 Dreamweaver 软件设计美化的系统界面，SQL 软件设计数据库。

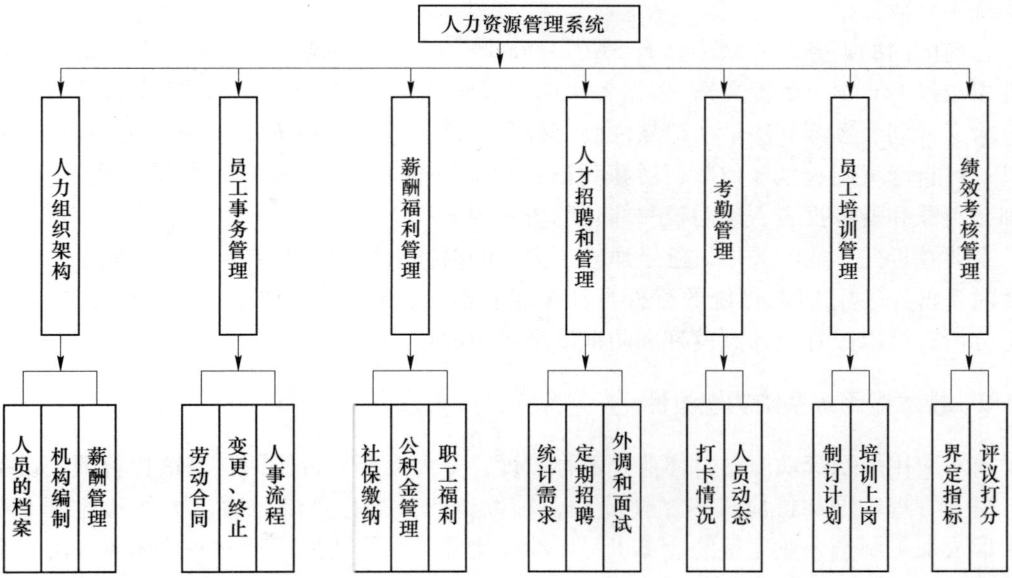


图 5-13 人力资源管理系统

1）人力组织架构策划。输入和编辑企业顶层设计的职能部门的设立、储备干部队伍预备人员的档案和履历、企业机构编制的策划、管理部门的整合和拆分、及时调整薪酬和奖励数据库、编制岗位责权范围和年度预算。

2）员工事务管理。编制符合国家法律的劳动合同、用工协议，签署和保管劳动合同、劳务协议、续签或变更的终止合同；编制条文数据库，建立企业员工档案。

员工就职和离职采用网上人事流程，正式就职应即开通个人内网通道，一旦离职立即通知网络管理中心关闭个人登录账户。

3）薪酬福利管理。输入和编辑建立规范的、有据可查的薪资数据库；负责社保、公积金的缴纳报表；分析年度奖金和各种福利的发放比例，以柱状图形式上传薪酬福利增长数据。

4）人才招聘和管理。了解国内主要大专院校的对口专业分布；统计基层各部门的人员需求数据，定期在外网发布招聘计划；实施重点人才的外调和网上面试机制。

5）考勤管理。监管一卡通打卡情况，分析加班频次和原因，向基层部门提供人员的流向动态。

6）员工培训管理。在内网上制订年度培训计划，联系培训教员，组织新员工上岗前培训，发放课程结业证书。

7）绩效考核管理。制定考核年度计划，界定指标内容，组织履职演讲会议，在内网线上打分，分级发布考核结果。

#### 5.2.1.9 财务管理系统

财务管理系统是多个程序模块的集成。企业以总账系统为核心，子系统包括应收应付、现金管理、固定资产管理、项目管理、库存管理、工资管理等。

财务管理系统对各种业务数据和财务信息的来源，主要依据人工输入，辅以从不同的子系统中获取数据。

目前国内的财务软件众多，有 SAP、Oracle、用友、金蝶等工具软件。该项目的财务软件拟选择 Oracle（甲骨文），依据各级财务管理人员的需要，这个软件能够助力企业财务分析、计划、预测和决策。该软件具有较强的兼容性，支持 Excel、+VBA、Lightship 等工具；可自动编制收款、付款、转账凭证；自动做期末记账与结账；自动形成总分类账、明细分类账和财务报表，是财税一体化的较实用工具。

企业在近几年的实施中，已经建立了完善的财务数据库，并有专人不断地更新和维护并及时备份。采用 ERP 系统的流程自动关联和衔接，对财务管理进行全过程跟踪监控和动态分析，可以很好地起到发现和防范资金风险的作用。

### 5.2.2 技术应用级系统功能设计

技术应用级系统功能的总体业务流程设计，分为多个平台层面，以销售管理、设备管理、财务管理、采购供应作为主体流程，辅以生产计划、物流运输、工器具管理子项流程，形成加工制造企业完整的计算机程序业务流程。系统功能设计——总体业务流程示意图如图 5-14 所示。

#### 5.2.2.1 销售管理系统

销售管理是企业的龙头，特别是销售订单是生产组织计划的重要依据，实现按订单生产、满足客户个性化需求是产品制造商最基础的要件。销售管理系统的流程化和数据化，对企业销售部门掌握客户信息、价格信息、应收业务、海量信息维护等这些工作，可以起

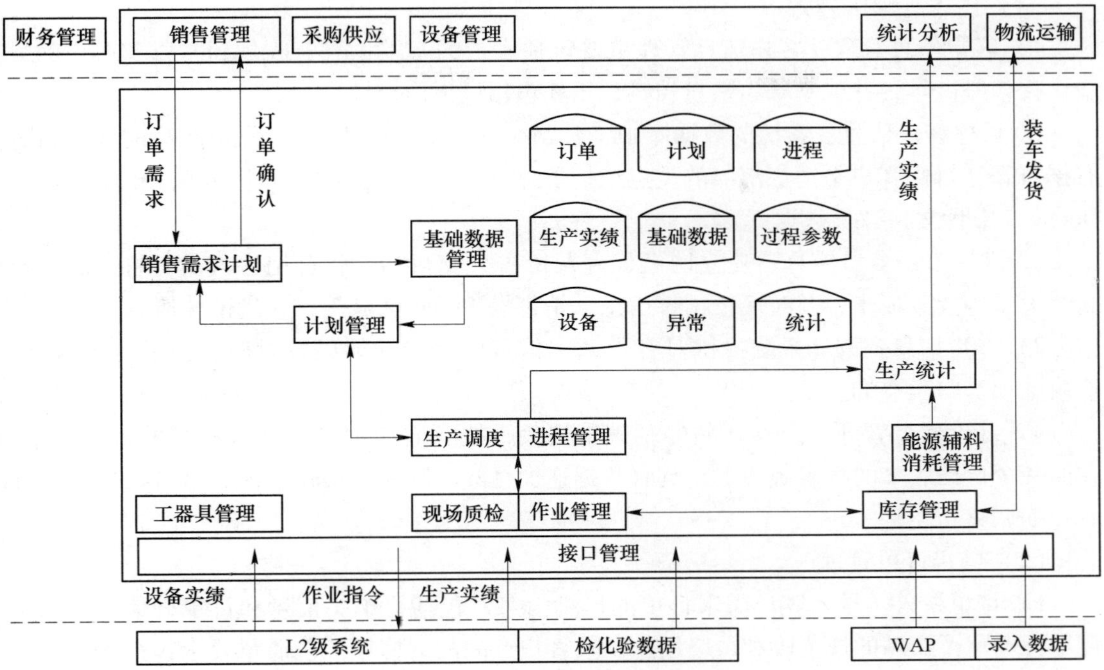


图 5-14　总体业务流程示意图

到避繁就简的实用效果。规范化的工作从客户销售订单录入开始直到评审、确认、下单生产、进程查询、生产并装车发货，全程实现销售订单生命周期内的状态管理及跟踪。

销售管理软件在 ERP 系统平台下，通过网页形式展示客户资信、销售数据、仓库存量、财务和统计管理等信息，定期显示统计分析结果。销售管理系统流程示意框图如图 5-15 所示。

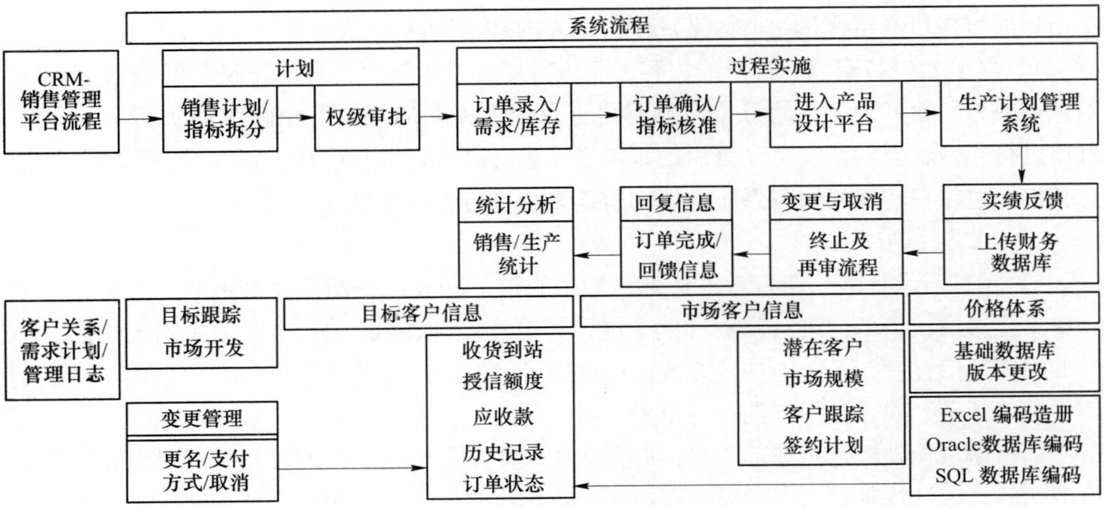


图 5-15　销售管理系统流程示意图

（1）销售基础信息

1）客户信息管理。客户信息管理主要包括客户的基本信息、收货到站以及客户的等级、授信额度等，并建立基本信息档案，主要包括以下内容：

① 目标客户信息。系统的数据库中，凡与企业订货的或使用过公司产品的客户，都有据可查，目标客户是销售部门的重点维护群体；系统软件接收 Excel 表格，接入 SQL 或 Oracle（甲骨文）软件数据库。

② 潜在市场客户信息。建立网上代理及销售分支机构，整合销售人员，将产品、资金、设备等要素汇集，及时反馈销售信息、销售量、销售区域等，收集市场情报。

2）客户信息查询。系统提供对客户基本信息的查询功能以及对应客户的订单状态、应收款项等归类查询。

3）基价信息管理。建立产品的基础价格表，按有效期记录并更新产品的价格版本。在同一个价格版本的报表版面上，具有数据追加/修改/删除等操作功能，具备数据调整和有效期调整功能。

（2）销售订单管理

1）订单录入。录入客户需求订单的详细信息，包括订单头信息和订单行信息，每条订单行确定了产品的规范码和最终用途以及客户产品的规格、工艺质量要求、交货期、运输方式等信息。

2）订单评审。为了确保订单信息的正确性，确保订单能够按期、按质、按量完成，系统设计了一系列的评审，有用户身份和有效期的评审、交货期的评审、产品质量的评审、订单条款的评审、资源评审、价格评审、财务评审、生产能力评审、交货条款评审等，通过评审后的订单进入下一个程序，即与客户签订合同。

3）订单确认。与客户正式签订销售订单并盖章签字、具有法律效力后，在系统上执行订单确认操作，使订单变为“确认”状态。确认后的销售订单作为销售需求计划的一部分，通过计划管理系统进而编制相应的生产计划流程，下达任务单安排生产。确认后的订单信息通过接口直接传送给财务系统作为结算的基本依据。

4）订单变更与取消。订单的内容需要进行变更或者取消，系统按照变更/取消条件先确认可或否，已开工生产的订单一般不得进行变更和取消，如果允许变更/取消，则需对订单进行相应状态的改变。变更后的订单必须重新进行评审和确认。订单变更和取消的信息直接通过接口传送给财务系统，通知财务系统进行相应变更/取消操作。

（3）销售需求计划

1）销售需求计划。销售需求计划是除了新产品开发以外组织生产的唯一依据，合同订单不足时由销售部门进行预测（赋予虚拟订单号），以满足一定时期内的生产计划安排。

销售部门在管理系统上在线完成订单评审，对通过产品质量设计流程之后的订单编制销售需求计划，确定计划日期及订单投入量。

销售需求计划经过生产部门确认后形成相应的生产计划。生产计划管理部对系统流程中下达的订单计算其投入，即对工序的能力占用、时间占用、预计交货期等，通过调整订单投入的时间、数量、规格品种以及增加库存等形式，达到按指定计划周期内各工序的生产平衡。

通过系统销售需求计划的各步骤功能，使销售订单与产能平衡，订单的生产过程始终处于受控状态，订单的流程中各工序的节点时时显示在系统的电脑看板上，进而保证各工序产能最大、物流顺畅、交货期合理。

对于临时性的紧急销售合同，销售管理系统支持紧急插单处理。

2）订单跟踪。对销售订单的执行情况进行实时跟踪：订单状态、订单进程、质量情况、在库情况、发货情况等。销售订单发货完成后，通过接口向财务系统反馈信息，进入销售系统的应收款业务程序。

（4）销售统计分析

销售统计分析是将所有的销售数据集中统一管理，通过对时间、客户、产品等多维条件的统计，以数字化、表格化、图形化的方式显示销售动态，报表输出格式示意图如图5-16 所示。销售统计分析系统能够及时地分析销售态势、销售业绩、评价订单状态和交货率。

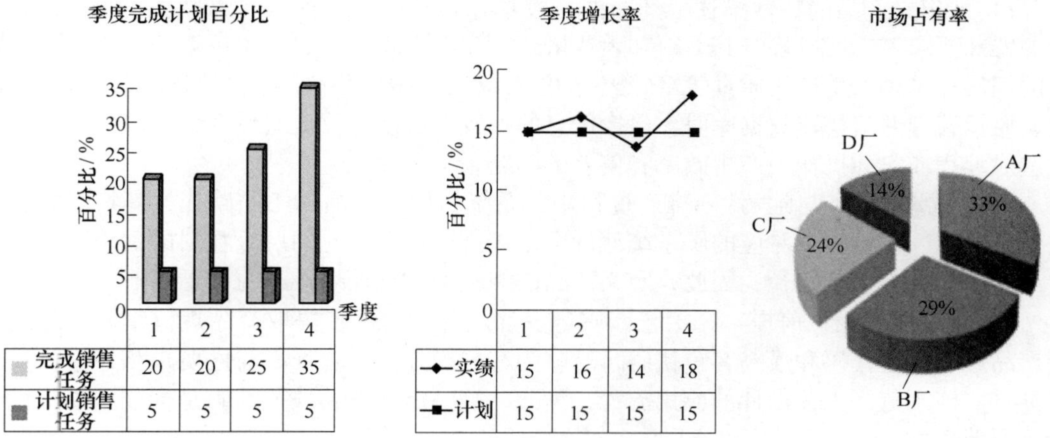


图 5-16　销售统计报表输出格式示意图

销售数据分析软件有很多，如 Tableau/Excel 等，特别是 Excel 版本的商业数据分析功能很强大，系统嵌入流程后无需编程，一键操作就能呈现各种漂亮的报表，相当直观地掌握分析结果。数字化销售统计分析能够利用大数据，快速进行数据链接，呈现可视化方案和结果。管理人员经过扫视计算机，在销售增长、销售分布、销售趋势、销售结构等多项内容中，随时在屏幕上看到展示的及发布的分析比对数据。同时，在网络和移动设备上还可以实现实时数据共享，全面准确地掌握产品销售规律，为未来的销售决策提供重要依据。

### 5.2.2.2　基础管理系统

基础数据管理是对产成品及其制造全过程提供规范化的、全面的作业和质量管理所需要的基础数据和信息操控；是完成产成品的生产组织、工艺控制、质量标准等企业数字化管理的基本运行元素；是产销一体化系统的基础支撑体系。

应按照高速铁路车轮产品的生产模式和参数，建立统一的、完整的产品规范和标准规范体系，实现全流程规范化的生产管理及质量管理。

在全流程系统平台上制定规范的工艺运行指导文件，即在建立客户订单时，一并将相关的产品规范、质量特性、工艺技术、文档图纸等附带信息进行匹配设计。管理系统在制订作业计划时，按订单编码调取对应的产品技术文件和图纸，并将相关的信息下达 L2 系统。所有下达的生产任务应符合用户的要求，按照流程和既定的管理规范操作。基础管理系统应符合下述特征。

（1）产品规范管理

所有的产品实行统一集中的编码管理，产品、过程品及其副产品统一规范编码，从销售订单开始采用，贯穿前期计划、生产加工直到质量判定的全部过程，也是销售系统流程与生产环节流程衔接时的共同语言。产品规范管理准确地定义产品的品名、标准、牌号、成分、规格、公差、表面特性、性能、特殊要求、包装形式等参数，同时表述工序加工所经过的每一个环节以及物料的层级、数量、重量的对应关系。定义产品规范编码有几个重要的作用。

1）所定义产品的特性描述。产品的特性描述包括品名、标准、牌号、表面特性、客户的特殊要求等，通过规范其书写和表达格式，在程序间承担起衔接桥梁的作用。统一定义的编码在销售、生产、质量等各个环节的系统流程编码中使用。在销售部门、生产部门、质量管理部门搭建数据库时，保持信息的一致性可以有效地避免理解上的不一致，防止造成编程或实际操作中产生效率和偏差的问题。

2）计划排产的基础。计划排产过程中，系统引用了产品的工序路线，其物料的层级关系、数量、重量等，对应的子系统就确定了该排产订单对应的层级物料的需求，同时确定了对应的加工工艺路径，因此，定义产品的规范编码是计划排产的重要基础。

3）工艺质量设计前提。在工艺、质量设计过程中，系统提取产品规范编码，随之附带产品最终用途代码和最终客户代码，这就为客户确定了一套唯一与之要求相适应的产品标准、实施规范、工艺设计的应用流程，为此，统一定义产品规范编码是标准型规范设计的首要前提之一。

（2）标准规范管理

对于高速铁路车轮这个特定的产品，在生产过程中不仅要遵循繁多的作业规范、操作要求、质量标准，还要按工序路线一步一步地延展执行，直到成品出来交给客户为止。

生产过程中作业指令分为两大类：工艺基础信息类、质量基础信息类。对于客户的特殊要求或者生产中需要特别处理的事项，系统流程中通过定义对应操作，将规范生产体系中的特殊需求转化成各个工序的控制指令、选择参数或者是外转文件的描述。

工艺基础信息是产品制造各个作业指令的集合，即定义标准型规范化作业的生产路径和加工工艺的过程路线。路线能够用于一条/多条产品生产线。理论上，只要正确表达产品用途或加工要求，确定了工艺路线，就能选择各生产单元的控制指令、指标及参数。工艺基础信息包括以下信息：

1）高速铁路车轮产品制造在每个生产工序的控制指标（设备、时间、物料）；

2）高速铁路车轮产品制造在每个生产工序的工艺控制参数（温度、压下量、速度等）。

质量基础信息则是规范对应产品的质量检验及判定标准。生产过程中对产品的检验、异常原因判定，是对实现合理匹配与标准化管理的考验。质量基础信息的作用固化了降档改制的操作，质量管理只能遵循“按标准+α 管理”的方式，根据客户的不同要求，通过质量管理规范化流程，得出符合标准的检验判定依据。

质量管理规范化流程，就是对标准型规范化产品生产指令的摘要，以及对相关的基础数据库进行查询、增加、修改、删除等操作。搭建标准型规范化条款摘要的编辑过程，即是对特定产品进行质量设计的过程。

（3）作业文档资料管理

作业文档资料管理就是对文档资料的摘要以及相关的基础数据库进行查询、增加、修改、删除等操作。编辑作业文档资料摘要的过程就是对特定产品进行质量设计的全过程。

对于特定的产品来说，生产过程中还存在相应的作业标准、操作规程以及加工图纸等，通过对应的作业文档资料的编辑，转化成各个工序的作业指导。

（4）工厂定义

管理系统中有工厂定义，其目的为：明确企业的部门组织，规定与国家标准中的工作制度相对应的工厂日历、班次及班次时间；定义各类设备的名称、类型、规格、能力、组合量（热处理炉）、约束条件（模具、轧辊、工具更换）；确立标准工时（加工能力、加工时间、冷却时间、运转时间、等待时间）等相关信息。工厂定义的系统操作有增加、修改、删除、查询等功能。

（5）产品质量设计

产品质量设计的编制程序中，结合产品规范系统、标准型作业文档系统，对确认后的销售订单进行质量设计。首先，明确下达的订单编码中对应的具体的国际或国家标准和规范，相对应的数据库中的图纸，然后提取后续的材料设计、生产加工、质量判定、质保书打印等基础业务数据。

质量设计除了包括加工工艺、规程、图纸外，还包括操作过程：产品和成品的理化性能检验所需试样的提取（取样的机组、取样的位置、取样的个数），与订单对应的取样检验规则和判定标准。质量设计系统能够为加工、取样、检验作业提供准确的操作指导。

对于常规用途的产品，系统能根据物料编码自动提供对应的标准规范及作业文档资料摘要，供客户选择，根据客户的选择和工艺路线设计，系统进行各工序的质量参数、工艺参数、操作要求的匹配设计。

对于非常规用途的产品，当取得了检化验结果和放行标准项的数据后，系统实施“按标准+α 管理”的模式，即对客户特殊需求的 α 进行针对性的产品加工设计和质量检验定义。

#### 5.2.2.3 计划管理系统

生产管理部门根据销售需求计划，制订生产计划编选和策划程序。首先，进行生产工序区域的计划编制（锯切计划/锻轧计划/热处理计划/机加工计划），一般每次只完成一个周期工序计划的编制。工序计划完成后，通过任务流下达至生产调度，由调度人员根据生产任务的饱满情况和设备开工情况，按照程序模块进行详细分解。分解后的操作模块滚动下达 PCS(process control system) 过程控制系统执行，同时将工序作业实绩反馈至计划管理系统。生产计划管理系统流程如图 5-17 所示。这个系统目前在实践中已经实行，并不断依据现场作业实绩进行调整和完善。

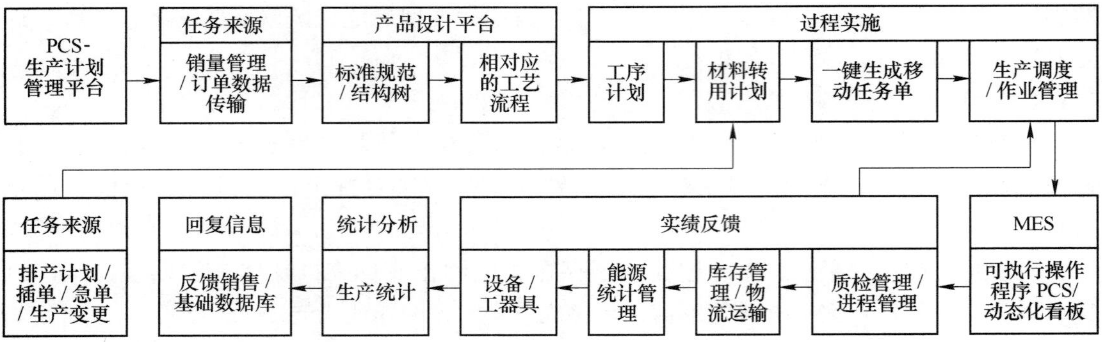


图 5-17　生产计划管理系统流程

辗钢整体高速铁路车轮产品制造采用的是 PCS(process control system) 过程控制系统，全自动化生产线由统一的数据库管理、通信和组态集成。

(1) 生产工艺系统描述

工艺系统的过程控制组态集成由图 5-18 所示流程组成。

1) 原材料入库复检。原材料入厂经表面、理化检查合格后进厂入库。

2) 原材料出库。提料人员按计划在岗位电脑终端上输入或移动 POS 上扫描领料单条形码，流程选项上报批准后出库，信息同时传到后续的锯切下料工序。

3) 锯切下料。根据钢坯品种、材质（碳、锰含量值）、炉代号、成品需求数量、工艺路线、下料重量，依据计划指令传送至自动锯切机，锯切机模块控制系统进行组批并锯切下料，每切一块料同时打印条码标签粘贴在钢坯端面，贴好标签经称重后的坯料进行堆垛或直接进入后续加热工序。

4) 上料。按计划指令给环形炉上料，系统记录钢坯上料顺序传递给环形加热炉工序。

5) 环形炉加热。根据作业指令，按照上料顺序及每排装料块数进行升温加热设置，入炉前的钢坯重新扫描排序，以保证出炉时的钢坯顺序正确。

6) 预成型及成型。根据作业指令，按设定值对每一钢坯进行锻压成型。

7) 轧制。根据作业指令，按设定值对每一钢坯进行轧制。

8) 压弯穿孔。根据作业指令，按设定值对每一钢坯进行压弯穿孔。

9) 热态标识。根据压弯后的排料顺序，在钢轮辋面上逐一进行标识（炉代号 + 钢坯号）。

10) 热态尺寸测量。对每一个热态下的钢轮进行外径、内径、偏心量、毂辋距等检测记录。

11) 终锻温度测量。对每一个钢轮在锻轧下线后的温度进行测量并记录。

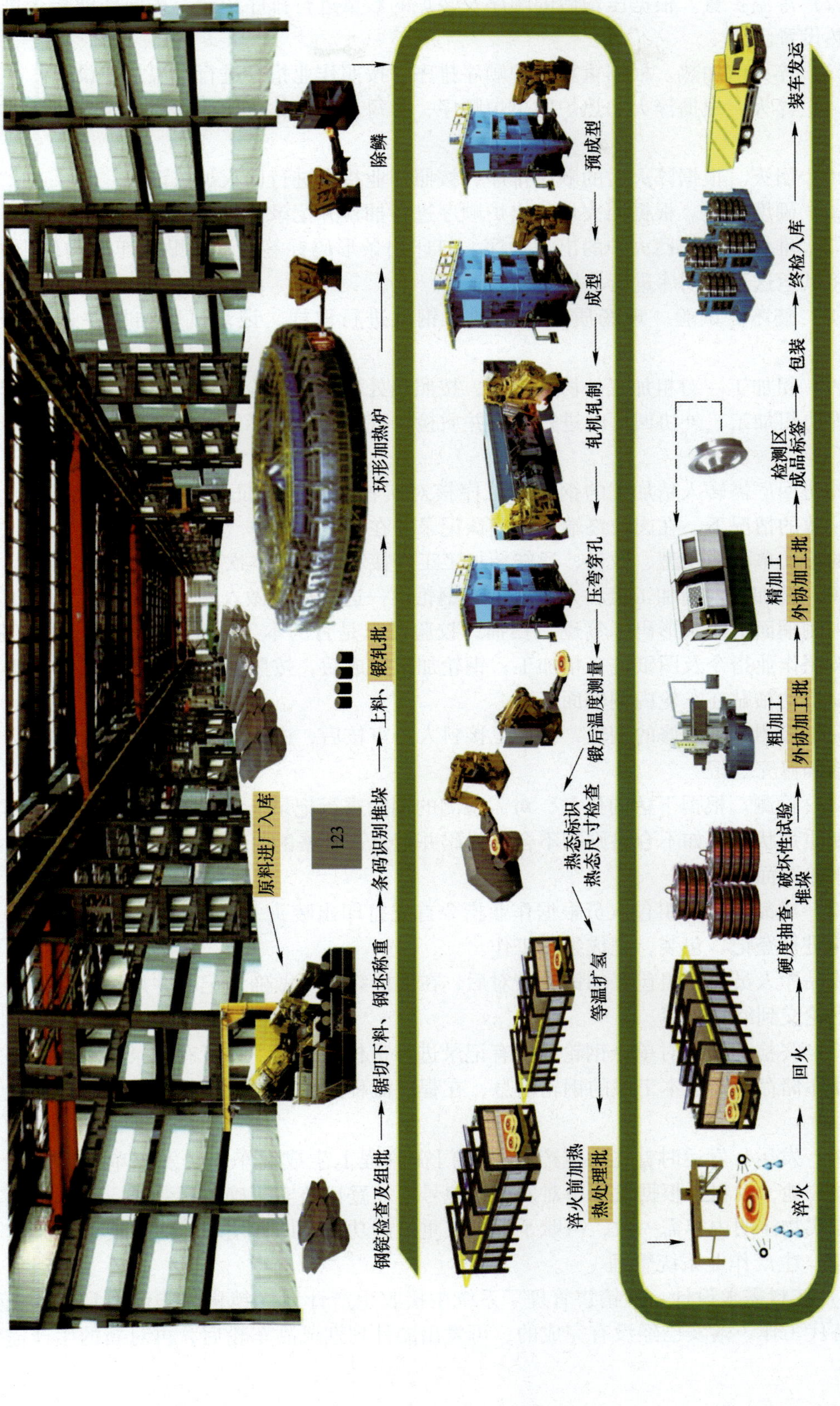


图 5-18 生产计划管理体系的工艺组态集成流程示意图

12）等温扩氢。根据压弯后的顺序及装炉的数量进行排序记录，按照作业指令进行升温加热设置。

13）淬火前加热。根据重新装炉顺序排序，按照作业指令进行升温加热设置。

14）淬火。根据淬火加热炉的出炉顺序，对每一个钢轮按作业指令设定值进行水介质淬火。

15）回火。根据淬火后的顺序排序，按照作业指令进行回火加热设置。

16）硬度抽检。根据回火炉的出炉顺序进行抽检并记录信息。

17）堆垛。根据回火炉的出炉顺序，打印出条形码标签自动粘贴在车轮内侧辋面上，随后将其运送至中间库进行堆垛。

18）破坏性试验。现场质检人员抽取钢轮进行取样，记录试验结果并进行相应的判定。

19）粗加工。对粗加工外协的钢轮，按照热处理批次检验合格的作业指令及图纸出厂进行外协粗加工，外协回厂时进行登记并质检，打印条形码标签，标签粘贴在车轮内侧辋面处。

外协回厂需转入精加工的钢轮，工序核对实物数量，验证是否与移动单中的数量相符，一致的情况下，在岗位终端上做确认记录并在纸质交接单（一式两份）上人工记录系统中的移动单号、轮型、数量，通知精加工工序接料人员对本次交接进行审核签字。

20）精加工。精加工接料人员对所交钢轮逐一进行审核做入库记录。钢轮上线加工时对轮内侧辋面上的条形码标签逐一扫描，校验信息是否为本工序原料，以确定加工顺序，随后按照作业指令及图纸进行精加工；钢轮加工完成后，按照下线顺序即时打印条形码标签，并自动粘贴在车轮内侧辋面处。

对于检测后需返修的钢轮，精加工接料人员审核后，进行返修加工，并在岗位终端上做返修和修完登记。

21）检测。根据下达的任务，对需检测的钢轮进行记录。每个检测的钢轮根据结果自动判断质量状态，如不合格则扫不合格代码并记录；合格的打印出条形码成品标签自动粘贴在钢轮踏面处。

22）成品包装。组包人员根据作业指令首先打印出唛头（包号标签），然后对需组包的钢轮进行登记、包装，完成组包工作。

成品库人员对已组包好的钢轮核对后，在岗位终端上做确认记录并用移动单把计划交验的钢轮交到终检工序。

23）终检工序。对单个钢轮的所有记录进行审核及交验，待所有记录项审核合格后运入成品库储存。到达本工序的钢轮信息，在程序流程上无出口，钢轮上的信息任何人无法修改。

24）发运。发运时首先由生产管理部门在流程上生成发车单，发车单标明轮型、数量、发往地，发料人根据发车单对发运的包号逐一登记核实，确认后装车，完成发运。发运单与实物注明内容需一致，可赋予拆包及重组的功能，以方便发运的包装要求。

（2）生产作业系统管理

1）坯料需求设计。从销售管理子系统中接收生产计划（销售需求计划）后，先进行成品替代工作，落实已经没有完成的、可发出的计划期成品车轮后，再对新的生产需求进行坯料需求设计。坯料设计完成后，将所需坯料与数据库中的库存坯料进行匹配，最终形成需要采购的坯料需求信息。

坯料需求设计系统将已经确定投入生产的各类客户订单，按材料设计原则计算，再根据计算后的坯料去设计相应的圆坯定尺，最后根据订单的交货时间、生产工艺、现有库存钢坯量（包括钢坯的品种、材质（碳、锰含量值）、炉号、数量、重量）等进行组批，完成坯料需求设计。坯料需求设计系统设置的目的，就是在生产的最初阶段做到高作业效率、少切割余材、增加金属收得率。

2）工序计划管理。在生产符合客户需求规格的钢轮产品时，系统以已投入的订单（来自销售需求计划）及现有/计划材料为优先，按照质量设计结果、工艺规程、设备要求结合企业的设备检修计划，编制各作业工序的物流分配及供料计划，确保订单的完成率及物流的畅通有序。

为有效地利用设备产能，在工序计划程序中设有批次的概念，通常在制订后续工序的计划时，综合考虑前端工序的计划和存料情况，通盘制订和修订整体工序的计划。

工序计划按工艺区域制订，包括锯切计划、锻轧计划、热处理计划、机加工计划、检测计划、包装计划，规定计划加工的品种、规格、数量，进行材料匹配，确定加工顺序。

工序计划管理具有计划的编制、工艺规程及文档资料的匹配、检查、修改、调整、取消、确认、下传 L2 等功能。当工序计划生产实施后，根据 L2 返回的生产实绩对工序计划的完成情况进行跟踪。

① 锯切工序计划。按照批料需求设计的结果（组批），锯切工序计划系统指定原料圆坯的品名、炉号、钢坯号和锯切数量，制订包括加工每块原料圆坯的生产顺序、品种名称、规格尺寸（对应图号）、下料重量的作业计划。每一块锯切料都由工序计划管理系统预生成其小号及产品序列号 SN（serial number），锯切设备生产线自动对应所制定的程序模式下料作业。

② 锻轧工序计划。锻轧工序计划是：根据锯切坯料的供应情况，制定锻轧工序的加工批次，指定每块坯料按照（SN）在各工序的加工顺序。系统同时附带产品在工序中的工艺要求、加热坯料的升温要求等。

锻轧工序计划包括设备的上料、机械手转递、环形炉加热、预成型及成型、轧制及压弯穿孔、等温炉扩氢工序的计划。

锯切坯料在各工艺段的加工实绩，顺序通过前端工序的 L2 级系统传递到产销系统，再由产销系统提供给后续工序的 L2 级系统。加工报废的钢坯也由 L2 级系统予以反馈。由于钢坯错位或报废等现场情况导致的计划顺序调整，由程序中的修改操作回到生产调度环节，重新确认后再另行下达任务。

③ 热处理工序计划。热处理工序计划是根据工艺路线和锻轧工序的生产情况以及需要重新热处理的工作量制定热处理的加工批次，指定每块料（SN）的批次及在相关工序的加工顺序。热处理工序计划子系统同时附带加工产品在相关工序的工艺规程、升温要求，系统支持加工工艺的批处理操作。

热处理工序计划包括淬火前加热、淬火及回火工序的计划。

热处理钢轮在各工艺段的加工实绩顺序通过前端工序的 L2 级系统传递到产销系统，再由产销系统提供给后续工序的 L2 级系统。

由于钢轮错位或报废等现场情况导致的计划顺序调整，处理措施与锻轧工序计划相同。

④ 粗加工外协需求计划。粗加工外协需求计划是对热处理批次解剖合格后的钢轮，提出外协加工计划申请。粗加工外协需求计划指定具体的钢轮，提出外协加工的批次、数量及时间要求，子系统指令中附带产品的工艺质量、规格尺寸、图纸等。粗加工工序计划制订后转到采购外协的模块处理。

⑤ 精加工工序计划。精加工工序计划是对完成外协粗加工后转精加工的钢轮以及检测返回需返修的钢轮，指定加工的品种、数量、顺序计划。精加工工序计划子系统同时附带加工操作、工艺规程以及 CAD 图纸编号。CNC 数控机床的上料端扫描器识别编码后，系统自动对产品的 CNC 程序进行更新。

⑥ 检测工序计划。检测工序计划系统定义需检测的钢轮号以及检测参数，将计划任务下达到检测线管理系统中，子系统同时附带产品的检测参数并及时更新。检测线管理系统核实钢轮信息后，生产线按照要求自动进行检测并记录检测结果。

⑦ 包装工序计划。包装工序计划系统按照订单的要求制定需组包的钢轮的作业计划。系统规定组包的车轮数量、车轮号，设定垛中的轮径公差级别，并附带唛头（包号标签）要求。

3）检修计划管理。检修计划管理是根据设备的生命周期和已使用年限，结合设备的生产实绩，制订设备的检修计划程序。检修计划确定检修的工序、日期、停机时长，系统在制订工序计划时自动扣除需要的停机时间。检修计划分为日常维护、小修和大修计划。

检修计划的内容包括检修设备名称、检修项目、停机的周期、潜在的危险源、相关的安全策略。检修完毕后，现场岗位终端记录检修实绩，以便日后查询、分析、归档。

对于设备故障造成的非计划停机，执行上由生产调度进行处理，系统程序后期对检修计划进行调整。

4）材料转用充当管理。材料转用管理是将原订单的材料改挂到另行对象的订单上，改变材料与订单的匹配关系，一般是用于紧急抢单的处理。材料充当的操作是将生产过程中无订单匹配的余材或经过处置能够再利用的原料，按照余材匹配充当规定，充用到尚未投入生产的订单上，也包括加工异常原料的处理、落地后的流转、改判后的套材、非计划品的利用等。根据充当结果管理系统做出转用计划指令，必要时对材料进一步加工处理，最终满足客户订单的订货要求。材料转用充当管理可以有效地降低库存。

通过材料转用充当系统，可查询各中间库、成品库的内在信息，及时跟踪紧急插单时需用材料的抢用情况和重新配单情况。

#### 5.2.2.4 生产调度管理系统

生产调度系统是根据现场的生产实际和设备情况调整生产顺序的工序计划编制。将工序计划的设计结果转化成各工序的作业指示下达到相应的 L2 级系统。生产调度监控现场的运行，同时负责处理现场的异常事件并进行登记记录，形成生产作业的总体运行记录。

（1）生产调度

生产调度人员实时监控锯切→锻轧→热处理→机加工→检测→包装等各工艺规程间的作业状况、设备的运转、进程中的材料变动等，下达作业指令到相应的 L2 级系统。根据现场的变化，调整、变更、撤销计划顺序，协调整个生产计划的执行和计划中单个物料的执行。撤销的计划将会把物料从计划中撤出不再生产。

生产调度系统对调整过的计划进行可执行性确认，确认后正式下发到各机组的 L2 系统，指导机组组织生产。

销售和生产计划系统与各 L2 级系统实时通信，下达作业指令并收集作业实绩。当前工序的钢轮产品下线顺序确认后，L2 级系统将信息传递到销售和生产计划系统，系统随即把该信息经调度人员确认后传递到后续工序的 L2 级系统，再次确定后续工序的作业顺序。

（2）调度日志

调度系统对值班期内的异常情况（如异常停机、钢坯异常、质量异常等）及时做出反应，并由人员进行录入、查询、修改等操作，记录生产线的整体运行情况。生产/设备故障的详细信息包括岗位机台、事故时间、停产时长、事故原因、事故处理记录、事故恢复时间、记录人、记录时间等。

#### 5.2.2.5 作业管理

作业管理模块分布于生产线现场终端上，用于接受生产调度下达的作业指示，执行作业指示，并对生产实绩进行反馈。系统建立从锯切、锻轧、热处理、机加工、检验到包装生产全过程的作业管理体系，结合现场质检信息，实现生产工序前后之间、作业与管理部门之间的信息共享体制。现场操作实现生产作业指示、工作状态监控、看板管理、作业及质量跟踪、作业实绩管理等程序。作业管理收集 L2 级系统的生产工艺数据、生产实绩和相关系统中的能源消耗指标，分别传送到生产统计模块、进程管理模块。作业管理依赖 L2 级系统，其功能涵盖的范围取决于 L2 级系统。

作业管理系统通过提供生产计划信息、实时工艺信息、质量信息等来指导各岗位的生产，通过工作状态监控和看板管理协调工序间作业，同时收集、录入并保存生产、物流和消耗等作业实绩信息，为生产调度调整计划提供数据基础。

（1）生产线状态监控

提供一个全局的机组工作状态显示，点击操作电脑进入程序后，系统详细描述每台机组正在处理的计划号/钢轮号、处理的时间进度、标准工艺参数及实时工艺参数，完整体现机组状态，包括生产数据、管理分析数据、能源数据等。

生产线状态监控根据机组的操作显示与已有计划进行比较，对没有按期完成的工作进行界面提示，对没有执行的计划提示进入生产调度的“调整工序计划”模块。

（2）看板管理

工序间设置看板显示屏，通过看板传递工序间的需求信息，看板上记录前后工序的加工、完工信息，已安排计划的计划号、时间、数量、所用工器具的型号等。看板式管理模式的每一次物料供应都是对实际消耗的合理补充，体现准时制物流的原则。

（3）工序作业管理

1）锯切作业管理。查询下达给锯切 L2 的作业指令，接收从锯切 L2 传送的锯切实绩，查询内容包括订单号、计划号、每个坯料号（SN）、炉代号、钢坯号、钢坯重量、生产品种名称、图号、质量状态、加工顺序，必备的内容有操作时间、操作人员、班次。

2）上料作业管理。查询下达给上料的作业指令，收集上料实绩，包括每个坯料从锯切工序带过来的属性以及钢坯上料的顺序，必备的内容同锯切作业管理。

3）环形加热炉作业管理。查询下达给环形加热炉的作业指令，接收从环形加热炉 L2 传送的入炉生产实绩、出炉生产实绩和加热炉升温实时信息（各段温度值、采集时间），系统结合环形加热炉 L2 提供的各钢坯在环形炉中每段的时间，模拟显示每一块钢坯在炉中的位置以及实时的炉内温度；同时记录每块坯料从前工序带过来的属性，定时采集炉内的各段温度，每块钢坯的入炉时间、出炉时间及在各温升段的时间，必备的内容同锯切作业管理。

环形加热炉实时监控操作屏模拟界面示意图如图 5-19 所示。

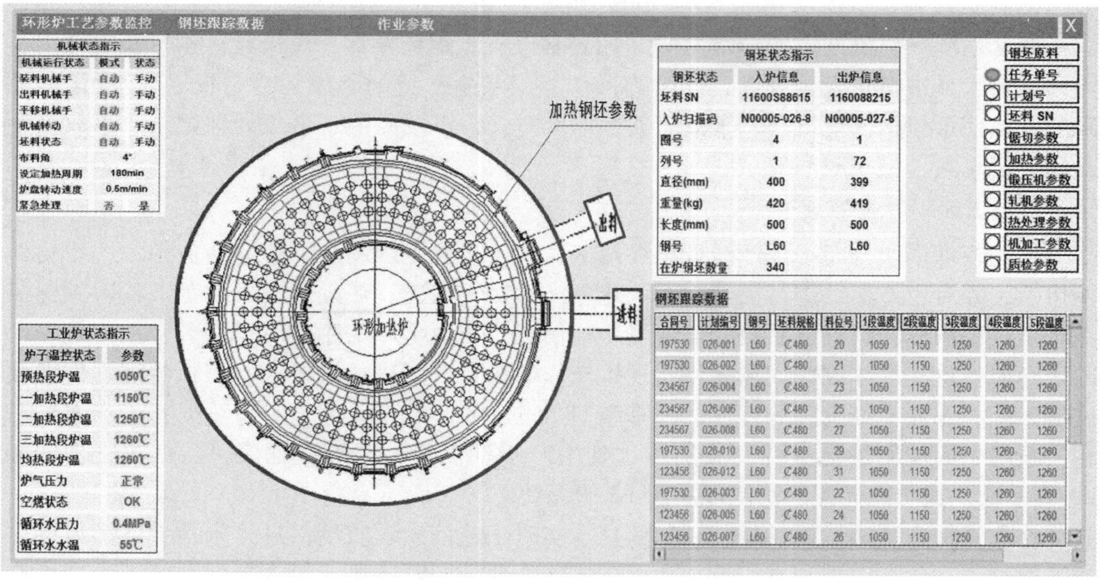


图 5-19　环形加热炉操作屏实时监控模拟界面

4）预成型及成型作业管理。查询下达给锻轧 L2 的作业指令，接收从锻轧 L2 传送的生产实绩（含报废处理）以及每一块钢坯成形时的压力、墩粗高度等工艺参数；同时记录每块物料从前端工序带来的属性，本工序加工过程的参数，必备的内容同锯切作业管理。

5）轧制作业管理。查询下达给锻轧 L2 的作业指令，接收从锻轧 L2 传送的生产实绩（含报废处理）以及每一块钢轮轧制时的轧制量、轧制速度等工艺参数；同时记录每块物料从前端工序带来的属性，本工序加工过程的参数，必备的内容同锯切作业管理。

6）压弯穿孔作业管理。查询下达给锻轧 L2 的作业指令，接收从锻轧 L2 传送的生产实绩（含报废处理）以及每一块钢轮压弯及穿孔时的压力、行程等工艺参数、锻轧后的温度测量值；同时记录每块物料从前端工序带来的属性，本工序加工过程的参数，必备的内容同锯切作业管理。

7）等温扩氢炉作业管理。查询下达给等温扩氢炉 L2 的作业指令，接收测量每个钢轮的锻后温度、从 L2 传送来的生产实绩。系统结合 L2 提供的各钢轮在炉内每温度段的时间，模拟显示每一块钢轮在炉中的位置以及实时的炉内温度；同时记录每块钢轮从前端工序带来的属性，定时采集炉内各段温度，每块钢轮的入炉时间、出炉时间、各温升段的时间，必备的内容同锯切作业管理。

8）淬火前加热炉作业管理。查询下达给淬火前加热炉 L2 的作业指令，接收从淬火前加热炉 L2 传送的入炉生产实绩、出炉生产实绩。模拟显示每一块钢轮在炉中的位置以及实时的炉内温度；同时记录每块丕料从前端工序带来的属性，定时采集炉内各段温度，每块钢轮的热处理批号、入炉时间、出炉时间、各温升段的时间，必备的内容同锯切作业管理。

9）淬火作业管理。查询下达给淬火 L2 的作业指令，接收从淬火作业 L2 传送的生产实绩和每一个钢轮出炉温度、到淬火台时的温度、淬火台编号、淬火水温、水压等工艺参数；同时记录每块物料从前端工序带来的属性，本工序淬火过程的参数，必备的内容同锯切作业管理。

10）回火炉作业管理。查询下达给回火炉 L2 的作业指令，接收从回火炉 L2 传送的入炉生产实绩、出炉生产实绩和炉内温度等实时信息，模拟显示每一块钢轮在炉中的位置以及实时的炉内温度；同时记录每块坯料从前端工序带来的属性，定时采集炉内各段温度，每块钢轮的热处理批号、入炉时间、出炉时间以及在各温升段的时间，必备的内容同锯切作业管理。

11）粗加工作业管理。粗加工作业管理等同于粗加工库的管理。查询通过审批并下达给粗加工工序的外协作业指令，按指令进行钢轮外协出厂登记，接收外协完成后的返库信息、质检信息以及质量不合格的退库信息，对返修品做返修标记和登记。

12）精加工作业管理。查询下达给精加工 L2 的作业指令，接收从精加工 L2 传送的生产实绩和加工工艺参数；同时记录每块物料从前端工序带来的属性，加工钢轮的图号、加工机床号、加工过程参数，必备的内容同锯切作业管理；对返修品做返修标记和登记。

13）检测区作业管理。查询下达给检测区 L2 的作业指令，接收从检测区 L2 传送的每个钢轮检测实绩和判定结果；同时记录每块物料从前端工序带来的属性，钢轮的检测号、检测数据，必备的内容同锯切作业管理；对不合格品做不合格标记和登记。

14）包装作业管理。查询下达给包装工序的作业指令，收集包装的作业实绩；同时记录包装组箱实绩及每块物料从前端工序带来的属性，包装箱的唛头（包号标签）、包内轮径公差配对，必备的内容同锯切作业管理。

#### 5.2.2.6 现场质检管理

(1) 质检信息管理

质检信息管理主要是收集、记录、查询与生产物料相关的化学成分、物理和力学性能等试验信息的原始记录和复检记录，对应的取样、委托、接样记录，这些数据是质量判定和质保书生成打印报表的原始基础数据。

系统记录相应的取样单据、委检单号、材料号、检验原始台账以及按照规则进行的复检原始记录。基础质检信息记录包括：

1）原辅料到货的表面、理化检查记录；

2）锻轧后钢轮的热态尺寸检查记录；

3）热处理后的硬度抽检物理检查记录，根据钢轮的炉号、热处理批号，按照 10%的比例进行硬度抽检，记录检测数据；

4）破坏性抽检的化学检查记录，根据钢轮的炉号、热处理批号，按照每炉一个的原则进行破坏性的化学检验，记录检测数据；

5）破坏性抽检的物理检查记录；根据钢轮的炉号、热处理批号，按照每炉一个的原则进行破坏性的物理检验，记录检测数据；

6）粗加工到货的检查记录，根据外协粗加工的批号，进行回厂钢轮的进厂验收检验，记录其原始检测数据；

7）钢轮通过检测线的检测记录，记录每个钢轮通过检测设备的检测数据。

（2）质量判定管理

质量判定管理是指根据检化验记录以及工艺数据进行的质量合格与否的评定，包括原辅料进厂的到货质检判定、过程检测判定和成品综合判定管理。

1）原料到货判定。原辅料到货质检是指到货钢坯的表面及理化检验合格后，根据到货钢坯尺寸、材质、原熔炼成分、复验成分进行综合判定，确定是否能进厂入库或降档处理。对判定质量严重不合格的货物作退货处理。

2）过程质量判定。过程质量判定是指对产品加工的材料进行在线的或离线的检查，判定合格则进入下一工序；质量异常则进行滞留，并选择异常代码作为异常信息的记录。判定滞留的材料暂不再继续加工，转由异常处置管理模块处理，如判废、通过、改向、判次、工序追加等进行后续处置操作，判定过程如图 5-20 所示。过程质量判定包括：

① 热处理下线后硬度抽检判定；

② 破坏性试验结果判定；

③ 检测线检测结果质量判定。

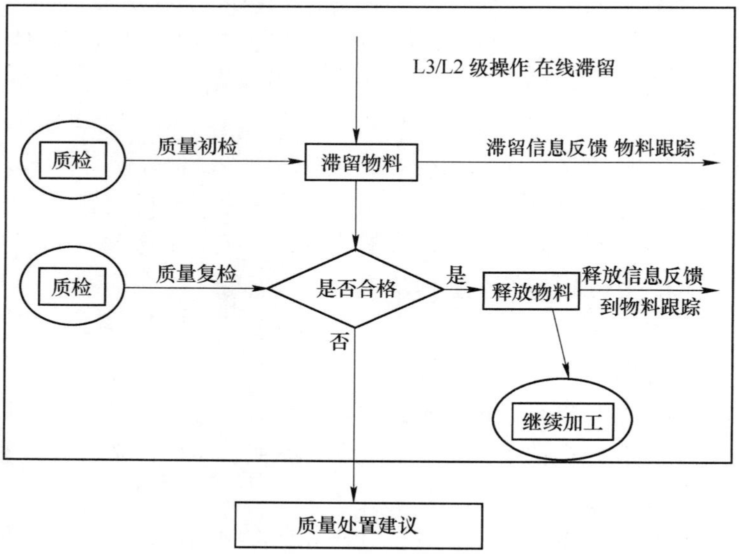


图 5-20　质量判定过程

3）成品综合判定。成品综合判定是指根据成品在执行过程中的各种检验结果，包括化学成分检验数据、物理性能检验数据、表面外观检验数据以及对应订单的质量标准等，对成品执行的综合判定，是确保交给客户的产品质量为合格的基本评判准则。系统可提供对应成品生产过程中的质检检验及判定台账的记录及查询，建立可维护的质检缺陷主数据库，进行快速原因归类及分析。

（3）异常处置管理

对加工过程中的异常滞留钢轮，质检人员基于代码录入质量异常原因的信息，系统形成异常事件记录，流程提醒计划调度人员关注。利用系统建立的质量标准规范（固化改向指示），协助相关人员对异常钢轮做出合适的改制处理，以便异常钢轮的再利用。对成品钢轮的质量异常，系统只记录产出信息和质量异常原因，由销售部门处理。

异常处置管理系统记录异常处理过程：对应钢轮的异常记录、异常原因，由质检人员或工艺人员填写处置建议（降档、降级使用），通过审批流程确定异常处置方法，由计划人员在工序计划中考虑进行材料的再利用。系统记录下处置单的审批过程，并记录再利用材料的原始宗谱。

质检人员 $\xrightarrow{\text{异常原因}}$ 质检人员/工艺人员 $\xrightarrow{\text{处置建议}}$ 逐级审核 $\xrightarrow{\text{处置确认}}$ 计划人员 $\xrightarrow{\text{材料再利用}}$ 材料重新匹配订单

（4）质保书管理

按照质量设计的要求，制定和确认质保书的模板格式。质保书管理主要是根据质量设计的要求综合各种数据进行质保书的生成，并按照要求的格式打印后交给客户。

质保书管理模块主要包括以下几部分功能：

1）质保书模板管理；

2）质保书生成；

3）质保书打印；

4）质保书数据查询。

（5）质量异议管理

质量异议管理是当客户在产品使用过程中，发现产品质量问题提出质量异议后，生产部门对此进行质量异议登记、实物确认、异议处理、审核等业务的全过程管理。

质量异议管理模块的主要功能包括以下部分：

1）质量异议登记。对于有质量异议的产品进行登记。

2）实物确认处理。检查当时的实物，确认其当前状态，进行登记处理。

3）异议处理、审核及综合查询。查询异议产品的材料履历，为审核提交分析报告，记录最终处理结果。系统具有对每项异议都能够进行过程查询的功能。

#### 5.2.2.7 进程管理

进程管理是系统在全面准确的数据支撑下，对信息进行分类展示的查询模块。进程管理由订单进程（计划进程）和材料进程组成，可以快速查询每一个订单（计划）的执行阶段、完成和欠量情况，查询材料的生产履历和位置以及材料的转移和订单的改挂。

（1）订单进程管理

1）订单进程实绩。订单进程是对每一个订单/工序计划的计划量、通过量、在库量、封锁量、充当量进行实时跟踪，描述订单在各工序的完成量和欠量。从相关子系统中收集、管理并提供针对订单/计划的各种材料（原材料/成品）以及在生产线的各机组及上下线的作业进程信息，实时对作业指令中最小单元，即：单个钢轮进行跟踪，实时接收实绩信息并处理与之对应的物料在工序加工中的相关事件数据，反映订单/计划的工序欠量、材料库存及工序通过量的变化。

通过订单进程，明确订单/计划生产过程的进行状态，掌握完成阶段和完成终了情况，预测交货期和进行脱期报警，快速进行补料排产或材料转用。

2）订单进程处理。接到正常产品生产实绩时，计算前后工序间订单进程量并上传到数据库中。接收到不良品生产实绩时，变更作业指示对象量，以便下达调度指令，追加作业指示。

根据订单量，通过生产计划的操作，用同一规格的余材替代预计的交货延迟量，使之按期交货。

（2）材料进程管理

1）材料进程实绩。材料进程是系统根据材料号（SN），分析对应材料的分配订单、过程情况以及显示材料的加工过程信息、质量状态、位置以及材料的转移和材料的宗谱关系。通过材料进程，可以最小单位即单个钢轮查看其生产过程的进行状态、加工路径和在各工序的运作情况。

2）物料跟踪处理。通过 L2 生产实绩的反馈及库存信息，形成完整的物流信息，并以物料状态实现对每个钢轮的原料情况、中间情况、成品情况的全程跟踪管理。通过掌握每个钢轮在工序及库存状态的各种变动，更新物料档案，保持实物和信息的一致性，其中包括产出实绩/变更实绩处理、入库/出库处理、物料信息增加/更新/取消处理、判废品/判次品/余材处理、返修指示处理、包装实绩、停机实绩等。

由于生产管理方面的原因，系统需要具备对物料进行封锁和解除封锁等物料管理操作的功能。

3）滞留物料查询。查询中间生产滞留的异常物料信息、加工区域、滞留原因及位置等基本信息，系统自动形成作业管理及现场质检管理。

4）材料履历索查。根据铁路车轮使用的特殊性，系统通过材料的宗谱关系，查询存储记录中单个钢轮的生产过程、加工路径、各工序的工艺参数和质检情况，提供材料履历的索查。

对有质量异议的钢轮查询、相关工序操作数据及操作人员的记录查询，增强分析问题的全面性。查询系统界面如图 5-21 所示。

系统按照客户的要求，需具备提供对钢轮的相关履历长达 15 年或小于此年的存储及查询业务。

#### 5.2.2.8　库存管理

库存管理模块：拟基于 DRP（distribution resource planning）物料配送和制造规划系统或 MRP（manufacturing resource planning）制造资源计划系统，对厂区内的所有库区堆场实行实时、准确的管理。库存管理平台体系如图 5-22 所示。

模块管理的主要目的是减少库存、加快物流、快速及时且准确地跟踪管理的物料。跟踪管理的仓库包括生产物流的原料库、中间库、成品库、机械设备的备品备件库，涉及库区、库位、层次、数量、产品代码以及相关的品质、规格属性等。系统程序录入管理的入库、出库、退库的时间、对应的单据、物料代码、品名、品种、规格、数量、供应商以及炉号、化学成分、力学性能等物料数据，当前存放的位置和堆放策略（区/排/垛/吊）等信息。对于尚无垛位信息的库存，则需人工详细录入，并留有今后继续开发程序控制的接口。

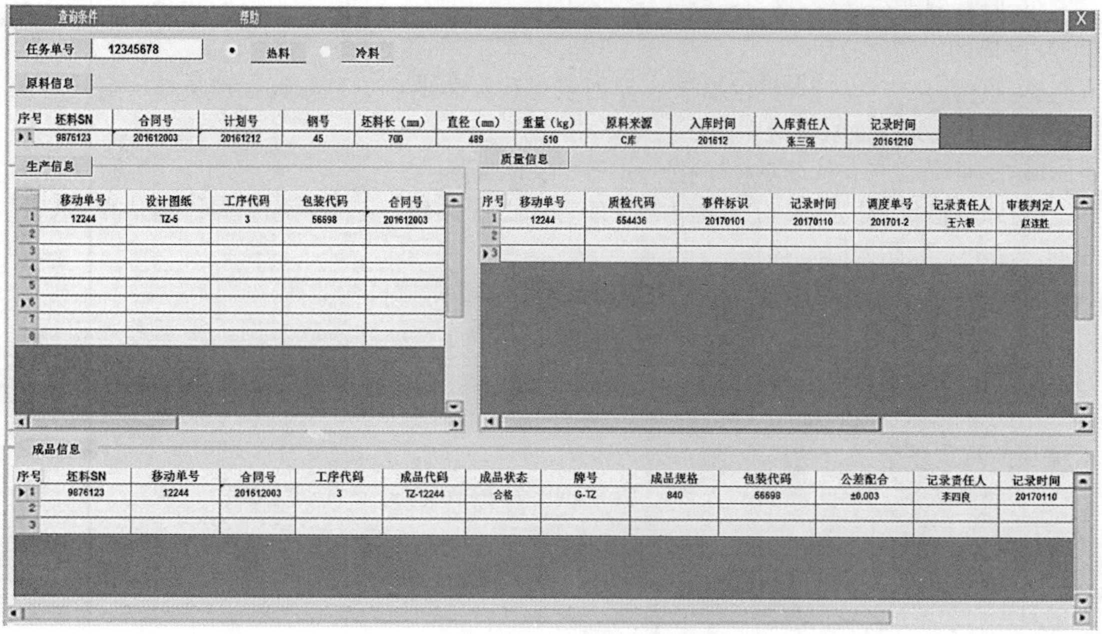


图 5-21 履历查询系统界面构思图

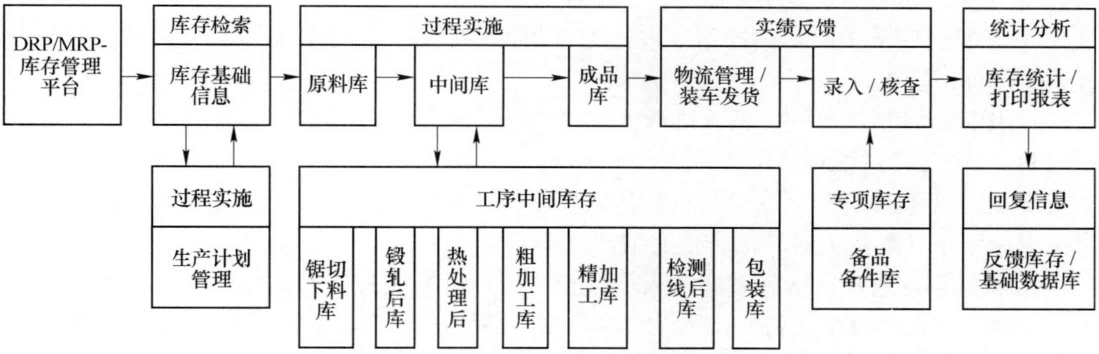


图 5-22 库存管理平台体系

库存管理系统另一个主要管理目标功能是：记录物料的入库、倒垛、领料、退库、盘库和出库信息，定期更新物料和库位的信息，生成报表并尽可能详细地显示报表内容。

（1）库存基础信息管理

设置原料库、中间库、成品库、备品备件库等仓库的基本参数，如库区号、堆放区、库位、行列数、库存能力等，具备以图形方式显示库存情况的功能。

1）原料库管理。

① 原料入库按照采购单到货的物品经数量清点及表面及理化检查合格后方能入库。原料入库时的基础信息包括供应商、钢种、材质、规格、重量、数量、入厂时间、原熔炼成分、复验成分、炉代号、钢坯号、外观质量信息（边部、锥度等）、库位、入库人员、复验人员等。

② 原料倒库/倒垛。将一个钢坯从一个库位/垛位移运到另一个库位/垛位，系统记录倒库/倒垛的实绩信息。

③ 原料出库。提料人员根据作业计划填写和打印出库单，原料管理员核实后进行实物出库并在系统进行原料出库操作。

④ 原料库盘点。盘点原料库存，保证库存的准确。

⑤ 原料退货。按照采购退货单进行库存的退库操作，记录入库单号、退货单号、供应商、品种、数量及其他操作。

⑥ 原料库库区占位图。以形象直观的图形方式显示原料库的库存信息。

2）中间库管理。中间库/过程库包括锯切下料库、锻轧后库、回火炉后库、粗加工库、精加工库、检测线后库。

中间库的物料既可能是工序生产的，也可能是回退返修的，这时的物料基本信息都是系统从前端工序带来自动形成的。

① 物料入库。中间产品的入库一般根据工序的作业实绩自动完成，系统记录其质检状态信息（待检、合格、封闭、转加工、废品）。

② 物料倒库/倒垛。将物料从一个库位/垛位移运到另一个倒库/倒垛，自动或人工输入记录库位/垛位实绩信息。

③ 物料出库。按照工序生产计划组织物料出库。中间库的出库一般根据后续工序的作业实绩自动完成。

④ 中间库盘点。盘点中间库库存，保证库存的准确性。

⑤ 物料退库。按照工序计划单进行库存的退库操作，记录计划单号、品种、数量及其他退库标记操作。

⑥ 中间库库区占位图。系统以形象直观的图形方式显示中间库的库存信息。

3）生产工序过程存储库。

① 锯切下料库管理。锯切下料库的入库信息由锯切下料工序下线实绩产生；出库信息由下一工序（加热上料）的作业实绩产生。

② 锻轧后库管理。锻轧后库的入库信息由压弯穿孔工序下线实绩产生；出库信息由下一工序（等温扩氢炉上料）的入炉实绩产生。系统记录锻轧时的锻废、轧废品及其转移信息。

③ 回火炉后库管理。回火炉后库的入库信息来源有两种：按照工艺路径需要落地的回火炉的出炉实绩，出库信息由下一工序（粗加工）的外协出厂登记产生；退库信息由工序计划重加工的转移物料产生。系统记录对应钢轮热处理后的质检信息以及不合格品的登记、转移信息。

④粗加工库管理。粗加工库的入库信息来自外协加工回厂的登记，系统还需记录外协厂名、进厂检测结果。出库即需转入精加工工序的钢轮，通过无线采集器对需转工序的钢轮采集、核实，人工打印纸质交接单（一式两份），交接单上记录系统中的移动单号、轮型、数量，通知精加工工序接料人员对本次交接的钢轮进行审核、签字并记入系统。

⑤ 精加工库管理。精加工库的入库信息即核定粗加工转序的钢轮；出库信息由下一工序（质量检测线）的作业实绩产生。退库信息是来自检测不合格而通过工序计划转移来的物料信息。

⑥ 检测线后库管理。质量检测线后库的入库信息由检测线的作业实绩产生，出库信息由下一工序（包装）的作业实绩和转精加工的再加工物料信息产生。系统记录对应钢轮的检测信息以及不合格品的登记、转移信息。

⑦ 包装库管理。包装库的入库信息由包装的作业实绩产生；出库信息由成品管库人员对已组包好的钢轮进行成品采集核对后，用移动单把计划交验的钢轮交到终检工序，并在系统进行出库操作。退库信息是按照计划把出库后需重新拆包的物料做转移回库的标记信息。

4）成品库管理。成品库的钢轮是通过终检的合格产品。

① 成品入库。交终检工序并通过终检的合格产品即产生成品入库信息。

② 成品移库/移垛。将一个成品箱从一个库位/垛位移运到另一个库位/垛位。

③ 成品出库。发料人员根据发车单，用无线采集器对发运的包号逐一扫描登记，通过扫描标签可以知道包中单件钢轮的数量，并进行校验包号的正确性。发运时，视发运的需要，组成能够方便拆包及再重组包装的形式，便于完成发运。发运实绩自动生成成品出库操作。

④ 成品库盘点。盘点成品库库存，保证库存的准确性。

⑤ 成品库退库。按照销售退货单进行库存的退库操作，记录出库单号、退货单号、客户、订单号、品种、数量及其他操作。

⑥ 成品库库区占位图。同中间库一样以形象直观的图形方式显示成品库的库位信息。

（2）备品备件库管理

备品备件库是对工具和机械设备的重要零部件进行入库、存放、出库、退库管理。

1）备品备件入库。按照采购单到货的物品经数量清点及检查合格方能入库。备品备件入库时的基础信息包括申请单号、采购单号、供应商、部件编码、部件类型、部件名称、规格、重量、数量、入厂时间、库位、入库人员、备注等。

2）备件倒库。将一个备件从一个库位移运到另一个库位，系统记录倒库的信息。

3）备件出库。提料人员根据审批的领料单填写和打印出库单，原料管理员核实后进行实物出库并在系统上进行备件出库操作。

4）备件库盘点。盘点备品备件库存，保证库存的准确性。

5）备件退库。包括采购物料的入库、退库和领料出库后的退库操作，记录入/出库单号、退货单号、供应商/部门、品种、数量及其他操作。

6）原料库库区占位图。同中间库一样以形象直观的图形方式显示备品备件库的库存信息。

（3）库存查询统计

1）查询相应库的库存情况（明细和分类汇总）。

2）查询相应库的入库实绩、出库实绩、退库实绩和移库、盘库实绩。

3）查询相应库的历史库存情况，进行库存趋势分析。

#### 5.2.2.9 物流运输管理

物流运输管理 TMS（transportation management system）是提高物流管理能力的操作系统，包括国内和国外的出厂发货计划、运输方式、价格基准和费用、选择承运人、处理货损索赔、安排第三方物流等。现代化的物流运输系统基于网络的一体化优势，能够建立快速、准确的物流机制，做到订单处理与企业内部 TMS 的无缝衔接。物流运输管理系统的构思和流程如图 5-23 所示。

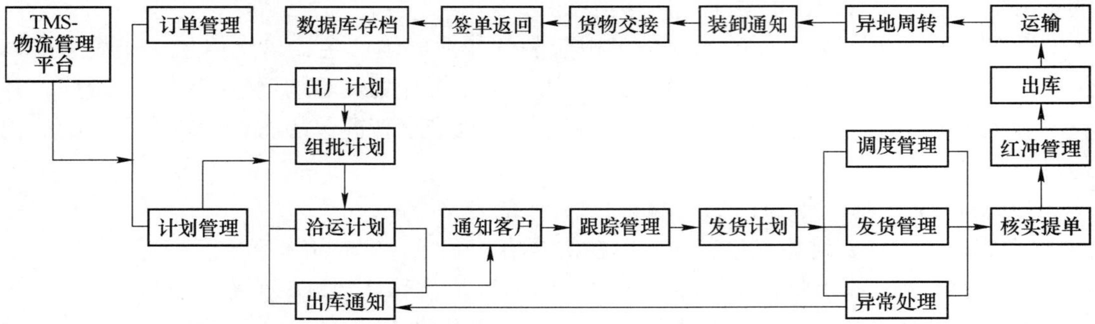


图 5-23 物流运输管理系统的构思和流程

（1）可发成品管理

通过综合判定、满足客户订单要求、按规定要求包装完毕的产品，在系统内将其从在制产品状态转变为可发成品状态。物流运输管理系统对照客户订单信息自动进行可发资源的接收，在成品上匹配相关的运输管理信息，以备后续出厂流程对成品出厂进行管理。

（2）出厂计划管理

1）出厂计划。根据生产计划及可发资源，结合客户合同信息进行出厂计划的编制，根据合同的运输方式编排出厂计划。

2）组批与洽运。根据客户合同指定的运输方式进行资源分流，综合考虑成品发运能力，将出厂资源分为汽运资源、铁路运输资源。

汽运组批与洽运。考虑客户自提能力及同一收货单位合同下产品的产出量和交货时间，将可同批出厂的资源转入等待洽运状态，由汽运计划人员与提货单位商定确切的提货时间，便于编制汽运出厂计划。

铁运组批与洽运。根据出厂计划中的铁运需求，申请车皮计划及获得铁路局反馈的批准计划进行铁运组批。根据到站地点，将同运输线路的资源编入同组批等待洽运，对收货单位、运输方式（整车）进行铁运车皮数量的计算，确定最终向铁路局申请的车辆数目，形成车皮申请计划。

3）发货计划管理。按有效资源编制汽运、铁运发货计划，对应合同计划中的资源，分开不同的提单，向成品库下达发货计划。

4）发货计划跟踪。接收出库的发货实绩，按计划、提单、合同跟踪各发货计划的执行情况，网上随时发布信息，依据计划进度对影响出厂的内外因素进行合理调配，确保成品出厂按计划、有序地进行。

（3）发货管理

1）发货核实。接收出厂发货计划，确认承载运输方所提供的提单内容，核实无误后运行发货操作。实物离库后将发货实绩录入系统，同时打印发货单。

2）红冲管理。在处理业务操作环节的异常情况时，系统具备提供在一定条件下允许数据流回退、修改的操作功能。

5.2.2.10　能源辅料消耗管理

能源、辅料包括水、电、气、汽、油等。系统从微机监控及综合保护装置或相关的智能计量仪表中采集水、电、气、汽、油等能源辅料消耗的数据，查询、统计和报表打印。能源辅料消耗统计流程如图5-24所示。

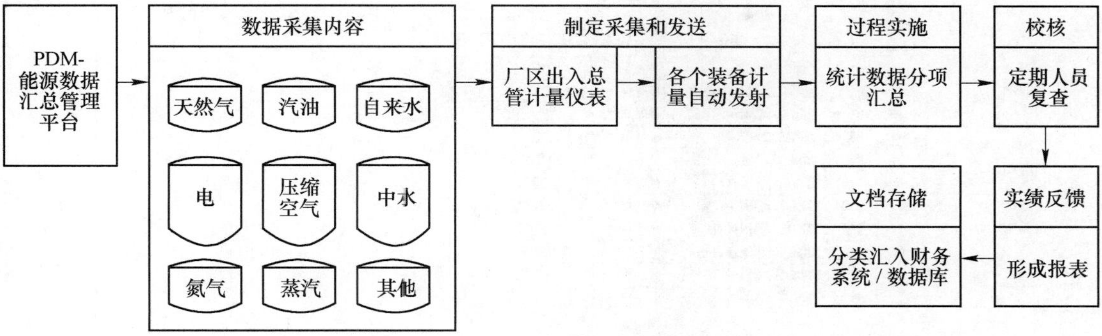


图5-24　能源辅料消耗统计流程

对于没有系统接口或智能仪表的设施，系统提供能源辅料消耗数据的人工直接录入功能。能源辅料消耗数据作为生产实绩进入统计数据。

能源辅料消耗按区域、车间、生产工序分别进行归集，定期将进厂入口处的计量总表与分表进行核实，按实际消耗核算产品成本。

5.2.2.11　设备管理

针对铁路车轮生产现场主要为大型生产设备的情况，从购置、安装、维护到报废，对整个生命周期中各个阶段的有关信息进行收集、整理，为企业的科学管理提供依据，达到保持设备完整率、高效发挥率、减少维修费用等效能的目的。

（1）设备基础信息

1）设备档案管理。建立设备台账的基本数据档案，设备档案的基本信息一般包括代码、名称、型号、规格、供应厂商、购入日期、价格、保管部门、公称能力、计量单位、台套数、重量、制造单位、使用年限、使用时间、安装地点、评估原值、期末净值、年折旧率等。设备档案管理系统界面如图5-25所示。

设备档案管理包括设备档案的建立、修改、删除（即报废，转入历史数据）和查询等功能。

2）设备管理制度。制定设备点检、维护管理制度，制定设备维修工时定额、维修费用定额、维修器材消耗定额，建立基本数据库。

（2）设备备件管理

备件管理是对日常生产过程中一些工具和机械设备重要部件及备件的管理；是对使用和维护的工具和机械设备零部件的编码、使用期限、寿命等信息进行管理。备件的详细信息包括部件编码、部件类型、部件名称、使用期限、寿命、更换日期、初装日期、拆装日期，经办人、备注等。

备件管理系统具有以下主要功能：

1）备件/材料计划申报；

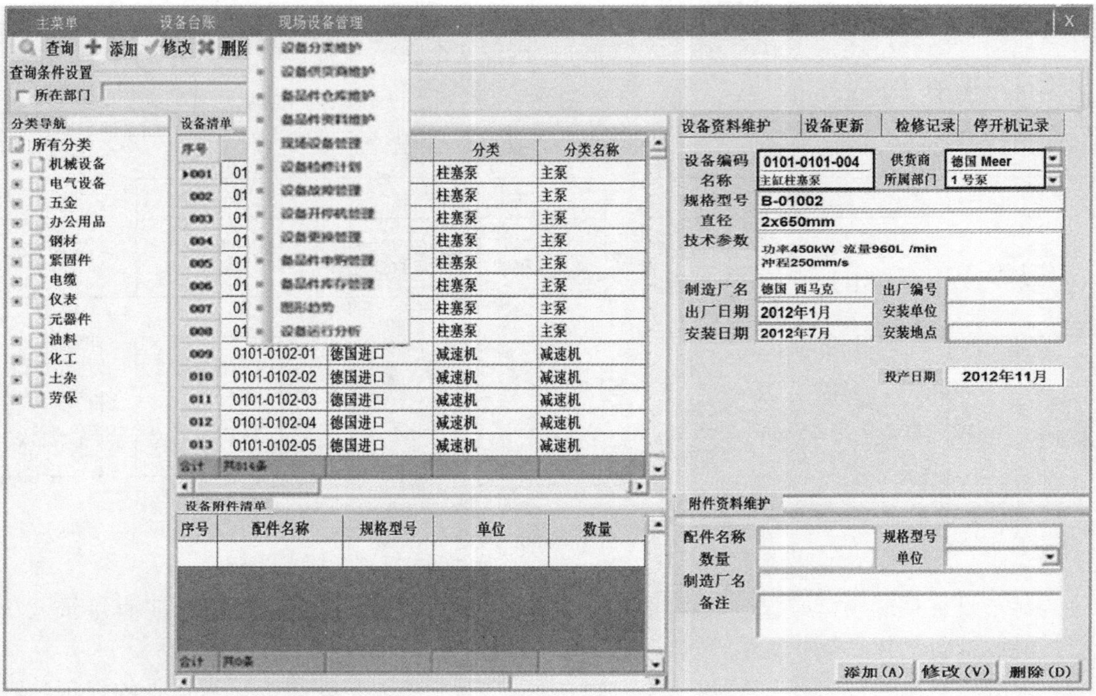

图 5-25　设备档案管理系统界面

2）备件/材料领料使用跟踪；

3）备件/材料消耗统计；

4）备件/材料库存查询。

（3）设备履历管理

设备履历管理是对机械设备和备件在使用维护过程中的记录，包括运行时间、故障时间和原因、点检维修信息直至报废。系统通过综合查询模块分析机械设备及备件的状况，也为招标时选择适合的设备供应商提供基础数据。

现场设备点检及维护配置手持终端，可快速收集和反馈设备信息。系统将管理数据与手机通信连接，通过手机短信接收系统故障报警点、故障类型、故障时间等信息。

1）设备运行实绩。系统记录机械和电气设备的在线运行时间、启停机时间以及停机故障记录，反馈到设备管理系统和上级管理系统。

2）设备点检管理。结合设备点检标准，协助管理人员编制点检计划，提供设备点检结果的录入、修改、转移（将点检结果转为维修计划）、删除、查询等功能。

设备点检结果包含的主要信息有点检时间、点检类型、点检人员、故障现象、故障原因、处理措施等。

3）设备维修管理。根据设备的维修通知单、设备档案提出的维修计划、大修计划、预维修计划，进行维修费用预算，安排和调整维修进度，提供设备维修结果的录入、修改、删除、查询等功能。

4）报废管理。对于报废已不能再进行维修使用的设备，予以报废处理；记录报废信息；系统提供对报废设备信息的查询功能。

5）综合统计分析。对于设备的基础信息、履历所对应设备的运行情况，提供综合查询和分析功能。

（4）模具、轧辊及磨刃具管理

模具、轧辊及磨刃具管理主要针对现场使用的模具以及工器具等实现其从入库、装配、作业、修磨及报废的全程管理。工模器具的管理系统如图 5-26 所示。

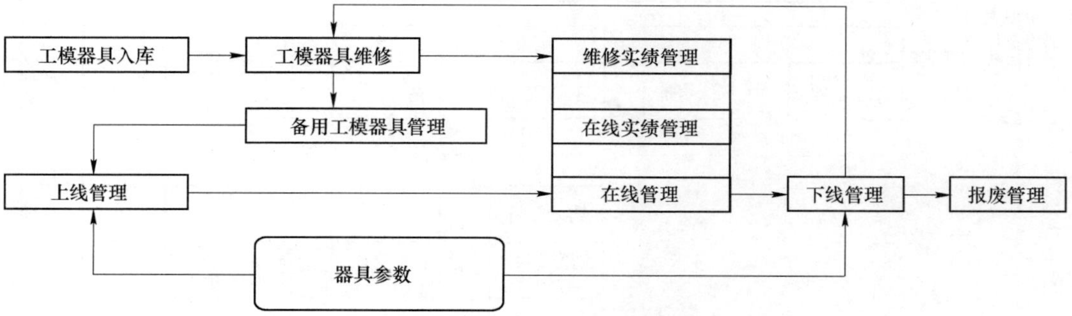


图 5-26 工模器具的管理系统

1）建立模具、轧辊及磨刃具的档案及履历管理台账，对消耗材料以及工、模具进行跟踪管理。

2）记录磨削的实绩，管理磨削的修磨实绩，为配、装提供基础数据。

3）接收各机组 L2 传送的工模器具在线实绩，实现对应设备的参数、加工使用情况等相关实绩数据的实时收集，记录模具、轧辊及磨刃具的下线状态，调用履历记录。

4）结合作业计划，选取可使用的模具、轧辊或磨刃具数据进行配具，将配具的组装部件信息形成配具状态集成，生成模具、轧辊及磨刃具与机架相匹配的成套关系，当需要更换工器具时，操作人员通过作业系统发送对应配组的模具、轧辊及磨刃具部件。

模具、轧辊及磨刃具管理系统存储有配组器具的技术参数，具备配、装、卸实绩以及磨削实绩的后备输入功能。

5.2.2.12 采购管理

采购管理帮助采购人员控制并完成从采购计划、采购申请、采购订单直至到货接收、检验入库的采购物料全部过程；有效地监控采购计划的实施、采购成本的变动及供应商交货的履约情况，帮助采购人员选择最佳的采购策略和供应商，确保采购工作高质量、高效率、低成本的进行。

（1）供应商管理

1）供应商信息管理。供应商管理主要包括供应商基本信息、供应商信誉等级、供货质量、供货服务、价格等。采购管理系统为公司选择合格供应商建立一个基本的信息档案。

2）供应商信息查询。系统同时提供对供应商基本信息的查询功能，查询对应供应商的采购订单、采购单状态、到货数量、对应入库单以及应付款项等信息。

3）价格趋势管理。建立采购货物的价格记录表，分析同一货源，不同供应商各自报价及平均价格报表，同一货源在指定时间段的价格趋势走向。

（2）采购/外协订单管理

1）采购需求信息。采购需求信息主要包括生产、库存等需求产生的原料采购需求信息，生产产生的外协加工需求信息，设备及备品备件库存产生的设备备件采购信息。其他部门提出的采购需求，只要将请购项目统一归类合并，即可生成采购申请单。采购流程如图 5-27 所示。

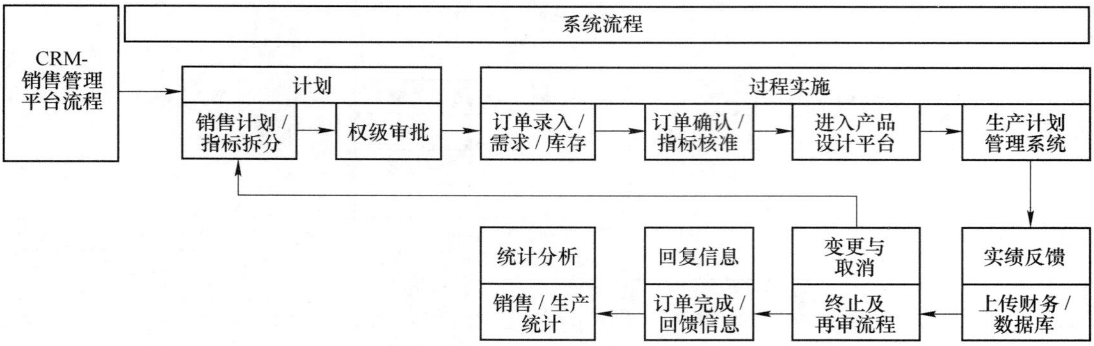


图 5-27　采购流程

2）采购单审批。采购单分类包括原辅料采购单、外协加工采购单、设备备件采购单、零星物品采购单、汇总采购资金需求审批单等。采购人员提交采购单的同时，应提供对应产品的合格供方及价格。为确保采购单信息的严肃性，在考虑企业的资金状况下，对采购单进行流程审批，通过评审后的订单才可以和客户签订合同。

3）采购单确认。当和客户正式签订采购合同并盖章签字，具有法律效力后，在系统上执行采购单确认操作，使采购单变为“确认”状态。确认后的采购单信息将通过接口传送至财务系统作为付款的基本依据。

4）采购单变更与取消。在某些特殊情况下，采购单的内容需要变更或者取消。系统按照采购单的变更/取消条件确认能否进行变更/取消，当允许变更/取消时，则改变采购单相应的状态或信息，变更后的采购单必须重新进行审批和确认。采购单进行变更和取消的相关信息必须通过接口通知财务系统，以便财务系统进行相应的变更和取消操作。

（3）采购/外协到货管理

系统支持同一采购单不同时间、不同地点、不同数量的分批交货。

1）到货管理。对到货到单、到货不到单、到单不到货多种业态分别进行管理，采购到货管理自动更新采购需求信息、采购单、到货批次的到货进度信息。

2）检验管理。采购单到货后进行检验才能进厂入库，系统支持免检管理，支持检量记录和数量差异记录。

3）退货管理。系统支持对不合格商品进行退货处理，自动更新采购需求信息、采购单、到货批次等信息。仓库管理退库后系统将自动更新到货单、采购单的入库进度信息，同时将退货信息传递至财务系统。

4）采购统计分析。采购统计分析将所有采购数据集中统一管理。通过时间、供应商、申购部门、物品等多维条件的统计分析，及时掌握采购动态、评估采购业绩、评价供应商，分析申购集中度，从而准确掌握采购资金流向和物品流向。

#### 5.2.2.13 统计分析

(1) 机组/班组评估

报告一段时间内机组/班组的产量、成品率、成材率、生产钢轮号清单，所有钢轮计划执行时间和实际执行时间等，与预定的机组/班组产量、机组/班组成品率、机组/班组成材率、执行时间进行比较，得出一个评估统计。

(2) 生产统计报表

为生产管理人员和操作人员实现对生产计划安排、计划指标、生产实绩、完成情况、库存、质量及各种生产标准等信息数据进行快速查询提供方便手段。

1) 机组生产实绩班报、机组生产实绩日报、工序控制日报；

2) 废品记录台账；

3) 生产日报表、技术经济日报表；

4) 产品产量统计表、能源辅料消耗报表。

(3) 成本数据

对一段时期内的机组生产实绩、技术经济日报表、产量统计表、质量报表、废品台账、能源辅料消耗表等信息数据进行处理，按照原料投入量、品种产出量、成品率、能源辅料消耗进行归集，产生日生产成本数据报表。

(4) 统计分析

以曲线图、柱状图、饼状图等各种图形方式对企业生产运行、销售、采购、设备维护、产量、质量等情况进行统计对比分析，统计分析构思如图 5-28 所示。通过直观的统计使管理人员对比近期的生产情况，形象客观、一目了然，便于高层的决策。

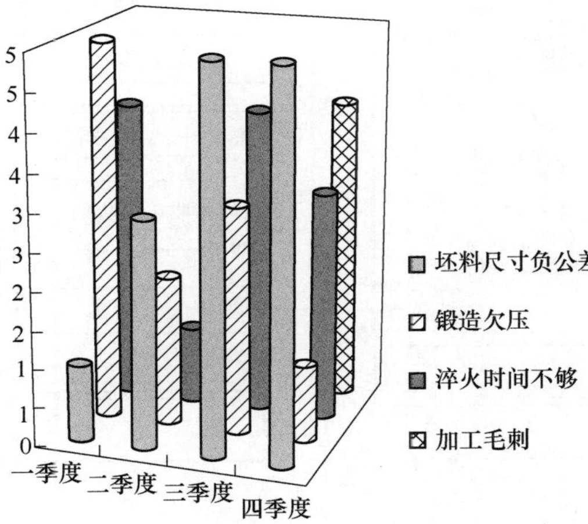


(a)

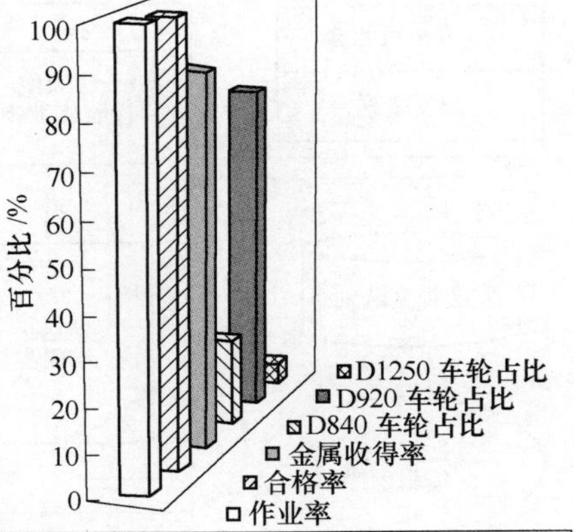


| | |
|---|---|
| 作业率 | 100% |
| 合格率 | 99% |
| 金属收得率 | 85% |
| D840 车轮占比 | 20% |
| D920 车轮占比 | 75% |
| D1250 车轮占比 | 5% |

(b)

图 5-28 统计分析构思截选图

(a) 不合格原因分析；(b) 车轮产量占比分析

### 5.2.2.14　接口管理

通信管理即接口管理，为产销系统与其他信息系统（ERP 系统、机组 L2 系统等）的数据交换提供统一的、规范的接口功能。系统设计时，对一般需要接口的信息采用统一的编码管理，所有工艺参数、质量参数、设备数据都进行代码数字化管理，便于系统长效地扩充和维护。

通信管理与其他系统交换的信息，在实施项目建设时就需建立明确的信息编码，根据信息编码参数即可知道信息的来源。信息编码规则按编码标准实现。通信管理要充分考虑到各种异常情况的出现，如网络故障、处理错误等，保证信息传送不丢失，准确及时且具有断点续传功能。电文通信方式示意图如图 5-29 所示。

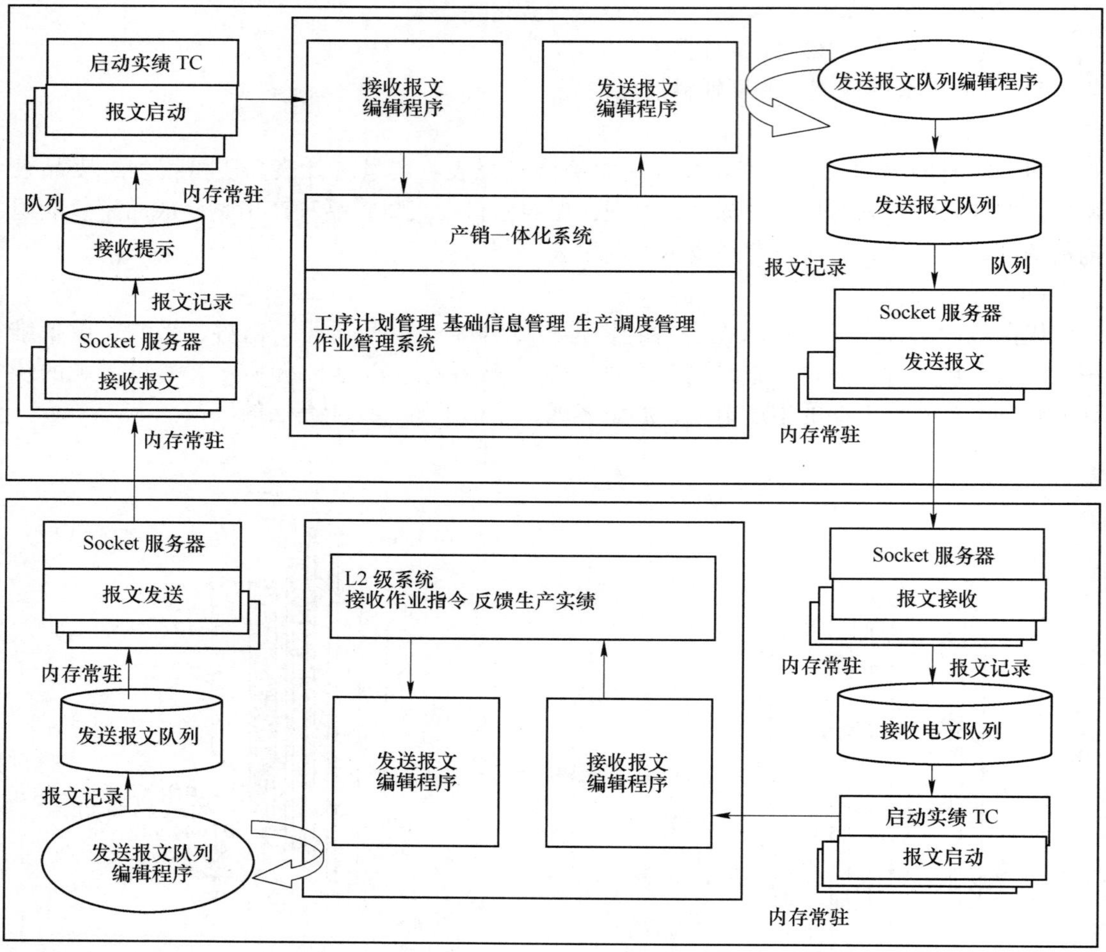


图 5-29　电文通信方式示意图

产销系统与 L2 级系统通信规则如下：

1）通信方式（电文通信）：

①通过电文通信方式进行数据交换，电文通信基于 TCP/IP Socket 通信，一般与 L2 级通信采用该种方式；

②使用 HTTP 协议，以数据库交换 SQL-NET 查询调用的方式进行通信，接口双方需共同确认数据调用地址及数据格式。

③使用 HTTP 协议和 XML 协议以 Web Service 调用的方式进行通信，接口双方需共同确认调用地址及 XML 文档格式。

④所有计算机系统的通信经由局域网（LAN）进行，遵从行业标准。

注：接口通信方式和数据的详细内容以及编码在具体工程项目实施时确定和修改。

2）与 L2 系统通信数据见表 5-1。

**表 5-1 系统通讯数据表**

| 报文类型 | 说明 | 发送时机 | 方向 |
|---|---|---|---|
| PDISend | 发送工序计划数据到二级系统 | 操作员制订计划 | L3→L2 |
| WIDSend | 发送最新文档资料数据到二级系统 | 操作员制订计划 | L3→L2 |
| RDISend | 发送 Forging Data 数据到锻轧二级系统 | 主要在换模具、工具时发送 | L3→L2 |
| MissSlabSend | 缺号信息发送 | 在发送 PDI 计划后，前工序由于质量或其他问题无法按顺序送达 | L3→L2 |
| RollSeqChangeSend | 顺序变更信息发送 | 调度制定指令，在进行顺序变更或紧急订单增加时发生 | L3→L2 |
| OnDirSend | 临时上线指示信息发送 | 按调度指令，上线时刻 | L3→L2 |
| OffPRDSend | 临时下线生产实绩信息发送 | 下线时刻 | L2→L3 |
| RMPRDSend | 锯切生产实绩信息（包含 SN、重量、尺寸信息）发送 | 锯切完成后 | L2→L3 |
| HXChargeResultSend | 环形炉装炉生产实绩信息 | 装炉完成，自动发送 | L2→L3 |
| HXDischargeResultSend | 环形炉温度信息，出炉生产实绩信息 | 过程信息适时发送，出炉完成自动发送 | L2→L3 |
| FMPRDSend | 锻轧生产实绩信息（包含高压水除鳞信息） | 每个工序完成时发送 | L2→L3 |
| KJChargeResultSend | 热处理炉装炉生产实绩信息 | 每个炉装炉完成，自动发送 | L2→L3 |
| KJDischargeResultSend | 热处理炉温度信息，出炉生产实绩信息 | 过程信息适时发送，每个炉出炉完成自动发送 | L2→L3 |
| CLPRDSend | 淬火生产实绩信息发送 | 淬火完成时发送 | L2→L3 |
| HHChargeResultSend | 回火加热炉装炉生产实绩信息 | 装炉完成，自动发送 | L2→L3 |
| HHDischargeResultSend | 回火加热炉温度信息，出炉生产实绩信息 | 过程信息适时发送，出炉完成自动发送 | L2→L3 |
| CurlPRDSend | 精加工生产实绩信息发送 | 精加工完成时 | L2→L3 |
| QurlPRDSend | 检测线实绩信息发送 | 检测完成时 | L2→L3 |
| MarkPRDSend | 包装及打标生产实绩信息发送 | 包装打标完成时刻 | L2→L3 |
| DeleteSlab | 加工失败时删除物料信息； | 物料加工废时 | L2→L3 |
| FDIRequest | 向生产计划系统请求 Primary Data 数据 | 操作员发送请求 | L2→L3 |
| FDIRequest | 向生产计划系统请求 Forging Data 数据 | 操作员发送请求 | L2→L3 |

#### 5.2.2.15　系统管理

系统管理是产销一体化必备的辅助模块。通过系统管理可设置系统运行的基本参数和对系统操作员进行有效管理。通过构筑系统授权体系，保证系统的安全性和实用性。

系统管理为整个产销系统维护提供方便的手段，提高系统的可靠性、安全性，方便系统以后扩充。系统管理具有以下功能：

1）系统权限管理；

2）日志管理；

3）数据备份和恢复；

4）系统时钟同步。

（1）系统权限管理

系统权限管理包括部门信息维护、客户信息维护、岗位信息维护、系统功能维护、功能点维护等基本信息维护功能。利用授权体系实现如下权限的控制：某级别或个人只能查询库存数据，不能进行入库操作；某级别或个人可以查询、打印质保证书。

系统将按照如下模式构筑授权体系：

1）基于岗位进行授权；

2）岗位权限是指能够操作哪些功能菜单的哪些功能点；

3）一个用户可以拥有多个岗位，一个岗位可以被授权给多个用户；

4）同一个功能菜单可以被授权到不同的岗位使用；

5）一个功能菜单包括多个功能点，而一个功能点只能属于一个功能菜单。

（2）日志管理

系统将建立完整的日志管理功能，对用户在系统中进行的每个关键操作的信息进行详细登记，如用户登录日志（用户名称、登录计算机名称、IP 地址、登录时间等）、操作日志（用户名称、操作类型、操作数据、操作时间等）。通过日志管理对系统的使用情况进行监视，防止对系统的非法访问和非法操作，保证系统数据的安全和保密。

（3）数据备份

数据库备份是十分重要的数据安全策略，在原始数据丢失或硬件遭到破坏的情况下，利用备份的数据把原始数据恢复出来，可使系统正常工作。

系统实施时，应根据系统数据库的数据分析结果，制订详细的数据库备份策略。以下是典型的数据备份策略：

1）每年一次（或数据库有重大变化时），进行数据库全备份；

2）每月进行一次 1 级增量备份；

3）每周进行一次 1 级增量备份；

4）不定期进行归档日志备份；

5）不定期进行数据库的逻辑备份。

（4）系统时钟同步

系统中的许多业务都与时间有着非常紧密的关联，在整个系统中必须有一个统一的时间基准来保证业务的准时可靠，系统中的服务器以及工作站都应设置时钟同步工作。

从大方面考虑，技术应用级系统与 ERP 系统以及 L2 系统始终保持时钟同步。系统设计中使用的服务器操作系统具备提供时钟同步方式。

# 5.3 系统平台方案

## 5.3.1 系统软件架构

系统方案采用业界流行的符合技术发展趋势的4层架构技术，由后台的数据库服务器和中间应用服务器及相对应的数据库软件和中间平台软件组成高可靠、高性能和扩展性极强的管理系统，确保企业的产销一体化系统在大用户量访问下稳定和快速响应。4层架构还具备扩充余地大、方便、灵活的特点。

MES与OA的区别在于：OA是文件型数据协同软件，偏重于流程的定义和数据记录，是人和组织之间的交流；MES使用的是实时数据，偏重与机械设备PLC基础控制和智能操作系统进行连接，在获取大量的实时数据时整理传输。

MES系统C/S体系架构非常适合铁路车轮制造的24h连续化、实时化的特殊生产管理。生产设备在采购时就与设备供货商确定在制造装备上提供嵌入式可扩展的应用接口，以便将网络功能顺利地引入自动化装备的操作和控制。设备安装后，企业的技术人员提供工艺性要求，系统开发团队按此编制可执行软件程序。

该项目各子项MES系统的开发，由建设企业与招标国内有实力的公司及国外系统开发公司合作，组成强强团队。

在建立技术应用系统架构时，后台采用Oracle（甲骨文）企业级数据库软件，中间应用服务采用国内公司自主知识产权的“Super-MES平台”。Super-MES平台是基于dot. NET环境的，设计上采用了分布式多层的设计思想，是一个Clinet/Server架构的平台。该平台综合利用了中间件、面向对象等成熟技术，可跨网段处理业务。整个系统平台的内部通信均通过XML实现，有良好的与其他管理系统接口的能力。在该平台的使用过程中，实现了开发人员的规范化开发模式，减轻了人员编程的工作量，提高了编程的效率。该平台也简化了企业信息系统的维护、更新和升级的工作量，增强了应用的伸缩性和灵活性。

该项目的开发设计综合考虑了ERP部分的业务流程，以弹出窗口或邮件形式结合事务流，提醒管理人员及时完成业务流程的审批工作，以免滞后或遗忘。

Super-MES平台具有如下主要特点：

1）高稳定性。在每一个应用服务点采用多路的NLB群集，实现系统在某些节点失效的情况下还能正常运转。在一个或多个服务群集出现性能故障的时候可以将服务加载到其他服务群集上，减少对使用者的影响。

2）高可用性。在资源有限的情况下（数据库服务器及应用服务器共用一台机器），系统通过业务逻辑服务的动态管理保证系统较高的可用性。

3）高并行性。通过系统本身的业务逻辑服务动态管理和NLB技术，支持系统根据用户的数量及操作请求，动态生成和回收服务资源。

4）高扩展性。系统提供业务逻辑实现框架、集成框架、用户接口框架等标准模块，可以在后期简便地添加和重构业务服务。

5）高维护性。系统基于模块化设计，每个部分都通过相应的配置文件实现；在运行时可通过工具进行动态加载和卸载服务，减少对使用者的干扰。

6）高效性。在一个子网的内部，通信使用基于 XML 的协议进行，效率非常高，在不同网络进行通信的时候才使用一般的 HTTP 协议连接。

### 5.3.2　主机系统平台

设计采用 3 台服务器构成企业技术级信息化应用的系统主机平台，即采用 2 台互为热备的服务器构成高可用的数据库服务器硬件平台，2 台服务器之间用专用快速通道互连构成集群系统，当 1 台服务器发生故障时，系统自动切换至另 1 台服务器，保证数据服务的高可用性；系统另外设置 1 台应用服务器以备快速支持日常的应用服务。

数据服务系统采取在 SAN 结构的每个磁盘阵列柜里安装 6 块大容量热插拔硬盘的方式，采用 RAID 5 方式组成磁盘阵列，当硬盘出问题时能够保证数据库的数据不丢失。服务器的系统硬盘出问题同样可能使系统瘫痪，为防止系统破坏，在每台数据库服务器内安装 2 块热插拔硬盘，采用 RIAD1 方式组成磁盘镜像，确保当一个硬盘损坏时不会造成服务器停机，并在不停机的情况下更换损坏的硬盘。

主机服务区域采用 2 台交换机做堆叠，逻辑上可以认为这 2 台是 1 台交换机。所有的业务服务器均使用 2 块网卡通过光纤接口分别连接到服务交换机上，而服务交换机又通过光纤与多个光纤接口的磁盘设备或磁带库设备相连，交换形式如图 5-30 所示。

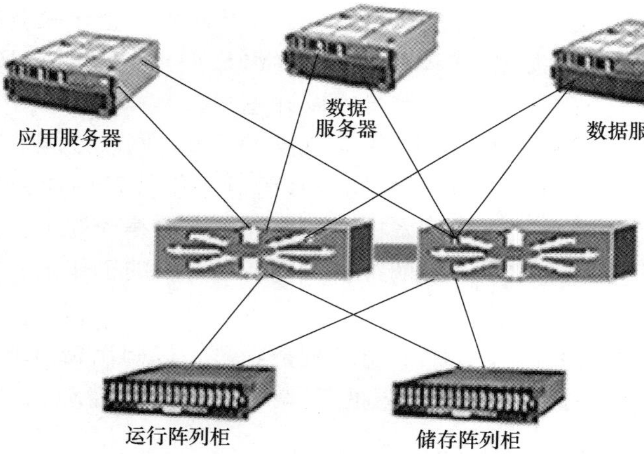


图 5-30　数据服务器交换形式

这种存储网络的直接结果是：主机系统与存储设备均可以双向灵活扩展，整个系统形成存储共享的有机整体。同时，采用光纤通道为数据访问提供单通道 1000MB/s 的访问能力，大大高于传统的 SCSI 技术可提供的通道能力。2 台数据服务器和 1 台应用服务器各通过 1 条高速链路与核心交换机相连。

### 5.3.3　网络系统平台

网络系统设计遵循先进性、高效性、安全性、可靠性、可扩展性的原则，采用层次化方法进行设计。选取百兆/千兆的以太网技术进行组网，选用国际知名品牌的设备作为组网设备，建筑物之间采用光缆作为传输介质，建筑物内部视距离的远近采用光纤或超五类双绞线传输信息。采用防病毒系统，构建系统的安全防御体系。

5.3.3.1　网络、信息和数据安全

（1）网络安全防病毒

网络的架构、硬件和布线采用国内名牌产品，保证在寿命期内不产生损坏，机房和重要备份数据库提供不间断稳压电源，电缆和数据线稳固地与服务器连接，无线通信选择可靠的电信运营商以保证与基站的联系。

网络硬件的损坏以及病毒的入侵是系统崩溃和不稳定的最主要的因素，采取何种方法保证网络系统既快速又稳定地运行是网络方案设计的重要环节。该系统防病毒措施采用集中管理形式，保证网络系统中信息的机密性、完整性、可用性。系统在L3系统和L2系统间设置防病毒网关，服务器中设置企业级的网络防病毒软件，包括专业VPN设备、WEB防火墙、分区防火墙、上网行为管理、终端杀毒软件网络版。网络防病毒服务器端实时扫描网络内计算机的状况，保障系统的正常运行。服务器的防毒软件定时升级，用户终端自动从防病毒服务器获取升级。网络安全系统如图5-31所示。

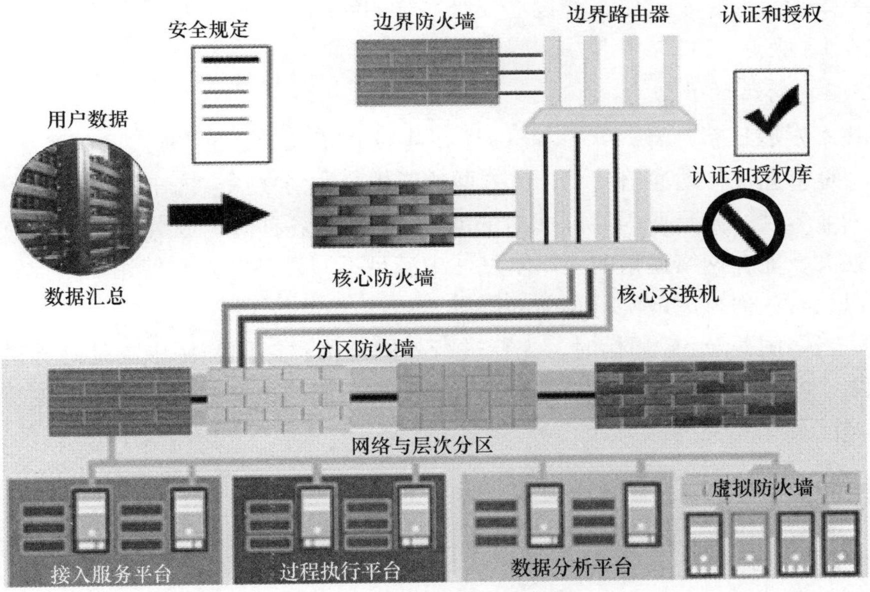


图5-31　网络安全系统

（2）信息安全

网关系统采取设置专项软件阻断黑客攻击的方式保护信息安全，部署支持IPv6（预留扩展IPv9）环境的防火墙，同时也部署在应用控制、内容审计、报表、单位信息和个人信息端，浏览时采用用户密钥、IP、MAC、短信确认等认证方式，保证关键文件不被感染。

（3）数据安全

建立独立数据库，存储器不设出口，仅显示只读文件不能复制和截屏。选择有诚信的设备供应商，保护客户的信息和企业数据安全。特别重要的是，因为因特网的主要数据库都在国外，数据不能随意地云盘存储以防不法任意截取。

（4）诚信安全

对网络中心的操作人员签订保密协议，定期进行安全培训和教育。

5.3.3.2　网络拓扑结构

网络整体设计采用千兆以太网和层次化组网技术结构。主交换机下面设置汇聚层交换机和接入层交换机。汇聚层交换机包括锻轧区网络汇聚交换机、热处理区网络汇聚交换机、机加工区网络汇聚交换机、办公楼网络汇聚交换机以及库存区域的无线 AP。网络结构如图 5-32 所示。接入层交换机以及节点数量及分布根据现场情况统一确认。

主交换机具有网管功能，L2 生产专用计算机及现场 L3 计算机具备设置关闭外网功能，部分 L4 管理办公计算机可进入内网系统也可上外网。企业网络外部通过 VPN 连接 inter-net，支持外部通过 VPN 查看系统，支持外部通过 VPN 对具体设备进行参数修改。

系统三级指令通过通信系统可以直接下达到二级机组作业控制台，二级机组业务控制与工艺控制的相关数据通过通信系统上传到三级系统。对于三级需要的数据而二级系统没有的，则在控制台设立三级系统的终端进行人工录入。

网络系统设计时，在二级系旁设立三级系统的终端。无线采集器扫描接收功能的系统设计时放在 L3 级。

5.3.3.3　网络的升级

网络技术发展日新月异，4G 物联网还在建设和拓展中，5G 时代就到来了。5G 网络（Network）是第五代移动通信技术，这方面的应用企业尚在探索之中。

网络的兼容性一直是业内共同面对的问题，5G 网络通信最显著的一个特点及优势就是兼容性强大，能在网络通信的应用及发展中满足不同设备的正常使用。因此，建设区域内网时可以没有任何顾虑地实行自己的构思。

未来，当全国普及 5G 通信时，先行进行外网切换；内网利用中央处理器进行用户和数据的解耦，增设小型无线基站，逐步升级，实现系统的兼容，以节约成本的方式获取最快的发展速度。

## 5.3.4　其他设备

5.3.4.1　电子屏

看板管理的电子屏选择基于需要同屏显示的信息量多少及色差确定，看板主要信息量为各工序的生产计划及实际投入、产出信息以及中间库的动态库存、生产现场的故障停机通知、调度指令等。

显示屏体由显示模组、显示驱动电路板、电源和显示屏框架几部分组成。显示模组是显示屏体的主要部件，由像束管组成显示单元。

控制系统由计算机、视频管理软件、多媒体视频卡组成。视频管理软件采用 EST 边缘增强技术，清晰地再现放大后的图像。多媒体视频卡集显示、视频处理、模拟信号数字化、视频动画加速等多功能于一体，安装于计算机内，可以将计算机标准的 VGA 显示模式和视频信号合成输出，集显示卡和视频卡合二为一，具有 Gamma（颜色校正）功能，将 LED 显示屏颜色、亮度、对比度调节到满意的效果。

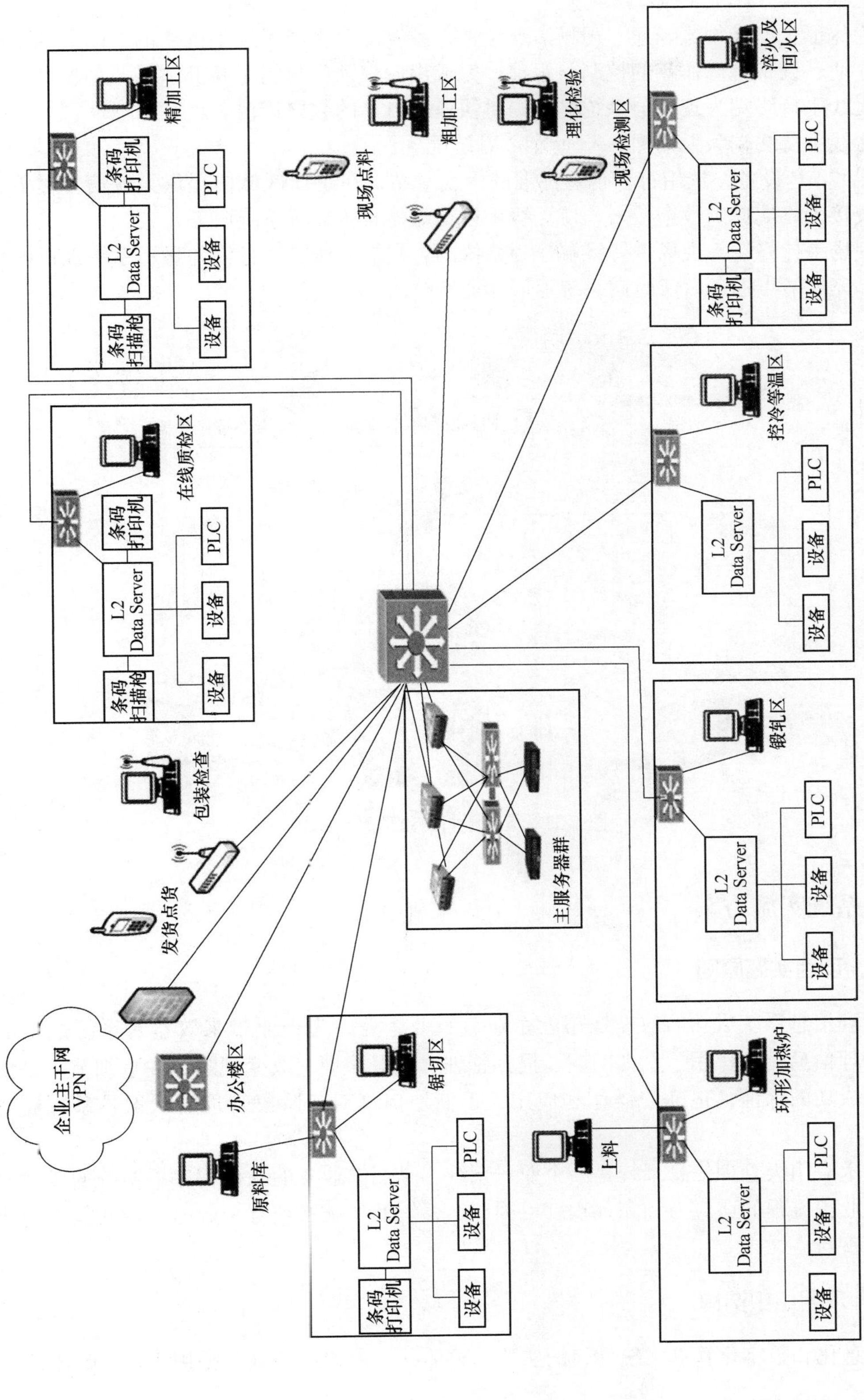
精加工区
条码打印机
L2 Data Server
PLC
设备
设备
条码扫描枪
粗加工区
现场点料
理化检验
淬火及回火区
现场检测区
条码打印机
在线质检区
控冷等温区
锻轧区
包装检查
发货点货
主服务器群
企业主干网 VPN
办公楼区
锯切区
原料库
上料
环形加热炉

图 5-32 网路结构

5.3.4.2　手持终端

为保证生产线物流畅通、现场清点快速，系统配套多个无线手持终端，以实现系统对库管作业、设备检修作业的控制与跟踪，完成出库、入库与倒库等工作。

无线手持终端为现场与系统之间提供快速、可靠的数据传输。

无线手持终端联系如图 5-33 所示。系统配置：

无线 AP 设备，选用符合行业标准的无线基站，在工作区域内提供无线信号覆盖，并为无线接入终端提供数据接入，使无线手持终端能直接连接系统服务。

现场手持终端，现场手持终端作为系统的客户端，接收、存储并显示系统提供的作业指示，完成清点任务后实时向系统返回作业实绩。

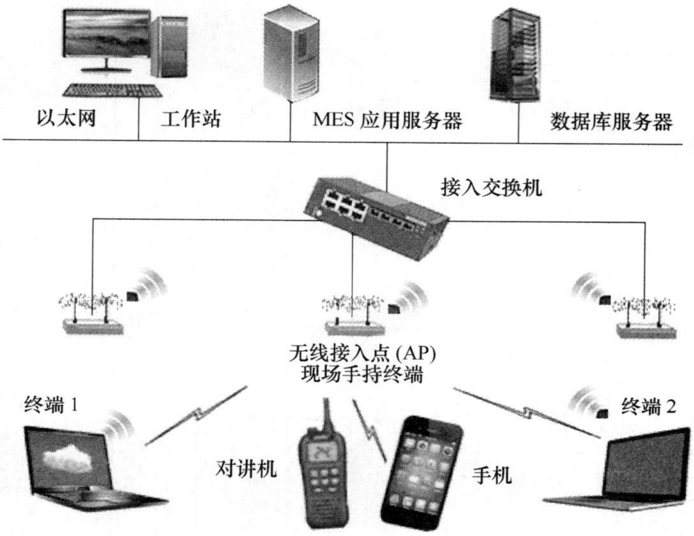


图 5-33　无线手持终端联系构思图

## 5.4　系统实施方案

### 5.4.1　项目实施原则

管理信息系统成功的前提是贴近企业、服务企业，为企业带来效益是系统成功的基础；管理信息化的作用：发现问题、提升管理、做好培训、改变观念、注重细节，是信息化系统成功的保证；正确的操作和应用，不断地提高对各阶段管理的认识是系统成功的关键。

技术应用级管理信息系统是一个业务系统，是面向业务的软件程序，系统的成功与否在于对业务流程的适应力和完善程度，因此，系统的实施必须有企业内大量的技术和业务人员的参与。

### 5.4.2　项目组织结构

信息化和数字化管理系统项目的实施是整体的工程建设系列，采用 YY-EOS 体系（工程组织体系)。所有的开发、工作原则以合作方相互尊重、充分沟通、规范操作、按照 ISO 9001 和软件过程控制规范予以组织和实施。项目实施组织如图 5-34 所示。

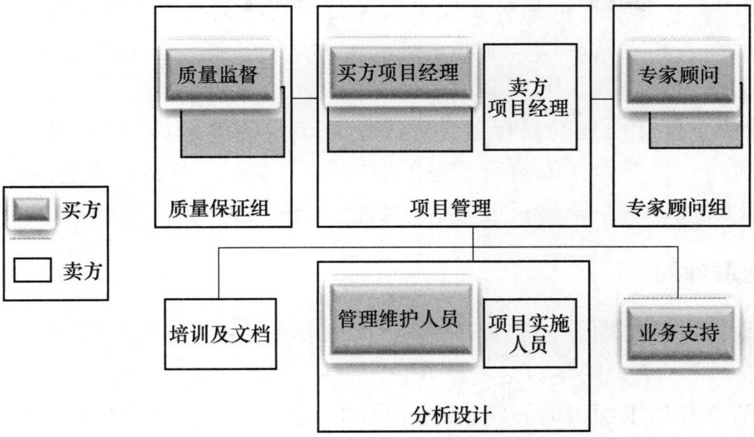


图 5-34 项目实施组织

### 5.4.3 项目实施管理

严格按照软件工程组织实施，重点加强流程分析以及业务建模。将流程分析及业务建模以及现场验证纳入项目关键点，充分利用每一阶段领域及流程分析成果，完善业务建模。

加强界面设计的用户体验。由于生产管理系统的信息集成度很高，应在确保相关界面简洁、美观的同时，充分地满足相关岗位对采集和展示信息量的要求，确保界面按照功能模块划分，呈现科学合理布局，这些工作需要调动企业用户的专业人士力量，不断地进行沟通和体验再行实施。

加强内部培训与项目沟通管理：

1）加强合作方与企业项目组的培训与沟通；

2）加强关键技术与流程难点解决方案；

3）加强项目实施组的成员培训，执行常态化管理。

### 5.4.4 项目实施流程

该系统建设项目是国内公司自主知识产权“Super-MES 平台”典型案例，信息建设与实施分为以下阶段：

1）设计阶段。设计阶段的成果是规划解决方案。在此过程中从多个层面对项目的范围、细节和解决措施进行讨论审核，以期对实施的方案有一个详细的预案，分析是否满足业务需求，以解决方案作为最终产品的指导纲领。

2）建模阶段。建模阶段的目标是按照解决方案创建一个完整的系统模型版本，以便进行适应性的模型测试。原型开发法对本项目非常有价值，因为与静态文件的通过方式不同的是，实际互动的方式解决方案更为有效和简单。

3）迭代开发阶段。迭代开发阶段的目标是使系统模型版本转化为现场实用版本。通过关键用户按照测试计划进行连续测试，即设置方面测试、性能测试和集成测试，使问题得到识别和解决。

4）实施阶段。实施阶段的目标是使系统运行与现场真实的运作一致。在这个阶段中，将进行数据切换导入和平行测试，确保系统的实际运行正确，一旦平行测试验证成功，就执行现场运用程序。

5）优化阶段。优化阶段的目标是使系统更好、更完善。该阶段是让系统在现场运行一段时期之后执行，以便操作人员有足够的时间进行体验。当关键功能指标运行稳定，这时开始实施优化阶段，对系统实行改善，达到优化解决方案的实际效果。

### 5.4.5 项目进度计划

项目的计划进度链接项目的管理工具软件 Project，编制实施进度表，见表 5-2。整个项目历时约 14 个月，从合同签订之日起 10 个月内开发完毕上线运行，分段进行调试、定案，正式运行两个月后组织验收，一次投产成功，之后运行了 3 个月达到优化完善。

表 5-2 项目实施进度

| 序号 | 任务名称 | 工期 | 开始时间 | 完成时间 | 2011年 | | | | 2012年 | | | | | | | | | | | |
|---|---|---|---|---|---|---|---|---|---|---|---|---|---|---|---|---|---|---|---|---|
| | | | | | 9 | 10 | 11 | 12 | 1 | 2 | 3 | 4 | 5 | 6 | 7 | 8 | 9 | 10 | 11 | 12 |
| 1 | 方案设计 | 16个工作日 | 2011年10月10日 | 2011年10月31日 | | | | | | | | | | | | | | | | |
| 2 | 合作公司考察 | 11个工作日 | 2011年11月1日 | 2011年11月15日 | | | | | | | | | | | | | | | | |
| 3 | 技术交流 | 22个工作日 | 2011年11月1日 | 2011年11月30日 | | | | | | | | | | | | | | | | |
| 4 | 招投标 | 10个工作日 | 2011年12月2日 | 2011年12月15日 | | | | | | | | | | | | | | | | |
| 5 | 签订合同 | 3个工作日 | 2011年12月16日 | 2011年12月20日 | | | | | | | | | | | | | | | | |
| 6 | 基本设计 | 31个工作日 | 2011年12月20日 | 2012年1月31日 | | | | | | | | | | | | | | | | |
| 7 | 详细编程 | 198个工作日 | 2011年12月20日 | 2012年9月20日 | | | | | | | | | | | | | | | | |
| 8 | 设备采购 | 98个工作日 | 2012年3月15日 | 2012年7月30日 | | | | | | | | | | | | | | | | |
| 9 | 设备安装 | 120个工作日 | 2012年3月16日 | 2012年8月30日 | | | | | | | | | | | | | | | | |
| 10 | 上线测试 | 22个工作日 | 2012年9月21日 | 2012年10月20日 | | | | | | | | | | | | | | | | |
| 11 | 分段调整 | 7个工作日 | 2012年10月20日 | 2012年10月29日 | | | | | | | | | | | | | | | | |
| 12 | 试运行 | 16个工作日 | 2012年10月25日 | 2012年11月15日 | | | | | | | | | | | | | | | | |
| 13 | 全线联动 | 9个工作日 | 2012年11月16日 | 2012年11月28日 | | | | | | | | | | | | | | | | |
| 14 | 投产验收 | 1个工作日 | 2012年11月29日 | 2012年11月29日 | | | | | | | | | | | | | | | | |
| 15 | 高速车轮项目计算机管理系统实施 | 300个工作日 | | 2012年11月29日 | | | | | | | | | | | | | | | | |

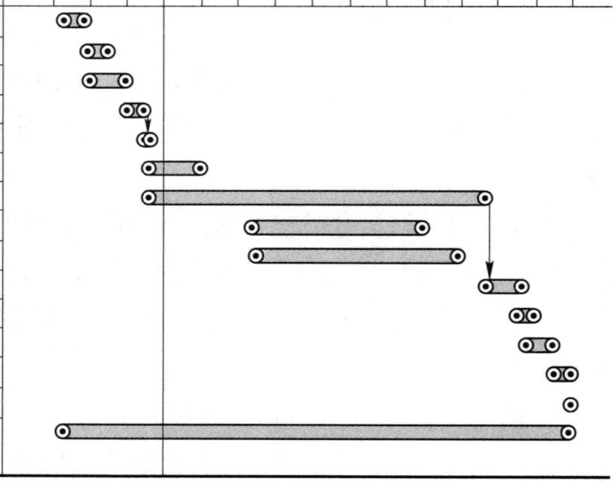

# 参考文献

[1] Г. А. 比比克，等．火车车轮的制造［M］．苏星，译．北京：冶金工业出版社，1990.
[2] 中国投资咨询网．日本铁路车轮用钢逐渐向高碳钢方向发展［EB/OL］. 2015.
[3] 张永军，等，锻压工艺学［M］．北京：冶金工业出版社，2015.
[4] 刘忠键．立式车轮轧机与卧式车轮轧机的比较与分析［J］．安徽冶金科技职业学校学报，2005，15（3）．
[5] 王仲仁．锻压手册［M］. 3 版．北京：机械工业出版社，2013.
[6]《钢铁厂工业炉设计参考资料》编写组．钢铁厂工业炉设计参考资料［M］．北京：冶金工业出版社，1979.
[7] 丁勇，等．货车车轮伤损及踏面磨耗规律的研究［J］．铁道机车车辆期刊，2011，31（6）．
[8] 曾仝君．地铁车辆车轮寿命分析［J］．电力机车与城轨车辆期刊，2005，2.
[9] 王秉铨．工业炉设计手册［M］. 3 版．北京：机械工业出版社，2012.
[10] 华林，等．环件轧制理论和技术［M］．北京：机械工业出版社，2001.
[11] 周敬恩．热处理手册［M］. 4 版．北京：机械工业出版社，2013.
[12] 廣重厳．铁路机车车辆轮对［M］．俞展猷，译．北京：中国铁道出版社，1981.

# 后　记

建设一座工业化、规模化、现代化的铁路车轮产品制造厂，工程设计人员及建设方的项目负责人员任务很繁重，除了设计和绘制图纸，还要参与施工建设、生产设备的安装和调试，最终完成全线试车投产。整个过程中，虽然技术上十分艰辛、工作上很累心，但在工程项目完成并投产的那一刻，对先进的技术成果感到十分的自豪并充满信心。随着今后的技术进步和国家标准的修订，辗钢整体铁路车轮项目的工程工艺设计也将不断创新和发展。

本书中提及的MES生产过程执行系统，由中冶京诚工程技术有限公司的技术团队对车轮生产线的工艺、管理组织进行了详尽的分析，最终研发出了车轮生产管理系统并成功投产，将工艺构思转化成为生产实践。该系统架构已运用在后续的多个项目中，均成功运行。本书中MES生产过程执行系统的章节中，计划排产、物料跟踪、质量管理的部分素材由中冶京诚工程技术有限公司冯建标提供，在此表示感谢。

书中引用的有关标准中的问题说明：

1）GB/T 229—2007《金属材料夏比摆锤冲击试验方法》规定，材料冲击吸收功采用*KV*、*KU*表示吸收能量值，目前该标准正在修订当中，但尚无颁布实施时间，因此书中力学性能试验值仍按现行的标准符号表示。

2）TB/T 2817—2018《铁路货车用辗钢整体车轮》于2019年2月颁布实施。本书因为成稿时间在此之前，书中的一些参数单位和试验符号做了相应修改，但难免有遗漏，读者实际操作时应按新标准的规定执行。

本书的作者之一王晓冰将个人几十年从事铁路车轮项目建设的工程工艺设计实践、理论知识以及技术积累进行总结，以通俗简洁的语言编著出书，供同行业专业人士分享其中的成果。

作者之一任学艺是企业的管理者，在百忙之中抽出时间著书，供同行借鉴，也供入行的新人以此作为实践工作的参考。

本书的内容和案例是作者自身的设计实践，可能有遗漏之处，望得到同仁的教诲和指正。

作　者

2019年8月

NSH CTI
THE NSH GROUP
江西奈尔斯西蒙斯赫根赛特中机有限公
轮轴、轮对制造与检修设备成套技术供应商
◎公司产品
四轴不落轮车床
Mobiturn型移动式不落轮车床
CK51系列数控立式车床
CMTJ 2051型车轮轮毂孔立式镗床
立式车削加工中心
MTJ9761系列轮对动平衡自动去重机床
CMTJ2058型轮对自动测量
PN190型龙门式车轮车床
CKM8011型摩擦驱动车轮车床
CK8011、CK8013系列车轮车床
CMTJ2099型数控车轮车床
N30型车轴车削中心
SG803/2型车轴成型磨床
CK1832型车轴车床
车轴螺纹孔、中心孔系列加工
轮对和轴承压装分解机及流水线
APIS型车轴尺寸检测机
ARGUS III型轮对在线诊断系统
轻质救援系统
轮对生产
地址：江西省南昌市高新区高新三路466号
邮编：330096
路电：018-23560
邮箱：NSH-CTI@nsh-cti.com
网址：www.nsh-cti.c
电话：0791-87712788 87712757 88106976 销售
0791-87712866 87712767 88101366 服务
传真：0791-87712799 销售
0791-87712778 服务
服务热线：400-915-8757

# 创新研发自动化生产模式MES执行系统

中冶京诚工程技术有限公司是由创建于 1951 年的冶金工业部
京钢铁设计研究总院改制成立的国际化工程技术公司，60 多年
，为国内 500 余家客户提供了近 6000 项工程技术服务，
后完成了宝钢、鞍钢、武钢、太钢等大型钢铁
业的建设；工程业务拓展到全世界，先后为
国、俄罗斯、伊朗、印度、印尼、越南等
十个国家设计和建设了钢铁厂、重工业
械厂、金属制品厂等众多的工程项目。
获国家和省部级科技成果奖 370 余项，
家和省部级优秀工程设计奖 525 项，累计
得专利授权 1800 余项，其中发明专利 247 项。

研发团队

## ES 架构

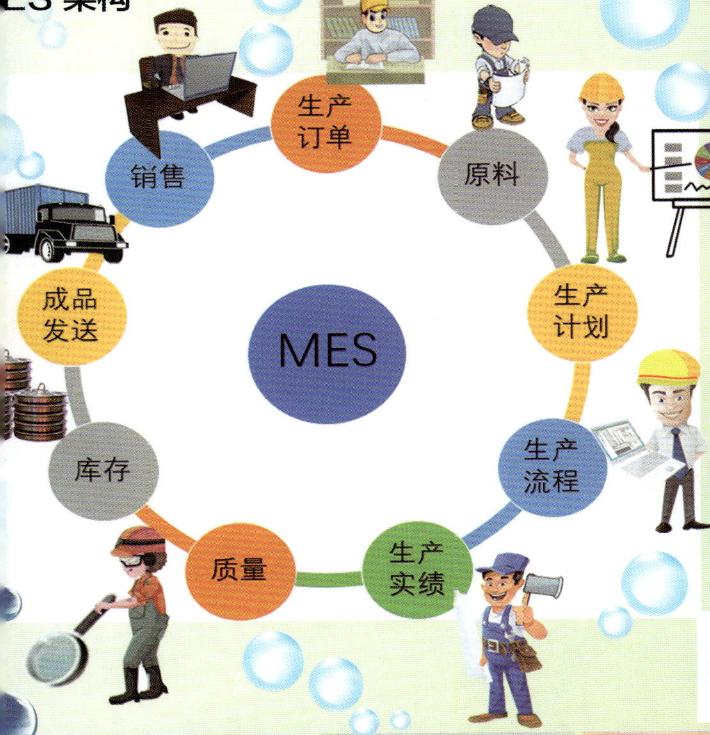


AI时代来了！

自主开发 CeriCOM 中间件，集成基于 OPC、TCP/IP、DBLink、Web、Service 等多种通信方式的信息流，实现与外部系统的接口通信，完成系统与基础 ERP、PCS 的深度有机结合。

采用微软 .NET 开放架构开发，主流的数据采用 SQLServer 存储，实时的数据采用 iHistorian 存储，通过办公电脑、手持终端、岗位 PC 实现有线和无线网络的覆盖。

| | | |
|---|---|---|
| MES系统技术特色 | 成品发送物联化 | 生产销售一体化 |
| 生产装备智能化 | 操作规程程序化 | 原料配送精细化 |
| | 质量管理目标化 | 产品设计流程化 |


MCC

**北京京诚瑞达电气工程技术有限公司**

地址：北京市亦庄经济技术开发区建安街7号
邮编：100176
电话/Tel：010-67836434
传真/Fax：010-67836434
邮箱/E-mail：zhangxiyuan@ceri.com.cn

# MES系统工程的设计和建设成果展示

近年来，随着中国经济的工业信息化和数字化发展，中冶京诚公司北京京诚瑞达电气工程技术有限公司开拓了企业的网络化和信息化业务，为太原重工轨道交通工业园的高速铁路车轮工程、高速铁路车轴工程研发并成功建设了 MES 制造企业生产过程执行系统。继此之后，又为济钢公司冷轧、唐钢公司高线、凌源钢铁公司棒材、昆明钢铁公司棒材等 20 家企业开发、编制和投产了信息管理系统，成为冶金行业数字化发展的创新团队。

高速铁路车轮工程MES系统

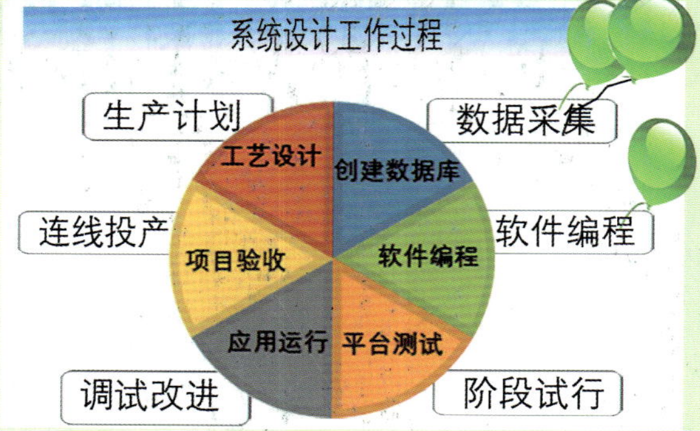


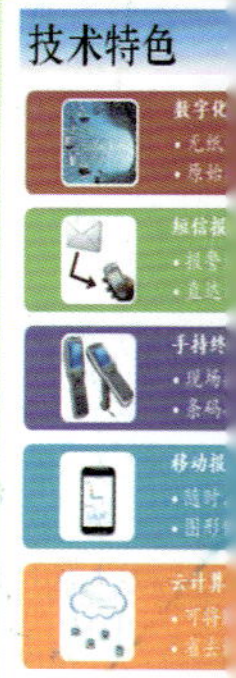


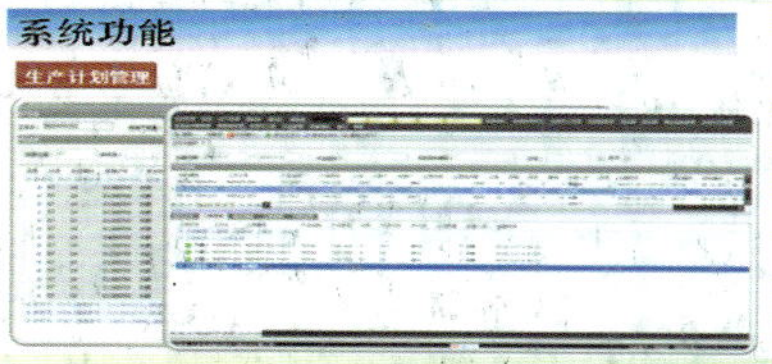


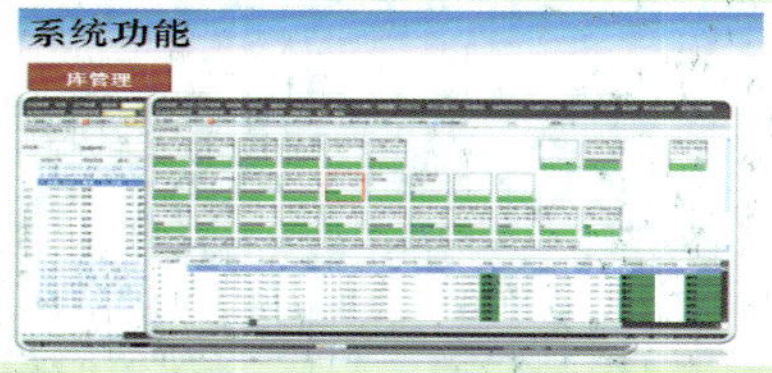


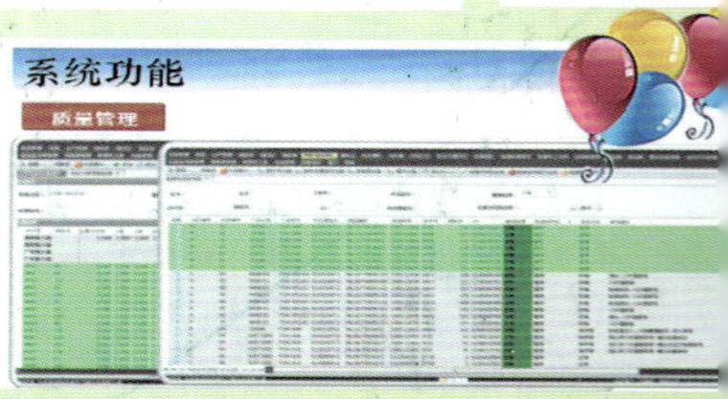

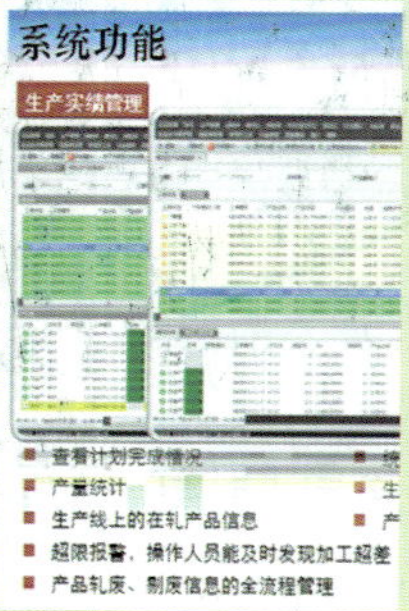